CIVIL

PRÁTICA

OAB

2ª FASE

ANDRÉ MOTA
CRISTIANO SOBRAL
LUCIANO FIGUEIREDO
ROBERTO FIGUEIREDO
SABRINA DOURADO

CIVIL

PRÁTICA

OAB
2ª FASE

5ª edição revista atualizada ampliada

2018

EDITORA JusPODIVM
www.editorajuspodivm.com.br

EDITORA
*Jus*PODIVM
www.editorajuspodivm.com.br

Rua Mato Grosso, 164, Ed. Marfina, 1º Andar – Pituba, CEP: 41830-151 – Salvador – Bahia
Tel: (71) 3045.9051
• Contato: https://www.editorajuspodivm.com.br/sac

Capa: Ana Caquetti

ISBN: 978-85-442-2026-9

Apresentação

A presente obra destina-se aos bacharéis em Direito que irão prestar o Exame da Ordem dos Advogados do Brasil, assim como aos jovens profissionais que iniciam sua caminhada na militância do Direito Civil.

Os autores, com ampla vivência e experiência na docência para o Exame de Ordem e Concursos Públicos, estruturaram a obra de forma bastante didática, subdividindo-a nos seguintes tópicos:

- Análise dos institutos de Direito Processual;
- Explicação passo a passo de como elaborar as peças prático-profissionais;
- Resolução das provas pautadas no CPC/2015.

Dessa forma, os autores elencaram uma obra de referência, basilar em sua concepção, pois orienta os estudantes e operadores das ciências jurídicas quanto ao raciocínio, a lógica e a construção das peças e a melhor forma de aplicação dos institutos inerentes a este ramo tão importante do ordenamento jurídico.

Os Autores

Sobre os Autores

ANDRÉ MOTA

- Advogado autárquico no município de Recife. Especialista em Direito Público. Professor de cursos de graduação e professor convidado em vários cursos de pós-graduação pelo Brasil. Professor do Complexo de Ensino Renato Saraiva (CERS) e do Portal Exame de Ordem (PEO). Palestrante e autor de obras jurídicas.

CRISTIANO VIEIRA SOBRAL PINTO

- Doutorando em Direito. Professor de Direito Civil e Direito do Consumidor na Fundação Getulio Vargas, na Associação do Ministério Público do Rio de Janeiro, na Fundação Escola da Defensoria Pública do Rio de Janeiro, na Escola da Magistratura do Estado do Rio de Janeiro, no Complexo de Ensino Renato Saraiva e na Fundação do Ministério Público do Rio de Janeiro. Professor universitário, palestrante e autor de diversas obras jurídicas.

LUCIANO L. FIGUEIREDO

- Advogado. Sócio fundador do Luciano Figueiredo Advocacia e Consultoria. Doutorando em Direito Civil (PUC/SP). Mestre em Direito Privado e Econômico (UFBA). Especialista em Direito do Estado (UFBA). Graduado em Direito pela Universidade Salvador (UNIFACS). Professor de Direito Civil vinculado à Faculdade Baiana de Direito (FBD) e ao Complexo de Ensino Renato Saraiva (CERS). Professor do curso Múltipla/CERS presencial em Salvador. Professor visitante de diversos cursos e especializações. Palestrante. Autor de artigos científicos e livros jurídicos.

ROBERTO FIGUEIREDO

- Procurador do Estado da Bahia e Advogado. Mestre em Direito pela Universidade Federal da Bahia. Professor de Direito Civil do Complexo de Ensino Renato Saraiva – CERS e da Universidade Salvador (UNIFACS). Professor convidado da Escola Superior de Magistrados da Bahia – EMAB. Professor convidado da Escola Superior de Advocacia Orlando Gomes – ESAB/OAB. Professor do curso Múltipla/CERS presencial em Salvador. Palestrante em eventos e seminários da Ordem dos Advogados do Brasil – Bahia. Palestrante e autor de artigos científicos.

SABRINA DOURADO

- Possui graduação em Direito pela Universidade Salvador – UNIFACS. É especialista em Direito Processual Civil pelo Juspodivm em parceria com a Unyahna. É mestre em Direito Público pela Universidade Federal da Bahia – UFBA. Professora de Direito Processual Civil da Escola de Magistratura do Estado da Bahia (EMAB). Professora do Complexo de Ensino Renato Saraiva (CERS). Professora dos cursos de pós-graduação da Faculdade Baiana de Direito, Escola Paulista de Direito (EPD-SP). Advogada e consultora jurídica. Palestrante. Autora de obras jurídicas. Membro do CEAPRO (Centro de Estudos Avançados de Processo). Membro do IBDP (Instituto Brasileiro de Direito Processual Civil) e da ANNEP (Associação Norte e Nordeste dos Professores de Processo).

Sumário

PARTE GERAL

Índice de Modelos

PARTE GERAL

PARTE GERAL

CAPÍTULO I

Jurisdição e Ação

1. JURISDIÇÃO

1.1. Conceito de jurisdição

Primeiramente, observa-se que a jurisdição é um poder, bem como dever do Estado, de resolver de modo imparcial o conflito de interesse dos indivíduos, substituindo a vontade deles pela sentença, que declarará o direito material aplicável ao caso e será imperativa e passível de tornar-se imutável pelo fenômeno da coisa julgada.

Assim, a jurisdição abrange três poderes básicos: decisão, coerção e documentação.

Pelo primeiro, o Estado-juiz tem o poder de conhecer a demanda, colher provas e decidir; pelo segundo, o Estado-juiz pode forçar o vencido ao cumprimento da sua decisão; pelo terceiro, o Estado-juiz pode certificar, bem como documentar por escrito os atos processuais.

1.2. Princípios da jurisdição

1.2.1. Investidura

Somente o juiz poderá exercer a jurisdição. Exige-se deste agente público, ademais, que esteja regularmente investido na função, devendo ser aprovado em concurso público de provas e títulos[1], ou nomeado por ato do chefe do Poder Executivo para ocupar cargo nos lugares reservados nos Tribunais aos advogados ou membros do Ministério Público, ou mesmo nomeado no cargo de Ministro dos Tribunais Superiores. Outra exceção está prevista nos JECs. Lá estão presentes os chamados juízes leigos.

1. Desde que tenha desempenhado 3 anos de atividade jurídica anteriormente.

1.2.2. *Indelegabilidade*

Não se pode delegar a função jurisdicional a qualquer outro órgão diverso do Poder Judiciário, sob pena de violação à garantia constitucional do juiz natural.

Cada poder da República possui as atribuições e o conteúdo estabelecidos constitucionalmente, vedando-se aos membros de tais Poderes por deliberação, ou mesmo por meio de lei, modificar o conteúdo de suas funções. Aplica-se a hipótese aos juízes, os quais não podem delegar a outros magistrados, ou mesmo a outros poderes ou a particulares, as funções que lhes foram atribuídas pelo Estado, já que tais funções são do poder estatal, que as distribui conforme lhe convém, cabendo ao juiz apenas seu exercício.

1.2.3. *Aderência ou territorialidade*

Segundo este princípio, os juízes só poderão exercer sua função no território nacional e ainda mais nos limites de sua competência territorial, motivo pelo qual necessária é a cooperação entre os juízes, para a prática de atos em outras localidades, por meio de cartas precatórias, por exemplo. A decisão de qualquer juiz, no entanto, produzirá efeitos em todo território nacional.

> **ATENÇÃO!** A desnecessidade da emissão de cartas precatórias para comarcas contíguas ou situadas na mesma região metropolitana. **Art. 255, CPC**[2].
>
> Vide também a disposição do artigo **60, CPC**[3].

1.2.4. *Indeclinabilidade*

Nos moldes estabelecidos do art. 5º, inciso XXXV, não se excluirá da apreciação do Poder Judiciário lesão ou ameaça a direito, motivo pelo qual a nenhum juiz é lícito deixar de decidir porque há lacuna ou obscuridade no ordenamento jurídico, devendo servir-se dos mecanismos de integração.[4]

Consagrando expressamente o princípio da indeclinabilidade, dispõe o artigo 5º, inciso XXXV, da Constituição Federal que "a lei não excluirá da apreciação do Poder Judiciário lesão ou ameaça a direito".

2. Nas comarcas contíguas de fácil comunicação e nas que se situem na mesma região metropolitana, o oficial de justiça poderá efetuar, em qualquer delas, citações, intimações, notificações, penhoras e quaisquer outros atos executivos.
3. Se o imóvel se achar situado em mais de um Estado, comarca, seção ou subseção judiciária, a competência territorial do juízo prevento estender-se-á sobre a totalidade do imóvel. Tal disposição evita a prolatação de decisões contraditórias, as quais gerariam flagrante insegurança jurídica.
4. Vide art. 5º, LINDB.

Em suma, apregoa o princípio da indeclinabilidade que o juiz não pode subtrair-se da função jurisdicional, sendo que, mesmo havendo lacuna ou obscuridade no ordenamento, deverá proferir decisão (art. 140, CPC).

1.2.5. Inércia

É concedido apenas à parte o direito de provocar o exercício da jurisdição, uma vez que esta é inerte. Este princípio também é intitulado de princípio da ação ou da demanda, ou princípio da iniciativa da parte.

O estado-juiz atuará, desde que seja provocado. Esta regra geral, conhecida pelo nome de principio da demanda, dispositivo ou principio da inércia, está consagrada no art. 2º do CPC.

Exceções!

A Lei 11.101/05 permite ao juiz converter o processo de recuperação judicial em falência.

"Art. 738. Nos casos em que a lei considere jacente a herança, o juiz em cuja comarca tiver domicílio o falecido procederá imediatamente à arrecadação dos respectivos bens."

1.3. Espécies de Jurisdição

A jurisdição, embora indivisível, é classificada, quando ao seu objeto, como penal e civil.

Classifica-se também a jurisdição em contenciosa e voluntária ou graciosa. Nesta última, costuma-se dizer que o Estado realiza verdadeira "gestão pública de interesses privados", por ser indispensável a sua participação para dar validade a alguns atos da vida civil, como os de separação e divórcio consensual, por exemplo.

A jurisdição contenciosa, por sua vez, destina-se à solução dos conflitos de interesses (lides).

Levando-se em consideração as regras de competência, a jurisdição pode ser ainda chamada de especial e comum. Quando não houver competência específica de algum órgão do Poder Judiciário para o julgamento de determinada questão, será ela apreciada pelos órgãos que exercerem a jurisdição comum, tanto da Justiça Federal como da Justiça Estadual. São especializadas as jurisdições trabalhistas, penal militar e eleitoral.

LIMITES DA JURISDIÇÃO NACIONAL

De acordo com o art. 21 compete à autoridade judiciária brasileira processar e julgar as ações em que:

- o réu, qualquer que seja a sua nacionalidade, estiver domiciliado no Brasil;
- no Brasil, tiver de ser cumprida a obrigação;
- o fundamento seja fato ocorrido ou ato praticado no Brasil.

Tais regras são chamadas de Jurisdição internacional concorrente.

ATENÇÃO! Considera-se domiciliada no Brasil a pessoa jurídica estrangeira que nele tiver agência, filial ou sucursal.

Compete, ainda, à autoridade judiciária brasileira processar e julgar as ações:

- de alimentos, quando:
  - o credor tiver domicílio ou residência no Brasil;
  - o réu mantiver vínculos no Brasil, tais como posse ou propriedade de bens, recebimento de renda ou obtenção de benefícios econômicos;

Vejamos as demais hipóteses:

- decorrentes de relações de consumo, quando o consumidor tiver domicílio ou residência no Brasil;
- em que as partes, expressa ou tacitamente, se submeterem à jurisdição nacional.

No artigo 23 do CPC/15, estão veiculadas as regras do exercício da função jurisdicional brasileira exclusiva. Nessas hipóteses, somente um órgão jurisdicional brasileiro, com exclusão de qualquer outro, poderão decidir tais matérias. Eventuais decisões estrangeiras sobre as mesmas não serão homologadas.

Vejamos:

Compete à autoridade judiciária brasileira, **com exclusão de qualquer outra:**

- conhecer de ações relativas a imóveis situados no Brasil;
- em matéria de sucessão hereditária, proceder à confirmação de testamento particular e ao inventário e à partilha de bens situados no Brasil, ainda que o autor da herança seja de nacionalidade estrangeira ou tenha domicílio fora do território nacional;

ATENÇÃO! Em divórcio, separação judicial ou dissolução de união estável, proceder à partilha de bens situados no Brasil, ainda que o titular seja de nacionalidade estrangeira ou tenha domicílio fora do território nacional.

A ação proposta perante tribunal estrangeiro não induz litispendência e não obsta a que a autoridade judiciária brasileira conheça da mesma causa e das que lhe são conexas, ressalvadas as disposições em contrário em tratados internacionais e acordos bilaterais em vigor no Brasil.

Ademais, a pendência de causa perante a jurisdição brasileira não impede a homologação de sentença judicial estrangeira quando exigida para produzir efeitos no Brasil.

REGRA DE INCOMPETÊNCIA!

Não compete à autoridade judiciária brasileira o processamento e o julgamento da ação quando houver cláusula de eleição de foro exclusivo estrangeiro em contrato internacional, arguida pelo réu na contestação.

As regras acima não se aplicam às hipóteses de competência internacional exclusiva, as quais foram abordadas acima.

1.4. Competência

1.4.1. Conceito

Competência nada mais é do que a fixação das atribuições de cada um dos órgãos jurisdicionais, isto é, a demarcação dos limites dentro dos quais podem eles exercer a jurisdição.

Neste sentido, "juiz competente" é aquele que, segundo limites fixados pela Lei, tem o poder para decidir certa e determinada lide (art. 42, CPC).

Vejamos a integra do dispositivo:

"As causas cíveis serão processadas e decididas pelo juiz nos limites de sua competência, ressalvado às partes o direito de instituir juízo arbitral, na forma da lei."

1.4.2. Perpetuação da jurisdição

Segundo dispõe o art. 43 do CPC, a competência, em regra, é determinada no momento em que a ação é proposta – com a sua distribuição (art. 312 do CPC) ou com o seu registro, sendo irrelevantes as modificações do estado de fato (ex. Mudança de domicílio do réu) ou de direito (ex. ampliação do teto da competência do órgão em razão do valor da causa) ocorridas posteriormente (*perpetuatio jurisdictionis*), salvo se *suprimirem o órgão judiciário* cuja competência já estava determinada inicialmente ou quando as modificações ocorridas *alterarem a competência absoluta*.

1.4.3. Critérios de determinação da competência

- **Territorial:** Está baseado na circunscrição geográfica. É o critério de foro. Encontrado no CPC/15 nos artigos 46 a 53.
- **Material:** Tem por base o objeto litigioso, a pretensão que está sendo discutida. Exemplo: causa de família, ou de trânsito, etc.
- **Valor da causa:** Poderá ser um critério de determinação de competência, é um dos motivos da obrigatoriedade do valor da causa na inicial. Ex: art. 3º da Lei 9.099/95.
- **Funcional ou hierárquico:** Tem por base as funções confiadas aos órgãos jurisdicionais. Gera a chamada competência originária. Em razão da função ou hierarquia move-se a causa no tribunal, por exemplo.
- **Pessoas:** Os sujeitos da relação processual também podem influir na regra de competência. Eis o que estabelece na Justiça Federal e nas Varas de Fazenda pública.

1.4.3.1. Critério territorial

Os órgãos jurisdicionais exercem jurisdição nos limites das suas circunscrições territoriais, estabelecidas na Constituição federal e/ou Estadual e nas Leis.

Destarte, os juízes estaduais são competentes para dizer o direito nas suas Comarcas, e os juízes federais, por sua vez, nos limites da sua Seção Judiciária. Já os Tribunais Estaduais são competentes para exercer a jurisdição dentro do seu estado, os Tribunais Regionais Federais, nos limites da sua região. O STF e o STJ podem dizer o direito em todo o território nacional. Exercem jurisdição em todo país.

Sob a ótica da parte, a competência territorial é, em princípio, determinada pelo domicilio do réu, para as ações fundadas em direito pessoal e as ações fundadas em direito real sobre bens móveis. (art. 46, CPC).

Se o réu tiver domicílios múltiplos, poderá ser demandado em qualquer deles; se incerto ou desconhecido, será demandado no local em que for encontrado, ou no foro de domicílio do autor, facultando-se ao autor ajuizar a ação no foro de seu domicílio, se o réu não residir no Brasil e se o próprio autor também não tiver residência no País. Será ainda no foro de domicílio de qualquer dos réus no caso de litisconsórcio passivo.

Além dessas regras, existem outras, seja no CPC, seja em leis extravagantes, que estabelecem regras específicas para certas ações, por exemplo:

I - *ação de inventário*, competente o foro do ultimo domicilio do autor da herança (art. 48, CPC);

II - *ação declaratória de ausência*, competente o foro do ultimo domicílio do ausente (art. 49, CPC);

III - *ação de separação, divórcio, conversão de separação em divorcio e anulação de casamento*, era competente o foro do domicílio da mulher (art. 100, I, CPC revogado). No CPC/15 - art. 53, I, são encontradas as seguintes regras:

- de domicílio do guardião de filho incapaz;
- do último domicílio do casal, caso não haja filho incapaz;
- de domicílio do réu, se nenhuma das partes residir no antigo domicílio do casal;

IV - *ação de alimentos*, competente o foro do domicílio do alimentado, isto é, aquele que pede os alimentos (art. 53, II, CPC);

V - *ação de cobrança*, competente o foro do lugar onde a obrigação deveria ter sido satisfeita (art. 53, III, d, CPC);

VI - *ação de despejo*, competente o foro da situação do imóvel (art. 58, II, Lei nº 8.245/91);

VII - *ação de responsabilidade do fornecedor de produtos e serviços*, competente o foro domicílio do autor (art. 101, Lei nº 8.078/90-CDC);

VIII - *ação de adoção*, competente o foro do domicílio dos pais ou responsáveis (art. 146, Lei nº 8.069/90 ECA);

IX - *ações movidas no Juizado Especial Cível*, competente o foro do domicílio do autor (art. 4º, Lei nº 9.099/95 JEC).

A execução fiscal será proposta no foro de domicílio do réu, no de sua residência ou no do lugar onde for encontrado.

Para as ações fundadas em direito real sobre imóveis é competente o foro de situação da coisa. O autor pode optar pelo foro de domicílio do réu ou pelo foro de eleição se o litígio não recair sobre direito de propriedade, vizinhança, servidão, divisão e demarcação de terras e de nunciação de obra nova.

A ação possessória imobiliária será proposta no foro de situação da coisa, cujo juízo tem competência absoluta.

A ação em que o incapaz for réu será proposta no foro de domicílio de seu representante ou assistente.

É competente o foro de domicílio do réu para as causas em que seja autora a União.

É competente o foro de domicílio do réu para as causas em que seja autor Estado ou o Distrito Federal. Se Estado ou o Distrito Federal for o demandado, a ação poderá ser proposta no foro de domicílio do autor, no de ocorrência do ato ou fato que originou a demanda, no de situação da coisa ou na capital do respectivo ente federado.

É competente o foro do lugar:

- onde está a sede, para a ação em que for ré pessoa jurídica;
- onde se acha agência ou sucursal, quanto às obrigações que a pessoa jurídica contraiu;
- onde exerce suas atividades, para a ação em que for ré sociedade ou associação sem personalidade jurídica;
- onde a obrigação deve ser satisfeita, para a ação em que se lhe exigir o cumprimento;
- de residência do idoso, para a causa que verse sobre direito previsto no respectivo estatuto;
- da sede da serventia notarial ou de registro, para a ação de reparação de dano por ato praticado em razão do ofício;
- do lugar do ato ou fato para a ação:
- de reparação de dano;
- em que for réu administrador ou gestor de negócios alheios;
- de domicílio do autor ou do local do fato, para a ação de reparação de dano sofrido em razão de delito ou acidente de veículos, inclusive aeronaves.

1.4.3.2. Critério intuitu personae

As pessoas envolvidas podem alterar as regras de competência aplicáveis ao conflito. A fixação da competência tendo em conta as ***partes*** envolvidas (*rationae personae*) é absoluta.

O principal exemplo de competência em razão da pessoa é o da vara privativa da Fazenda Pública, criada para processar e julgar causas que envolvam entes públicos.

Há casos de competência de tribunal determinada em razão da pessoa, como prerrogativa do exercício de algumas funções. Não podemos deixar de lado a competência da Justiça Federal. Ela é fixada em razão das pessoas e está, por seu turno, estabelecida no art. 109, CF/88.

O CPC/15, no seu artigo 45, sinaliza que tramitando o processo perante outro juízo, os autos serão remetidos ao juízo federal competente se nele intervier a União, suas empresas públicas, entidades autárquicas e fundações, ou conselho de fiscalização de atividade profissional, na qualidade de parte ou de terceiro interveniente, exceto as ações:

- de recuperação judicial, falência, insolvência civil e acidente de trabalho;
- sujeitas à justiça eleitoral e à justiça do trabalho.

CUIDADO! Os autos não serão remetidos se houver pedido cuja apreciação seja de competência do juízo perante o qual foi proposta a ação.

O juiz, ao não admitir a cumulação de pedidos em razão da incompetência para apreciar qualquer deles, não examinará o mérito daquele em que exista interesse da União, de suas entidades autárquicas ou de suas empresas públicas.

Ademais, o juízo federal restituirá os autos ao juízo estadual sem suscitar conflito se o ente federal cuja presença ensejou a remessa for excluído do processo.

1.4.4. Classificação de competência

A competência classifica-se em:

Competência do foro (territorial) e competência do juízo:

Foro é o local onde o juiz exerce as suas funções; é a unidade territorial a qual se exerce o poder jurisdicional. No mesmo local, segundo as leis de organização judiciária podem funcionar vários juízes com atribuições iguais ou diversas.

De tal modo, para uma mesma causa, constata-se primeiro qual o foro competente, para depois averiguar o *juízo*, que em primeiro grau de jurisdição, corresponde às varas, o cartório, a unidade administrativa.

Nas Justiças dos Estados o foro de cada juiz de primeiro grau, é o que se chama comarca; na Justiça Federal é a subseção judiciária. O foro do Tribunal de Justiça de um estado é todo o Estado; o dos Tribunais Regionais Federais é a sua região, definida em lei (art. 107, par. Único, CF); o do Supremo Tribunal Federal, do Superior Tribunal de Justiça e de todos os demais tribunais superiores é todo o território nacional (CF, art. 92, parágrafo único).

Portanto, competência de foro, é sinônimo de competência territorial, e Juízo de órgão judiciário. A competência do juízo é matéria pertinente às leis de organização judiciária; já a de foro é ditada pelo CPC/15.

Competência originária e derivada:

A *competência originária* é confiada ao órgão jurisdicional, ao qual será ofertada a tarefa de conhecer da causa em primeiro lugar. Pode ser atribuída tanto ao juízo monocrático, o que acontece como regra geral, bem como ao tribunal, em algumas situações, como por exemplo, ação rescisória e mandado de segurança contra atos do juiz.

Enquanto que a *competência derivada* ou recursal é atribuída ao órgão jurisdicional destinado a rever a decisão já proferida; normalmente, atribui-se a competência derivada aos tribunais, mas, há casos em que o próprio magistrado de primeira instância possui competência recursal, por exemplo, nos casos dos embargos de declaração opostos contra suas decisões.

Incompetência relativa x Incompetência absoluta

As regras de competência submetem-se a regimes jurídicos diversos, conforme se trate de regra fixada para atender somente ao interesse público, denominada de regra de incompetência absoluta, e para atender predominantemente ao interesse particular, a regra de incompetência relativa.

A incompetência é defeito de ordem processual, a qual, em regra, não leva à extinção o processo, mesmo tratando-se de incompetência absoluta, salvo em excepcionais hipóteses, tais como a do inciso III do art. 51 da Lei n. 9.099/95 (juizados Especiais Cíveis).

A incompetência quando absoluta pode ser alegada a qualquer tempo, pela parte interessada, em sede de preliminar da contestação, ou por simples petição. Quando relativa, era arguida mediante exceção. No CPC/15, ambas serão arguidas na contestação. Prorrogar-se-á competência relativa se o réu não alegar a incompetência em preliminar de contestação.

> **ATENÇÃO!** A competência relativa preclui, há prorrogação se não for arguida no prazo. Eis o que chamamos de prorrogação da competência.
>
> Como já dito, ela era alegada na exceção de incompetência, ao passo que a absoluta em preliminar de contestação. No CPC/15 ambas serão arguidas na contestação. Serão suscitadas em preliminar de contestação.
>
> Na relativa há uma possibilidade de declaração de incompetência de ofício, a qual se estabelece com a identificação de uma ABUSIVIDADE numa cláusula de foro de eleição. Eis uma importante exceção. Nos demais casos, aplicar-se-ão as disposições da sumula 33 do STJ.

1.4.5. Modificação de competência

– **Legal:** Conexão, continência, imperativo constitucional e o juízo universal.

+ **Conexão:** Art. 55, CPC. Quando houver duas ações com mesmo pedido e causa de pedir.

> "Art. 55. Reputam-se conexas duas ou mais ações, quando lhes for comum o **pedido** ou a causa de pedir."

> **ATENÇÃO!** Os processos de ações conexas serão reunidos para decisão conjunta, salvo se um deles já houver sido sentenciado. Tal disposição já estava consolidada na súmula 235 do STJ.

Aplica-se ainda a conexão

- à execução de título extrajudicial e à ação de conhecimento relativa ao mesmo ato jurídico;
- às execuções fundadas no mesmo título executivo.

Serão reunidos para julgamento conjunto os processos que possam gerar risco de prolação de decisões conflitantes ou contraditórias caso decididos separadamente, mesmo sem conexão entre eles.

+ **Continência:** Art. 56, CPC. As mesmas partes e mesma causa de pedir e o pedido de um tem que ser maior que o do outro.

> "Art. 56. Dá-se a continência entre 2 (duas) ou mais ações quando houver identidade quanto às partes e à causa de pedir, mas o pedido de uma, por ser mais amplo, abrange o das demais."

Quando houver continência e a ação continente tiver sido proposta anteriormente, no processo relativo à ação contida será proferida sentença sem resolução de mérito, caso contrário, as ações serão necessariamente reunidas.

A reunião das ações propostas em separado far-se-á no juízo prevento, onde serão decididas simultaneamente.

PREVENÇÃO

Prevenção é um critério de confirmação e manutenção da competência do juiz, que conheceu a causa em primeiro lugar, perpetuando a sua jurisdição e excluindo possíveis competências concorrentes de outros juízos.

De acordo com o art. 59, o registro ou a distribuição da petição inicial torna prevento o juízo. O CPC/15 tornou tal regra a única aplicável às hipóteses de prevenção.

Entretanto, essa reunião só será possível se não ocorrer hipótese de competência absoluta dos órgãos julgadores e se as ações ainda estiverem pendentes de julgamento, tramitando no mesmo grau de jurisdição.

1.4.6. Conflito de competência

O *conflito de competência* está regulado nos arts. 951 a 959 do CPC. O conflito pode ser suscitado por qualquer das partes, pelo Ministério Público ou pelo juiz (art. 951), e é decido pelo tribunal que designa qual juiz é o competente para decidir o conflito, pronunciando-se sobre a validade dos atos praticados pelo incompetente (art. 957).

Instaura-se mediante petição dirigida ao presidente do tribunal, instruída com os documentos que comprovem o conflito, ouvindo o relator, com a distribuição, os juízes em conflito. Sobrestará o processo, caso o conflito seja positivo; se o conflito for negativo, o sobrestamento não será necessário, pois não haverá juízo praticando atos processuais. Deverá ainda o relator designar um juiz para solucionar as questões urgentes.

Assim, há conflito de competência quando dois ou mais juízes se declaram competentes (conflito positivo) ou incompetentes (conflito negativo) e também no caso de controvérsia sobre reunião ou separação de processos (CPC, art. 66, I, II e III).

> **ATENÇÃO!** O conflito entre autoridade judiciária e autoridade administrativa, ou só entre autoridades administrativas, chama-se conflito de atribuições e não conflito de competência.

Em suma:

O conflito de competência pode ser suscitado por qualquer das partes, pelo Ministério Público ou pelo juiz.

O Ministério Público somente será ouvido nos conflitos de competência relativos aos processos previstos no art. 178, mas terá qualidade de parte nos conflitos que suscitar.

Não pode suscitar conflito a parte que, no processo, arguiu incompetência relativa. O conflito de competência não obsta, porém, a que a parte que não o arguiu suscite a incompetência.

O conflito será suscitado ao tribunal:

- pelo juiz, por ofício;
- pela parte e pelo Ministério Público, por petição.

O ofício e a petição serão instruídos com os documentos necessários à prova do conflito.

Após a distribuição, o relator determinará a oitiva dos juízes em conflito ou, se um deles for suscitante, apenas do suscitado. No prazo designado pelo relator, incumbirá ao juiz ou aos juízes prestar as informações.

O relator poderá, de ofício ou a requerimento de qualquer das partes, determinar, quando o conflito for positivo, o sobrestamento do processo e, nesse caso, bem como no de conflito negativo, designará um dos juízes para resolver, em caráter provisório, as medidas urgentes.

Os autos do processo em que se manifestou o conflito serão remetidos ao juiz declarado competente.

No conflito que envolva órgãos fracionários dos tribunais, desembargadores e juízes em exercício no tribunal, observar-se-á o que dispuser o regimento interno do tribunal.

O regimento interno do tribunal regulará o processo e o julgamento do conflito de atribuições entre autoridade judiciária e autoridade administrativa.

1.4.7. Cooperação nacional

O CPC/15 inova ao regulamentar a cooperação nacional. Os órgãos que compõe o Poder Judiciário Brasileiro precisam se ajudar mutuamente. Eis uma decorrência da cooperação como norma fundamental.

Aos órgãos do Poder Judiciário, estadual ou federal, especializado ou comum, **em todas as instâncias e graus de jurisdição, inclusive aos tribunais superiores,** incumbe o dever de recíproca cooperação, por meio de seus magistrados e servidores.

Os juízos poderão formular entre si pedido de cooperação para prática de qualquer ato processual.

O pedido de cooperação jurisdicional deve ser prontamente atendido, prescinde de forma específica e pode ser executado como:

- auxílio direto;
- reunião ou apensamento de processos;
- prestação de informações;
- atos concertados entre os juízes cooperantes.

As cartas de ordem, precatória e arbitral seguirão o regime previsto neste Código, conforme veremos juntos.

Os atos concertados entre os juízes cooperantes poderão consistir, além de outros, no estabelecimento de procedimento para:

- a prática de citação, intimação ou notificação de ato;
- a obtenção e apresentação de provas e a coleta de depoimentos;
- a efetivação de tutela provisória;
- a efetivação de medidas e providências para recuperação e preservação de empresas;

- a facilitação de habilitação de créditos na falência e na recuperação judicial;
- a centralização de processos repetitivos;
- a execução de decisão jurisdicional.

ATENÇÃO! O pedido de cooperação judiciária pode ser realizado entre órgãos jurisdicionais de diferentes ramos do Poder Judiciário.

2. AÇÃO

2.1. Conceito de ação

Enquanto jurisdição é a função, o poder e dever do Estado de resolver as crises de interesses e o processo, por seu turno, a relação jurídica que liga as partes e o juiz, ação é o direito público subjetivo ao exercício da atividade jurisdicional.

O direito de ação tem natureza pública e previsão constitucional (CF, art. 5º, XXXV). Configura-se como autônomo e independente em relação ao direito material.

2.2. Conceito de demanda

Demanda é a pretensão levada a juízo. É aquilo que se vai buscar ao judiciário, o que se almeja perante o juízo. É um direito subjetivo, o qual será materializado através da petição inicial.

2.3. Elementos da ação

A ação tem como elementos as partes, a causa de pedir e o pedido, que servem para identificá-la e individualizá-la.

Havendo ações com identidade de elementos, ocorrerá litispendência, devendo a segunda ser extinta, sem resolução do mérito. Se a segunda ação for ajuizada somente depois de a primeira já ter sido julgada definitivamente, deverá ser reconhecida a coisa julgada.

As partes são as pessoas, físicas ou jurídicas, que alegam ser titulares do direito material discutido nos autos. Enquanto a parte autora integra o polo ativo, a parte requerida, o polo passivo.

A causa de pedir compreende a narração dos fatos e nos fundamentos jurídicos do pedido. Os fatos devem ser expostos com detalhes a fim de se identificar com precisão a contenda surgida entre as partes.

O juiz deve apreciar os fatos expostos e dar a solução adequada, de acordo com o direito vigente, mesmo que se utilize de fundamentação jurídica diversa daquela indicada pelo autor na petição inicial. A teoria que leva em consideração os fatos para individualização das ações, e que foi adotada por nossa legislação, denomina-se "teoria da substanciação".

Com relação ao pedido que deve ser formulado pelo autor, é classificado em imediato ou mediato. O pedido imediato consiste no provimento jurisdicional pleiteado em face do Estado, que pode ser declaratório, condenatório, executivo ou acautelatório. O pedido mediato, por sua vez, consiste no bem da vida, material ou imaterial, desejado.

2.4. Legitimidade e interesse

Haverá interesse de agir ou interesse processual quando houver necessidade de a parte pleitear em juízo a proteção do direito pleiteado, sob pena de perecimento, sendo certo ainda que o processo a ser formado deva ser adequado à solução do conflito de interesses. Trata-se do binômio necessidade-adequação.

No que tange **à legitimidade para agir ou "legitimatio ad causam",** exige-se que a ação seja movida pelo titular do direito, pois ninguém poderá pleitear, em nome próprio, direito alheio, salvo quando autorizado pelo ordenamento jurídico (CPC, art. 18º).

A ação, por sua vez, deverá ser direcionada apenas contra a parte legítima, que é a pessoa que resiste à pretensão do titular do direito material. Eis quem, supostamente, ameaçou ou lesou direito do autor.

A mencionada legitimação é intitulada de ordinária. Excepcionalmente, quando houver autorização legal para se pleitear direito alheio em nome próprio, dar-se-á **legitimação extraordinária ou substituição processual.** Eis o que ocorre, por exemplo, com o Ministério Público.

Por fim, **o pedido juridicamente possível passou a integrar o mérito,** diz-se que o pedido é juridicamente possível quando não for proibido pelo ordenamento o seu acolhimento. Como exemplo de pedido juridicamente impossível, pode-se mencionar aquele em que se postule a cobrança proveniente de dívida de jogo.

Ademais, não há mais menção a ele no inciso VI do art. 485 do CPC, que apenas se refere à legitimidade e ao interesse de agir.

CAPÍTULO II

Sujeitos do Processo

1. SUJEITOS DO PROCESSO

1.1. Partes, procuradores e gratuidade

São sujeitos da relação jurídica processual o autor, o réu e o Estado, na figura do juiz. Autor é aquele que apresenta sua pretensão em juízo, enquanto o réu é a parte contra quem a pretensão foi deduzida.

Além das partes originárias, autor e réu, admite-se também a intervenção de terceiros, desde que possuam interesse jurídico relacionado à questão discutida. Tal intervenção se dá por meio da assistência, denunciação da lide e chamamento ao processo, dentre outras, conforme se verá adiante.

Para propor ações que versem sobre direitos reais imobiliários, a parte necessitará do consentimento do cônjuge, o qual pode ser suprido judicialmente quando houver recusa injustificada, ou quando não for possível ao cônjuge concedê-la (como nos casos de enfermidade). Quanto ao cônjuge da parte ré, deverá ser citado em litisconsórcio necessário (art. 73, § 1º, CPC).

Vejamos o dispositivo na integralidade:

O cônjuge necessitará do consentimento do outro para propor ação que verse sobre direito real imobiliário, salvo quando casados sob o regime de separação absoluta de bens.

Ambos os cônjuges serão necessariamente citados para a ação:

- que verse sobre direito real imobiliário, salvo quando casados sob o regime de separação absoluta de bens;
- resultante de fato que diga respeito a ambos os cônjuges ou de ato praticado por eles;
- fundada em dívida contraída por um dos cônjuges a bem da família;
- que tenha por objeto o reconhecimento, a constituição ou a extinção de ônus sobre imóvel de um ou de ambos os cônjuges.

Nas ações possessórias, a participação do cônjuge do autor ou do réu somente é indispensável nas hipóteses de composse ou de ato por ambos praticado.

ATENÇÃO! Aplica-se o disposto no artigo 73 do CPC/15 à união estável comprovada nos autos.

O consentimento acima mencionado pode ser suprido judicialmente quando for negado por um dos cônjuges sem justo motivo, ou quando lhe seja impossível concedê-lo. A falta de consentimento, quando necessário e não suprido pelo juiz, invalida o processo.

1.1.1. Capacidades

São três as capacidades no sistema processual civil brasileiro

- **Capacidade para ser parte;**

Todos a possuem. Ela é decorrência do direito fundamental de ação, que está estabelecido na CF/88. Possuem tal capacidade os entes despersonalizados, nascituro, absolutamente e relativamente incapazes.

Só não a possuem os animais e pessoas falecidas.

- **Capacidade processual/ para estar em juízo;**

Eis uma aptidão concedida aos absolutamente capazes. De acordo com o artigo 70 do CPC, toda pessoa que se encontre no exercício de seus direitos tem capacidade para estar em juízo. O incapaz será representado ou assistido por seus pais, por tutor ou por curador, na forma da lei.

- **Capacidade postulatória.**

Eis a aptidão concedida aos advogados regularmente inscritos nos quadros da OAB, defensores públicos, bem como membros do MP. O primeiro atua como representante da parte e o segundo como substituto.

1.1.2. Verificação das incapacidades

Verificada a incapacidade processual ou a irregularidade da representação da parte, o juiz suspenderá o processo e designará prazo razoável para que seja sanado o vício.

Descumprida a determinação, caso o processo esteja na instância originária:

- o processo será extinto, se a providência couber ao autor;
- o réu será considerado revel, se a providência lhe couber;

- o terceiro será considerado revel ou excluído do processo, dependendo do polo em que se encontre.

Descumprida a determinação em fase recursal perante tribunal de justiça, tribunal regional federal ou tribunal superior, o relator:

- não conhecerá do recurso, se a providência couber ao recorrente;
- determinará o desentranhamento das contrarrazões, se a providência couber ao recorrido.

O curador especial é o representante especial que o juiz dá, em determinados casos de incapacidade ou revelia, à parte para atuar em seu nome no correr do processo.

O juiz nomeará curador especial ao:

- incapaz, se não tiver representante legal ou se os interesses deste colidirem com os daquele, enquanto durar a incapacidade;
- réu preso revel, bem como ao réu revel citado por edital ou com hora certa, enquanto não for constituído advogado.

ATENÇÃO! A curatela especial será exercida pela Defensoria Pública, nos termos da lei.

PARTE GERAL

1.1.3. Deveres das partes e de seus procuradores

Em plena observância ao dever geral de boa-fé, que ganhou forma de *norma fundamental* no CPC/15, o art. 77 impõe o *dever de probidade e lealdade processual* às partes e seus procuradores, públicos ou privados, assim como a todos aqueles que de alguma forma participam do processo, incluído o Ministério Público, o perito, dentre outros.

Em síntese, compete àquele que praticar ato processual agir com lealdade e boa-fé, pautando suas ações no plano da ética e da moralidade.

O litigante ímprobo, que vier descumprir tal dever, sofrerá às sanções previstas ao *litigante de má-fé*, de que tratam os artigos 79 e 80, as quais serão estudadas.

São deveres das partes, de seus procuradores e de todos aqueles que de qualquer forma participem do processo:

- expor os fatos em juízo conforme a verdade;
- não formular pretensão ou de apresentar defesa quando cientes de que são destituídas de fundamento;
- não produzir provas e não praticar atos inúteis ou desnecessários à declaração ou à defesa do direito;

- cumprir com exatidão as decisões jurisdicionais, de natureza provisória ou final, e não criar embaraços à sua efetivação;
- declinar, no primeiro momento que lhes couber falar nos autos, o endereço residencial ou profissional onde receberão intimações, atualizando essa informação sempre que ocorrer qualquer modificação temporária ou definitiva;
- não praticar inovação ilegal no estado de fato de bem ou direito litigioso.

Se a parte não cumprir com exatidão as decisões jurisdicionais, de natureza provisória ou final, criar embaraços à sua efetivação, bem como praticar inovação ilegal no estado de fato de bem ou direito litigioso o juiz advertirá qualquer das pessoas que sua conduta poderá ser punida como ato atentatório à dignidade da justiça.

A violação a tais preceitos constitui ato atentatório à dignidade da justiça, devendo o juiz, sem prejuízo das sanções criminais, civis e processuais cabíveis, aplicar ao responsável **multa de até vinte por cento do valor da causa, de acordo com a gravidade da conduta.**

Não sendo paga no prazo a ser fixado pelo juiz, a multa acima indicada será inscrita como dívida ativa da União ou do Estado após o trânsito em julgado da decisão que a fixou, e sua execução observará o procedimento da execução fiscal, revertendo-se aos fundos previstos no art. 97[1].

Ademais, a multicitada multa poderá ser fixada independentemente da incidência das previstas nos arts. 523, § 1º, e 536, § 1º. Elas podem ser cumuladas.

Quando o valor da causa for irrisório ou inestimável, a multa poderá ser fixada em até 10 (dez) vezes o valor do salário-mínimo.

Aos advogados públicos ou privados e aos membros da Defensoria Pública e do Ministério Público não se aplica a disposição da multa, devendo eventual responsabilidade disciplinar ser apurada pelo respectivo órgão de classe ou corregedoria, ao qual o juiz oficiará.

Reconhecida violação ao disposto no inciso VI do artigo 77 do CPC, o juiz determinará o restabelecimento do estado anterior, podendo, ainda, proibir a parte de falar nos autos até a purgação do atentado, sem prejuízo da aplicação da multa.

O representante judicial da parte não pode ser compelido a cumprir decisão em seu lugar.

ATENÇÃO! É vedado às partes, a seus procuradores, aos juízes, aos membros do Ministério Público e da Defensoria Pública e a qualquer pessoa que participe do processo empregar expres-

1. Art. 97. A União e os Estados podem criar fundos de modernização do Poder Judiciário, aos quais serão revertidos os valores das sanções pecuniárias processuais destinadas à União e aos Estados, e outras verbas previstas em lei.

sões ofensivas nos escritos apresentados. Eis mais uma decorrência do Princípio da Boa-fé.

Quando expressões ou condutas ofensivas forem manifestadas oral ou presencialmente, o juiz advertirá o ofensor de que não as deve usar ou repetir, sob pena de lhe ser cassada a palavra.

De ofício ou a requerimento do ofendido, o juiz determinará que as expressões ofensivas sejam riscadas e, a requerimento do ofendido, determinará a expedição de certidão com inteiro teor das expressões ofensivas e a colocará à disposição da parte interessada. Eis uma decorrência do seu poder geral de efetivação.

1.1.4. Responsabilidade das partes por dano processual

O princípio da probidade abarca, de forma grandiosa, o dever de lealdade processual, condizente com os regramentos éticos resumidos na expressão *"proceder com lealdade e boa-fé"*. No CPC/15, o artigo 5º expressa que todo aquele que de qualquer forma participar do processo deve comportar-se de acordo com a boa-fé. Eis uma norma processual fundamental, já estudada.

Desta forma, é possível conceituar como litigante de boa-fé aquele que age em consonância com o disposto no artigo 77 do CPC, vale dizer, cumpre os preceitos estabelecidos nas suas disposições.

Se, no entanto, for considerado litigante de má-fé será o indivíduo responsabilizado. Ele terá protagonizado um abuso de Direito Processual.

ATENÇÃO! De ofício ou a requerimento, o juiz condenará o litigante de má-fé a pagar multa, que deverá ser superior a um por cento e inferior a dez por cento do valor corrigido da causa, a indenizar a parte contrária pelos prejuízos que esta sofreu e a arcar com os honorários advocatícios e com todas as despesas que efetuou.

Observe que o CPC faz referência ao valor ATUALIZADO DA CAUSA.

Quando forem 2 (dois) ou mais os litigantes de má-fé, o juiz condenará cada um na proporção de seu respectivo interesse na causa ou solidariamente aqueles que se coligaram para lesar a parte contrária.

Quando o valor da causa for irrisório ou inestimável, a multa poderá ser fixada em até 10 (dez) vezes o valor do salário-mínimo.

O valor da indenização será fixado pelo juiz ou, caso não seja possível mensurá-lo, liquidado por arbitramento ou pelo procedimento comum, nos próprios autos.

1.1.5. Despesas, dos honorários advocatícios e das multas

Salvo as disposições concernentes à gratuidade da justiça, incumbe às partes prover as despesas dos atos que realizarem ou requererem no processo, antecipando-lhes o pagamento, desde o início até a sentença final ou, na execução, até a plena satisfação do direito reconhecido no título.

Incumbe ao autor adiantar as despesas relativas a ato cuja realização o juiz determinar de ofício ou a requerimento do Ministério Público, quando sua intervenção ocorrer como fiscal da ordem jurídica.

A sentença condenará o vencido a pagar ao vencedor as despesas que antecipou.

O autor, brasileiro ou estrangeiro, que residir fora do Brasil ou deixar de residir no país ao longo da tramitação de processo prestará caução suficiente ao pagamento das custas e dos honorários de advogado da parte contrária nas ações que propuser, se não tiver no Brasil bens imóveis que lhes assegurem o pagamento.

Não se exigirá a caução acima indicada, vejamos:

- quando houver dispensa prevista em acordo ou tratado internacional de que o Brasil faz parte;
- na execução fundada em título extrajudicial e no cumprimento de sentença;
- na reconvenção.

Verificando-se no trâmite do processo que se desfalcou a garantia, poderá o interessado exigir reforço da caução, justificando seu pedido com a indicação da depreciação do bem dado em garantia e a importância do reforço que pretende obter.

As despesas abrangem as custas dos atos do processo, a indenização de viagem, a remuneração do assistente técnico e a diária de testemunha.

A sentença condenará o vencido a pagar honorários ao advogado do vencedor.

São devidos honorários advocatícios na reconvenção, no cumprimento de sentença, provisório ou definitivo, na execução, resistida ou não, e nos recursos interpostos, cumulativamente.

Os honorários serão fixados entre o mínimo de dez e o máximo de vinte por cento sobre o valor da condenação, do proveito econômico obtido ou, não sendo possível mensurá-lo, sobre o valor atualizado da causa, atendidos:

- o grau de zelo do profissional;
- o lugar de prestação do serviço;
- a natureza e a importância da causa;
- o trabalho realizado pelo advogado e o tempo exigido para o seu serviço.

Nas causas em que a Fazenda Pública for parte, a fixação dos honorários observará os critérios estabelecidos acima e os seguintes percentuais:

- mínimo de dez e máximo de vinte por cento sobre o valor da condenação ou do proveito econômico obtido até 200 (duzentos) salários-mínimos;
- mínimo de oito e máximo de dez por cento sobre o valor da condenação ou do proveito econômico obtido acima de 200 (duzentos) salários-mínimos até 2.000 (dois mil) salários-mínimos;
- mínimo de cinco e máximo de oito por cento sobre o valor da condenação ou do proveito econômico obtido acima de 2.000 (dois mil) salários-mínimos até 20.000 (vinte mil) salários-mínimos;
- mínimo de três e máximo de cinco por cento sobre o valor da condenação ou do proveito econômico obtido acima de 20.000 (vinte mil) salários-mínimos até 100.000 (cem mil) salários-mínimos;
- mínimo de um e máximo de três por cento sobre o valor da condenação ou do proveito econômico obtido acima de 100.000 (cem mil) salários-mínimos.

Quando, conforme o caso, a condenação contra a Fazenda Pública ou o benefício econômico obtido pelo vencedor ou o valor da causa for superior ao valor previsto nas disposições acima a fixação do percentual de honorários deve observar a faixa inicial e, naquilo que a exceder, a faixa subsequente, e assim sucessivamente.

Os limites e critérios já indicados acima aplicam-se independentemente de qual seja o conteúdo da decisão, inclusive aos casos de improcedência ou de sentença sem resolução de mérito.

Não serão devidos honorários no cumprimento de sentença contra a Fazenda Pública que enseje expedição de precatório, desde que não tenha sido impugnada.

Nas causas em que for inestimável ou irrisório o proveito econômico ou, ainda, quando o valor da causa for muito baixo, o juiz fixará o valor dos honorários por apreciação equitativa.

Na ação de indenização por ato ilícito contra pessoa, o percentual de honorários incidirá sobre a soma das prestações vencidas acrescida de 12 (doze) prestações vincendas. E nos casos de perda do objeto, os honorários serão devidos por quem deu causa ao processo.

ATENÇÃO! O tribunal, ao julgar recurso, majorará os honorários fixados anteriormente levando em conta o trabalho adicional realizado em grau recursal, observando, conforme o caso, o disposto no artigo 85, §§ 2º a 6º, sendo vedado ao tribunal, no cômputo geral da fixação de honorários devidos ao advogado do vencedor, ultrapassar os respectivos limites estabelecidos nos §§ 2º e 3º do mencionado artigo, para a fase de conhecimento.

> Os honorários recursais são cumuláveis com multas e outras sanções processuais, inclusive as previstas no art. 77, as quais tratam das sanções decorrentes da litigância de má-fé.
>
> As verbas de sucumbência arbitradas em embargos à execução rejeitados ou julgados improcedentes e em fase de cumprimento de sentença serão acrescidas no valor do débito principal, para todos os efeitos legais.

Os honorários constituem direito do advogado e têm natureza alimentar, com os mesmos privilégios dos créditos oriundos da legislação do trabalho, sendo vedada a compensação em caso de sucumbência parcial.

O advogado pode requerer que o pagamento dos honorários que lhe caibam seja efetuado em favor da sociedade de advogados que integra na qualidade de sócio, aplicando-se à hipótese o disposto acima.

Quando os honorários forem fixados em quantia certa, os juros moratórios incidirão a partir da data do trânsito em julgado da decisão. Tal matéria gerava debates acalorados.

Ademais, vale ressaltar que os honorários serão devidos quando o advogado atuar em causa própria.

Caso a decisão transitada em julgado seja omissa quanto ao direito aos honorários ou ao seu valor, é cabível ação autônoma para sua definição e cobrança.

Os advogados públicos perceberão honorários de sucumbência, nos termos da lei. Eis um dos pontos que mais gerou debate ao longo de toda tramitação legislativa.

Se cada litigante for, em parte, vencedor e vencido, serão proporcionalmente distribuídas entre eles às despesas.

Se um litigante sucumbir em parte mínima do pedido, o outro responderá, por inteiro, pelas despesas e pelos honorários.

Concorrendo diversos autores ou diversos réus, os vencidos respondem proporcionalmente pelas despesas e pelos honorários.

A sentença deverá distribuir entre os litisconsortes, de forma expressa, a responsabilidade proporcional pelo pagamento das verbas previstas acima.

Se a distribuição não for feita, os vencidos responderão solidariamente pelas despesas e pelos honorários.

Nos procedimentos de jurisdição voluntária, as despesas serão adiantadas pelo requerente e rateadas entre os interessados.

Nos juízos divisórios, não havendo litígio, os interessados pagarão as despesas proporcionalmente a seus quinhões.

Proferida sentença com fundamento em desistência, em renúncia ou em reconhecimento do pedido, as despesas e os honorários serão pagos pela parte que desistiu, renunciou ou reconheceu.

Sendo parcial a desistência, a renúncia ou o reconhecimento, a responsabilidade pelas despesas e pelos honorários será proporcional à parcela reconhecida, à qual se renunciou ou da qual se desistiu.

Havendo transação e nada tendo as partes disposto quanto às despesas, estas serão divididas igualmente.

Se a transação ocorrer antes da sentença, as partes ficam dispensadas do pagamento das custas processuais remanescentes, se houver.

Se o réu reconhecer a procedência do pedido e, simultaneamente, cumprir integralmente a prestação reconhecida, os honorários serão reduzidos pela metade.

As despesas dos atos processuais praticados a requerimento da Fazenda Pública, do Ministério Público ou da Defensoria Pública serão pagas ao final pelo vencido.

As perícias requeridas pela Fazenda Pública, pelo Ministério Público ou pela Defensoria Pública poderão ser realizadas por entidade pública ou, havendo previsão orçamentária, ter os valores adiantados por aquele que requerer a prova.

Não havendo previsão orçamentária no exercício financeiro para adiantamento dos honorários periciais, eles serão pagos no exercício seguinte ou ao final, pelo vencido, caso o processo se encerre antes do adiantamento a ser feito pelo ente público.

Quando, a requerimento do réu, o juiz proferir sentença sem resolver o mérito, o autor não poderá propor novamente a ação sem pagar ou depositar em cartório as despesas e os honorários a que foi condenado.

As despesas de atos adiados ou cuja repetição for necessária ficarão a cargo da parte, do auxiliar da justiça, do órgão do Ministério Público ou da Defensoria Pública ou do juiz que, sem justo motivo, houver dado causa ao adiamento ou à repetição.

Se o assistido for vencido, o assistente será condenado ao pagamento das custas em proporção à atividade que houver exercido no processo.

Cada parte adiantará a remuneração do assistente técnico que houver indicado, sendo a do perito adiantada pela parte que houver requerido a perícia ou rateada quando a perícia for determinada de ofício ou requerida por ambas as partes.

O juiz poderá determinar que a parte responsável pelo pagamento dos honorários do perito deposite em juízo o valor correspondente. A quantia recolhida em depósito bancário à ordem do juízo será corrigida monetariamente e paga de acordo com o art. 465, § 4º.

Quando o pagamento da perícia for de responsabilidade de beneficiário de gratuidade da justiça, ela poderá ser:

- custeada com recursos alocados no orçamento do ente público e realizada por servidor do Poder Judiciário ou por órgão público conveniado;
- paga com recursos alocados no orçamento da União, do Estado ou do Distrito Federal, no caso de ser realizada por particular, hipótese em que o valor será fixado conforme tabela do tribunal respectivo ou, em caso de sua omissão, do Conselho Nacional de Justiça.

O valor das sanções impostas ao litigante de má-fé reverterá em benefício da parte contrária, e o valor das sanções impostas aos serventuários pertencerá ao Estado ou à União.

A União e os Estados podem criar fundos de modernização do Poder Judiciário, aos quais serão revertidos os valores das sanções pecuniárias processuais destinadas à União e aos Estados, e outras verbas previstas em lei.

O advogado[2] é indispensável à administração da justiça, pois é o responsável por intermediar e levar ao Poder Judiciário os conflitos de interesses e patrocinar a defesa técnica de seu cliente (CF, art. 133). O advogado é o bacharel em direito devidamente inscrito no quadro de advogados da Ordem dos Advogados do Brasil, inscrição esta que somente é deferida aos aprovados no exame que é feito pela entidade. Sua função está regulada pela Lei nº 8.906/94.

Os artigos 103 a 107 do CPC são imprescindíveis para o exame, senão vejamos:

1.1.6. Comentários aos arts. 103 a 107 do CPC

A parte será representada em juízo por advogado regularmente inscrito na Ordem dos Advogados do Brasil.

É lícito à parte postular em causa própria quando tiver habilitação legal.

O advogado não será admitido a postular em juízo sem procuração, salvo para evitar preclusão, decadência ou prescrição, ou para praticar ato considerado urgente. Nem tais hipóteses excepcionais o advogado deverá, independentemente de caução, exibir a procuração no prazo de 15 (quinze) dias, prorrogável por igual período por despacho do juiz.

O ato não ratificado será considerado ineficaz relativamente àquele em cujo nome foi praticado, respondendo o advogado pelas despesas e por perdas e danos.

A procuração geral para o foro, outorgada por instrumento público ou particular assinado pela parte, habilita o advogado a praticar todos os atos do processo, exceto receber citação, confessar, reconhecer a procedência do pedido, transigir, desistir, renunciar ao direito sobre o qual se funda a ação, receber, dar quitação, firmar compromisso e assinar declaração de hipossuficiência econômica, que devem constar de cláusula específica.

2. Não esqueça que os advogados (públicos ou privados) e os membros do Ministério Público possuem capacidade postulatória, técnica ou judiciária.

A procuração pode ser assinada digitalmente, na forma da lei.

A procuração deverá conter o nome do advogado, seu número de inscrição na Ordem dos Advogados do Brasil e endereço completo.

Se o outorgado integrar sociedade de advogados, a procuração também deverá conter o nome dessa, seu número de registro na Ordem dos Advogados do Brasil e endereço completo.

Salvo disposição expressa em sentido contrário constante do próprio instrumento, a procuração outorgada na fase de conhecimento é eficaz para todas as fases do processo, inclusive para o cumprimento de sentença.

Quando postular em causa própria, incumbe ao advogado:

- declarar, na petição inicial ou na contestação, o endereço, seu número de inscrição na Ordem dos Advogados do Brasil e o nome da sociedade de advogados da qual participa, para o recebimento de intimações;
- comunicar ao juízo qualquer mudança de endereço.

Se o advogado descumprir a ordem de declaração do seu endereço e demais exigências do art. 106, inciso I, o juiz ordenará que se supra a omissão, no prazo de 5 (cinco) dias, antes de determinar a citação do réu, sob pena de indeferimento da petição.

Se o advogado não comunicar ao juízo a mudança de endereço, serão consideradas válidas as intimações enviadas por carta registrada ou meio eletrônico ao endereço constante dos autos.

MODELO DE PROCURAÇÃO

PROCURAÇÃO "AD JUDICIA"

FULANA DE TAL , nacionalidade, estado civil, profissão, inscrita no CPF sob o nº..., residente de domiciliada na..., nomeia e constitui sua procuradora a advogada CICLANA, nacionalidade, estado civil, inscrita na OAB/BA sob o nº ...., com endereço profissional situado na rua..., nº..., bairro..., cidade..., cep..., a quem confere poderes para o foro em geral, com a cláusula "ad judicia", em qualquer juízo, instância ou Tribunal, podendo propor contra quem de direito as ações competentes e defendê-lo(a) nas contrárias, seguindo umas e outras, até final decisão, usando os recursos legais e acompanhando-o(a), conferindo-lhe, firmar compromissos ou acordos, receber e dar quitação, agindo em conjunto ou separadamente, podendo ainda substabelecer este instrumento a outrem, com ou sem reservas de iguais poderes, dando tudo por bom, firme e valioso.

Local, data e ano.

Assinatura do outorgante

ATENÇÃO! A procuração pode ser assinada digitalmente com base em certificado emitido por Autoridade Certificadora credenciada, na forma da lei específica.

Daí porque se inserem nas procurações os poderes inerentes à cláusula "ad judicia" e mais os especiais que venham a ser necessários, tais como os de transigir, desistir, receber, dar quitação, firmar compromisso etc. **Esses poderes deve ser expressos.**

Conforme preceitua o artigo 107, o advogado tem direito:

- examinar, em cartório de fórum e secretaria de tribunal, mesmo sem procuração, autos de qualquer processo, independentemente da fase de tramitação, assegurados a obtenção de cópias e o registro de anotações, salvo na hipótese de segredo de justiça, nas quais apenas o advogado constituído terá acesso aos autos;
- requerer, como procurador, vista dos autos de qualquer processo, pelo prazo de 5 (cinco) dias;
- retirar os autos do cartório ou da secretaria, pelo prazo legal, sempre que neles lhe couber falar por determinação do juiz, nos casos previstos em lei.

Ao receber os autos, o advogado assinará carga em livro ou documento próprio.

Sendo o prazo comum às partes, os procuradores poderão retirar os autos somente em conjunto ou mediante prévio ajuste, por petição nos autos.

Na hipótese acima é lícito ao procurador retirar os autos para obtenção de cópias, pelo prazo de 2 (duas) a 6 (seis) horas[3], independentemente de ajuste e sem prejuízo da continuidade do prazo.

1.1.7. Gratuidade da justiça

O *caput* do art. 98 do CPC/15 dispõe sobre aqueles que podem ser beneficiários da justiça gratuita: "Art. 98. A pessoa natural ou jurídica, brasileira ou estrangeira, com insuficiência de recursos para pagar as custas, as despesas processuais e os honorários advocatícios têm direito à gratuidade da justiça, na forma da lei".

Conforme o art. 98, tanto a pessoa natural como a pessoa jurídica têm direito à justiça gratuita, sejam estas brasileiras ou estrangeiras.

A gratuidade da justiça compreende:

- as taxas ou as custas judiciais;

3. No CPC/73 o prazo não poderia exceder 1 hora.

- os selos postais;
- as despesas com publicação na imprensa oficial, dispensando-se a publicação em outros meios;
- a indenização devida à testemunha que, quando empregada, receberá do empregador salário integral, como se em serviço estivesse;
- as despesas com a realização de exame de código genético - DNA e de outros exames considerados essenciais;
- os honorários do advogado e do perito e a remuneração do intérprete ou do tradutor nomeado para apresentação de versão em português de documento redigido em língua estrangeira;
- o custo com a elaboração de memória de cálculo, quando exigida para instauração da execução;
- os depósitos previstos em lei para interposição de recurso, para propositura de ação e para a prática de outros atos processuais inerentes ao exercício da ampla defesa e do contraditório;
- os emolumentos devidos a notários ou registradores em decorrência da prática de registro, averbação ou qualquer outro ato notarial necessário à efetivação de decisão judicial ou à continuidade de processo judicial no qual o benefício tenha sido concedido.

ATENÇÃO! A concessão de gratuidade não afasta a responsabilidade do beneficiário pelas despesas processuais e pelos honorários advocatícios decorrentes de sua sucumbência.

Vencido o beneficiário, as obrigações decorrentes de sua sucumbência ficarão sob condição suspensiva de exigibilidade e somente poderão ser executadas se, nos 5 (cinco) anos subsequentes ao trânsito em julgado da decisão que as certificou, o credor demonstrar que deixou de existir a situação de insuficiência de recursos que justificou a concessão de gratuidade, extinguindo-se, passado esse prazo, tais obrigações do beneficiário.

A concessão de gratuidade não afasta o dever de o beneficiário pagar, ao final, as multas processuais que lhe sejam impostas.

A gratuidade poderá ser concedida em relação a algum ou a todos os atos processuais, ou consistir na redução percentual de despesas processuais que o beneficiário tiver de adiantar no curso do procedimento.

Conforme o caso, o juiz poderá conceder direito ao parcelamento de despesas processuais que o beneficiário tiver de adiantar no curso do procedimento.

Regras sobre o pedido de Gratuidade

O pedido de gratuidade da justiça pode ser formulado na petição inicial, na contestação, na petição para ingresso de terceiro no processo ou em recurso.

Se superveniente à primeira manifestação da parte na instância, o pedido poderá ser formulado por petição simples, nos autos do próprio processo, e não suspenderá seu curso.

O juiz somente poderá indeferir o pedido se houver nos autos elementos que evidenciem a falta dos pressupostos legais para a concessão de gratuidade, devendo, antes de indeferir o pedido, determinar à parte a comprovação do preenchimento dos referidos pressupostos.

Presume-se verdadeira a alegação de insuficiência deduzida exclusivamente por pessoa natural.

A assistência do requerente por advogado particular não impede a concessão de gratuidade da justiça.

Na hipótese acima, o recurso que verse exclusivamente sobre valor de honorários de sucumbência fixados em favor do advogado de beneficiário estará sujeito a preparo, salvo se o próprio advogado demonstrar que tem direito à gratuidade.

O direito à gratuidade da justiça é pessoal, não se estendendo a litisconsorte ou a sucessor do beneficiário, salvo requerimento e deferimento expressos.

Requerida a concessão de gratuidade da justiça em recurso, o recorrente estará dispensado de comprovar o recolhimento do preparo, incumbindo ao relator, neste caso, apreciar o requerimento e, se indeferi-lo, fixar prazo para realização do recolhimento.

Deferido o pedido, a parte contrária poderá oferecer impugnação na contestação, na réplica, nas contrarrazões de recurso ou, nos casos de pedido superveniente ou formulado por terceiro, por meio de petição simples, a ser apresentada no prazo de 15 (quinze) dias, nos autos do próprio processo, sem suspensão de seu curso.

Revogado o benefício, a parte arcará com as despesas processuais que tiver deixado de adiantar e pagará, em caso de má-fé, até o décuplo de seu valor a título de multa, que será revertida em benefício da Fazenda Pública estadual ou federal e poderá ser inscrita em dívida ativa.

RECORRIBILIDADE! Contra a decisão que indeferir a gratuidade ou a que acolher pedido de sua revogação caberá agravo de instrumento, exceto quando a questão for resolvida na sentença, contra a qual caberá apelação.

O recorrente estará dispensado do recolhimento de custas até decisão do relator sobre a questão, preliminarmente ao julgamento do recurso.

Confirmada a denegação ou a revogação da gratuidade, o relator ou o órgão colegiado determinará ao recorrente o recolhimento das custas processuais, no prazo de 5 (cinco) dias, sob pena de não conhecimento do recurso.

Sobrevindo o trânsito em julgado de decisão que revoga a gratuidade, a parte deverá efetuar o recolhimento de todas as despesas de cujo adiantamento foi dispensada, inclusive as relativas ao recurso interposto, se houver, no prazo fixado pelo juiz, sem prejuízo de aplicação das sanções previstas em lei.

Não efetuado o recolhimento, o processo será extinto sem resolução de mérito, tratando-se do autor, e, nos demais casos, não poderá ser deferida a realização de nenhum ato ou diligência requerida pela parte enquanto não efetuado o depósito.

2. LITISCONSÓRCIO

2.1. Conceito

Dá-se o litisconsórcio quando duas ou mais pessoas litigam, no mesmo processo (art. 113 CPC), ou seja, quando há mais de um autor e/ou mais de um réu, havendo comunhão de interesses, isto é, quando entre elas houver comunhão de direitos ou de obrigações relativamente à demanda; ocorrer afinidade de questões por um ponto comum de fato ou de direito, ou seja, os direitos ou as obrigações derivarem do mesmo fundamento de fato ou de direito.

2.2. Espécies

2.2.1. Quanto à posição dos sujeitos

Quanto aos sujeitos, o litisconsórcio pode ser considerado **ativo**, **passivo** ou misto.

Havendo pluralidade de partes no polo ativo, o litisconsórcio será chamado ativo. Se a pluralidade de partes se der no polo passivo, formado estará o litisconsórcio passivo. Existindo mais de um autor e mais de um réu, no mesmo processo, o litisconsórcio será denominado misto.

2.2.2. Em relação ao momento de sua formação

Quando a própria petição inicial já relaciona os diversos autores que integrarão o polo ativo ou os vários réus que deverão figurar no polo passivo, o litisconsórcio formado será **inicial**.

Se, por outro lado, o litisconsórcio formar-se posteriormente, por requerimento de alguma parte ou determinação do juiz, será chamado de **incidental** ou **ulterior**.

2.2.3. *Quanto à obrigatoriedade de sua formação*

Se for obrigatória a formação do litisconsórcio, sob pena de o feito não prosseguir, será chamado de **necessário** ou **obrigatório**. Não havendo tal necessidade, o litisconsórcio será **facultativo ou voluntário**.

A lei determina que será necessária a formação de litisconsórcio quando decorrer de disposição legal ou em razão da natureza da relação jurídica. No primeiro caso, temos como exemplo a determinação constante do art. 73 do CPC, que prevê a obrigatoriedade de, tanto o marido como a mulher, bem como, companheiros, que figurarem como réus em ações que versem sobre direito real imobiliário. Na segunda hipótese, como exemplo, podemos citar as ações em que se busca a declaração de nulidade ou ineficácia de algum contrato, nas quais exige-se a participação de todos aqueles que figuram como partes no contrato, em face da relação jurídica existente entre eles.

A formação do litisconsórcio necessário deve ser fiscalizada pelo juiz, que deverá determinar ao autor que promova o aditamento da petição inicial e promova a citação de todos os litisconsortes necessários, sob pena de extinção do feito (CPC, art. 115, parágrafo único).

A formação do litisconsórcio facultativo, por sua vez, decorre exclusivamente da iniciativa do autor, que ao invés de propor várias ações contra réus diferentes, em face, por exemplo, de conexão existente entre as ações, desde já está autorizado a reuni-las e mover uma única ação contra todos.

Tratando-se de litisconsórcio facultativo, se o número de litigantes, seja no polo ativo ou no polo passivo, comprometer a rápida solução do litígio ou dificultar a defesa, poderá o juiz limitá-lo a um número razoável.

2.2.4. *Quanto à uniformidade da decisão*

Se a decisão não precisar ser uniforme para todos os litisconsortes, **simples** será considerado o litisconsórcio. O litisconsórcio simples será, ora necessário, ora facultativo.

Em regra, o litisconsórcio simples será facultativo. Porém, na ação de usucapião, por exemplo, será necessária a presença no polo passivo tanto dos confinantes do imóvel quando daquele cujo nome consta como proprietário no registro de imóveis; a decisão, no entanto, evidentemente será distinta para ambos, pois apenas o proprietário poderá ter retirado seu nome do cadastro imobiliário e não mais ser considerado dono do bem.

Tratando-se de litisconsórcio simples, cada litisconsorte será considerado litigante distinto da parte adversa, uma vez que a decisão não precisa ser uniforme para todos. Assim, os atos e omissões de um, não prejudicarão ou beneficiarão os outros.

A contestação apresentada por um dos litisconsortes, sendo o litisconsórcio simples, não aproveitará aos demais que não contestaram, que serão considerados revéis e contra eles incidirão os efeitos da revelia.

O litisconsórcio, por outro lado, será **unitário**, quando a decisão precisar ser idêntica para todos.

Não devemos confundir o litisconsórcio unitário com o litisconsórcio necessário.

Como exemplo de litisconsórcio unitário não necessário, podemos indicar a casuística do coproprietário, o qual pode defender a posse do imóvel esbulhado por terceiro, sem que os demais coproprietários necessitem integrar do processo.

A demanda que visa anulação de casamento proposta pelo MP, porém, é um exemplo típico de litisconsórcio necessário unitário, pois deverá ser movida contra o marido e a mulher, e a decisão necessariamente será uniforme para ambos.

Tratando-se de litisconsórcio unitário, os atos praticados por um dos litisconsortes, como provas e recursos, aproveitarão os demais, uma vez que a decisão será uniforme para todos. Neste caso, não se dará os efeitos da revelia quando um dos litisconsortes contestar.

Repassemos!

Duas ou mais pessoas podem litigar, no mesmo processo, em conjunto, ativa ou passivamente, quando:

- entre elas houver comunhão de direitos ou de obrigações relativamente à lide;
- entre as causas houver conexão pelo pedido ou pela causa de pedir;
- ocorrer afinidade de questões por ponto comum de fato ou de direito.

Tais hipóteses são intituladas de Litisconsórcio Facultativo ou Voluntário.

ATENÇÃO! O juiz poderá limitar o litisconsórcio facultativo quanto ao número de litigantes na fase de conhecimento, na liquidação de sentença ou na execução, quando este comprometer a rápida solução do litígio ou dificultar a defesa ou o cumprimento da sentença.

Vale lembrar que o requerimento de limitação interrompe o prazo para manifestação ou resposta, que recomeçará da intimação da decisão que o solucionar.

O litisconsórcio será necessário por disposição de lei ou quando, pela natureza da relação jurídica controvertida, a eficácia da sentença depender da citação de todos que devam ser litisconsortes. Nestes casos, o juiz não poderá controlar o número de litisconsortes.

A sentença de mérito, quando proferida sem a integração do contraditório, será:

- nula, se a decisão deveria ser uniforme em relação a todos que deveriam ter integrado o processo;
- ineficaz, nos outros casos, apenas para os que não foram citados.

Nos casos de litisconsórcio passivo necessário, o juiz determinará ao autor que requeira a citação de todos que devam ser litisconsortes, dentro do prazo que assinar, sob pena de extinção do processo.

O litisconsórcio será unitário quando, pela natureza da relação jurídica, o juiz tiver de decidir o mérito de modo uniforme para todos os litisconsortes.

Ademais, os litisconsortes serão considerados, em suas relações com a parte adversa, como litigantes distintos, exceto no litisconsórcio unitário, caso em que os atos e as omissões de um não prejudicarão os outros, mas os poderão beneficiar.

Por fim, cada litisconsorte tem o direito de promover o andamento do processo, e todos devem ser intimados dos respectivos atos.

3. INTERVENÇÃO DE TERCEIROS

Regra geral, a sentença proferida num processo só deve atingir favorecer ou prejudicar as partes (autor e réu).

No entanto, não se pode olvidar que há situações em que a decisão tomada num processo tem reflexo em outra relação jurídica de direito material, estendendo indiretamente os efeitos da sentença a terceira pessoa estranha à relação jurídica processual originária. **Assim, é fundamental perceber que a correta compreensão das intervenções de terceiro passa, necessariamente, pela constatação de que haverá sempre, um vínculo entre o terceiro, o objeto litigioso do processo e a relação jurídica material deduzida.**

Assim, este "terceiro juridicamente interessado" pode, com o escopo de defender interesse próprio, intervir *voluntariamente* no processo, ou mediante *provocação* de uma das partes.

3.1. Assistência

O terceiro que tiver interesse jurídico próprio em que a sentença seja favorável a alguma das partes, poderá espontaneamente intervir no processo para assisti-la, uma vez que a sentença a ser proferida poderá influir na relação jurídica que o terceiro tem com alguma das partes.

O assistente, porém, recebe o processo no estado em que estiver, ainda que em grau de recurso, e não poderá alterar a causa de pedir nem o pedido, se pretender auxiliar o autor, ou a contestação, se auxiliar o réu.

A assistência tem duas espécies, a simples e a litisconsorcial.

Será **simples** quando o assistente tiver relação jurídica com a parte que for assistir.

O assistente simples não poderá obstar que a parte principal reconheça a procedência do pedido, desista da ação ou transija sobre direitos controvertidos. Nestes casos, terminando o processo, cessa a intervenção do assistente.

Sendo revel o assistido, o assistente será considerado seu gestor de negócios e atuará como legitimado extraordinário, defendendo direito alheio em nome próprio.

A assistência será chamada de **litisconsorcial**, por outro lado, quando o assistente pretender defender direito próprio em relação ao adversário do assistido. O assistente litisconsorcial, portanto, tem legitimidade tanto para figurar no polo ativo quanto no polo passivo. Considera-se litisconsorte da parte principal o assistente, toda vez que a sentença houver de influir na relação jurídica entre ele e o adversário do assistido.

ATENÇÃO! Transitada em julgado a sentença no processo em que interveio o assistente, este não poderá, em processo posterior, discutir a justiça da decisão, salvo se alegar e provar que:

- pelo estado em que recebeu o processo ou pelas declarações e pelos atos do assistido, foi impedido de produzir provas suscetíveis de influir na sentença;
- desconhecia a existência de alegações ou de provas das quais o assistido, por dolo ou culpa, não se valeu.

Procedimento

Não havendo impugnação no prazo de 15 (quinze) dias, o pedido do assistente será deferido, salvo se for caso de rejeição liminar.

Se qualquer parte alegar que falta ao requerente interesse jurídico para intervir, o juiz decidirá o incidente, sem suspensão do processo.

3.2. Denunciação da Lide

A denunciação da lide é forma de intervenção de terceiros, provocada por iniciativa do autor ou do réu, que será denominado de denunciante, com o objetivo de ver assegurado eventual direito de regresso se perder a demanda.

De acordo com o artigo 125 do CPC, é admissível a denunciação da lide, promovida por qualquer das partes:

PARTE GERAL

- ao alienante imediato, no processo relativo à coisa cujo domínio foi transferido ao denunciante, a fim de que possa exercer os direitos que da evicção lhe resultam;
- àquele que estiver obrigado, por lei ou pelo contrato, a indenizar, em ação regressiva, o prejuízo de quem for vencido no processo.

O direito regressivo será exercido por ação autônoma quando a denunciação da lide for indeferida, deixar de ser promovida ou não for permitida.

Admite-se uma única denunciação sucessiva, promovida pelo denunciado, contra seu antecessor imediato na cadeia dominial ou quem seja responsável por indenizá-lo, não podendo o denunciado sucessivo promover nova denunciação, hipótese em que eventual direito de regresso será exercido por ação autônoma.

A citação do denunciado, por sua vez, será requerida na petição inicial, se o denunciante for autor, ou na contestação, se o denunciante for réu, devendo ser realizada na forma e nos prazos previstos no art. 131 do CPC.

Feita a denunciação pelo autor, o denunciado poderá assumir a posição de litisconsorte do denunciante e acrescentar novos argumentos à petição inicial, procedendo-se em seguida à citação do réu.

Feita a denunciação pelo réu:

- se o denunciado contestar o pedido formulado pelo autor, o processo prosseguirá tendo, na ação principal, em litisconsórcio, denunciante e denunciado;
- se o denunciado for revel, o denunciante pode deixar de prosseguir com sua defesa, eventualmente oferecida, e abster-se de recorrer, restringindo sua atuação à ação regressiva;
- se o denunciado confessar os fatos alegados pelo autor na ação principal, o denunciante poderá prosseguir com sua defesa ou, aderindo a tal reconhecimento, pedir apenas a procedência da ação de regresso.

Procedente o pedido da ação principal, pode o autor, se for o caso, requerer o cumprimento da sentença também contra o denunciado, nos limites da condenação deste na ação regressiva.

Se o denunciante for vencido na ação principal, o juiz passará ao julgamento da denunciação da lide.

Se o denunciante for vencedor, a ação de denunciação não terá o seu pedido examinado, sem prejuízo da condenação do denunciante ao pagamento das verbas de sucumbência em favor do denunciado.

3.3. Chamamento ao Processo

Os coobrigados podem ser chamados pelo réu, devedor da mesma dívida cobrada, para que passem a integrar o polo passivo e para que o juiz, na mesma sentença, já fixe a responsabilidade de cada um.

Havendo chamamento ao processo, será formado litisconsórcio passivo, por iniciativa do réu (denominado "chamante", enquanto os codevedores, "chamados"). Deixando o réu, porém, de pleitear o chamamento dos coobrigados ao processo, não perderá o direito de exercer seu direito de regresso caso efetue o pagamento integral da dívida.

O art. 130 prevê as seguintes hipóteses de admissibilidade do chamamento ao processo:

- do afiançado, na ação em que o fiador for réu;
- dos demais fiadores, na ação proposta contra um ou alguns deles;
- dos demais devedores solidários, quando o credor exigir de um ou de alguns o pagamento da dívida comum.

O chamamento só é admissível em processos de conhecimento, pois visa à condenação dos coobrigados chamados.

A citação daqueles que devam figurar em litisconsórcio passivo será requerida pelo réu na contestação e deve ser promovida no prazo de 30 (trinta) dias, sob pena de ficar sem efeito o chamamento.

Se o chamado residir em outra comarca, seção ou subseção judiciárias, ou em lugar incerto, o prazo será de 2 (dois) meses.

A sentença de procedência valerá como título executivo em favor do réu que satisfizer a dívida, a fim de que possa exigi-la, por inteiro, do devedor principal, ou, de cada um dos codevedores, a sua quota, na proporção que lhes tocar.

3.4. Incidente de Desconsideração da Personalidade Jurídica

O incidente de desconsideração da personalidade jurídica será instaurado a pedido da parte ou do Ministério Público, quando lhe couber intervir no processo. Eis o disposto no artigo 133 do CPC.

O pedido de desconsideração da personalidade jurídica observará os pressupostos previstos em lei.

Aplica-se a disposição aqui mencionada hipótese de desconsideração inversa da personalidade jurídica[4].

O incidente de desconsideração é cabível em todas as fases do processo de conhecimento, no cumprimento de sentença e na execução fundada em título executivo extrajudicial.

A instauração do incidente será imediatamente comunicada ao distribuidor para as anotações devidas.

4. Ele já é utilizado em demandas familiaristas.

Dispensa-se a instauração do incidente se a desconsideração da personalidade jurídica for requerida na petição inicial, hipótese em que será citado o sócio ou a pessoa jurídica.

3.5. "Amicus Curiae"

O juiz ou o relator, considerando a relevância da matéria, a especificidade do tema objeto da demanda ou a repercussão social da controvérsia, poderá, por decisão irrecorrível, de ofício ou a requerimento das partes ou de quem pretenda manifestar-se, solicitar ou admitir a participação de pessoa natural ou jurídica, órgão ou entidade especializada, com representatividade adequada, no prazo de 15 (quinze) dias de sua intimação.

A intervenção acima não implica alteração de competência nem autoriza a interposição de recursos, ressalvadas a oposição de embargos de declaração e a decisão em sede de IRDR.

Caberá ao juiz ou ao relator, na decisão que solicitar ou admitir a intervenção, definir os poderes do amicus curiae.

O amicus curiae pode recorrer da decisão que julgar o incidente de resolução de demandas repetitivas.

4. O PAPEL DO MINISTÉRIO PÚBLICO NO PROCESSO CIVIL

O Ministério Público atuará na defesa da ordem jurídica, do regime democrático e dos interesses e direitos sociais e individuais indisponíveis.

O Ministério Público exercerá o direito de ação em conformidade com suas atribuições constitucionais.

O Ministério Público será intimado para, no prazo de 30 (trinta) dias, intervir como fiscal da ordem jurídica nas hipóteses previstas em lei ou na Constituição Federal e nos processos que envolvam:

- interesse público ou social;
- interesse de incapaz;
- litígios coletivos pela posse de terra rural ou urbana.

A participação da Fazenda Pública não configura, por si só, hipótese de intervenção do Ministério Público.

Nos casos de intervenção como fiscal da ordem jurídica, o Ministério Público:

- terá vista dos autos depois das partes, sendo intimado de todos os atos do processo;

- poderá produzir provas, requerer as medidas processuais pertinentes e recorrer.

O Ministério Público gozará de prazo em dobro para manifestar-se nos autos, que terá início a partir de sua intimação pessoal, nos termos do art. 183, § 1º.

Findo o prazo para manifestação do Ministério Público sem o oferecimento de parecer, o juiz requisitará os autos e dará andamento ao processo.

Não se aplica o benefício da contagem em dobro quando a lei estabelecer, de forma expressa, prazo próprio para o Ministério Público.

O membro do Ministério Público será civil e regressivamente responsável quando agir com dolo ou fraude no exercício de suas funções.

CAPÍTULO III

Atos Processuais

1. NOÇÕES INICIAIS

Atos processuais são aqueles praticados pelos sujeitos do processo.

São classificados de acordo com o sujeito que o pratica, havendo, portanto, os atos das partes, os atos do juiz, assim como os atos dos auxiliares da justiça.

Quanto à forma dos atos processuais, de acordo com o princípio da instrumentalidade das formas, temos que os atos são reputados válidos se atingida sua finalidade. Ademais, os atos não dependem de forma determinada, a menos que a lei expressamente a exija.

Os atos processuais, seja de qual forma for, devem ser públicos, correndo em segredo de justiça apenas os processos em que o exigir o interesse público e que digam respeito a casamento, filiação, separação dos cônjuges, conversão desta em divórcio, alimentos e guarda de menores (CPC, art. 189).

Nestes casos, o direito de consultar os autos e de pedir certidões de seus atos é restrito às partes e seus procuradores, sendo facultado ao terceiro que demonstrar interesse jurídico, apenas a possibilidade de requerer certidão do dispositivo da sentença, bem como de inventário e partilha.

Obrigatório ainda o uso do vernáculo (língua nacional – portuguesa) em todos os atos e termos do processo. Os documentos redigidos em língua estrangeira somente poderão ser juntados aos autos se acompanhados de versão em língua portuguesa, feita por tradutor juramentado.

2. ATOS PROCESSUAIS DAS PARTES

O art. 200 do CPC prevê que os atos das partes consistem em declarações unilaterais ou bilaterais de vontade. Será ato unilateral, por exemplo, a petição inicial e a contestação. Bilateral, por sua vez, é a petição que comunica a celebração de um acordo, subscrita pelas duas partes.

As manifestações de vontade das partes, por meio dos atos dispositivos, produzem imediatamente a constituição, modificação ou a extinção de direitos processuais, sendo consideradas, portanto, verdadeiros negócios jurídicos. Nestes casos, a homologação judicial apenas se destina a qualificar eventual acordo, por exemplo, como título executivo judicial.

3. ATOS PROCESSUAIS DO JUIZ

O juiz se manifesta nos autos por meio de sentenças, decisões interlocutórias e despachos.

Ressalvadas as disposições expressas dos procedimentos especiais, sentença é o pronunciamento por meio do qual o juiz, com fundamento nos arts. 485 e 487, põe fim à fase cognitiva do procedimento comum, bem como extingue a execução.

Já a decisão interlocutória é todo pronunciamento judicial de natureza decisória que não se enquadre no de sentença. Ela não é mais o ato decisório que resolve apenas questões incidentais sem por fim ao processo.

Acórdãos são as decisões colegiadas proferidas pelos tribunais.

Alguns atos de movimentação processual independem de despacho do juiz e podem ser praticados até mesmo de ofício pelo escrivão do cartório judicial, como a juntada de petições. Tais atos são chamados de ordinatórios e estão previstos no art. 203, § 4º, do CPC, assim como na Constituição Federal, no art. 93, XIV.

Vejamos a íntegra do dispositivo:

> "Os atos meramente ordinatórios, como a juntada e a vista obrigatória, independem de despacho, devendo ser praticados de ofício pelo servidor e revistos pelo juiz quando necessário."

De acordo com art. 205 os despachos, as decisões, as sentenças e os acórdãos serão redigidos, datados e assinados pelos juízes.

Quando os pronunciamentos forem proferidos oralmente, o servidor os documentará, submetendo-os aos juízes para revisão e assinatura.

4. TEMPO DOS ATOS PROCESSUAIS

Os atos serão praticados em dias úteis, das 06 às 20 horas, podendo haver prorrogação para conclusão dos atos iniciados antes do final do expediente (CPC, art. 212). Entretanto, os atos processuais que dependam de protocolo só poderão ser praticados dentro do horário de expediente forense de cada órgão jurisdicional.

Os Juizados Especiais, porém, poderão funcionar em horário noturno (Lei 9.099/95, art. 12).

Durante as férias não serão praticados atos processuais, com exceção das citações, intimações e penhoras, bem como tutelas de urgência (art. 214, CPC).

Os procedimentos indicados nos incisos do art. 215 do CPC também tramitam durante as férias, são eles: os procedimentos de jurisdição voluntária e os necessários à conservação de direitos, quando puderem ser prejudicados pelo adiamento; - a ação de alimentos e os processos de nomeação ou remoção de tutor e curador; - os processos que a lei determinar.

Além dos declarados em lei, são feriados, para efeito forense, os **sábados,** os domingos e os dias em que não haja expediente forense.

5. LUGAR DOS ATOS PROCESSUAIS

Os atos processuais são realizados na sede do juízo (cartório ou vara judicial em que tramita o processo).

O art. 217, no entanto, autoriza seja efetuado em outro lugar, em virtude do interesse da justiça (por meio de cartas precatórias, por exemplo) ou em face da função que exerce a pessoa que precisa ser ouvida no processo (depoimento do Presidente da República, por exemplo), ou ainda em face de obstáculo arguido pelo interessado e acolhido pelo juiz, como nos casos de oitiva de testemunha enferma e que não pode se locomover, ocasião em que o depoimento será colhido no local onde estiver.

6. NEGÓCIOS JURÍDICOS PROCESSUAIS

O artigo 190 do CPC estabelece que versando o processo sobre direitos que admitam autocomposição, é lícito às partes plenamente capazes estipular mudanças no procedimento para ajustá-lo às especificidades da causa e convencionar sobre os seus ônus, poderes, faculdades e deveres processuais, antes ou durante o processo. Eis uma cláusula geral de negociação.

De ofício ou a requerimento, o juiz controlará a validade das convenções previstas neste artigo, recusando-lhes aplicação somente nos casos de nulidade ou de inserção abusiva em contrato de adesão ou em que alguma parte se encontre em manifesta situação de vulnerabilidade.

Ademais, de comum acordo, o juiz e as partes podem fixar calendário para a prática dos atos processuais, quando for o caso. Eis o que chamamos de calendário Processual.

O calendário vincula as partes e o juiz, e os prazos nele previstos somente serão modificados em casos excepcionais, devidamente justificados.

Dispensa-se a intimação das partes para a prática de ato processual ou a realização de audiência cujas datas tiverem sido designadas no calendário.

7. PRÁTICA ELETRÔNICA DE ATOS PROCESSUAIS

Os atos processuais podem ser total ou parcialmente digitais, de forma a permitir que sejam produzidos, comunicados, armazenados e validados por meio eletrônico, na forma da lei.

Os sistemas de automação processual respeitarão a publicidade dos atos, o acesso e a participação das partes e de seus procuradores, inclusive nas audiências e sessões de julgamento, observadas as garantias da disponibilidade, independência da plataforma computacional, acessibilidade e interoperabilidade dos sistemas, serviços, dados e informações que o Poder Judiciário administre no exercício de suas funções.

O registro de ato processual eletrônico deverá ser feito em padrões abertos, que atenderão aos requisitos de autenticidade, integridade, temporalidade, não repúdio, conservação e, nos casos que tramitem em segredo de justiça, confidencialidade, observada a infraestrutura de chaves públicas unificada nacionalmente, nos termos da lei.

Compete ao Conselho Nacional de Justiça e, supletivamente, aos tribunais, regulamentar a prática e a comunicação oficial de atos processuais por meio eletrônico e velar pela compatibilidade dos sistemas, disciplinando a incorporação progressiva de novos avanços tecnológicos e editando, para esse fim, os atos que forem necessários, respeitadas as normas fundamentais do código.

Os tribunais divulgarão as informações constantes de seu sistema de automação em página própria na rede mundial de computadores, gozando a divulgação de presunção de veracidade e confiabilidade.

Nos casos de problema técnico do sistema e de erro ou omissão do auxiliar da justiça responsável pelo registro dos andamentos, poderá ser configurada a justa causa prevista no art. 223, *caput* e § 1º.

> **ATENÇÃO!** As unidades do Poder Judiciário deverão manter gratuitamente, à disposição dos interessados, equipamentos necessários à prática de atos processuais e à consulta e ao acesso ao sistema e aos documentos dele constantes. No entanto, será admitida a prática de atos por meio não eletrônico no local onde não estiverem disponibilizados os equipamentos acima indicados.
>
> As unidades do Poder Judiciário assegurarão às pessoas com deficiência acessibilidade aos seus sítios na rede mundial de computadores, ao meio eletrônico de prática de atos judiciais, à comunicação eletrônica dos atos processuais e à assinatura eletrônica.

8. PRAZOS

8.1. Noções iniciais

Prazo pode ser compreendido como lapso de tempo destinado à prática de um ato processual.

> **ATENÇÃO!** Quando a lei ou o juiz não determinar prazo, as intimações somente obrigarão a comparecimento após decorridas 48 (quarenta e oito) horas.
>
> Inexistindo preceito legal ou prazo determinado pelo juiz, será de 5 (cinco) dias o prazo para a prática de ato processual a cargo da parte.

8.2. Forma de contagem e disposições importantes dos prazos

Para a contagem dos prazos processuais, exclui-se o dia do começo e inclui-se o dia do vencimento. Caindo o dia do vencimento em feriado ou dia que não houver expediente forense ou for ele encerrado antes do normal, considera-se prorrogado até o próximo dia útil (CPC, art. 224).

> **ATENÇÃO!** Os dias do começo e do vencimento do prazo serão protraídos para o primeiro dia útil seguinte, se coincidirem com dia em que o expediente forense for encerrado antes ou iniciado depois da hora normal ou houver indisponibilidade da comunicação eletrônica.
>
> Considera-se como data de publicação o primeiro dia útil seguinte ao da disponibilização da informação no Diário da Justiça eletrônico.
>
> A contagem do prazo terá início no primeiro dia útil que seguir ao da publicação.

O representante da Fazenda Pública, o representante do Ministério Público, assim como o Defensor Público, serão sempre intimados pessoalmente. Quando a decisão é publicada em audiência, considera-se intimada a parte na data em que se realizou a audiência (CPC, art. 1.003, § 1º)

Se a intimação for feita por publicação no Diário de Justiça Eletrônico - DJE, considerar-se-á como data da publicação o primeiro dia útil seguinte ao da disponibilização da informação. Os prazos processuais, por seu turno, terão início no primeiro dia útil que seguir àquele considerado como data da publicação (Lei 11.419/06, art. 4º, §§ 3º e 4º).

Os prazos, ademais, eram contínuos, não se interrompiam nos feriados. No CPC/15 na contagem de prazo em dias, estabelecido por lei ou pelo juiz, computar-se-ão somente os dias úteis. (art. 219).

As disposições acima aplicam-se somente aos prazos processuais.

ATENÇÃO!

- Será considerado tempestivo o ato praticado antes do termo inicial do prazo.
- Suspende-se o curso do prazo processual nos dias compreendidos entre 20 de dezembro e 20 de janeiro, inclusive.
- Ressalvadas as férias individuais e os feriados instituídos por lei, os juízes, os membros do Ministério Público, da Defensoria Pública e da Advocacia Pública e os auxiliares da Justiça exercerão suas atribuições normalmente.
- Durante a suspensão do prazo, não se realizarão audiências nem sessões de julgamento.

Suspende-se o curso do prazo por obstáculo criado em detrimento da parte ou ocorrendo qualquer das hipóteses do art. 313, devendo o prazo ser restituído por tempo igual ao que faltava para sua complementação.

Suspendem-se os prazos durante a execução de programa instituído pelo Poder Judiciário para promover a autocomposição, incumbindo aos tribunais especificar, com antecedência, a duração dos trabalhos.

Na comarca, seção ou subseção judiciária onde for difícil o transporte, o juiz poderá prorrogar os prazos por até 2 (dois) meses.

Ao juiz é vedado reduzir prazos peremptórios sem anuência das partes.

Havendo calamidade pública, o limite previsto acima para prorrogação de prazos poderá ser excedido.

Decorrido o prazo, extingue-se o direito de praticar ou de emendar o ato processual, independentemente de declaração judicial, ficando assegurado, porém, à parte provar que não o realizou por justa causa.

Considera-se justa causa o evento alheio à vontade da parte e que a impediu de praticar o ato por si ou por mandatário.

Verificada a justa causa, o juiz permitirá à parte a prática do ato no prazo que lhe assinar.

8.3. Verificação dos prazos e das penalidades

Incumbe ao juiz verificar se o serventuário excedeu, sem motivo legítimo, os prazos estabelecidos em lei.

Constatada a falta, o juiz ordenará a instauração de processo administrativo, na forma da lei.

Qualquer das partes, o Ministério Público ou a Defensoria Pública poderá representar ao juiz contra o serventuário que injustificadamente exceder os prazos previstos em lei.

Os advogados públicos ou privados, o defensor público e o membro do Ministério Público devem restituir os autos no prazo do ato a ser praticado.

É lícito a qualquer interessado exigir os autos do advogado que exceder prazo legal.

Se, intimado, o advogado não devolver os autos no prazo de 3 (três) dias, perderá o direito à vista fora de cartório e incorrerá em multa correspondente à metade do salário-mínimo.

Verificada a falta, o juiz comunicará o fato à seção local da Ordem dos Advogados do Brasil para procedimento disciplinar e imposição de multa.

Se a situação envolver membro do Ministério Público, da Defensoria Pública ou da Advocacia Pública, a multa, se for o caso, será aplicada ao agente público responsável pelo ato.

Verificada a falta, o juiz comunicará o fato ao órgão competente responsável pela instauração de procedimento disciplinar contra o membro que atuou no feito.

Qualquer parte, o Ministério Público ou a Defensoria Pública poderá representar ao corregedor do tribunal ou ao Conselho Nacional de Justiça contra juiz ou relator que injustificadamente exceder os prazos previstos em lei, regulamento ou regimento interno.

Distribuída a representação ao órgão competente e ouvido previamente o juiz, não sendo caso de arquivamento liminar, será instaurado procedimento para apuração da responsabilidade, com intimação do representado por meio eletrônico para, querendo, apresentar justificativa no prazo de 15 (quinze) dias.

Sem prejuízo das sanções administrativas cabíveis, em até 48 (quarenta e oito) horas após a apresentação ou não da justificativa acima, se for o caso, o corregedor do tribunal ou o relator no Conselho Nacional de Justiça determinará a intimação do representado por meio eletrônico para que, em 10 (dez) dias, pratique o ato.

Mantida a inércia, os autos serão remetidos ao substituto legal do juiz ou do relator contra o qual se representou para decisão em 10 (dez) dias.

9. COMUNICAÇÃO DOS ATOS PROCESSUAIS

9.1. Noções iniciais

os atos processuais serão cumpridos por ordem judicial.

Será expedida carta para a prática de atos fora dos limites territoriais do tribunal, da comarca, da seção ou da subseção judiciárias, ressalvadas as hipóteses previstas em lei.

O tribunal poderá expedir carta para juízo a ele vinculado, se o ato houver de se realizar fora dos limites territoriais do local de sua sede.

> **ATENÇÃO!** Admite-se a prática de atos processuais por meio de videoconferência ou outro recurso tecnológico de transmissão de sons e imagens em tempo real.

9.2. Cartas

Será expedida carta:

- de ordem, pelo tribunal, na hipótese do § 2º do art. 236;
- rogatória, para que órgão jurisdicional estrangeiro pratique ato de cooperação jurídica internacional, relativo a processo em curso perante órgão jurisdicional brasileiro;
- precatória, para que órgão jurisdicional brasileiro pratique ou determine o cumprimento, na área de sua competência territorial, de ato relativo a pedido de cooperação judiciária formulado por órgão jurisdicional de competência territorial diversa;

> **NOVIDADE!** - arbitral, para que órgão do Poder Judiciário pratique ou determine o cumprimento, na área de sua competência territorial, de ato objeto de pedido de cooperação judiciária formulado por juízo arbitral, inclusive os que importem efetivação de tutela provisória.

Se o ato relativo a processo em curso na justiça federal ou em tribunal superior houver de ser praticado em local onde não haja vara federal, a carta poderá ser dirigida ao juízo estadual da respectiva comarca.

9.3. Citação

Citação é o ato pelo qual são convocados o réu, o executado ou o interessado para integrar a relação processual. Ela é um ato solene que atende ao princípio do contraditório.

Para a validade do processo é indispensável a citação do réu ou do executado, ressalvadas as hipóteses de indeferimento da petição inicial ou de improcedência liminar do pedido.

ATENÇÃO! O comparecimento espontâneo do réu ou do executado supre a falta ou a nulidade da citação, fluindo a partir desta data o prazo para apresentação de contestação ou de embargos à execução.

Rejeitada a alegação de nulidade, tratando-se de processo de:

- conhecimento, o réu será considerado revel;
- execução, o feito terá seguimento.

A citação válida, ainda quando ordenada por juízo incompetente, induz litispendência, torna litigiosa a coisa e constitui em mora o devedor, ressalvado o disposto nos arts. 397 e 398 do CC/02.

A interrupção da prescrição, operada pelo despacho que ordena a citação, ainda que proferido por juízo incompetente, retroagirá à data de propositura da ação.

Incumbe ao autor adotar, no prazo de 10 (dez) dias, as providências necessárias para viabilizar a citação, sob pena de não se aplicar o disposto acima.

A parte não será prejudicada pela demora imputável exclusivamente ao serviço judiciário.

O efeito retroativo aplica-se à decadência e aos demais prazos extintivos previstos em lei.

ATENÇÃO! Transitada em julgado a sentença de mérito proferida em favor do réu antes da citação, incumbe ao escrivão ou ao chefe de secretaria comunicar-lhe o resultado do julgamento.

Conheçamos seus requisitos

A citação será pessoal, podendo, no entanto, ser feita na pessoa do representante legal ou do procurador do réu, do executado ou do interessado.

Na ausência do citando, a citação será feita na pessoa de seu mandatário, administrador, preposto ou gerente, quando a ação se originar de atos por eles praticados.

O locador que se ausentar do Brasil sem cientificar o locatário de que deixou, na localidade onde estiver situado o imóvel, procurador com poderes para receber citação será citado na pessoa do administrador do imóvel encarregado do recebimento dos aluguéis, que será considerado habilitado para representar o locador em juízo.

A citação da União, dos Estados, do Distrito Federal, dos Municípios e de suas respectivas autarquias e fundações de direito público será realizada perante o órgão de Advocacia Pública responsável por sua representação judicial.

A citação poderá ser feita em qualquer lugar em que se encontre o réu, o executado ou o interessado.

O militar em serviço ativo será citado na unidade em que estiver servindo, se não for conhecida sua residência ou nela não for encontrado.

Não se fará a citação, salvo para evitar o perecimento do direito:

- de quem estiver participando de ato de culto religioso;
- de cônjuge, de companheiro ou de qualquer parente do morto, consanguíneo ou afim, em linha reta ou na linha colateral em segundo grau, no dia do falecimento e nos 7 (sete) dias seguintes;
- de noivos, nos 3 (três) primeiros dias seguintes ao casamento;
- de doente, enquanto grave o seu estado.

Não se fará citação quando se verificar que o citando é mentalmente incapaz ou está impossibilitado de recebê-la.

O oficial de justiça descreverá e certificará minuciosamente a ocorrência.

Para examinar o citando, o juiz nomeará médico, que apresentará laudo no prazo de 5 (cinco) dias.

Dispensa-se a nomeação acima mencionada se pessoa da família apresentar declaração do médico do citando que ateste a incapacidade deste.

Reconhecida a impossibilidade, o juiz nomeará curador ao citando, observando, quanto à sua escolha, a preferência estabelecida em lei e restringindo a nomeação à causa.

A citação será feita na pessoa do curador, a quem incumbirá a defesa dos interesses do citando.

9.4. Modalidades

A citação será feita: a) pelo correio; b) por oficial de justiça; c) pelo escrivão ou chefe de secretaria, se o citando comparecer em cartório; d) por edital; e) por meio eletrônico, conforme regulado em lei.

Com exceção das microempresas e das empresas de pequeno porte, as empresas públicas e privadas são obrigadas a manter cadastro nos sistemas de processo em autos eletrônicos, para efeito de recebimento de citações e intimações, as quais serão efetuadas preferencialmente por esse meio.

A disposição acima aplica-se à União, aos Estados, ao Distrito Federal, aos Municípios e às entidades da administração indireta.

Na ação de usucapião de imóvel, os confinantes serão citados pessoalmente, exceto quando tiver por objeto unidade autônoma de prédio em condomínio, caso em que tal citação é dispensada.

ATENÇÃO! A citação será feita pelo correio para qualquer comarca do país, exceto:

- nas ações de estado, observado o disposto no art. 695, § 3º;
- quando o citando for incapaz;
- quando o citando for pessoa de direito público;
- quando o citando residir em local não atendido pela entrega domiciliar de correspondência;
- quando o autor, justificadamente, a requerer de outra forma.

9.4.1. Dicas da citação por carta

Deferida a citação pelo correio, o escrivão ou o chefe de secretaria remeterá ao citando cópias da petição inicial e do despacho do juiz e comunicará o prazo para resposta, o endereço do juízo e o respectivo cartório.

A carta será registrada para entrega ao citando, exigindo-lhe o carteiro, ao fazer a entrega, que assine o recibo.

Sendo o citando pessoa jurídica, será válida a entrega do mandado a pessoa com poderes de gerência geral ou de administração ou, ainda, a funcionário responsável pelo recebimento de correspondências.

Da carta de citação no processo de conhecimento constarão os requisitos do art. 250.

Nos condomínios edilícios ou nos loteamentos com controle de acesso, será válida a entrega do mandado a funcionário da portaria responsável pelo recebimento de correspondência, que, entretanto, poderá recusar o recebimento, se declarar, por escrito, sob as penas da lei, que o destinatário da correspondência está ausente.

9.4.2. Citação por oficial/mandado

a citação será feita por meio de oficial de justiça nas hipóteses previstas neste Código ou em lei, ou quando frustrada a citação pelo correio.

O mandado que o oficial de justiça tiver de cumprir conterá: a) os nomes do autor e do citando e seus respectivos domicílios ou residências; b) a finalidade da citação, com todas as especificações constantes da petição inicial, bem como a menção do prazo para contestar, sob pena de revelia, ou para embargar a execução; c) a aplicação de sanção para o caso de descumprimento da ordem, se houver; d) se for o caso, a intimação do citando para comparecer, acompanhado de advogado ou de defensor público, à audiência de conciliação ou de mediação, com a menção do dia, da hora e do lugar do comparecimento; e) a cópia da petição inicial, do despacho ou da decisão que deferir tutela provisória; f) a assinatura do escrivão ou do chefe de secretaria e a declaração de que o subscreve por ordem do juiz.

Incumbe ao oficial de justiça procurar o citando e, onde o encontrar, citá-lo:

- lendo-lhe o mandado e entregando-lhe a contrafé;
- portando por fé se recebeu ou recusou a contrafé;
- obtendo a nota de ciente ou certificando que o citando não a apôs no mandado.

Quando, por 2 (duas) vezes[1], o oficial de justiça houver procurado o citando em seu domicílio ou residência sem o encontrar, deverá, havendo suspeita de ocultação, intimar qualquer pessoa da família ou, em sua falta, qualquer vizinho de que, no dia útil imediato, voltará a fim de efetuar a citação, na hora que designar.

Nos condomínios edilícios ou nos loteamentos com controle de acesso, será válida a intimação feita a funcionário da portaria responsável pelo recebimento de correspondência.

No dia e na hora designados, o oficial de justiça, independentemente de novo despacho, comparecerá ao domicílio ou à residência do citando a fim de realizar a diligência.

Se o citando não estiver presente, o oficial de justiça procurará informar-se das razões da ausência, dando por feita a citação, ainda que o citando se tenha ocultado em outra comarca, seção ou subseção judiciárias.

A citação com hora certa será efetivada mesmo que a pessoa da família ou o vizinho que houver sido intimado esteja ausente, ou se, embora presente, a pessoa da família ou o vizinho se recusar a receber o mandado.

Da certidão da ocorrência, o oficial de justiça deixará contrafé com qualquer pessoa da família ou vizinho, conforme o caso, declarando-lhe o nome.

O oficial de justiça fará constar do mandado a advertência de que será nomeado curador especial se houver revelia.

Feita a citação com hora certa, o escrivão ou chefe de secretaria enviará ao réu, executado ou interessado, no prazo de 10 (dez) dias, contado da data da juntada

1. O CPC/73 exigia três tentativas.

do mandado aos autos, carta, telegrama ou correspondência eletrônica, dando-lhe de tudo ciência.

9.4.3. *Citação por edital*

É uma modalidade excepcional de citação. Ela é considerada como citação ficta.

Vejamos suas hipóteses:

A citação por edital será feita:

- quando desconhecido ou incerto o citando;
- quando ignorado, incerto ou inacessível o lugar em que se encontrar o citando;
- nos casos expressos em lei.

Considera-se inacessível, para efeito de citação por edital, o país que recusar o cumprimento de carta rogatória.

No caso de ser inacessível o lugar em que se encontrar o réu, a notícia de sua citação será divulgada também pelo rádio, se na comarca houver emissora de radiodifusão.

O réu será considerado em local ignorado ou incerto se infrutíferas as tentativas de sua localização, inclusive mediante requisição pelo juízo de informações sobre seu endereço nos cadastros de órgãos públicos ou de concessionárias de serviços públicos.

9.5. Intimações

Intimação é o ato pelo qual se dá ciência a alguém dos atos e dos termos do processo.

É facultado aos advogados promover a intimação do advogado da outra parte por meio do correio, juntando aos autos, a seguir, cópia do ofício de intimação e do aviso de recebimento.

O ofício de intimação deverá ser instruído com cópia do despacho, da decisão ou da sentença.

A intimação da União, dos Estados, do Distrito Federal, dos Municípios e de suas respectivas autarquias e fundações de direito público será realizada perante o órgão de Advocacia Pública responsável por sua representação

Aplica-se ao Ministério Público, à Defensoria Pública e à Advocacia Pública o disposto no § 1º do art. 246 do CPC/15.

O juiz determinará de ofício as intimações em processos pendentes, salvo disposição em contrário.

Quando não realizadas por meio eletrônico, consideram-se feitas as intimações pela publicação dos atos no órgão oficial.

Os advogados poderão requerer que, na intimação a eles dirigida, figure apenas o nome da sociedade a que pertençam, desde que devidamente registrada na Ordem dos Advogados do Brasil.

Sob pena de nulidade, é indispensável que da publicação constem os nomes das partes e de seus advogados, com o respectivo número de inscrição na Ordem dos Advogados do Brasil, ou, se assim requerido, da sociedade de advogados.

A grafia dos nomes das partes não deve conter abreviaturas.

A grafia dos nomes dos advogados deve corresponder ao nome completo e ser a mesma que constar da procuração ou que estiver registrada na Ordem dos Advogados do Brasil.

Constando dos autos pedido expresso para que as comunicações dos atos processuais sejam feitas em nome dos advogados indicados, o seu desatendimento implicará nulidade.

A retirada dos autos do cartório ou da secretaria em carga pelo advogado, por pessoa credenciada a pedido do advogado ou da sociedade de advogados, pela Advocacia Pública, pela Defensoria Pública ou pelo Ministério Público implicará intimação de qualquer decisão contida no processo retirado, ainda que pendente de publicação.

O advogado e a sociedade de advogados deverão requerer o respectivo credenciamento para a retirada de autos por preposto.

A parte arguirá a nulidade da intimação em capítulo preliminar do próprio ato que lhe caiba praticar, o qual será tido por tempestivo se o vício for reconhecido.

Não sendo possível a prática imediata do ato diante da necessidade de acesso prévio aos autos, a parte limitar-se-á a arguir a nulidade da intimação, caso em que o prazo será contado da intimação da decisão que a reconheça.

Se inviável a intimação por meio eletrônico e não houver na localidade publicação em órgão oficial, incumbirá ao escrivão ou chefe de secretaria intimar de todos os atos do processo os advogados das partes:

- pessoalmente, se tiverem domicílio na sede do juízo;
- por carta registrada, com aviso de recebimento, quando forem domiciliados fora do juízo.

Não dispondo a lei de outro modo, as intimações serão feitas às partes, aos seus representantes legais, aos advogados e aos demais sujeitos do processo pelo correio ou, se presentes em cartório, diretamente pelo escrivão ou chefe de secretaria.

Presumem-se válidas as intimações dirigidas ao endereço constante dos autos, ainda que não recebidas pessoalmente pelo interessado, se a modificação temporária ou definitiva não tiver sido devidamente comunicada ao juízo, fluindo os prazos a partir da juntada aos autos do comprovante de entrega da correspondência no primitivo endereço.

A intimação será feita por oficial de justiça quando frustrada a realização por meio eletrônico ou pelo correio.

A certidão de intimação deve conter:

- a indicação do lugar e a descrição da pessoa intimada, mencionando, quando possível, o número de seu documento de identidade e o órgão que o expediu;
- a declaração de entrega da contrafé;
- a nota de ciente ou a certidão de que o interessado não a apôs no mandado.

Caso necessário, a intimação poderá ser efetuada com hora certa ou por edital.

CAPÍTULO **IV**

Tutela Provisória

1. NOÇÕES INICIAIS

Inicialmente, cabe salientar que as disposições que serão abordadas no presente capítulo são inovadoras. No CPC/73, a tutela antecipada estava regrada no art. 273 e as cautelares estavam regulamentadas num livro próprio, o qual deixou de existir.

A tutela provisória é gênero. São duas as suas espécies: tutelas de urgência e tutelas de evidência.

De acordo com o art. 294, a tutela provisória pode fundamentar-se em urgência ou evidência. As de urgência são divididas em cautelares e antecipadas.

A tutela provisória de urgência, cautelar ou antecipada, **pode ser concedida em caráter antecedente ou incidental.**

Vale salientar que a tutela provisória requerida em caráter incidental independe do pagamento de custas.

A tutela provisória conserva sua eficácia na pendência do processo, mas pode, a qualquer tempo, ser revogada ou modificada. É do seu caráter a revogabilidade.

Salvo decisão judicial em contrário, a tutela provisória conservará a eficácia durante o período de suspensão do processo.

O juiz poderá determinar as medidas que considerar adequadas para efetivação da tutela provisória. Ele é dotado de poder geral de cautela. Ao que nos parece, tal poder foi agigantando no CPC/15. Espera-se do juiz a sua utilização proporcional, efetiva e justa.

A efetivação da tutela provisória observará as normas referentes ao cumprimento provisório da sentença, no que couber. Na decisão que conceder, negar, modificar ou revogar a tutela provisória, o juiz motivará seu convencimento de modo claro e preciso. A exigência da qualidade da fundamentação é ponto de especial destaque no novo texto.

A tutela provisória será requerida ao juízo da causa e, quando antecedente, ao juízo competente para conhecer do pedido principal.

Ressalvada disposição especial, na ação de competência originária de tribunal e nos recursos a tutela provisória será requerida ao órgão jurisdicional competente para apreciar o mérito.

2. TUTELA DE URGÊNCIA

A tutela de urgência será concedida quando houver elementos que evidenciem a probabilidade do direito e o perigo de dano ou o risco ao resultado útil do processo. São dois os requisitos autorizadores da sua concessão.

Observa-se, portanto, que o CPC/15 acertadamente abandonou a expressão "prova inequívoca da verossimilhança", ainda presente no vigente art. 273 do CPC/73.

Para a concessão da tutela de urgência, o juiz pode, conforme o caso, exigir caução real ou fidejussória idônea para ressarcir os danos que a outra parte possa vir a sofrer, podendo a caução ser dispensada se a parte economicamente hipossuficiente não puder oferecê-la, logo, não se trata de uma regra fechada, a qual não comporta exceções. O juiz terá de se valer da proporcionalidade.

A tutela de urgência pode ser concedida liminarmente ou após justificação prévia.

A tutela de urgência de natureza antecipada não será concedida quando houver perigo de irreversibilidade dos efeitos da decisão.

ATENÇÃO! A tutela de urgência de natureza cautelar pode ser efetivada mediante arresto, sequestro, arrolamento de bens, registro de protesto contra alienação de bem e qualquer outra medida idônea para asseguração do direito.

Independentemente da reparação por dano processual, a parte responde pelo prejuízo que a efetivação da tutela de urgência causar à parte adversa, se:

- a sentença lhe for desfavorável;
- obtida liminarmente a tutela em caráter antecedente, não fornecer os meios necessários para a citação do requerido no prazo de 5 (cinco) dias;
- ocorrer a cessação da eficácia da medida em qualquer hipótese legal;
- o juiz acolher a alegação de decadência ou prescrição da pretensão do autor.

A indenização será liquidada nos autos em que a medida tiver sido concedida, sempre que possível.

2.1. Tutela antecipada

Nos casos em que a urgência for contemporânea à propositura da ação, a petição inicial pode limitar-se ao requerimento da tutela antecipada e à indicação do pedido de tutela final, com a exposição da lide, do direito que se busca realizar e do perigo de dano ou do risco ao resultado útil do processo.

Concedida a tutela antecipada:

- o autor deverá aditar a petição inicial, com a complementação de sua argumentação, a juntada de novos documentos e a confirmação do pedido de tutela final, em 15 (quinze) dias ou em outro prazo maior que o juiz fixar;
- o réu será citado e intimado para a audiência de conciliação ou de mediação na forma do art. 334;
- não havendo autocomposição, o prazo para contestação será contado na forma do art. 335.

Não realizado o aditamento, o processo será extinto sem resolução do mérito.

O aditamento acima indicado dar-se-á nos mesmos autos, sem incidência de novas custas processuais.

Na petição inicial, o autor terá de indicar o valor da causa, que deve levar em consideração o pedido de tutela final. Ele indicará na petição inicial, ainda, que pretende valer-se do benefício já estudado.

Caso entenda que não há elementos para a concessão de tutela antecipada, o órgão jurisdicional determinará a emenda da petição inicial em até 5 (cinco) dias, sob pena de ser indeferida e de o processo ser extinto sem resolução de mérito.

ATENÇÃO! ESTABILIDADE DA TUTELA

Eis mais uma novidade do CPC/15.

A tutela antecipada, concedida nos termos do art. 303 do CPC, torna-se estável se da decisão que a conceder não for interposto o respectivo recurso.

Qualquer das partes poderá demandar a outra com o intuito de rever, reformar ou invalidar a tutela antecipada estabilizada.

Ademais, a tutela antecipada conservará seus efeitos enquanto não revista, reformada ou invalidada por decisão de mérito proferida na ação.

Qualquer das partes poderá requerer o desarquivamento dos autos em que foi concedida a medida, para instruir a petição inicial da ação, prevento o juízo em que a tutela antecipada foi concedida.

O direito de rever, reformar ou invalidar a tutela antecipada, extingue-se após 2 (dois) anos, contados da ciência da decisão que extinguiu o processo.

Por fim, a decisão que concede a tutela não fará coisa julgada, mas a estabilidade dos respectivos efeitos só será afastada por decisão que a revir, reformar ou invalidar, proferida em ação ajuizada por uma das partes.

MODELO DE TUTELA DE URGÊNCIA DE NATUREZA ANTECIPADA REQUERIDA EM CARÁTER ANTECEDENTE

A elaboração da peça compreende os seguintes passos:

1º Passo: Endereçamento

O pedido de tutela antecipada em caráter antecedente deverá ser apresentado perante o juízo competente para conhecer do pedido principal (art. 299, CPC). Vejamos:

EXCELENTÍSSIMO SENHOR JUIZ DA .... VARA CÍVEL DA COMARCA DE ..../ ESTADO

2º Passo: Qualificação das partes

Aqui, como em toda petição inicial, as partes necessitam ser qualificadas (nome, estado civil, profissão, CPF, endereço e endereço eletrônico). O fundamento legal para tal procedimento é encontrado nos artigos 303 e 304 do CPC. Vejamos:

FULANO DE TAL, (estado civil), (profissão), (CPF), (endereço eletrônico), (endereço), através do advogado que a esta subscreve, constituído nos termos da procuração em anexo (doc. 01), vem a presença de vossa excelência, com fundamento nos artigos 303 e 304 do CPC, apresentar **PEDIDO DE TUTELA ANTECIPADA EM CARÁTER ANTECEDENTE** em face de BELTRANO, (estado civil), (profissão), (CPF), (endereço eletrônico), (endereço), de acordo com as razões de fato e de direito a seguir expostas:

3º Passo: Fundamentação

Embora seja uma petição inicial mais simples (já que será posteriormente aditada!), ela deverá indicar as razões *de fato* e *de direito*.

Na fundamentação **de fato**, o peticionante exporá, de forma breve, a situação factual geradora da necessidade de tutela jurisdicional. Por exemplo:

1. **FATOS**

1. A requerente é participante de plano de saúde mantido junto à demandada, cujo prazo de cobertura iria até 31 de março de 2017;

2. Após ser diagnosticada com doença relacionada à neoplasia mamária, a demandante solicitou à ré a cobertura do procedimento necessário em 02 de fevereiro de 2017, sendo autorizada a cirurgia para a data de 02 de abril de 2017.

3. Feitos os exames pré-operatórios, a demandante tomou conhecimento, às vésperas da cirurgia, de que o plano de saúde havia cancelado a autorização, sob a alegação de que a cobertura já teria se expirado.

4. Além da autora se encontrar com um quadro de saúde bastante debilitado, o profissional que lhe assiste tem viagem marcada dentro de dez dias, razão pela qual a cirurgia deve ser realizada imediatamente, a fim de que o médico tenha tempo hábil para acompanhá-la no período pós-cirúrgico.

Por outro lado, a fundamentação **de direito** diz respeito à existência dos requisitos ensejadores da medida de urgência, a saber: "Probabilidade do direito" e o "Perigo de dano". Vejamos:

2. **DO DIREITO**

A) DA PROBABILIDADE DO DIREITO

5. A plausibilidade do direito da requerente é constatada na medida em que a mesma é beneficiária do plano de saúde e está adimplente com as respectivas mensalidades. Ademais, o procedimento foi requerido dentro do prazo de cobertura do plano.

B) DO PERIGO DE DANO

6. O perigo da demora é vislumbrado na medida em que a autora se encontra com quadro de saúde bastante debilitado e o retardo na realização da cirurgia poderá acarretar-lhe danos irreparáveis. Ademais, o profissional que a acompanha está de viagem marcada e isso o impedirá de acompanhar a requerente no período pós-cirúrgico.

8. Sendo assim, com o objetivo de assegurar o seu direito, vem a requerente pleitear o pleitear a tutela antecipada em caráter antecedente, nos termos dos artigos 303 e 304 do CPC.

4º Passo: Da indicação de utilização da tutela antecipada em caráter antecedente

O artigo 303, § 5º, CPC aponta que o autor deve indicar que pretende valer-se do manejo da tutela em caráter antecedente, ou seja, ele deve deixar claro que no momento oportuno apresentará aditamento da petição inicial, com a complementação dos argumentos e confirmação do pedido de tutela final. Vejamos:

> **3. DA TUTELA REQUERIDA EM CARÁTER ANTECEDENTE**
>
> Pretende o requerente beneficiar-se do instituto da tutela antecipada em caráter antecedente, de modo que, após o deferimento da medida, efetuará o devido aditamento, com a complementação da argumentação e juntada de documentação complementar.

5º Passo: Requerimentos Finais

A título de requerimento, será necessário seguir o disposto no artigo 303, § 1º do CPC: a) o deferimento de tutela antecipada em caráter antecedente; b) a citação e intimação do réu para comparecimento em audiência de mediação ou conciliação; c) indicação de aditamento da petição inicial, no prazo legal ou em outro prazo fixado pelo juízo. Assim, teríamos os seguintes requerimentos:

> **4. DOS REQUERIMENTOS**
>
> Diante do exposto, requer:
>
> a) o deferimento de tutela antecipada em caráter antecedente, para determinar que a demandada proceda com a imediata autorização de realização cirurgia, sob pena de aplicação de multa diária, a ser fixada por este juízo;
>
> b) a citação e intimação do réu para comparecimento em audiência de mediação ou conciliação;
>
> c) a concessão de prazo de 15 dias ou outro maior fixado por este juízo, a fim de que a autora proceda com o aditamento da petição inicial, com a complementação da argumentação e juntada de novos argumentos.

6º Passo: Protesto pelas provas

É mister que o requerente prove o alegado, para que os pedidos formulados na demanda sejam acolhidos. Assim, faz-se necessário o protesto nos seguintes termos:

> Protesta provar o alegado por todos os meios de provas em direito admitidos, em especial pelo depoimento pessoal, testemunhas, perícias e tudo quanto se fizer necessário para a efetivação da justiça!

7º Passo: Valor da causa

Nesta petição inicial, o autor terá de indicar o valor da causa, que deve levar em consideração o pedido de tutela final. Assim:

Dá-se à causa o valor de R$ ..... (correspondente ao valor do procedimento cirúrgico).

8º Passo: Encerramento

Pede-se o deferimento daquilo que fora postulado, seguindo-se do local, data e advogado. Por exemplo:

Termos em que pede deferimento.

Local, data,

Advogado

OAB...

2.2. Tutela cautelar

A petição inicial da ação que visa à prestação de tutela cautelar em caráter antecedente indicará a lide e seu fundamento, a exposição sumária do direito que se objetiva assegurar e o perigo de dano ou o risco ao resultado útil do processo.

Caso entenda que o pedido cautelar tem natureza antecipada, o juiz observará o disposto no art. 303, que cuida do requerimento da antecipação dos efeitos da sentença. Ao que nos parece, aplicar-se-ão às tutelas de urgência o princípio da fungibilidade.

O réu será citado para, no prazo de 5 (cinco) dias, contestar o pedido e indicar as provas que pretende produzir. Não sendo contestado o pedido, os fatos alegados pelo autor presumir-se-ão aceitos pelo réu como ocorridos, caso em que o juiz decidirá dentro de 5 (cinco) dias.

Contestado o pedido no prazo legal, observar-se-á o procedimento comum.

Efetivada a tutela cautelar, o pedido principal terá de ser formulado pelo autor no prazo de 30 (trinta) dias, caso em que será apresentado nos mesmos autos em que deduzido o pedido de tutela cautelar, não dependendo do adiantamento de novas custas processuais.

- O pedido principal pode ser formulado conjuntamente com o pedido de tutela cautelar.
- A causa de pedir poderá ser aditada no momento de formulação do pedido principal.
- Apresentado o pedido principal, as partes serão intimadas para a audiência de conciliação ou de mediação, na forma do art. 334, por seus advogados ou pessoalmente, sem necessidade de nova citação do réu.

Não havendo autocomposição, o prazo para contestação será contado na forma do art. 335.

Cessa a eficácia da tutela concedida em caráter antecedente, se:

- o autor não deduzir o pedido principal no prazo legal;
- não for efetivada dentro de 30 (trinta) dias;
- o juiz julgar improcedente o pedido principal formulado pelo autor ou extinguir o processo sem resolução de mérito.

Se por qualquer motivo cessar a eficácia da tutela cautelar, é vedado à parte renovar o pedido, salvo sob novo fundamento.

O indeferimento da tutela cautelar não obsta a que a parte formule o pedido principal, nem influi no julgamento desse, salvo se o motivo do indeferimento for o reconhecimento de decadência ou de prescrição.

2.2.1. Alguns modelos importantes de medidas de urgência de natureza cautelar

2.2.1.1. Modelo de tutela de urgência de natureza cautelar requerida em caráter antecedente

A elaboração da peça compreende os seguintes passos:

1º Passo: Endereçamento

O pedido de tutela cautelar em caráter antecedente deverá ser apresentado perante o juízo competente para conhecer do pedido principal (art. 299, CPC). Vejamos:

> **EXCELENTÍSSIMO SENHOR JUIZ DA .... VARA CÍVEL DA COMARCA DE ..../ ESTADO**

2º Passo: Qualificação das partes

Aqui, como em toda petição inicial, as partes necessitam ser qualificadas (nome, estado civil, profissão, CPF, endereço e endereço eletrônico). O fundamento legal para tal procedimento é encontrado nos artigos 305 a 310 do CPC. Vejamos:

> FULANO DE TAL, (estado civil), (profissão), (CPF), (endereço eletrônico), (endereço), através do advogado que a esta subscreve, constituído nos termos da procuração em anexo (doc. 01), vem a presença de vossa excelência, com fundamento nos artigos 305 a 310 do CPC, apresentar **PEDIDO DE TUTELA CAUTELAR DE SUSTAÇÃO DE PROTESTO EM CARÁTER ANTECEDENTE** em face de BELTRANO, (estado civil), (profissão), (CPF), (endereço eletrônico), (endereço), de acordo com as razões de fato e de direito a seguir expostas:

3º Passo: Fundamentação

Embora seja uma petição inicial mais simples (já que o pedido principal somente será formulado posteriormente!), ela deverá indicar as razões *de fato* e *de direito*.

Na fundamentação **de fato**, o peticionante exporá, de forma breve, a situação factual geradora da necessidade de tutela jurisdicional. Por exemplo:

1. FATOS

1. A requerente foi surpreendida na data ...., com o recebimento de notificação expedida pelo .... Ofício de Protesto de Títulos da Comarca de ...., comunicando que foi apresentada para protesto, pela demandada, o título ....., no valor de R$ ...., com vencimento para o dia ... .

2. Ocorre que não tem qualquer sentido a existência do suposto débito, em razão de não ter havido o recebimento da mercadoria, sendo, por isso, totalmente descabido seu protesto, ante o inadimplemento da parte ré.

3. Destarte, não restou outra alternativa ao requerente, senão vir a este juízo, requerer, de forma antecedente, a sustação do referido protesto, já que pretende apresentar, no prazo legal, o pedido principal de declaração de inexistência de débito c/c indenização por danos morais.

Por outro lado, a fundamentação **de direito** diz respeito à existência dos requisitos ensejadores da medida de urgência, a saber: "Probabilidade do direito" e o "Perigo de dano ou risco ao resultado útil do processo". Após a demonstração da presença dos requisitos legais, será necessário indicar também o pedido principal será apresentado no prazo legal, consoante o disposto no artigo 308, CPC. Vejamos:

2. DO DIREITO

A) DA PROBABILIDADE DO DIREITO

5. A plausibilidade do direito da requerente é constatada na medida em que a instituição financeira requerida efetuou indevidamente o protesto, sem que, sequer, houvesse cumprido com a sua parte no contrato ajustado.

B) DO PERIGO DE DANO OU RISCO AO RESULTADO ÚTIL DO PROCESSO

6. O perigo da demora é vislumbrado na medida em que a restrição em tela acarreta graves prejuízos ao requerente que, com o "nome sujo", fica impossibilitado de realizar as operações de crédito necessárias ao desenvolvimento de seus negócios.

Presentes os requisitos legais, faz-se necessário o deferimento da medida de urgência de natureza cautelar. Efetivada a medida, o requerente pretende formular o pedido principal de declaração de inexistência de débito c/c indenização por danos morais, no prazo de trinta dias, consoante os termos do artigo 308 do CPC.

4º Passo: Requerimentos Finais

A título de requerimento, será necessário postular: a) o deferimento de tutela cautelar liminarmente; b) a designação de audiência de justificação prévia, acaso entenda necessária; c) a citação do requerido para, querendo, oferecer contestação no prazo de cinco dias; d) indicação de apresentação do pedido principal, contados da data da efetivação da medida cautelar. Assim, teríamos os seguintes requerimentos:

D) DOS PEDIDOS

Diante do exposto, requer:

a) Seja deferida a medida LIMINARMENTE, nos termos do artigo 300, § 2º do CPC;

b) Caso Vossa excelência entenda necessária, que seja designada audiência de justificação prévia;

c) a citação do requerido para, querendo, oferecer contestação no prazo de cinco dias;

d) efetivada a medida cautelar, o requerente irá apresentar o pedido principal, consoante o disposto no artigo 308, CPC

5º Passo: Valor da causa

Nesta petição inicial, o autor terá de indicar o valor da causa, que deve levar em consideração o pedido de tutela final. Assim:

Dá-se à causa o valor de R$ ..... (correspondente ao valor do proveito econômico).

6º Passo: Protesto pelas provas

Como a relação processual acaba de ser instaurada (embora o pedido principal somente seja futuramente apresentado), é necessário que o requerente faça o protesto por todos os meios de prova, exatamente para ter a oportunidade de demonstrar a veracidade de suas alegações, seja para o acolhimento do pedido cautelar seja para o pedido principal. Vejamos:

Protesta provar o alegado por todos os meios de prova em direito admitidos, seja pelo depoimento pessoal, testemunhas, perícias e tudo quanto se fizer necessário para a efetivação da justiça!

7º Passo: Encerramento

Pede-se o deferimento daquilo que fora postulado, seguindo-se do local, data e advogado. Por exemplo:

Termos em que pede deferimento.

Local, data,

Advogado

OAB...

MEDIDA CAUTELAR DE ARRESTO

A Medida cautelar que visa apreender bens, com vistas a assegurar uma futura execução por quantia certa, ameaçada por atos de disposição patrimonial praticados pelo devedor.

Vale ressaltar que, com o novo CPC, só haverá necessidade de apresentação de petição inicial (com o consequente recolhimento de custas) quando a medida tiver de ser requerida em caráter antecedente. Do contrário, já existindo um processo em curso, o pedido de medida cautelar será feito através de simples requerimento, o qual demonstrará o preenchimento dos requisitos "Probabilidade do direito" e "Perigo de dano".

2.2.1.2. Modelo de tutela cautelar de arresto requerida em caráter antecedente

A elaboração da peça compreende os seguintes passos:

1º Passo: Endereçamento

O pedido de medida cautelar de arresto deverá ser ajuizado perante o juízo da causa e, quando antecedente, ao juízo competente para conhecer do pedido principal (art. 299, CPC). Vejamos:

EXCELENTÍSSIMO SENHOR JUIZ DA .... VARA CÍVEL DA COMARCA DE ...../ ESTADO

2º Passo: Qualificação das partes

Aqui, como em toda petição inicial, as partes necessitam ser qualificadas (nome, estado civil, profissão, CPF, endereço e endereço eletrônico). O fundamento legal para tal procedimento é encontrado nos artigos 305 a 310 do CPC. Vejamos:

FULANO DE TAL, (estado civil), (profissão), (CPF), (endereço eletrônico), (endereço), através do advogado que a esta subscreve, constituído nos termos da procuração em anexo (doc. 01), vem a presença de vossa excelência, com fundamento nos artigos 305 a 310 do CPC, apresentar **PEDIDO DE MEDIDA CAUTELAR DE ARRESTO EM CARÁTER ANTECEDENTE** em face de BELTRANO, (estado civil), (profissão), (CPF), (endereço eletrônico), (endereço), de acordo com as razões de fato e de direito a seguir expostas:

3º Passo: Fundamentação

Embora seja uma petição inicial mais simples (já que o pedido principal somente será formulado posteriormente!), ela deverá indicar as razões *de fato* e *de direito*.

Na fundamentação **de fato**, o peticionante exporá, de forma breve, a situação factual geradora da necessidade de tutela jurisdicional. Por exemplo:

1. FATOS

1. O Requerente é credor de quantia certa, no valor de R$ ...., de acordo com nota promissória que segue em anexo (doc. 02), regularmente emitida pelo requerido e cujo vencimento se dará no dia......;

2. De acordo com comentários locais, o requerido está para transferir sua residência e exercer novo comércio na cidade de Petrolina, estado de Pernambuco. Tal fato, inclusive, pôde ser confirmado na medida em que fora colocada placa de "venda" na portaria do seu atual estabelecimento;

3. Diante disso, o requerido vem praticando atos de disposição patrimonial, já tendo, inclusive, alienado um imóvel situado na Av. Beira Mar (doc. 03), só dispondo, agora, de um caminhão, modelo ...., ano ..., avaliado em R$ ...., mas que também já fora colocado à venda, conforme atesta cópia dos classificados do jornal local (doc. 04);

4. Efetivada a venda do veículo, o devedor não terá qualquer bem que garanta o adimplemento da dívida acima mencionada.

5. Destarte, não restou outra alternativa ao requerente, senão vir a este juízo, requerer, de forma antecedente, o arresto do referido veículo, já que pretende apresentar, no prazo legal, o pedido principal execução da quantia devida.

Por outro lado, a fundamentação **de direito** diz respeito à existência dos requisitos ensejadores da medida de urgência, a saber: "Probabilidade do direito" e o "Perigo de dano ou risco ao resultado útil do processo".

No caso do arresto, a "probabilidade do direito" corresponde à prova da existência da dívida (prova literal da dívida) e o "perigo de dano ou risco ao resultado útil do processo" corresponde ao perigo de inadimplemento, em virtude de insuficiência de bens, ante os atos de disposição patrimonial praticados pelo devedor.

Após a demonstração da presença dos requisitos legais, será necessário indicar também o pedido principal será apresentado no prazo legal, consoante o disposto no artigo 308, CPC. Vejamos:

2. DO DIREITO

A) DA PROBABILIDADE DO DIREITO

5. A plausibilidade do direito do requerente é constatada na medida em que o mesmo é credor da quantia certa no valor de R$ ......, representada pela nota promissória de número ...., emitida pelo requerido após venda de automóvel, marca.....

B) DO PERIGO DE DANO OU RISCO AO RESULTADO ÚTIL DO PROCESSO

6. Apesar de o requerente ser credor de quantia líquida e certa, a mesma ainda não é exigível, motivo pela qual ainda não pode o mesmo ajuizar a competente demanda executiva;

7. Ocorre que a espera do vencimento da dívida, sem adoção de qualquer meio de proteção, poderá acarretar na frustração da futura execução de quantia;

Presentes os requisitos legais, faz-se necessário o deferimento da medida de urgência de natureza cautelar para determinar o arresto do referido caminhão. Efetivada a medida, o requerente pretende formular o pedido principal de execução por quantia certa de título extrajudicial.

PARTE GERAL

4º Passo: Requerimentos Finais

A título de requerimento, será necessário postular: a) o deferimento de tutela cautelar liminarmente; b) a designação de audiência de justificação prévia, acaso entenda necessária; c) a citação do requerido para, querendo, oferecer contestação no prazo de cinco dias; d) indicação de apresentação do pedido principal, contados da data da efetivação da medida cautelar. Assim, teríamos os seguintes requerimentos:

D) DOS REQUERIMENTOS

Diante do exposto, requer:

a) Seja deferida a medida de arresto LIMINARMENTE, nos termos do artigo 300, § 2º do CPC;

b) Caso Vossa excelência entenda necessária, que seja designada audiência de justificação prévia;

c) a citação do requerido para, querendo, oferecer contestação no prazo de cinco dias;

d) efetivada a medida cautelar, o requerente irá apresentar o pedido principal no prazo de trinta dias, consoante o disposto no artigo 308, CPC

5º Passo: Valor da causa

Nesta petição inicial, o autor terá de indicar o valor da causa, que deve levar em consideração o pedido de tutela final. Assim:

Dá-se à causa o valor de R$ ..... (correspondente ao valor da execução).

6º Passo: Protesto pelas provas

Como a relação processual acaba de ser instaurada (embora o pedido principal somente seja futuramente apresentado), é necessário que o requerente faça o protesto por todos os meios de prova, exatamente para ter a oportunidade de demonstrar a veracidade de suas alegações, seja para o acolhimento do pedido cautelar seja para o pedido principal.

Protesta provar o alegado por todos os meios de prova em direito admitidos, seja pelo depoimento pessoal, testemunhas, perícias e tudo quanto se fizer necessário para a efetivação da justiça!

7º Passo: Encerramento

Pede-se o deferimento daquilo que fora postulado, seguindo-se do local, data e advogado. Por exemplo:

Termos em que pede deferimento.

Local, data,

Advogado

OAB...

MEDIDA CAUTELAR DE SEQUESTRO

A Medida cautelar que visa apreender bens, com vistas a assegurar uma futura execução para entrega de coisa (objeto do litígio), ameaçada por ato praticado por um dos litigantes.

Vale ressaltar que, com o novo CPC, só haverá necessidade de apresentação de uma "petição inicial" cautelar (com o consequente recolhimento de custas) quando a medida tiver de ser requerida em caráter antecedente. Do contrário, já existindo um processo em curso, o pedido de medida cautelar será feito através de simples requerimento, o qual demonstrará o preenchimento dos requisitos "probabilidade do direito" e "perigo de dano ou risco ao resultado útil do processo".

2.2.1.3. Modelo de tutela cautelar de sequestro requerida em caráter antecedente

A elaboração da peça compreende os seguintes passos:

1º Passo: Endereçamento

O pedido de medida cautelar de sequestro deverá ser ajuizado perante o juízo da causa e, quando antecedente, ao juízo competente para conhecer do pedido principal (art. 299, CPC). Vejamos:

EXCELENTÍSSIMO SENHOR JUIZ DA .... VARA DE FAMÍLIA DA COMARCA DE ....../ ESTADO

2º Passo: Qualificação das partes

Aqui, como em toda petição inicial, as partes necessitam ser qualificadas (nome, estado civil, profissão, CPF, endereço e endereço eletrônico). O fundamento legal para tal procedimento é encontrado nos artigos 305 a 310 do CPC. Vejamos:

FULANO DE TAL, (estado civil), (profissão), (CPF), (endereço eletrônico), (endereço), através do advogado que a esta subscreve, constituído nos termos da procuração em anexo (doc. 01), vem a presença de vossa excelência, com fundamento nos artigos 305 a 310 do CPC, apresentar **PEDIDO DE MEDIDA CAUTELAR DE SEQUESTRO EM CARÁTER ANTECEDENTE** em face de BELTRANO, (estado civil), (profissão), (CPF), (endereço eletrônico), (endereço), de acordo com as razões de fato e de direito a seguir expostas:

3º Passo: Fundamentação

Embora seja uma petição inicial mais simples (já que o pedido principal somente será formulado posteriormente!), ela deverá indicar as razões *de fato* e *de direito*.

Na fundamentação **de fato**, o peticionante exporá, de forma breve, a situação factual geradora da necessidade de tutela jurisdicional. Por exemplo:

1. FATOS

1. A Requerente é casada com o requerido sob o regime da comunhão parcial de bens, conforme atesta certidão de casamento em anexo (doc. ...);

2. Considerando a impossibilidade da vida em comum, resolveu pedir o divórcio, a ser futuramente apresentado;

3. No entanto, inconformado, o requerido vem dilapidando os bens do casal, a ponto de ter vendido ......(descrever os bens), sem fazer qualquer comunicação à requerente, sendo possível que, a permanecer tal conduta, venha a requerente ficar sem qualquer bem por ocasião da respectiva sentença de partilha a ser proferida, após o pedido de divórcio a ser formulado.

Por outro lado, a fundamentação **de direito** diz respeito à existência dos requisitos ensejadores da medida de urgência, a saber: "Probabilidade do direito" e o "Perigo de dano ou risco ao resultado útil do processo".

No caso do sequestro, a plausibilidade do direito corresponde ao interesse na preservação dos bens disputados, enquanto não resolvido o litígio, e o perigo da demora corresponde ao perigo de rixas, danificações ou até mesmo desaparecimento dos bens objeto da disputa, ante os atos lesivos praticados por uma das partes.

Após a demonstração da presença dos requisitos legais, será necessário indicar também o pedido principal será apresentado no prazo legal, consoante o disposto no artigo 308, CPC. Vejamos:

2. DO DIREITO

A) DA PROBABILIDADE DO DIREITO

4. A plausibilidade do direito da requerente é constatada na medida em que a mesma é casada sob o regime da comunhão parcial de bens, tendo, por isso, direito à metade do patrimônio do casal, de acordo com regra legal por todos conhecida. Ressalte-se, inclusive, que os bens foram adquiridos após a constância do matrimônio, a teor das certidões em anexo.

B) DO PERIGO DE DANO OU RISCO AO RESULTADO ÚTIL DO PROCESSO

5. Outrossim, o risco de dano é constatado na medida em que, permanecendo o requerido com tal conduta, venha a requerente ficar sem qualquer bem por ocasião da respectiva sentença de partilha.

Presentes os requisitos legais, faz-se necessário o deferimento da medida de urgência de natureza cautelar para determinar o sequestro dos bens do casal. Efetivada a medida, o requerente pretende formular o pedido principal de divórcio no prazo legal, a saber, 30 (trinta) dias.

4º Passo: Requerimentos Finais

A título de requerimento, será necessário postular: a) o deferimento de tutela cautelar liminarmente; b) a designação de audiência de justificação prévia, acaso entenda necessária; c) a citação do requerido para, querendo, oferecer contestação no prazo de cinco dias; d) indicação de apresentação do pedido principal, contados da data da efetivação da medida cautelar. Assim, teríamos os seguintes requerimentos:

D) DOS REQUERIMENTOS

Diante do exposto, requer:

a) seja deferida a medida LIMINARMENTE, nos termos do artigo 300, § 2º, CPC, com o sequestro dos bens que estão na posse do requerido, entregando-os a requerente ou ao depositário nomeado por este juízo;

b) caso V. Exa entenda necessária, que seja designada audiência de justificação prévia;

c) a citação do requerido para, querendo, oferecer contestação no prazo de cinco dias;

d) efetivada a medida cautelar, o requerente irá apresentar o pedido principal no prazo de trinta dias, consoante o disposto no artigo 308, CPC.

5º Passo: Valor da causa

Nesta petição inicial, o autor terá de indicar o valor da causa, que deve levar em consideração o pedido de tutela final. Assim:

Dá-se à causa o valor de R$ ..... (correspondente ao valor dos bens sequestrados).

6º Passo: Protesto pelas provas

Como a relação processual acaba de ser instaurada (embora o pedido principal somente seja futuramente apresentado), é necessário que o requerente faça o protesto por todos os meios de prova, exatamente para ter a oportunidade de demonstrar a veracidade de suas alegações, seja para o acolhimento do pedido cautelar seja para o pedido principal.

Protesta provar o alegado por todos os meios de prova em direito admitidos, seja pelo depoimento pessoal, testemunhas, perícias e tudo quanto se fizer necessário para a efetivação da justiça!

7º Passo: Encerramento

Pede-se o deferimento daquilo que fora postulado, seguindo-se do local, data e advogado. Por exemplo:

> Termos em que pede deferimento.
>
> Local, data,
>
> Advogado
>
> OAB...

MEDIDA CAUTELAR DE BUSCA E APREENSÃO

É a Medida cautelar que visa apreender pessoas ou coisas, com vistas a assegurar a eficácia do processo de cognição ou dos atos de execução.

Vale ressaltar que, com o novo CPC, só haverá necessidade de apresentação de uma "petição inicial" (com o consequente recolhimento de custas) quando a medida tiver de ser requerida em caráter antecedente. Do contrário, já existindo um processo em curso, o pedido de medida cautelar de busca e apreensão será feito através de simples requerimento, o qual demonstrará o preenchimento dos requisitos "probabilidade do direito" e "perigo de dano ou risco ao resultado útil do processo".

2.2.1.4. Modelo de pedido de medida cautelar de busca e apreensão em caráter incidental

A elaboração da peça compreende os seguintes passos:

1º Passo: Endereçamento e menção ao número do processo em curso.

O pedido de medida cautelar de Busca e apreensão deverá ser apresentado perante o juízo da causa (art. 299, NCPC). Ademais, como o pedido é feito mediante simples requerimento atravessado aos autos, será necessário fazer menção ao número do processo ao qual será juntada a petição. Vejamos:

> **EXCELENTÍSSIMO SENHOR JUIZ DA 1ª VARA DE FAMÍLIA DA COMARCA DE RECIFE/PERNAMBUCO**
>
> Proc. N. ....

2º Passo: Menção ao nome das partes, sem a qualificação.

Como se trata de simples requerimento atravessado aos autos (e não uma "petição inicial"), não haverá necessidade de qualificar as partes mas, sim, apenas mencionar os respectivos nomes. Vejamos:

FULANO DE TAL, qualificado nos autos do processo em epígrafe, movido em face de BELTRANO, também qualificado, através do advogado que a esta subscreve, vem à presença de vossa excelência, com fundamento nos artigos 294 e seguintes do CPC, requerer, em caráter incidental, **MEDIDA CAUTELAR DE BUSCA E APREENSÃO**, de acordos com as razões que a seguir passa a expor:

3º Passo: descrição dos FATOS e REQUISITOS ensejadores da tutela cautelar

Num primeiro momento é preciso discorrer, em ordem cronológica, sobre os FATOS. Ato contínuo, será necessário demonstrar a presença dos REQUISITOS ensejadores da tutela cautelar (*probabilidade do direito* e *perigo de dano* ou *risco ao resultado útil do processo*). Perceba que, como se trata de requerimento "avulso" (atravessado aos autos), NÃO será necessário abrir tópico específico para demonstrar tais requisitos, podendo os mesmos ser demonstrados através de mera sequência narrativa numérica, conforme abaixo demonstramos:

1. O Requerente contraiu núpcias com a requerida em ...., conforme atesta certidão de casamento em anexo (doc. 02);

2. Da referida união nasceu um filho, que hoje se encontra com....idade, segundo noticiado nos autos do processo em referência;

3. Considerando a impossibilidade da vida em comum, resolveu o requerente ajuizar ação de divórcio litigioso, em trâmite neste juízo, sob o número em epígrafe, cujo objeto trata, dentre outras questões, da guarda e convívio com a criança;

4. Inconformada com a separação, a requerida vem ameaçando o requerente de mudar-se para a casa de seus pais, os quais residem no estado de....e, de lá, ocultar-se em localidade que impeça de vez o genitor de manter contato com a criança. Tem-se notícia, inclusive, que já houvera compra das respectivas passagens para data próxima.

5. A **plausibilidade do direito** do requerente é constatada na medida em que o mesmo é genitor da criança, tendo, por isso, direito ao convívio, nos termos da guarda a ser fixada por este Juízo.

6. Outrossim, o **risco de dano** é constatado na medida em que, praticando a requerida dita conduta, tenha o requerente dificuldades em voltar a exercer o direito de ver o filho.

4º Passo: Pedido

Após narrar os fatos e demonstrar a presença dos requisitos legais, chegou o momento de formular o pedido de medida cautelar incidentalmente. Vejamos:

7. Sendo assim, com o objetivo de assegurar o seu direito, vem o requerente pleitear a competente medida de Busca e apreensão da criança, nos termos do artigo 301 e seguintes do CPC.

5º Passo: Encerramento

Após formular o pedido, será efetuado o encerramento da peça, com a menção ao pedido de deferimento, local e data:

Termos em que pede deferimento.

Local, data

Advogado

OAB...

3. TUTELA DE EVIDÊNCIA

A tutela da evidência será concedida, **independentemente da demonstração de perigo de dano ou de risco ao resultado útil do processo, quando:**

- ficar caracterizado o abuso do direito de defesa ou o manifesto propósito protelatório da parte;
- as alegações de fato puderem ser comprovadas apenas documentalmente e houver tese firmada em julgamento de casos repetitivos ou em súmula vinculante;
- se tratar de pedido reipersecutório fundado em prova documental adequada do contrato de depósito, caso em que será decretada a ordem de entrega do objeto custodiado, sob cominação de multa;
- a petição inicial for instruída com prova documental suficiente dos fatos constitutivos do direito do autor, a que o réu não oponha prova capaz de gerar dúvida razoável.

Nas duas últimas hipóteses acima, o juiz poderá decidir liminarmente.

PARTE ESPECIAL

PARTE ESPECIAL

CAPÍTULO I

Procedimento Comum

1. PETIÇÃO INICIAL

1.1. Conceito

Ela é o primeiro ato do processo. A lei exige o preenchimento de requisitos para a sua construção. Tais requisitos estão dispostos nos arts. 319 e 320 do CPC, senão vejamos:

1.2. Requisitos

A petição inicial indicará:

- **o juízo a que é dirigida;**

Com o inciso I, aponta-se o órgão competente para conhecer da ação, primeira dificuldade com que se defronta o advogado, pois nem sempre de fácil determinação.

- **os nomes, os prenomes, o estado civil, a existência de união estável, a profissão, o número de inscrição no Cadastro de Pessoas Físicas ou no Cadastro Nacional da Pessoa Jurídica, o endereço eletrônico, o domicílio e a residência do autor e do réu[1];**

O inciso é muito mais moderno e completo quando comparado ao CPC/73.

- **o fato e os fundamentos jurídicos do pedido;**

Determina-se a causa de pedir não apenas com a indicação da relação jurídica de que se trata (propriedade, por exemplo), mas também com a indicação do res-

1. Em ações de reintegração de posse, em casos como o de invasões de terras por integrantes do "Movimento dos Sem Terra", tem-se com razão dispensado a indicação do nome de cada um dos invasores, sendo a ação movida contra os invasores ou ocupantes, citando-se os líderes do movimento, ou todos, com o uso de megafone. É possível, ainda em outros casos, que o juiz haja de se contentar com a descrição física do réu e indicação do lugar em que se encontre.

pectivo fato gerador (aquisição da propriedade por compra e venda, por doação, por sucessão *mortis causa*, etc.). Adotou, assim, o Código, não a teoria da individualização (bastaria a indicação da relação jurídica correspondente, especialmente nas ações reais – causa de pedir imediata), mas a da substanciação (os fatos integram a causa de pedir – causa de pedir mediata, fática ou remota). Exige-se a indicação do fundamento jurídico do pedido (propriedade, por exemplo), não a indicação do dispositivo legal correspondente.

- **o pedido com as suas especificações;**

É um dos mais importantes requisitos da exordial. Distingue-se o pedido imediato do mediato. O pedido imediato indica a natureza da providência solicitada: declaração, condenação, constituição, mandamento, execução. Pedido mediato é o bem da vida pretendido (quantia em dinheiro, bem que se encontra em poder do réu, etc.).

- **o valor da causa;**

O valor da causa, a que se refere o inciso V do art. 319, pode ser importante para fins de determinação do órgão competente, do procedimento a ser observado, dos recursos cabíveis e do valor da taxa judiciária, das custas, da condenação em honorários advocatícios e multas.

O valor da causa é o 'quanto' representativo', precisado e estipulado pelo autor em moeda corrente nacional, ao tempo da propositura da ação, e atribuído na petição inicial, considerando-se, para sua fixação, regras ditadas na Lei Instrumental Civil ou fazendo-se sua estipulação criteriosamente, quando assim é facultado.

- **as provas com que o autor pretende demonstrar a verdade dos fatos alegados;**

Na petição inicial deverá o autor indicar de maneira especificada as provas que pretende demonstrar o fato constitutivo do seu direito alegado, não bastando requerer ou muito menos protestar genericamente pela 'produção de todos os meios de prova admitidos em direito.

- **a opção do autor pela realização ou não de audiência de conciliação ou de mediação.**

Eis um requisito novo. O autor terá de indicar se pretende ou não comparecer a audiência de conciliação ou mediação, a depender do caso.

ATENÇÃO! Caso não disponha das informações relativas à qualificação das partes, poderá o autor, na petição inicial, requerer ao juiz diligências necessárias a sua obtenção.

A petição inicial não será indeferida se, a despeito da falta de informações relacionadas à qualificação, for possível a citação do réu. Ademais, ela não será indeferida pelo não atendimento ao disposto acima se a obtenção de tais informações tornar impossível ou excessivamente oneroso o acesso à justiça.

Entendemos como superpositivas as disposições acima. O CPC/15, como já vimos, adotou o princípio da supremacia do julgamento de mérito.

A petição inicial será, ainda, instruída com os documentos indispensáveis à propositura da ação. É cediço que a prova documental será produzida na fase postulatória.

PEDIDO

O pedido deve **ser certo**[2].

Compreendem-se no principal os juros legais, a correção monetária e as verbas de sucumbência, **inclusive os honorários advocatícios. Eis uma novidade que estava consolidada na Jurisprudência. Tias hipóteses são conhecidas como pedidos implícitos.**

O CPC/15 determina que interpretação do pedido considerará o conjunto da postulação e observará o princípio da boa-fé. Tal disposição é substancial e muito importante.

Na ação que tiver por objeto cumprimento de obrigação em prestações sucessivas, essas serão consideradas incluídas no pedido, independentemente de declaração expressa do autor, e serão incluídas na condenação, enquanto durar a obrigação, se o devedor, no curso do processo, deixar de pagá-las ou de consigná-las.

O pedido deve **ser determinado.**

É lícito, porém, formular **pedido genérico:**

- nas ações universais, se o autor não puder individuar os bens demandados;
- quando não for possível determinar, desde logo, as consequências do ato ou do fato;
- quando a determinação do objeto ou do valor da condenação depender de ato que deva ser praticado pelo réu.

O pedido será alternativo quando, pela natureza da obrigação, o devedor puder cumprir a prestação de mais de um modo.

Quando, pela lei ou pelo contrato, a escolha couber ao devedor, o juiz lhe assegurará o direito de cumprir a prestação de um ou de outro modo, ainda que o autor não tenha formulado pedido alternativo.

2. O antigo artigo 286 do CPC anterior trazia uma grande anomalia. Sinalizava que o pedido seria certo ou determinado.

É lícito formular mais de um pedido em ordem subsidiária, a fim de que o juiz conheça do posterior, quando não acolher o anterior.

É lícito formular mais de um pedido, alternativamente, para que o juiz acolha um deles.

Vejamos as regras para a cumulação de pedidos, tema muito recorrente em prova e importante para a prática forense.

É lícita a cumulação, em um único processo, contra o mesmo réu, de vários pedidos, ainda que entre eles não haja conexão.

São requisitos de admissibilidade da cumulação que:

- os pedidos sejam compatíveis entre si;
- seja competente para conhecer deles o mesmo juízo;
- seja adequado para todos os pedidos o tipo de procedimento.

> **IMPORTANTE!** Quando, para cada pedido, corresponder tipo diverso de procedimento, será admitida a cumulação se o autor empregar o procedimento comum, sem prejuízo do emprego das técnicas processuais diferenciadas previstas nos procedimentos especiais a que se sujeitam um ou mais pedidos cumulados, que não forem incompatíveis com as disposições sobre o procedimento comum.

Na obrigação indivisível com pluralidade de credores, aquele que não participou do processo receberá sua parte, deduzidas as despesas na proporção de seu crédito.

Alterabilidade da demanda de forma descomplicada

O autor poderá:

- até a citação, aditar ou alterar o pedido ou a causa de pedir, independentemente de consentimento do réu;
- até o saneamento do processo, aditar ou alterar o pedido e a causa de pedir, com consentimento do réu, assegurado o contraditório mediante a possibilidade de manifestação deste no prazo mínimo de 15 (quinze) dias, facultado o requerimento de prova suplementar.[3]

1.3. Modelo de petição inicial

A elaboração da peça compreende os seguintes passos:

3. Tais disposições se aplicam à reconvenção e à respectiva causa de pedir.

1ª passo: Endereçamento;

Art. 319, I: O juízo a que é dirigida:

Para construção de tal requisito será fundamental observar a temática do enunciado da prova. Ademais, as regras que se seguem devem ser conferidas, para a correta definição do juízo competente, vejamos:

Identifique a matéria objeto do caso concreto. Na sequência, confira se a demanda é da competência originária dos tribunais. Se não for o caso, a demanda será endereçada para o juiz.

Observe, ainda, as casuísticas do art. 109 da CF/88 para atentar as causas que são da competência da justiça comum federal. Vale conferir também o artigo 45 do CPC.

Em termos da competência territorial, será fundamental consultar, dentre outros, os artigos 46 a 53 do CPC, a seguir sintetizados:

Se a demanda versar sobre direitos reais mobiliários ou direitos pessoais, será competente o juízo do foro do domicílio do réu (art. 46, CPC);

Se a demanda tiver por objeto um direito real imobiliário, será competente o juízo do local onde o imóvel estiver situado. Vale conferir a disposição constante no art. 47 do CPC.

Se a inicial for de alimentos, será competente o juízo do foro do domicílio do alimentando, ainda que a demanda esteja cumulada com investigação de paternidade. Eis o disposto na súmula 01 do STJ.

EXCELENTÍSSIMO SENHOR JUIZ DE DIREITO DA... VARA ... (indique a matéria) DA COMARCA DE... (indique a localidade).

Se a causa for da competência da Justiça comum federal, sugere-se o seguinte endereçamento:

EXCELENTÍSSIMO SENHOR JUIZ FEDERAL DA... VARA ... (indicar a matéria) DA SEÇÃO JUDICIÁRIA DE .... (indique a localidade).

2ª passo: Qualificação das partes

Art. 319, II, do CPC.

FULANO DE TAL, nacionalidade, estado civil, profissão, inscrito no CPF sob o nº, e-mail..., residente e domiciliado na Rua..., nº..., bairro..., cidade..., estado..., CEP...,vem, por seu advogado infra-assinado, conforme instrumento procuratório anexo, com endereço eletrônico, endereço profissional (endereço completo), no qual receberá as intimações que se fizerem necessárias, PROPOR **AÇÃO INDENIZATÓRIA (por exemplo),** com base nos arts. 319 ss. do CPC e demais dispositivos de lei aplicáveis à matéria, em desfavor de **BELTRANO DE TAL**, nacionalidade, estado civil, profissão, inscrito no CPF sob o nº, e-mail..., residente e domiciliado na Rua..., nº..., bairro..., cidade..., estado..., CEP..., pelos fatos e fundamentos a seguir delineados:

OBS: Deve ser declarado o estado civil e, de acordo com o caso concreto, a possível existência de união estável reconhecida.

O reconhecimento pode se dar em cartório ou através da via judicial.

Modelo de qualificação de PESSOA JURÍDICA – SOCIEDADE EMPRESÁRIA

Empresa X, pessoa jurídica de direito privado, com sede na cidade de... (endereço completo), inscrita no CNPJ/MF sob o nº..., neste ato representada por seu administrador fulano de tal (obs: o administrador receberá qualificação completa conforme modelo geral de pessoa natural), conforme contrato social anexo (ATENÇÃO! à referência a contrato social deverá ser utilizada se a pessoa jurídica for sociedade limitada. Em se tratando de sociedade anônima deve-se utilizar a expressão "estatuto social"), por seu advogado devidamente constituído...

ATENÇÃO:

Neste tópico não se esqueça de:

Simular a juntada da procuração;

Simular o endereço profissional do advogado;

Indicar o procedimento adotado.

Quanto ao procedimento, lembre que ele pode ser comum ou especial.

CUIDADO! Não há mais divisão de procedimento comum em ordinário e sumário.

3ª passo: verificação da necessidade de abrir os seguintes tópicos

UM TÓPICO PARA TRATAR DA CONCESSÃO DOS BENEFÍCIOS DA GRATUIDADE JUDICIÁRIA, DE PRIORIDADE DE TRAMITAÇÃO, BEM COMO UMA POSSÍVEL TUTELA PROVISÓRIA;

DA CONCESSÃO DOS BENEFÍCIOS DA GRATUIDADE JUDICIÁRIA

Aos necessitados, pessoas físicas ou jurídicas, será concedido benefício da gratuidade judiciária. Importante conferir as disposições constantes nos arts. 98 a 102 do CPC.

Destaque-se, desde logo, que o autor não tem condições de arcar com as custas do processo, sem prejuízo de seu sustento próprio, bem como do sustento da sua família.

Trata-se de pessoa idosa que se encontra desempregado, razão pela qual lhe devem ser concedidos os benefícios da gratuidade judiciária, nos moldes da Lei 1.060/50, bem como art. 98, parágrafo 1º do CPC.

DA PRIORIDADE DE TRAMITAÇÃO

A prioridade de tramitação é faceta da isonomia substancial. Esteja atento às disposições constantes no art. 1048 do CPC.

Ressalve-se, ainda, que autor é idoso e está acometido com doença grave que poderá levá-lo ao falecimento, neste caso os autos tem prioridade de tramitação, nos moldes dos arts. 1.048 do CPC c/c art. 71 do Estatuto do Idoso.

DA CONCESSÃO DA TUTELA ANTECIPADA

Utilizaremos as disposições do artigo 300, demonstrando o atendimento dos requisitos nele indicados.

Importante ressalvar a presença dos seguintes requisitos, vejamos:

PROBABILIDADE DO DIREITO + PERIGO DE DANO

OU

PROBABILIDADE DO DIREITO + RISCO AO RESULTADO ÚTIL DO PROCESSO

4ª passo: Resumo dos fatos

Art. 319, III do CPC.

Aqui, será feita a síntese da demanda.

Lembre-se que não poderá ser identificado(a). Observe, com cuidado, o enunciado da peça e faça sua síntese.

Na elaboração do tópico, em tela, lembre-se que teremos que discorrer acerca de três itens substanciais, a saber: relação, evento e conclusão.

SEJA BREVE E NÃO INVENTE DADOS.

O requerente foi casado por vários anos, e desta união conjugal teve apenas um filho, o referido réu, que hoje é dono de uma rede de hotelaria.

PARTE ESPECIAL

Ocorre que, após o falecimento de sua esposa, o autor entrou em grande tristeza, o que ocasionou o abandono do trabalho, razão pela qual se encontra em dificuldades financeiras....

5ª passo: Fundamentação

Art. 319, III do CPC/15.

Na fundamentação, também chamado de mérito ou do direito, deveremos inserir todos os artigos aplicáveis a temática, bem como as possíveis súmulas e entendimentos jurisprudenciais aplicáveis ao caso, vejamos um exemplo:

Insta salientar que o autor deve ser considerado consumidor nos termos do art. 2º do CDC, e que a relação entre os litigantes é de consumo em razão da prestação de serviços.

Ressalte-se que o autor sempre adimpliu com sua obrigação no pagamento das mensalidades do Plano de Saúde e no momento que mais teve necessidade de assistência, este não cumpriu com seu dever.

Ora! Se o plano foi contratado para prestar todo o suporte necessário, tem a obrigação de instalar a Home Care na residência do autor, para garantir sua dignidade e a melhor forma de tratamento, tendo em vista que este não mais poderá continuar na UTI.

Para tanto é necessária à concessão da tutela específica nos moldes do art. 84 do CDC, para o cumprimento da obrigação de fazer pela parte ré.

Com isso faz-se imperativa a imposição de multa diária, a critério deste juízo, de acordo com o art. 536 e 537 do CPC, com intento de fazer valer os direitos do autor.

Sugerimos que o tópico acima seja mais bem desenvolvido por você. Eis apenas uma demonstração simples da sua construção.

6ª passo: Pedidos

Art. 319, IV do CPC.

Eis uma etapa importantíssima da sua peça. Aqui formule as pretensões e requerimentos.

O "corpo" do item trará as seguintes informações, dentre outros:

Ante o exposto, requer:

a) seja concedida a gratuidade judiciária, nos moldes da lei, em vigor;

b) siga o processo em prioridade de tramitação;

c) seja concedido do Pedido de tutela antecipada tal..., ante a prova do direito urgente e da demonstração do perigo da demora, a qual deve ser viabilizada liminarmente e ratificada por sentença;

d) sejam os pedidos (especifique-os) julgados procedentes a fim de que...

e) seja o réu citado e intimado para comparecer à audiência de autocomposição e, se não for bem sucedida, oferecer resposta, no prazo de 15 dias, nos moldes do art. 336, sob pena de revelia;

f) seja intimado o Ministério Público (nas hipóteses de sua intervenção obrigatória);

g) Requer, ainda, a condenação do réu no pagamento das custas e condenação em honorários advocatícios sucumbenciais, nos moldes do art. 85 do CPC;

7ª Passo: Opção do autor pela realização ou não da audiência de autocomposição.

O autor terá de declarar se tem ou não interesse em comparecer à audiência de autocomposição.

Tal audiência só não será realizada em duas hipóteses, senão vejamos:

Ambas as partes expressarem que não tem interesse em comparecer;

O direito debatido não admitir autocomposição.

8ª passo: Indicação dos meios de prova

Art. 319, IV do CPC.

As provas são substanciais para a demonstração dos fatos articulados na inicial.

Requer provar o alegado por meio de prova documental, depoimento pessoal das partes, prova testemunhal, prova pericial e todos os demais meios de prova em direito admitidos.

9ª passo: Citação

Citação é ato processual através do qual se traz o réu em juízo para se defender.

Ela poderá ser feita por carta/pelos correios, por oficial de justiça, por edital, através da ciência do réu na secretaria do juízo, bem como por meio eletrônico.

Tal item passou a ser opcional. Ele não está mais previsto no rol dos requisitos do art. 319, em comento.

Posto isso requer a citação do réu para, querendo, comparecer à audiência de mediação/conciliação (quando for o caso) e apresentar defesa sob pena de revelia.

10ª passo: Atribuição do valor da causa

Art. 319, V do CPC.

Arts. 291 e 292.

Toda causa tem um valor. Eis a disposição constante no art. 291. O valor da causa poderá ser legal ou convencional.

Muito importante conferir as disposições constantes no art. 292, as quais contemplam as hipóteses de valor da causa legais.

Dá-se a causa o valor de R$...

11ª Passo: Encerramento

Pede-se o deferimento daquilo que fora postulado, seguindo-se do local, data e advogado. Por exemplo:

Termos em que pede deferimento.

Local e data.

Advogado...

OAB...

OBS: Consoante dispõe o art. 320 do CPC, a inicial será instruída com os documentos indispensáveis à propositura da demanda.

1.4. Modelos importantes de petições iniciais de procedimento comum

1.4.1. Modelo de ação de obrigação de fazer com pedido de tutela antecipada

Ação de conhecimento, de rito comum, que visa compelir o réu à adoção de conduta específica, qual seja a obrigação de fazer. Ex: proceder a uma internação, fornecimento de medicamento, intervenção cirúrgica. O fundamento é encontrado nos artigos 300, 319 e 497, CPC e art. 84 do CDC.

A elaboração da peça compreende os seguintes passos:

1º Passo: Endereçamento

Art. 319, I do CPC.

A ação será ajuizada, atendendo-se as regras gerais de competência, fixadas nos artigos 46 e seguintes do CPC, tendo como regra geral o foro do domicílio do réu (art. 46, CPC).

De acordo com o art. 53, III, d, do CPC, a demanda poderá ser ajuizada onde a obrigação deve ser satisfeita, para a ação em que se lhe exigir o cumprimento.

EXCELENTÍSSIMO SENHOR JUIZ DE DIREITO DA VARA CÍVEL DA COMARCA DE BELO HORIZONTE/ MINAS GERAIS

2º Passo: Qualificação das partes

Art. 319, II do CPC.

Aqui, como em toda petição inicial, as partes necessitam ser qualificadas (nome, estado civil, profissão, existência de união estável, CPF, e-mail e endereço completo).

As partes são comumente chamadas de autor e réu, tendo em vista que estamos diante de ação de conhecimento.

FULANO DE TAL, (Qualificação), através do advogado que a esta subscreve, e-mail..., com escritório profissional situado na (endereço completo), onde receberá intimações, vem a presença de vossa excelência, com fundamento nos artigos 319, 300 e 497 do CPC, c/c artigo 84, CDC, propor **AÇÃO DE OBRIGAÇÃO DE FAZER COM PEDIDO DE TUTELA ANTECIPADA**, em face de BELTRANO, (Qualificação completa), nos seguintes termos:

OBS importante: lembre-se que antes da narrativa dos fatos, será importante conferir a necessidade de contemplar os tópicos relacionados a prioridade de tramitação e gratuidade judiciária.

3º Passo: Fundamentação

Art. 319, III do CPC.

O examinando deverá, primeiramente, expor os fatos narrados na questão. Assim:

FATOS

O Autor é beneficiário de plano de saúde, mantido junto à empresa ré, desde..., período em que sempre honrou com suas obrigações, mediante o pagamento da respectiva mensalidade;

O referido plano, por ser do mais alto nível dentre as categorias existentes, concede direito à total assistência ao beneficiário, independentemente do malefício sofrido, inclusive com apoio de serviços extra-hospitalares do tipo "home care";

Pois bem, no dia......o autor fora internado em unidade hospitalar com suspeita de.....; constatada a existência do malefício, verificou-se a necessidade de apoio

PARTE ESPECIAL

extra-hospitar, do tipo "home care", haja vista que a sua permanência na unidade hospitalar poderia acarretar-lhe outros malefícios, oriundos de possível infecção hospitalar;

Instado a proceder com as despesas relativas à instalação do serviço, o plano de saúde negou-se, sob a alegação de que .....

Diante disso, ao autor não restou outra alternativa, senão vir a este mm. Juízo requerer o que lhe seja de direito.

Ato contínuo, o examinando deverá partir para os fundamentos de direito. Vejamos:

DO DIREITO

O direito do demandante é vislumbrado na medida em que, além de estar ele incluso na modalidade mais alta dentre as categorias existentes do plano, SEMPRE honrou com pontualidade no pagamento das respectivas mensalidades, não havendo, por isso, motivos para a recusa da prestação do serviço buscado.

Tal tópico deve ser mais bem desenvolvido por você, levando-se em consideração os dados trazidos no enunciado da peça ou apresentados por seu cliente.

Aqui, devem ser postos os artigos que regem a matéria, bem como possíveis súmulas aplicáveis ao caso concreto. Eis um item muito importante da peça. É preciso ter muita atenção na sua construção.

4º Passo: Pedido de tutela antecipada

Expostos os fatos e fundamentos jurídicos, chegou o momento de requerer a tutela antecipada. Aqui o examinando demonstrará a presença dos requisitos ensejadores do deferimento, mediante uma linguagem simples e direta. Por exemplo:

DA TUTELA ANTECIPADA

O ordenamento jurídico nacional, através do artigo 300, CPC, previu, genericamente, a possibilidade de o juiz antecipar os efeitos da tutela pretendida no pedido inicial, desde que estejam presentes os requisitos autorizadores, dentre os quais, ressaltam-se: "perigo de dano" e "probabilidade do direito" ou "resultado útil do processo".

É o que ocorre no presente caso, senão vejamos:

a) Probabilidade do direito

A plausibilidade do direito do demandante é constatada na medida em que o mesmo acosta às fls. .... cópia do contrato de prestação de serviços mantido junto à ré, o qual demonstra estar ele incluso na modalidade mais alta dentre as categorias existentes do plano.

b) Do perigo de dano

Por sua vez, o perigo dano resta evidenciado, na medida em que a demora na instalação dos aparelhos poderá acarretar a morte do demandante.

Sendo assim, cumpridos os requisitos legais, torna-se necessária a concessão de tutela antecipada para determinar o cumprimento de obrigação de fazer, no sentido de ser a demandada compelida a instalar os serviços de "home care", por ser medida de justiça.

OBS: Tal item pode ser construído antes dos fatos ou dentro do tópico dos fundamentos jurídicos.

5º Passo: Pedidos

Art. 319, IV do CPC.

Nos pedidos, é mister requerer:

a) a concessão de tutela antecipada, com a possibilidade de aplicação de multa diária, para o cumprimento da obrigação;

b) a realização de audiência de justificação prévia, caso o juiz entenda necessária para a concessão da medida antecipatória; c) requerimento de citação do réu para, querendo, comparecer a audiência e não obtida a conciliação, contestar a ação no prazo de 15 dias; d) a procedência da demanda, com a confirmação da tutela inicialmente deferida; e) condenação nas custas processuais e nos honorários advocatícios. Por exemplo:

DOS PEDIDOS

Diante do exposto, requer:

a) Seja deferida a TUTELA ANTECIPADA, de modo que o réu seja condenado em obrigação de fazer, consistente na imediata instalação do "home care" nas dependências da residência do autor, sob pena de multa diária, a ser prudentemente fixada por este mm. Juízo, nos termos do artigo 84, par. 4º, do Código de defesa do consumidor (Lei 8.078/90) c/c artigo 497 do CPC;

b) Caso V. Exa entenda necessária, que seja designada audiência de justificação prévia do CPC;

c) a citação do réu para, querendo, comparecer a audiência e não obtida a conciliação, oferecer resposta, sob pena de revelia;

d) AO FINAL, seja a ação julgada procedente, com a confirmação da tutela antecipada e condenação do réu nas custas processuais e honorários advocatícios.

6ª Passo: Opção do autor pela realização ou não da audiência de autocomposição.

O autor terá de declarar se tem ou não interesse em comparecer à audiência de autocomposição.

Tal audiência só não será realizada em duas hipóteses, senão vejamos:

Ambas as partes expressarem que não tem interesse em comparecer;

O direito debatido não admitir autocomposição.

7º Passo: Protesto pelas provas

Como se trata de "ação", é mister que o autor prove o alegado, para que os pedidos formulados na demanda sejam acolhidos. Por exemplo:

> Protesta provar o alegado por todos os meios de provas em direito admitidos, em especial pelo depoimento pessoal, testemunhas, perícias e tudo quanto se fizer necessário para a efetivação da justiça!

8º Passo: Valor da causa

A toda causa deve ser atribuído um valor (art. 291, CPC). Regra geral ele corresponderá ao benefício econômico pretendido pelo autor. Assim, no exemplo ora analisado, o valor da causa corresponderá às despesas necessárias para a execução dos serviços. Por exemplo:

> Dá-se à causa o valor de R$ 40.000,00 (quarenta mil reais).

9º Passo: Encerramento

Pede-se o deferimento daquilo que fora postulado, seguindo-se do local, data e advogado. Por exemplo:

> Termos em que pede deferimento.
>
> Local, data,
>
> Advogado...
>
> OAB...

1.4.2. Modelo de ação de reparação de dano sofrido em acidente de veículos

Ação de conhecimento, de rito comum, que visa condenar o réu reparar os danos causados ao autor, em razão da ocorrência de acidente de veículo. Eis uma ação condenatória.

A elaboração da peça compreende os seguintes passos:

1º Passo: Endereçamento

Art. 319, I do CPC.

De acordo com o art. 53, V, do CPC, a demanda poderá ser ajuizada no foro do domicílio do autor ou do local do fato, para a ação de reparação de dano sofrido em razão de delito ou acidentes de veículos, inclusive aeronaves.

EXCELENTÍSSIMO SENHOR JUIZ DE DIREITO DA... VARA CÍVEL DA COMARCA DE...

2º Passo: Qualificação das partes

Art. 319, II do CPC.

Aqui, como em toda petição inicial, as partes necessitam ser qualificadas (nome, estado civil, declaração da existência de união estável, profissão, existência de união estável, CPF, e-mail e endereço completo).

As partes são comumente chamadas de autor e réu, tendo em vista que estamos diante de ação de conhecimento.

FULANO DE TAL, (Qualificação completa), através do advogado que a esta subscreve, e-mail..., com escritório profissional situado na (endereço completo), onde receberá intimações, vem a presença de vossa excelência, com fundamento nos artigos 319 do CPC e 186 do CC/02, propor **AÇÃO DE REPARAÇÃO DE DANOS SOFRIDOS EM ACIDENTE DE VEÍCULOS**, em face de BELTRANO, (Qualificação completa), nos seguintes termos:

OBS importante: lembre-se que antes da narrativa dos fatos, será importante conferir a necessidade de contemplar os tópicos relacionados a prioridade de tramitação e gratuidade judiciária.

3º Passo: Fundamentação

Art. 319, III do CPC.

O examinando deverá, primeiramente, expor os fatos narrados na questão.

Lembre-se de não inventar dados. No exame da OAB você não poderá ser identificado.

Assim:

FATOS

Ato contínuo, o examinando deverá partir para os fundamentos de direito. Vejamos:

DO DIREITO

Aqui, devem ser postos os artigos que regem a matéria, bem como possíveis súmulas aplicáveis ao caso concreto. Eis um item muito importante da peça. É preciso ter muita atenção na sua construção.

4º Passo: Pedido de tutela antecipada

Expostos os fatos e fundamentos jurídicos, chegou o momento de requerer a tutela antecipada. Aqui o examinando demonstrará a presença dos requisitos ensejadores do deferimento, mediante uma linguagem simples e direta. Por exemplo:

DA TUTELA ANTECIPADA

O ordenamento jurídico nacional, através do artigo 300, CPC, previu, genericamente, a possibilidade de o juiz antecipar os efeitos da tutela pretendida no pedido inicial, desde que estejam presentes os requisitos autorizadores, dentre os quais, ressaltam-se: "perigo de dano" e "probabilidade do direito" ou "resultado útil do processo".

É o que ocorre no presente caso, senão vejamos:

a) Probabilidade do direito

A plausibilidade do direito do demandante é constatada na medida em que...

b) Do perigo de dano

Por sua vez, o perigo dano resta evidenciado, na medida em que a demora na instalação dos aparelhos poderá acarretar a morte do demandante.

Sendo assim, cumpridos os requisitos legais, torna-se necessária a concessão de tutela antecipada para determinar ...

OBS: Tal item pode ser construído antes dos fatos ou dentro do tópico dos fundamentos jurídicos.

5º Passo: Pedidos

Art. 319, IV do CPC.

Nos pedidos, é mister requerer:

a) a concessão de tutela antecipada, a fim de que...

b) a realização de audiência de justificação prévia, caso o juiz entenda necessária para a concessão da medida antecipatória;

c) requerimento de citação do réu para, querendo, comparecer à audiência e não obtida a conciliação, contestar a ação no prazo de 15 dias;

d) a procedência da demanda, com a confirmação da tutela inicialmente deferida; e) condenação nas custas processuais e nos honorários advocatícios.

Por exemplo:

DOS PEDIDOS

Diante do exposto, requer:

a) Seja deferida a TUTELA ANTECIPADA, de modo que o réu seja condenado a...

b) Caso V. Exa entenda necessária, que seja designada audiência de justificação prévia do CPC;

c) a citação do réu para, querendo, comparecer à audiência e não obtida a conciliação, oferecer resposta, sob pena de revelia;

d) AO FINAL, seja a ação julgada procedente, com a confirmação da tutela antecipada e condenação do réu nas custas processuais e honorários advocatícios.

6ª Passo: Opção do autor pela realização ou não da audiência de autocomposição.

O autor terá de declarar se tem ou não interesse em comparecer à audiência de autocomposição.

Tal audiência só não será realizada em duas hipóteses, senão vejamos:

Ambas as partes expressarem que não tem interesse em comparecer;

O direito debatido não admitir autocomposição.

7º Passo: Protesto pelas provas

Como se trata de "ação", é mister que o autor prove o alegado, para que os pedidos formulados na demanda sejam acolhidos. Por exemplo:

Protesta provar o alegado por todos os meios de provas em direito admitidos, em especial pelo depoimento pessoal, testemunhas, perícias e tudo quanto se fizer necessário para a efetivação da justiça!

8º Passo: Valor da causa

A toda causa deve ser atribuído um valor (art. 291, CPC). Regra geral ele corresponderá ao benefício econômico pretendido pelo autor.

Assim, no exemplo ora analisado, o valor da causa corresponderá a soma de todos os danos, inclusive o moral. Eis o disposto no art. 292, V, do CPC.

Por exemplo:

Dá-se à causa o valor de R$ ...

9º Passo: Encerramento

Pede-se o deferimento daquilo que fora postulado, seguindo-se do local, data e advogado. Por exemplo:

Termos em que pede deferimento.

Local, data,

Advogado...

OAB...

1.4.3. Modelo de ação de imissão de posse

É ação, de rito comum, que tem por objetivo conferir a posse de bem ao proprietário, o qual nunca houvera gozado da mesma. Aqui há uma observação relevante: enquanto na ação reivindicatória o proprietário pleiteia bem cuja posse JÁ exercera, na ação de imissão de posse o proprietário busca obter bem cuja posse NUNCA exerceu. Aludida ação encontra fundamento no artigo 1.228 do Código Civil.

A elaboração da peça compreende os seguintes passos:

1ª passo: Endereçamento

Como se trata de ação real imobiliária, a demanda deverá ser ajuizada perante o juízo do lugar onde o imóvel estiver situado, a teor do disposto no artigo 47, CPC.

EXCELENTÍSSIMO SENHOR DOUTOR JUIZ DA .... VARA CÍVEL DA COMARCA DE......./ ESTADO

2ª passo: Qualificação das partes

Aqui, como em toda petição inicial, as partes necessitam ser qualificadas (nome, estado civil, profissão, CPF, endereço e endereço eletrônico), nos termos do artigo 319, CPC. Vejamos:

FULANO DE TAL, (estado civil), (profissão), (CPF), (endereço eletrônico), (endereço), através do advogado que a esta subscreve, constituído nos termos da procuração em anexo (doc. 01), vem a presença de vossa excelência, com fundamento no artigo 1.228 do CC, propor **AÇÃO DE IMISSÃO DE POSSE** em face de BELTRANO, (estado civil), (profissão), (CPF), (endereço eletrônico), (endereço), de acordo com as razões de fato e de direito a seguir expostas:

3ª passo: Exposição dos fatos:

Feita a qualificação, serão narrados os fatos ensejadores do pedido, através de uma exposição em ordem lógica e cronológica. Vejamos:

1. DOS FATOS

1. O Requerente é legítimo proprietário de um imóvel situado nesta cidade, na ...;

2. A aquisição se deu através de regular contrato de compra e venda, celebrado na data tal, com escritura pública lavrada e registrada no ... cartório de registro de imóveis desta cidade...;

3. Não obstante, fato é que o requerente viu-se impedido de tomar posse no referido imóvel, haja vista que nele se estabeleceu o demandado desde a data ....., afirmando que não sairá, pois, apesar de saber que não é dono da coisa, não tem para onde ir e, por isso, ali permanecerá;

4. Assim, não restou outra alternativa ao requerente senão vir a este juízo postular o que entende de direito.

4ª passo: Exposição do direito.

Na exposição do direito, o objetivo é expor os argumentos jurídicos que demonstrem o cabimento da ação a ser proposta. Assim, teremos:

2. DO DIREITO

O art. 1.228 do Código Civil é claro no sentido de apontar os poderes inerentes do direito de propriedade, ao aduzir que o proprietário tem a faculdade de usar, gozar e dispor da coisa, e o direito de reavê-la do poder de quem quer que injustamente a possua ou detenha.

É o que ocorre nos autos: De um lado, o requerente é proprietário do bem em questão; por outro lado, a posse injusta do réu, aliada à má-fé, negando a desocupar o imóvel, vem causando sérios danos de difícil reparação, no sentido de que o requerente está impedido de adentrar ao imóvel que adquiriu de forma legítima.

Destarte mostra-se perfeitamente cabível o manejo da ação de imissão de posse para o caso em tela.

5ª passo: Pedido de tutela de urgência de natureza antecipada.

Considerando que a ação de imissão de posse segue o rito comum, nada impede que, preenchidos os requisitos legais, seja requerida a medida de urgência de natureza antecipada. Vejamos:

3. DA TUTELA DE URGÊNCIA

Após adquirir o imóvel objeto da presente demanda, o demandante se desfez do imóvel que anteriormente possuía, de modo que, agora, não tem para onde ir.

Destarte, considerando que a demora na prestação jurisdicional poderá ocasionar dano irreparável ao demandante, é mister que seja concedida a tutela de urgência de natureza antecipada para determinar a sua imediata imissão na posse, visto que devidamente presentes a probabilidade do direito e o perigo de dano ou o risco ao resultado útil do processo, nos termos do artigo 300, CPC.

6ª passo: Pedidos

Exposta a causa de pedir, através dos fatos e fundamentos, chegou o momento de formular os pedidos. Aqui, os pedidos precisam seguir uma ordem "cronológica" das providências requeridas ao juízo. Ademais, como se trata de procedimento comum, a parte requererá a citação do réu para que compareça à audiência de mediação ou conciliação, pugnando ainda por sua condenação, ao final, nos ônus da sucumbência (custas e honorários advocatícios). Vejamos:

4. DOS PEDIDOS

Diante do exposto, requer:

a) A concessão da tutela de urgência de natureza antecipada, assegurando o autor de prejuízo iminentes, determinando-se a expedição de mandado de imissão de posse, com o devido reforço policial, acaso necessário;

b) A designação de audiência de mediação ou conciliação;

c) Ao final, a procedência do pedido, com a confirmação da tutela de urgência de natureza antecipada e condenação do requerido nas custas processuais e honorários advocatícios.

7ª passo: Valor da causa.

A toda causa deve ser dado um valor, ainda que não tenha conteúdo econômico aferível. O valor deve seguir as diretrizes do artigo 292 do CPC. No caso da ação de imissão de posse, o valor corresponderá ao valor do imóvel.

Dá-se à causa o valor de R$.... (valor do imóvel).

8ª passo: Protesto pelas provas

É necessário que o requerente faça o protesto por todos os meios de prova, exatamente para ter a oportunidade de demonstrar a veracidade de suas alegações. Vejamos:

Protesta provar o alegado por todos os meios de prova em direito admitidos, seja pelo depoimento pessoal, documentos, testemunhas, perícias e tudo que se fizer necessário para a efetivação da justiça.

9ª passo: Encerramento.

Após o protesto pelas provas, será feito o encerramento da peça, com o pedido de deferimento, seguido do local, data e Advogado.

Nestes termos, pede deferimento.

Local, data

Advogado

1.4.4. *Modelo de ação de nunciação de obra nova*

É ação, de rito comum, que tem por objetivo denunciar a existência de obra em andamento que prejudique o direito da parte. Ela pode ser utilizada pelo **proprietário** ou **possuidor** para impedir edificações em imóvel vizinho que cause prejuízo ao seu direito; Pelo **condômino** para evitar obras que prejudiquem a coisa alheia ou, ainda, pelo **município** para evitar obras contra as determinações legais.

A ação em tela figurava no rol dos procedimentos especiais do CPC revogado (artigos 934 e seguintes), mas não foi disciplinada como procedimento especial no CPC de 2015. Significa dizer que, com a nova legislação processual, o instrumento em tela passou a seguir a "regra geral", ou seja, o procedimento comum, consoante o disposto no artigo 318 do CPC. A ação encontra fundamento nos artigos 1.277 e seguintes do Código Civil.

A elaboração da peça compreende os seguintes passos:

1ª passo: Endereçamento

Como se trata de ação real imobiliária, a demanda deverá ser ajuizada perante o juízo do lugar onde o imóvel estiver situado, a teor do disposto no artigo 47, CPC.

EXCELENTÍSSIMO SENHOR DOUTOR JUIZ DA .... VARA CÍVEL DA COMARCA DE......./ ESTADO

2ª passo: Qualificação das partes

Aqui, como em toda petição inicial, as partes necessitam ser qualificadas (nome, estado civil, profissão, CPF, endereço e endereço eletrônico), nos termos do artigo 319, CPC. Vejamos:

FULANO DE TAL, (estado civil), (profissão), (CPF), (endereço eletrônico), (endereço), através do advogado que a esta subscreve, constituído nos termos da procuração em anexo (doc. 01), vem a presença de vossa excelência, com fundamento nos artigos 1.277 e seguintes do Código Civil, propor **AÇÃO DE**

NUNCIAÇÃO DE OBRA NOVA em face de BELTRANO, (estado civil), (profissão), (CPF), (endereço eletrônico), (endereço), de acordo com as razões de fato e de direito a seguir expostas:

3ª passo: Exposição dos fatos:

Feita a qualificação, serão narrados os fatos ensejadores do pedido, através de uma exposição em ordem lógica e cronológica. Na ação de nunciação de obra nova as partes são comumente chamadas de "nunciante" e "nunciado". Vejamos:

1. DOS FATOS

1. O nunciante é proprietário de prédio residencial localizado no Bairro da Campina do Barreto, Recife/PE.

2. O prédio vizinho ao seu é de propriedade do nunciado, o qual reside sozinho.

3. Há dois meses, o nunciado iniciou a construção de um anexo nos fundos de seu terreno.

4. Ocorre que, ao invés de implantar novos alicerces para a estrutura, aproveitou antigas colunas que faziam parte do terreno, tornando temerária a construção, a qual ameaça cair sobre o prédio de do nunciante, pelo que não restou outra alternativa senão vir a este juízo requerer o que entende de direito.

4ª passo: Exposição do direito.

Na exposição do direito, o objetivo é expor os argumentos jurídicos que demonstrem o cabimento da ação a ser proposta. Assim, teremos:

2. DO DIREITO

5. A ação de nunciação de obra nova poderá ser utilizada pelo proprietário, a fim de impedir que a edificação de obra nova em imóvel vizinho lhe prejudique o prédio, suas servidões ou fins a que é destinado;

6. A utilização do instrumento em questão apoia-se no direito de vizinhança, previsto nos artigos 1.277 e seguintes do Código Civil, relativamente ao uso anormal da propriedade.

7. É o que se verifica no caso narrado. Ora, conforme mencionado alhures, o nunciante é proprietário de imóvel que corre o sério risco de danificação em virtude de má- execução da obra que está sendo realizada no prédio vizinho.

8. Destarte, mostra-se perfeitamente cabível o manejo deste instrumento jurídico para o caso em tela.

5ª passo: Pedido de tutela de urgência de natureza antecipada.

Considerando que a ação de nunciação de obra nova passou a seguir o rito comum (artigos 319 e seguintes, CPV), nada impede que, preenchidos os requisitos legais, seja requerida a medida de urgência de natureza antecipada para determinar a imediata paralisação da obra que está em andamento. Vejamos:

> 3. DA TUTELA DE URGÊNCIA
>
> Considerando que a demora na prestação jurisdicional poderá ocasionar dano irreparável ao demandante, é mister que seja concedida a tutela de urgência de natureza antecipada para determinar a imediata paralisação da obra nova, visto que devidamente presentes a probabilidade do direito e o perigo de dano ou o risco ao resultado útil do processo, nos termos do artigo 300, CPC.

6ª passo: Pedidos

Exposta a causa de pedir, através dos fatos e fundamentos, chegou o momento de formular os pedidos. Aqui, os pedidos precisam seguir uma ordem "cronológica" das providências requeridas ao juízo. Ademais, como se trata de procedimento comum, a parte requererá a citação do réu para que compareça à audiência de mediação ou conciliação, pugnando ainda por sua condenação, ao final, nos ônus da sucumbência (custas e honorários advocatícios). Vejamos:

> **3. DOS PEDIDOS**
>
> Diante do exposto, requer:
>
> a) O deferimento de tutela de urgência, no sentido de que a obra seja embargada, com a consequente suspensão, cominando-se multa para o caso de descumprimento do preceito;
>
> b) Seja o réu citado para comparecer à audiência de mediação ou conciliação;
>
> c) Ao final, a procedência do pedido contido na ação, com a confirmação da tutela inicialmente deferida e condenação do requerido a proceder com as alterações necessárias para o ajuste da obra;
>
> d) A condenação do requerido nas custas processuais e honorários advocatícios.

7ª passo: Valor da causa.

A toda causa deve ser dado um valor, ainda que não tenha conteúdo econômico aferível. O valor deve seguir as diretrizes do artigo 292 do CPC. No caso da ação de nunciação de obra nova, o valor corresponderá ao valor dos prejuízos experimentados. Se ainda não houve um dano efetivo, o valor será fixado para efeitos meramente fiscais.

Dá-se à causa o valor de R$.... (valor dos prejuízos).

8ª passo: Protesto pelas provas

É necessário que o requerente faça o protesto por todos os meios de prova, exatamente para ter a oportunidade de demonstrar a veracidade de suas alegações.

Protesta provar o alegado por todos os meios de prova em direito admitidos, seja pelo depoimento pessoal, documentos, testemunhas, perícias e tudo que se fizer necessário para a efetivação da justiça.

9ª passo: Encerramento.

Após o protesto pelas provas, será feito o encerramento da peça, com o pedido de deferimento, seguido do local, data e Advogado.

Nestes termos, pede deferimento.

Local, data

Advogado...

OAB...

1.4.5. Modelo de ação de usucapião urbana

Ação de conhecimento que visa obter a declaração de propriedade sobre bem imóvel, desde que preenchidos os requisitos legais.

Cabe ressaltar que o novo CPC não mais prevê um procedimento especial para as ações de usucapião, sendo certo que as mesmas passaram a ser disciplinadas pelo rito comum, previsto nos artigos 318 e seguintes do CPC. O fundamento é encontrado no artigo 183 da Constituição Federal de 1988; Lei 10.257/01, artigo 1.240 e seguintes do Código Civil, artigos 246 e 259 do CPC. E, finalmente, nos artigos 318 e seguintes, CPC.

A elaboração da peça compreende os seguintes passos:

1º Passo: Endereçamento

A ação será proposta perante o juízo onde esteja situado o imóvel, haja vista que a ação diz respeito a direito real imobiliário (art. 47, caput, CPC). Assim:

EXCELENTÍSSIMO SENHOR JUIZ DA VARA CÍVEL DA COMARCA DE SALVADOR/BAHIA

2º Passo: Qualificação das partes

Aqui, como em toda petição inicial, as partes necessitam ser qualificadas (nome, estado civil, profissão, CPF, endereço e endereço eletrônico), nos termos do artigo 319, CPC. A ação deverá pedir a citação do proprietário, em cujo nome esteja inscrito o imóvel. Vejamos:

FULANO DE TAL, (estado civil), (profissão), (CPF), (endereço eletrônico), (endereço), através do advogado que a esta subscreve, constituído nos termos da procuração em anexo (doc. 01), vem a presença de vossa excelência, com fundamento nos artigos com fundamento no art. 183 da Constituição Federal de 1988, Art. 1.240 do Código Civil, na lei 10.257/01 e nos Artigos 318 e seguintes do CPC, propor a presente

AÇÃO DE USUCAPIÃO URBANA em face de BELTRANO, (estado civil), (profissão), (CPF), (endereço eletrônico), (endereço), de acordo com as razões de fato e de direito a seguir expostas:

3º Passo: Fundamentação

Inicialmente, deverá ser exposta a fundamentação **de fato**, expondo os requisitos necessários à aquisição da propriedade, mediante a usucapião (*posse mansa, imóvel urbano, dimensão não superior a 250 metros quadrados, moradia do grupo familiar, inexistência de propriedade sobre outro imóvel*). Por exemplo:

A) FATOS:

1. O requerente é possuidor do imóvel ...., localizado na ....., nº..., nesta cidade, desde.... (data), totalizando um prazo de mais de 5 (cinco) anos;

2. O referido imóvel está localizado em área urbana e possui extensão inferior a 250 metros quadrados;

3. A propriedade do imóvel está registrada no nome do réu, tendo as seguintes confrontações: À direita, com a propriedade de número....., endereço....; À esquerda, com a propriedade de número...., endereço..; Aos fundos, com a propriedade de número...., endereço..., tudo conforme especificado na planta do imóvel que segue em anexo;

4. Desde que o autor fora investido na posse, utilizou-se do referido imóvel, como se dono fosse, para moradia do grupo familiar;

5. A posse sempre fora exercida de forma mansa e pacífica, de modo que nenhum ato de oposição fora apresentado durante todo esse tempo;

6. Ressalte-se, por fim, que o autor não possui a propriedade de outro imóvel, seja ele rural ou urbano;

Feita a exposição factual, o examinando partirá para o **direito**, fazendo o "encaixe" dos requisitos legais à situação anteriormente narrada. Por exemplo:

B) DIREITO:

7. O Código Civil, em seu artigo 1.240, consubstancia a regra segundo a qual *"Art. 1.240. Aquele que possuir, como sua, área urbana de até duzentos e cinquenta metros quadrados, por cinco anos ininterruptamente e sem oposição, utilizando-a para sua moradia ou de sua família, adquirir-lhe-á o domínio, desde que não seja proprietário de outro imóvel urbano ou rural."*

8. Ressalte-se que o autor preenche todos os requisitos citados no dispositivo em questão (*posse mansa e ininterrupta/ por cinco anos/ de imóvel urbano com dimensão inferior a 250 metros quadrados/ pra moradia/ sem propriedade de outro imóvel*), conforme mencionado nos fatos narrados;

9. Sendo assim, é forçoso reconhecer o direito de que lhe seja declarada propriedade, ante a existência de usucapião, por ser medida de justiça.

4º Passo: Pedidos

Os pedidos conterão: a) requerimento de citação do réu, para que o mesmo compareça à audiência de mediação ou conciliação; b) citação dos confinantes; c) intimação dos representantes das fazendas públicas federal, estadual e municipal, bem como do representante do Ministério Público; d) pedido final de procedência do pedido. Por exemplo:

C) DOS PEDIDOS

Diante de todo o exposto, requer:

a) Seja citado o réu, em cujo nome está registrada a propriedade do imóvel, para que compareça à audiência de mediação ou conciliação;

b) Sejam citados os confinantes, nos endereços constantes das especificações acima referidas;

c) A intimação dos representantes judiciais da fazenda pública Federal, estadual e municipal, para que manifestem interesse na causa;

d) A intimação do representante do Ministério Público para acompanhar o feito na condição de fiscal da ordem jurídica;

e) Ao final, a procedência dos pedidos contidos na ação, com a consequente expedição de mandado para a transcrição da sentença junto ao cartório de registro de imóveis.

5º Passo: Valor da causa

A toda causa deve ser atribuído um valor, o qual corresponderá ao benefício econômico pretendido pelo autor. Na ação de usucapião, o valor da causa corresponderá ao valor do imóvel, objeto da demanda. Por exemplo:

> Dá-se à causa o valor de R$ 200.000,00 (duzentos mil reais).

6º Passo: Protesto pelas provas

Como se trata de "ação", é mister que o autor prove o alegado, para que os pedidos formulados na demanda sejam acolhidos. Por exemplo:

> Protesta provar o alegado por todos os meios de provas em direito admitidos, em especial pelo depoimento pessoal, testemunhas, perícias e tudo quanto se fizer necessário para a efetivação da justiça!

7º Passo: Encerramento

Pede-se o deferimento daquilo que fora postulado, seguindo-se do local, data e advogado. Por exemplo:

> Termos em que pede deferimento.
>
> Local, data,
>
> Advogado
>
> OAB...

1.4.6. Modelo de ação de evicção

Demanda que visa à restituição integral do preço ou quantias pagas, bem como indenização dos frutos que foi obrigado a restituir, de uma perda, que pode ser parcial ou total, de um bem por motivo de decisão judicial ou ato administrativo (art. 447 do Código Civil), que se relacione a causa preexistente ao contrato. O fundamento é encontrado no artigo 447 do Código Civil e artigo 319 do CPC.

A elaboração da peça compreende os seguintes passos:

1º Passo: Endereçamento

A ação será ajuizada, atendendo-se as regras gerais de competência.

> **Excelentíssimo Senhor Juízo da Vara Cível da Comarca de ... / Estado (Exemplo)**

2º Passo: Qualificação das partes

Aqui, como em toda petição inicial, as partes necessitam ser qualificadas (os nomes, os prenomes, o estado civil, a existência de união estável, a profissão, o número de inscrição no Cadastro de Pessoas Físicas ou no Cadastro Nacional da Pessoa Jurídica, o endereço eletrônico, o domicílio e a residência do autor e do réu), conforme art. 319, II, do CPC/2015.

As partes são comumente chamadas de autor e réu, tendo em vista que estamos diante de ação de conhecimento. Assim:

> FULANO DE TAL, (Qualificação completa), através do advogado que a esta subscreve, devidamente constituído através de procuração anexa, e-mail..., com escritório profissional situado na (endereço completo), onde receberá intimações (art. 287, CPC/2015), vem a presença de vossa excelência, com fundamento no artigo 319 do CPC, c/c art. 447 e ss do Código Civil, propor **AÇÃO DE EVICÇÃO**, em face de BELTRANO, (Qualificação completa), nos seguintes termos:

3º Passo: Fundamentação

O examinando deverá, primeiramente, expor os fatos narrados na questão. Assim:

> **1. FATOS**
>
> Fulano, já qualificado acima, adquiriu automóvel de marca tal em tal data...
>
> Ocorre que após a referida aquisição, foi surpreendido com a apreensão do mesmo...

Ato contínuo, o examinando deverá partir para os fundamentos de direito. Vejamos:

> **2. DO DIREITO**

Na fundamentação, também chamado de mérito ou do direito, deveremos inserir todos os artigos aplicáveis à temática, bem como as possíveis súmulas e entendimentos jurisprudenciais aplicáveis ao caso, vejamos um exemplo:

Resta patente que o réu se beneficiou ilegalmente com a venda do mencionado veículo, tendo em vista que o veículo vendido pelo mesmo fora apreendido pela autoridade policial, dando causa a presente ação que visa sua responsabilidade pelos riscos da evicção.

4º Passo: Pedidos

Nos pedidos, é mister requerer:

a) requerimento de citação do réu para, querendo, contestar a ação;

b) a marcação de audiência de conciliação (caso haja interesse), na forma do art. 319, VII, CPC/2015;

c) a procedência da demanda

d) condenação nas custas processuais e nos honorários advocatícios. Por exemplo:

4. DOS PEDIDOS

A vista do exposto requer a citação do réu, a fim de que, querendo compareça a audiência de autocomposição e não obtido êxito, conteste no prazo legal.

Declara o autor, para os devidos fins, que tem interesse no comparecimento da audiência de autocomposição;

Requer a procedência da ação, a fim de que seja o réu condenado pela evicção do mencionado veículo, mediante o ressarcimento do valor efetivamente recebido, atualizado monetariamente até o efetivo pagamento, juros, custas processuais e honorários advocatícios que forem arbitrados por esse MM. Juízo.

5º Passo: Protesto pelas provas

Como se trata de "ação", é mister que o autor prove o alegado, para que os pedidos formulados na demanda sejam acolhidos. Por exemplo:

Protesta-se por provar o alegado pelos meios de provas admitidas pelo Direito, notadamente o depoimento pessoal do suplicado, sob pena de confissão, caso não compareça ou comparecendo se recuse a depor, inquirição de testemunhas, juntada, requisição e exibição de documentos.

6º Passo: Valor da causa

A toda causa deve ser atribuído um valor (art. 291 e 292, CPC/2015), o qual corresponderá, conforme o art. 292, VI do CPC/2015, por exemplo:

Dá-se à causa o valor de R$ ...

8º Passo: Encerramento

Pede-se o deferimento daquilo que fora postulado, seguindo-se do local, data e advogado. Por exemplo:

Termos em que pede deferimento.

Local, data,

Advogado...

OAB...

1.4.7. Modelo de ação pauliana

A) Conceito: A ação pauliana consiste numa ação pessoal movida por credores com intenção de anular negócio jurídico feito por devedores insolventes com bens que seriam usados para pagamento da dívida numa ação de execução. A ação pauliana pode ser ajuizada sem a necessidade de uma ação de execução anterior. Não se confunde com a fraude à execução.

B) Fundamentação legal: Art. 158 CC e 319 do CPC.

A elaboração da peça compreende os seguintes passos:

1º Passo: Endereçamento

A ação será ajuizada, atendendo-se as regras gerais de competência, fixadas nos artigos 46 e seguintes do CPC/15.

Excelentíssimo Senhor Juízo da Vara Cível da Comarca de ... / Estado (Exemplo)

2º Passo: Qualificação das partes

Aqui, como em toda petição inicial, as partes necessitam ser qualificadas (os nomes, os prenomes, o estado civil, a existência de união estável, a profissão, o número de inscrição no Cadastro de Pessoas Físicas ou no Cadastro Nacional da Pessoa Jurídica, o endereço eletrônico, o domicílio e a residência do autor e do réu), conforme art. 319, II, do CPC/2015.

As partes são comumente chamadas de autor e réu, tendo em vista que estamos diante de ação de conhecimento. Assim:

FULANO DE TAL, (Qualificação completa), através do advogado que a esta subscreve, devidamente constituído pelo instrumento procuratório anexo, e-mail..., com escritório profissional situado na (endereço completo), onde receberá intimações (art. 287 CPC/2015), vem à presença de vossa excelência, com fundamento no artigo 319 do CPC, c/c art. 158 do CC, propor **AÇÃO PAULIANA**, em face de BELTRANO, (Qualificação completa), nos seguintes termos:

3º Passo: Fundamentação

O examinando deverá, primeiramente, expor os fatos narrados na questão. Assim:

Ato contínuo, o examinando deverá partir para os fundamentos de direito. Vejamos:

Aqui, será feita a síntese da demanda.

Lembre-se que não poderá ser identificado(a). Observe, com cuidado, o enunciado da peça e faça sua síntese.

Na elaboração do tópico, em tela, lembre-se que teremos que discorrer acerca de três itens substanciais, a saber: relação, evento e conclusão.

1. **FATOS**

Trata-se de demanda que tem por objeto...

O devedor, de forma descabida...

Narre os fatos, atendendo a sequência lógica do enunciado.

2. **DO DIREITO**

7. Preceitua o artigo 158 do Código Civil Brasileiro, in verbis:

"Os atos de transmissão gratuita de bens, ou remissão de dívida, quando os pratique o devedor já insolvente, ou por eles reduzido à insolvência, poderão ser anulados pelos credores quirografários como lesivos dos seus direitos."

Desenvolver melhor de acordo com o caso concreto.

4º Passo: Pedidos

Nos pedidos, é mister requerer:

a) requerimento de citação do réu para, querendo comparecer a audiência ou contestar a ação;

b) a procedência da demanda

c) condenação nas custas processuais e nos honorários advocatícios. Por exemplo:

4. **DOS PEDIDOS**

Face ao exposto, requer que se digne Vossa Excelência em determinar a expedição de mandado para a citação do réu, no endereço fornecido, para que, no prazo legal, compareça à audiência de autocomposição. Não obtido acordo, que, querendo conteste no prazo legal.

Declara o autor, para os devidos fins que tem interesse em comparecer à audiência de autocomposição;

Requer que a demanda seja julgada procedente, ao fim de anular a escritura pública de doação, lavrada pelo... Tabelião de..., às fls..., do livro..., bem como a respectiva matrícula, sob nº..., no Registro de Imóveis da... Circunscrição da Capital,

Roga a condenação do réu ao pagamento das custas, honorários e demais cominações legais.

5º Passo: Protesto pelas provas

Como se trata de "ação", é mister que o autor prove o alegado, para que os pedidos formulados na demanda sejam acolhidos. Por exemplo:

Protesta-se por provar o alegado por todos os meios de provas admitidas pelo Direito, em especial...

Destaque outros meios de prova.

6º Passo: Valor da causa

A toda causa deve ser atribuído um valor (art. 291 e 292, CPC/2015), o qual corresponderá, conforme o art. 292 do CPC/2015, por exemplo:

Dá-se à causa o valor de R$ ...

8º Passo: Encerramento

Pede-se o deferimento daquilo que fora postulado, seguindo-se do local, data e advogado. Por exemplo:

Termos em que pede deferimento.

Local, data,

Advogado...

OAB...

1.4.8. Modelo de ação de repetição de indébito

Ação de conhecimento, a qual tem por escopo a devolução de valores pagos indevidamente. Em razão do dito pagamento, conceder-se-á à parte o direito da devolução dos ditos valores em dobro. Ela pode ser cumulada com reparação de possíveis danos. O fundamento é encontrado no artigo 42, parágrafo único do CDC e art. 319 do CPC.

A elaboração da peça compreende os seguintes passos:

1º passo: endereçamento

Excelentíssimo Senhor Doutor Juiz de Direito da Vara Cível ... da Comarca de...

2º passo: qualificação das partes

FULANO, nacionalidade..., estado civil..., profissão..., inscrito no CPF sob o nº..., residente na (endereço completo), e-mail, por seu advogado infra-assinado, conforme procuração anexada (doc.), vem respeitosamente à presença de Vossa Excelência, ajuizar a presente **AÇÃO DE REPETIÇÃO DE INBÉTIDO CUMULADA COM REPARAÇÃO DOS DANOS** em face de BELTRANO, nacionalidade..., estado civil..., profissão..., inscrito no CPF sob o nº ..., residente e domiciliado na... (endereço completo), com fundamento nos artigos 42 do CDC e 319 do Código de Processo Civil, pelos fundamentos de fato e de direitos a seguir aduzidos:

3º passo: fatos

Aqui, será feita a síntese da demanda.

Lembre-se que não poderá ser identificado(a). Observe, com cuidado, o enunciado da peça e faça sua síntese.

Na elaboração do tópico, em tela, lembre-se que teremos que discorrer acerca de três itens substanciais, a saber: relação, evento e conclusão.

4º passo: fundamentos

Aqui, devem ser postos os artigos que regem a matéria, bem como possíveis súmulas aplicáveis ao caso concreto. Eis um item muito importante da peça. É preciso ter muita atenção na sua construção.

Diante da narrativa fática, resta evidente que a cobrança, em tela, é indevida, uma vez que...

Assim, conforme se verifica da planilha juntada à presente, observa-se que a autora pagou ... **além do que deveria,** devendo receber, portanto, esta soma em dobro, devidamente corrigida e atualizada, na forma do parágrafo único do Art. 42 do CDC, vejamos:

Parágrafo único. **O consumidor cobrado em quantia indevida tem direito à repetição do indébito, por valor igual ao dobro do que pagou em excesso**, acrescido de correção monetária e juros legais, salvo hipótese de engano justificável.

5º passo: pedidos

Ante o exposto, requer:

O deferimento dos benefícios da gratuidade judiciária, na forma da Lei;

A citação do réu para, querendo, comparecer à audiência e , não obtido êxito, apresentar defesa, sob pena de revelia;

Declara o autor, para os devidos fins, que tem interesse em comparecer à audiência de autocomposição;

No mérito, a incidência do CDC , invertendo-se o ônus da prova para, ao final, dar PROCEDÊNCIA TOTAL à Ação para condenar a promovida ao pagamento de INDENIZAÇÃO PELOS DANOS ... no valor de ..., tendo em vista os danos ...

A REPETIÇÃO DO INDÉBITO do valor de ..., referentes ao dobro do montante cobrado pelo réu e pago, injustificadamente, pela autora, somando-se a esta quantia juros e correção monetária, na forma do §único do Art. 42 do CDC;

A condenação do réu ao pagamento de custas e honorários advocatícios. Nos moldes preconizados no art. 85 do CPC.

6º passo: indicação dos meios de prova

Protesta provar o alegado por todos os meios de prova em direito admitidos, especialmente por prova testemunhal, depoimento pessoal, prova documental e pericial.

7º passo: valor da causa

Dá-se à causa o valor de R$...(valor por extenso), para todos os efeitos legais.

8º passo: encerramento

Termos em que,

Pede deferimento.

Local, data e ano.

Advogado...

OAB...

1.4.9. Modelo de ação de preempção

Demanda que permite à pessoa que tem o direito de preferência de compra do bem de obrigar o vendedor a atender a esta preferência. O fundamento é encontrado no artigo 33 da lei 8245/91 e 319 do CPC.

A elaboração da peça compreende os seguintes passos:

1º passo: endereçamento

Devem ser observadas as regras de competência, já estudadas.

Excelentíssimo Senhor Doutor Juiz de Direito da Vara Cível ... da Comarca de...

2º passo: qualificação das partes

FULANO, nacionalidade..., estado civil..., profissão..., inscrito no CPF sob o nº..., residente na (endereço completo), e-mail, por seu advogado infra-assinado, conforme procuração anexada (doc.), vem respeitosamente à presença de Vossa Excelência, ajuizar a presente **AÇÃO DE PREEMPÇÃO** em face de BELTRANO, nacionalidade..., estado civil..., profissão..., inscrito no CPF sob o nº..., residente e domiciliado na... (endereço completo), com fundamento nos artigos 33 da lei 8245/91 e 319 do Código de Processo Civil, pelos fundamentos de fato e de direitos a seguir aduzidos:

3º passo: fatos

Aqui, será feita a síntese da demanda.

Lembre-se que não poderá ser identificado(a). Observe, com cuidado, o enunciado da peça e faça sua síntese.

Na elaboração do tópico, em tela, lembre-se que teremos que discorrer acerca de três itens substanciais, a saber: relação, evento e conclusão.

O autor é locatário de um imóvel localizado na... (endereço completo), locado em... (dia, mês e ano).

O contrato acima fora firmado por instrumento escrito e por tempo indeterminado.

No entanto, o locador, sem qualquer prévio aviso ou ajuste, alienou o imóvel, em tela ao Sr.... (Desenvolva melhor o tópico, tomando por base os dados do enunciado de sua prova ou a narrativa do seu cliente).

4º passo: fundamentos

Aqui, devem ser postos os artigos que regem a matéria, bem como possíveis súmulas aplicáveis ao caso concreto. Eis um item muito importante da peça. É preciso ter muita atenção na sua construção.

Há norma expressa que, por seu turno, autoriza que o locatário exerça o seu direito de preferência reclamando para si o imóvel locado, consoante norma expressa no art. 33 da lei 8245/91, vejamos:

"O locatário foi claramente preterido no seu direito de preferência poderá reclamar do alienante as perdas e danos ou, depositando o preço e demais despesas do ato de transferência, haver para si o imóvel locado, se o requerer no prazo de seis meses, a contar do registro do ato no cartório de imóveis, desde que o contrato de locação esteja averbado pelo menos trinta dias antes da alienação junto à matrícula do imóvel.

Parágrafo único. "A averbação far- se - á à vista de qualquer das vias do contrato de locação desde que subscrito também por duas testemunhas."

Como se observa, com breve análise, através da análise dos documentos acostados, o locatário procedeu dentro dos prazos e cumpriu todas as exigências legais para ter o imóvel locado adjudicado.

5º passo: pedidos

Diante do acima exposto, requer a citação do réu (e da esposa/companheira, se casado for ou viva em união estável reconhecida), para que compareça à audiência de autocomposição e não obtido êxito, conteste a ação no prazo legal, sob pena de revelia.

Roga a procedência da demanda, bem como aa adjudicação do bem imóvel, com o prévio depósito do valor do negócio realizado e expedição dos competentes mandados de averbação, como de direito.

Por fim, pleiteia a condenação do multicitado réu no pagamento das custas e honorários advocatícios, nos termos do art. 85 do CPC.

6º passo: indicação dos meios de prova

Requer provar o alegado por todos os meios de provas em direito admitidas, especialmente pelo depoimento pessoal das partes, oitiva de testemunhas, juntada de documentos, expedição de ofícios e precatórias, perícias e demais provas pertinentes.

7º passo: valor da causa

Atribui-se a presente o valor de R$ .... (valor por extenso), para todos os efeitos legais.

8º passo: encerramento

Termos em que,

Pede deferimento.

Local, data e ano.

Advogado...

OAB...

2. ADMISSIBILIDADE

Uma vez apresentada a petição inicial, já analisada no item anterior, os autos irão conclusos ao juízo para a admissibilidade e adoção de uma das providências a seguir descritas.

2.1. Emenda da inicial

O juiz, ao verificar que a petição inicial não preenche os requisitos dos arts. 319 e 320 ou que apresenta defeitos e irregularidades capazes de dificultar o julgamento de mérito, determinará que o autor, **no prazo de 15 (quinze) dias**[4], a emende ou a complete, indicando com precisão o que deve ser corrigido ou completado.

Observe que o Código de Ritos exige que o juiz indique o que deve ser emendado na Inicial. Veda-se a ordem genérica de Emenda.

Se o autor não cumprir a diligência, o juiz indeferirá a petição inicial.

2.2. Indeferimento da inicial

PETIÇÃO INICIAL PODE CONTAR UM VÍCIO INSANÁVEL (exemplo: Ilegitimidade de parte).

→ Nesse caso, como o vício não pode ser, regra geral, regularizado, o JUIZ INDEFERIRÁ a petição inicial, JULGANDO EXTINTO O PROCESSO, SEM RESOLUÇÃO DO MÉRITO.

O indeferimento importará na prolação de uma sentença, sendo o recurso cabível o de apelação, a ser interposto no prazo de quinze dias. Ao receber o recurso, o juiz poderá retratar-se, ou seja, poderá reformar a sua própria decisão e determinar a continuidade do processo, com a citação do requerido.

As hipóteses de indeferimento estão dispostas no art. 330, vejamos:

- for inepta;
- a parte for manifestamente ilegítima;
- o autor carecer de interesse processual;
- não atendidas as prescrições dos arts. 106 e 321.

Considera-se inepta a petição inicial [5]quando:

- lhe faltar pedido ou causa de pedir;
- o pedido for indeterminado, ressalvadas as hipóteses legais em que se permite o pedido genérico;

4. No CPC/73 o prazo era de dez dias.
5. No CPC/73 seria inepta a inicial quando formulado pedido juridicamente impossível.

- da narração dos fatos não decorrer logicamente a conclusão;
- contiver pedidos incompatíveis entre si.

Indeferida a petição inicial, o autor poderá apelar, facultado ao juiz, no prazo de 5 (cinco) dias, retratar-se.

Se não houver retratação, o juiz mandará citar o réu para responder ao recurso. Em observância a garantia constitucional do contraditório que foi agigantada na nova legislação.

Sendo a sentença reformada pelo tribunal, o prazo para a contestação começará a correr da intimação do retorno dos autos, observado o disposto no art. 334 do CPC/15.

Não interposta a apelação, o réu será intimado do trânsito em julgado da sentença.

> **ATENÇÃO!** Nas ações que tenham por objeto a revisão de obrigação decorrente de empréstimo, de financiamento ou de alienação de bens, o autor terá de, sob pena de inépcia, discriminar na petição inicial, dentre as obrigações contratuais, aquelas que pretende controverter, além de quantificar o valor incontroverso do débito. O valor incontroverso deverá continuar a ser pago no tempo e modo contratados.

2.3. Improcedência liminar do pedido

Saliente-se, desde logo, que o instituto fora reformulado no novo texto. Ele recebeu novos contornos, senão vejamos:

Nas causas que dispensem a fase instrutória, o juiz, independentemente da citação do réu, julgará liminarmente improcedente o pedido que contrariar:

- enunciado de súmula do Supremo Tribunal Federal ou do Superior Tribunal de Justiça;
- acórdão proferido pelo Supremo Tribunal Federal ou pelo Superior Tribunal de Justiça em julgamento de recursos repetitivos;
- entendimento firmado em incidente de resolução de demandas repetitivas ou de assunção de competência;
- enunciado de súmula de tribunal de justiça sobre direito local.

O juiz também poderá julgar liminarmente improcedente o pedido se verificar, desde logo, a ocorrência de decadência ou de prescrição.

Não interposta a apelação, o réu será intimado do trânsito em julgado da sentença, nos termos do art. 241.

Interposta a apelação, o juiz poderá retratar-se em 5 (cinco) dias.

Se houver retratação, o juiz determinará o prosseguimento do processo, com a citação do réu, e, se não houver retratação, determinará a citação do réu para apresentar contrarrazões, no prazo de 15 (quinze) dias.

2.4. Recebimento

Não sendo o caso de indeferimento ou improcedência liminar, o juiz receberá a petição inicial e determinará a citação do réu para comparecer à audiência de mediação ou conciliação, nos termos do art. 334 do CPC.

3. AUDIÊNCIA DE AUTOCOMPOSIÇÃO

Se a petição inicial preencher os requisitos essenciais e não for o caso de improcedência liminar do pedido, o juiz designará audiência de conciliação ou de mediação com antecedência mínima de 30 (trinta) dias, devendo ser citado o réu com pelo menos 20 (vinte) dias de antecedência.

O conciliador ou mediador, onde houver, atuará necessariamente na audiência de conciliação ou de mediação, observando o disposto neste Código, bem como as disposições da lei de organização judiciária.

Poderá haver mais de uma sessão destinada à conciliação e à mediação, não podendo exceder a 2 (dois) meses da data de realização da primeira sessão, desde que necessárias à composição das partes.

A intimação do autor para a audiência será feita na pessoa de seu advogado.

A audiência não será realizada:

- se ambas as partes manifestarem, expressamente, desinteresse na composição consensual;
- quando não se admitir a autocomposição.

O autor deverá indicar, na petição inicial, seu desinteresse na autocomposição, e o réu deverá fazê-lo, por petição, apresentada com 10 (dez) dias de antecedência, contados da data da audiência.

Havendo litisconsórcio, o desinteresse na realização da audiência deve ser manifestado por todos os litisconsortes.

A audiência de conciliação ou de mediação pode realizar-se por meio eletrônico, nos termos da lei.

O não comparecimento injustificado do autor ou do réu à audiência de conciliação é considerado ato atentatório à dignidade da justiça e será sancionado com multa de até dois por cento da vantagem econômica pretendida ou do valor da causa, revertida em favor da União ou do Estado.

As partes devem estar acompanhadas por seus advogados ou defensores públicos.

A parte poderá constituir representante, por meio de procuração específica, com poderes para negociar e transigir.

A autocomposição obtida será reduzida a termo e homologada por sentença.

A pauta das audiências de conciliação ou de mediação será organizada de modo a respeitar o intervalo mínimo de 20 (vinte) minutos entre o início de uma e o início da seguinte.

4. RESPOSTA DO RÉU

Não havendo acordo, o réu disporá do prazo de 15 (quinze) dias para apresentar as posturas a seguir, senão vejamos:

4.1. Contestação

A contestação é a peça de defesa por excelência.

O réu poderá oferecer contestação, por petição, no prazo de 15 (quinze) dias, cujo termo inicial será a data:

- da audiência de conciliação ou de mediação, ou da última sessão de conciliação, quando qualquer parte não comparecer ou, comparecendo, não houver autocomposição;
- do protocolo do pedido de cancelamento da audiência de conciliação ou de mediação apresentado pelo réu, quando ocorrer a hipótese do art. 334, § 4º, inciso I;
- prevista no art. 231, de acordo com o modo como foi feita a citação, nos demais casos.

Incumbe ao réu alegar, na contestação, toda a matéria de defesa, expondo as razões de fato e de direito com que impugna o pedido do autor e especificando as provas que pretende produzir.

Incumbe ao réu, antes de discutir o mérito, alegar:

- inexistência ou nulidade da citação;
- incompetência absoluta e relativa;
- incorreção do valor da causa;

- inépcia da petição inicial;
- perempção;
- litispendência;
- coisa julgada;
- conexão;
- incapacidade da parte, defeito de representação ou falta de autorização;
- convenção de arbitragem;
- ausência de legitimidade ou de interesse processual;
- falta de caução ou de outra prestação que a lei exige como preliminar;
- indevida concessão do benefício de gratuidade de justiça.

- Verifica-se a litispendência ou a coisa julgada quando se reproduz ação anteriormente ajuizada.
- Uma ação é idêntica a outra quando possui as mesmas partes, a mesma causa de pedir e o mesmo pedido.
- Há litispendência quando se repete ação que está em curso.
- Há coisa julgada quando se repete ação que já foi decidida por decisão transitada em julgado.
- Excetuadas a convenção de arbitragem e a incompetência relativa, o juiz conhecerá de ofício das matérias enumeradas neste artigo.
- A ausência de alegação da existência de convenção de arbitragem, na forma prevista neste Capítulo, implica aceitação da jurisdição estatal e renúncia ao juízo arbitral.

ATENÇÃO! Alegando o réu, na contestação, ser parte ilegítima ou não ser o responsável pelo prejuízo invocado, o juiz facultará ao autor, em 15 (quinze) dias, a alteração da petição inicial para substituição do réu. Realizada a substituição, o autor reembolsará as despesas e pagará os honorários ao procurador do réu excluído, que serão fixados entre três e cinco por cento do valor da causa ou, sendo este irrisório, nos termos do art. 85, § 8o.

Quando alegar sua ilegitimidade, incumbe ao réu indicar o sujeito passivo da relação jurídica discutida sempre que tiver conhecimento, sob pena de arcar com as despesas processuais e de indenizar o autor pelos prejuízos decorrentes da falta de indicação.

> O autor, ao aceitar a indicação, procederá, no prazo de 15 (quinze) dias, à alteração da petição inicial para a substituição do réu, observando-se, ainda, o parágrafo único do art. 338.
>
> No prazo de 15 (quinze) dias, o autor pode optar por alterar a petição inicial para incluir, como litisconsorte passivo, o sujeito indicado pelo réu.

A contestação será submetida a livre distribuição ou, se o réu houver sido citado por meio de carta precatória, juntada aos autos dessa carta, seguindo-se a sua imediata remessa para o juízo da causa.

Reconhecida a competência do foro indicado pelo réu, o juízo para o qual for distribuída a contestação ou a carta precatória será considerado prevento. Alegada a incompetência nos termos do caput, será suspensa a realização da audiência de conciliação ou de mediação, se tiver sido designada.

Definida a competência, o juízo competente designará nova data para a audiência de conciliação ou de mediação.

Incumbe também ao réu manifestar-se precisamente sobre as alegações de fato constantes da petição inicial, presumindo-se verdadeiras as não impugnadas, salvo se:

- não for admissível, a seu respeito, a confissão;
- a petição inicial não estiver acompanhada de instrumento que a lei considerar da substância do ato;
- estiverem em contradição com a defesa, considerada em seu conjunto.

O ônus da impugnação especificada dos fatos não se aplica ao defensor público, ao advogado dativo e ao curador especial.

Depois da contestação, só é lícito ao réu deduzir novas alegações quando:

- relativas a direito ou a fato superveniente;
- competir ao juiz conhecer delas de ofício;
- por expressa autorização legal, puderem ser formuladas em qualquer tempo e grau de jurisdição.

4.1.1. *Modelo de contestação*

A elaboração da peça compreende os seguintes passos:

1ª passo: Endereçamento;

Será destinado ao juízo da demanda.

EXCELENTÍSSIMO SENHOR JUIZ DA 1ª VARA CÍVEL DA COMARCA DE ... (Local indicado no enunciado da peça)

2ª passo: Qualificação das partes

Segue a mesma ritualística que a inicial. No entanto, nada impede que seja utilizada a expressão: já devidamente qualificado, vejamos:

Processo nº...

FULANO, já devidamente qualificado nos autos do processo em epígrafe, vem, por meio de seu advogado abaixo assinado, constituído através do instrumento procuratório anexo, e-mail..., com endereço profissional (endereço completo), onde receberá intimações de estilo, apresentar **CONTESTAÇÃO**, com fulcro no art. 336 do CPC, contra BELTRANO, também já devidamente qualificado, pelos fatos e fundamentos que passa a expor:

3ª passo: Resumo dos fatos

Faça uma síntese contendo os principais pontos do enunciado.

Ex: O réu se envolveu num acidente de trânsito, vindo a ser abalroado por um transporte autônomo de passageiros conhecido por "lotação", dirigido pelo Sr. ..., o qual vinha com velocidade acima da permitida para via, em comento.

Devido à colisão, o réu acabou por abalroar no automóvel do Sr. BELTRANO, autor da demanda, configurando-se o conhecido "engavetamento". Por equívoco, o autor responsabilizou o requerente, pelos danos causados ao seu veículo de forma descabida, uma vez que ele sempre observou as leis de trânsito e seu automóvel estava em perfeitas condições. Na oportunidade, também seguia a risca todas as precauções, bem como as regras de trânsito vigentes.

Desenvolver melhor, tendo por base os dados do enunciado da peça e/ou do seu cliente.

4ª passo: Das preliminares

As preliminares da contestação estão arroladas no artigo 337 do CPC. Elas são elementares. Elas podem ser dilatórias ou peremptórias.

Dilatória é a defesa que retarda o andamento da marcha processual, não tem força para extingui-la. Ex: INC. ABSOLUTA ou RELATIVA.

Cuidado! NO CPC/15 a INCOMPETÊNCIA RELATIVA passa a ser arguida na própria contestação. Ela não deve mais ser oferecida como matéria de EXCEÇÃO.

PARTE ESPECIAL

A defesa peremptória é fulminante. Arguida e aceita extinguirá o processo SEM julgamento do mérito (art. 485). Ex: Litispendência, Coisa Julgada, ilegitimidade de parte, ausência de interesse de agir.

Atenção: será fundamental consultar o artigo 337 do CPC.

> Preliminarmente, cumpre ressaltar que o réu é parte ilegítima para figurar no , nos termos do art. 337, XI, do CPC. Isso porque, conforme se verifica nos autos, a demanda foi proposta contra quem não poderia ocupar o polo passivo. Não de se falar em qualquer responsabilidade, a qual lhe possa ser imputada.

5ª passo: Prejudiciais de mérito

São matérias que atingem direta ou indiretamente o mérito.

Decadência e prescrição são, por exemplo, matérias que extinguem o processo COM resolução do mérito. Vide o art. 487, CPC.

> Vale destacar que a pretensão, em tela, já está prescrita, tendo em vista que a lei civil...
>
> Assim sendo, requer a extinção do processo com resolução do mérito, com base no artigo 487 do CPC.

6ª passo: Fundamentos

A matéria de mérito deve ser trabalhada aqui. Eis a grande finalidade da peça contestatória. O examinando deverá basear-se na legislação e em possíveis súmulas aplicáveis, com o escopo de impugnar as alegações dos autos.

> EX: Há ausência do dever de indenizar em relação ao contestante, pois não houve sequer culpa deste, que observava, atentamente, as leis de trânsito e na oportunidade do ocorrido encontrava-se com seu veículo em perfeitas condições, não incorrendo em qualquer imprudência ou imperícia em relação ao acidente, desconstituído de ato ilícito seu envolvimento com o fato, conforme arts. 186 e 927 do CC/02, estando desobrigado à indenização pleiteada na peça vestibular.

7ª passo: Requerimentos/pedidos

O pedido da contestação se lastreia no convencimento do juiz, para que ele acolha as preliminares arguidas e, no mérito, que seja o pedido julgado improcedente.

Deve o réu, ainda, requerer a produção de provas e a incidência de custas e honorários, os quais sejam suportados pelo autor.

Ex: Ante todo o exposto, requer que aceite a ilegitimidade da parte e que, por conseguinte se extinga o processo sem resolução do mérito, com base no art. 485 do CPC.

Roga o reconhecimento da prescrição e, por conseguinte, a extinção da demanda com a correspondente resolução do mérito.

Caso V. Excelência assim não entenda, o que não se espera, requer então que se julgue improcedente o pleito indenizatório requerido por..., uma vez que não há nexo de causalidade e consequentemente inexiste o dever de reparação.

Atesta provar o alegado por meio de prova documental, depoimento pessoal das partes, prova testemunhal e todos os demais meios de prova em direito admitidos.

Requer, ainda, a condenação o autor no pagamento de custas e honorários advocatícios sucumbenciais, nos moldes do art. 85, parágrafo 1º, do CPC.

8º Passo: Encerramento

Pede-se o deferimento daquilo que fora postulado, seguindo-se do local, data e advogado. Por exemplo:

Termos em que pede deferimento.

Local, data,

Advogado...

OAB...

4.2. Reconvenção

Na contestação, é lícito ao réu propor reconvenção para manifestar pretensão própria, conexa com a ação principal ou com o fundamento da defesa.

Proposta a reconvenção, o autor será intimado, na pessoa de seu advogado, para apresentar resposta no prazo de 15 (quinze) dias.

A desistência da ação ou a ocorrência de causa extintiva que impeça o exame de seu mérito não obsta ao prosseguimento do processo quanto à reconvenção.

A reconvenção pode ser proposta contra o autor e terceiro.

A reconvenção pode ser proposta pelo réu em litisconsórcio com terceiro.

Se o autor for substituto processual, o reconvinte deverá afirmar ser titular de direito em face do substituído, e a reconvenção deverá ser proposta em face do autor, também na qualidade de substituto processual.

Vale lembrar que o réu pode propor reconvenção independentemente de oferecer contestação.

4.2.1. *Modelo de reconvenção*

A elaboração da peça compreende os seguintes passos:

1ª passo: Endereçamento;

Será destinado ao juízo da demanda.

EXCELENTÍSSIMO SENHOR JUIZ DA ...ª VARA CÍVEL DA COMARCA DE ... (Local indicado no enunciado da peça)

2ª passo: Qualificação das partes

Segue a mesma ritualística que a inicial. No entanto, nada impede que seja utilizada a expressão: já devidamente qualificado, vejamos:

Processo nº...

FULANO, já devidamente qualificado nos autos do processo em tela, vem, por meio de seu advogado abaixo assinado, constituído através do instrumento procuratório anexo, e-mail..., com endereço profissional (endereço completo), onde receberá intimações de estilo, apresentar **CONTESTAÇÃO com RECONVENÇÃO,** com fulcro nos artigos 336 e 343 do CPC, contra BELTRANO, também já devidamente qualificado, pelos fatos e fundamentos que passa a expor:

3ª passo: Resumo dos fatos

Faça uma síntese contendo os principais pontos do enunciado.

Observe atentamente as informações ofertadas pela banca. Recomendamos a elaboração de, no mínimo, três parágrafos. Um contendo uma introdução, um de desenvolvimento e o derradeiro com a conclusão da ideia central da peça.

4ª passo: Das preliminares

As preliminares da contestação estão arroladas no artigo 337 do CPC. Elas são elementares. Como já visto, elas podem ser dilatórias ou peremptórias.

Atenção: será fundamental consultar o artigo 337 do CPC.

Preliminarmente, cumpre ressaltar que a demanda carece de interesse processual ... , nos termos do art. 337, XI, do CPC. Isso porque, conforme se verifica nos termos da inicial, a pretensão não é útil, necessária e adequada.

5ª passo: Prejudiciais de mérito

São matérias que atingem direta ou indiretamente o mérito.

Decadência e prescrição são, por exemplo, matérias que extinguem o processo COM resolução do mérito. Vide o art. 487, CPC.

> Vale destacar que a pretensão, em tela, já está prescrita, tendo em vista que a lei civil...
>
> Assim sendo, requer a extinção do processo com resolução do mérito, com base no artigo 487 do CPC.

6ª passo: Fundamentos

A matéria de mérito da contestação deve ser trabalhada aqui. Eis a grande finalidade da peça contestatória. O examinando deverá basear-se na legislação e em possíveis súmulas aplicáveis, com o escopo de impugnar as alegações dos autos. Tais impugnações devem ser especificas.

7ª passo: Requerimentos/pedidos

O pedido da contestação se lastreia no convencimento do juiz, para que ele acolha as preliminares arguidas e, no mérito, que seja o pedido julgado improcedente.

Deve o réu, ainda, requerer a produção de provas e a incidência de custas e honorários, os quais sejam suportados pelo autor.

> Ex: Ante todo o exposto, requer que aceite a ausência de interesse de agir e que, por conseguinte se extinga o processo sem resolução do mérito, com base no art. 485 do CPC.
>
> Roga o reconhecimento da prescrição e, por conseguinte, a extinção da demanda com a correspondente resolução do mérito.
>
> Caso V. Excelência assim não entenda, o que não se espera, requer então que se julgue improcedente o pleito ... (desenvolver de acordo com o enunciado).
>
> Atesta provar o alegado por meio de prova documental, depoimento pessoal das partes, prova testemunhal e todos os demais meios de prova em direito admitidos.
>
> Requer, ainda, a condenação o autor no pagamento de custas e honorários advocatícios sucumbenciais, nos moldes do art. 85, parágrafo 1º, do CPC.

Atenção: não há valor da causa, exceto se for formulada a reconvenção, vejamos:

No CPC/15 a Reconvenção deve ser oferecida no bojo da contestação.

8ª Passo: Reconvenção

Resumo da inicial proposta pelo autor, com a narrativa, por parte do reconvinte, do ocorrido, de modo a levar ao conhecimento do juiz da causa as informações que não foram prestadas na exordial.

Demonstrar conexão, justificando o cabimento da reconvenção. Indicação dos artigos da lei material e processual que incidem sobre a hipótese fática apresentada pela banca.

O examinando requererá a procedência do pleito reconvencional e, por conseguinte, o julgamento procedente da reconvenção.

Não se esquecer de pedir a inversão do ônus da sucumbência, senão vejamos:

> Requer, ainda, a condenação o reconvindo no pagamento de custas e honorários advocatícios sucumbenciais, nos moldes do art. 85 do CPC.

De acordo com o disposto no art. 343, parágrafo 1º do CPC, será o reconvindo INTIMADO para, querendo, apresentar contestação, em 15 dias, sob pena de revelia.

Atesta provar o alegado por meio de prova documental, depoimento pessoal das partes, prova testemunhal e todos os demais meios de prova em direito admitidos.

Deve ser indicado valor da causa

Valor pleiteado. Segue-se a regra geral. Observar os artigos 291 e 292 do CPC.

> Dá-se à causa o valor de...

9ª Passo: Encerramento

Pede-se o deferimento daquilo que fora postulado, seguindo-se do local, data e advogado. Por exemplo:

> Termos em que pede deferimento.
>
> Local, data,
>
> Advogado...
>
> OAB...

5. PROVIDÊNCIAS PRELIMINARES

5.1. Aspectos gerais

Se o réu não contestar a ação, será considerado revel e presumir-se-ão verdadeiras as alegações de fato formuladas pelo autor.

A revelia não produz o seu efeito material em três hipóteses: a) havendo pluralidade de réus, algum deles contestar a ação; b) o litígio versar sobre direitos indisponíveis; c) a petição inicial não estiver acompanhada de instrumento que a lei considere indispensável à prova do ato; d) as alegações de fato formuladas pelo autor forem inverossímeis ou estiverem em contradição com prova constante dos autos.

Os prazos contra o revel que não tenha patrono nos autos fluirão da data de publicação do ato decisório no órgão oficial.

O revel poderá intervir no processo em qualquer fase, recebendo-o no estado em que se encontrar.

Findo o prazo para a contestação, o juiz tomará, conforme o caso, as providências preliminares.

Se o réu não contestar a ação, o juiz, verificando a inocorrência do efeito da revelia previsto no art. 344, ordenará que o autor especifique as provas que pretenda produzir, se ainda não as tiver indicado.

Ao réu revel será lícita a produção de provas, contrapostas às alegações do autor, desde que se faça representar nos autos a tempo de praticar os atos processuais indispensáveis a essa produção.

Se o réu alegar fato impeditivo, modificativo ou extintivo do direito do autor, este será ouvido no prazo de 15 (quinze) dias, permitindo-lhe o juiz a produção de prova.

Se o réu alegar qualquer das matérias enumeradas no art. 337, o juiz determinará a oitiva do autor no prazo de 15 (quinze) dias, permitindo-lhe a produção de prova. Eis o que chamamos de réplica ou impugnação da contestação.

5.2. Modelo de réplica

A elaboração da peça compreende os seguintes passos:

1º passo: endereçamento

Endereçamento ao juízo da demanda em curso.

> Excelentíssimo Senhor Doutor Juiz de Direito da ... Vara de Família da Comarca de ...

2º passo: qualificação das partes

> FULANO, já devidamente qualificado no processo nº..., vem, por intermédio de seu advogado devidamente constituído pelo instrumento procuratório anexo, com endereço profissional (ENDEREÇO COMPLETO) e-mail..., apresentar RÉPLICA

com base no art. 352 do CPC, em desfavor do BELTRANO, também já devidamente qualificado, pelos fatos e fundamentos a seguir delineados.

3º passo: tempestividade

Destaque-se que a presente réplica é devidamente tempestiva, haja vista que o prazo para sua apresentação é de 15 (quinze) dias, contados do primeiro dia útil seguinte ao da publicação.

Assim, é patente a sua tempestividade.

4º passo: fatos

O réu foi validamente citado para apresentar sua peça contestatória, na qual foram contempladas matérias preliminares, as quais devem ser afastadas. Como se não bastasse, foram mencionados fatos novos, os quais são inverossímeis, conforme se verá.

5º passo: fundamentos da réplica

Aqui, você deverá combater as preliminares do art. 337 do CPC, as quais tenham sido destacadas na sua prova. A ideia é sustentar a sua não aceitação, senão vejamos:

Há nítido interesse de agir na demanda, em apreço. A ação é útil, necessária e foi proposta através da via adequada. Não há razão para aceitar a tese da sua ausência. Trata de manifestação temerária e descabida do réu, a qual merece ser afastada.

6º passo: pedidos

Ante o exposto, requer que sejam afastadas todas as preliminares suscitadas na contestação, as quais não merecem prosperar. Ademais, requer a consequente procedência de todos os pedidos elencados na inicial.

7º passo: encerramento

Nestes termos,

Pede deferimento

Local, data e ano...

Advogado...

OAB...

6. JULGAMENTO CONFORME O ESTADO DO PROCESSO

Verificando a existência de irregularidades ou de vícios sanáveis, o juiz determinará sua correção em prazo nunca superior a 30 (trinta) dias.

Cumpridas as providências preliminares ou não havendo necessidade delas, o juiz proferirá julgamento conforme o estado do processo, o qual será estudado na sequência.

6.1. Extinção do processo

Ocorrendo qualquer das hipóteses previstas nos arts. 485 e 487, incisos II e III, o juiz proferirá sentença.

A decisão a que se refere o caput pode dizer respeito a apenas parcela do processo, caso em que será impugnável por agravo de instrumento.

6.2. Julgamento antecipado do mérito

O juiz julgará antecipadamente o pedido, proferindo sentença com resolução de mérito, quando:

- não houver necessidade de produção de outras provas;
- o réu for revel, ocorrer o efeito previsto no art. 344 e não houver requerimento de prova, na forma do art. 349.

6.3. Julgamento antecipado parcial do mérito

Eis uma novidade.

O juiz decidirá parcialmente o mérito quando um ou mais dos pedidos formulados ou parcela deles: a) mostrar-se incontroverso; b) estiver em condições de imediato julgamento, nos termos do art. 355.

A decisão que julgar parcialmente o mérito poderá reconhecer a existência de obrigação líquida ou ilíquida. A parte poderá liquidar ou executar, desde logo, a obrigação reconhecida na decisão que julgar parcialmente o mérito, independentemente de caução, ainda que haja recurso contra essa interposto.

A liquidação e o cumprimento da decisão que julgar parcialmente o mérito poderão ser processados em autos suplementares, a requerimento da parte ou a critério do juiz.

A decisão proferida **é impugnável por agravo de instrumento.**

7. SANEAMENTO E DA ORGANIZAÇÃO DO PROCESSO

Não ocorrendo nenhuma das hipóteses deste Capítulo, deverá o juiz, em decisão de saneamento e de organização do processo: a) resolver as questões processuais pendentes, se houver; b) delimitar as questões de fato sobre as quais recairá a atividade probatória, especificando os meios de prova admitidos; c) definir a distribuição do ônus da prova, observado o art. 373, CPC; d) delimitar as questões de direito relevantes para a decisão do mérito; e) designar, se necessário, audiência de instrução e julgamento.

Realizado o saneamento, as partes têm o direito de pedir esclarecimentos ou solicitar ajustes, no prazo comum de 5 (cinco) dias, findo o qual a decisão se torna estável.

As partes podem apresentar ao juiz, para homologação, delimitação consensual das questões de fato e de direito, a qual, se homologada, vincula as partes e o juiz.

Se a causa apresentar complexidade em matéria de fato ou de direito, deverá o juiz designar audiência para que o saneamento seja feito em cooperação com as partes, oportunidade em que o juiz, se for o caso, convidará as partes a integrar ou esclarecer suas alegações.

Caso tenha sido determinada a produção de prova testemunhal, o juiz fixará prazo comum não superior a 15 (quinze) dias para que as partes apresentem rol de testemunhas. As partes devem levar, para a audiência prevista, o respectivo rol de testemunhas.

O número de testemunhas arroladas não pode ser superior a 10 (dez), sendo 3 (três), no máximo, para a prova de cada fato. O juiz poderá limitar o número de testemunhas levando em conta a complexidade da causa e dos fatos individualmente considerados.

Caso tenha sido determinada a produção de prova pericial, o juiz deve observar o disposto no art. 465 e, se possível, estabelecer, desde logo, calendário para sua realização.

As pautas deverão ser preparadas com intervalo mínimo de 1 (uma) hora entre as audiências.

8. PROVAS

Provas são os instrumentos utilizados pela parte para o convencimento judicial.

As partes têm o direito de empregar todos os meios legais, bem como os moralmente legítimos, ainda que não especificados no código, para provar a verdade dos fatos em que se funda o pedido ou a defesa e influir eficazmente na convicção do juiz.

Caberá ao juiz, de ofício ou a requerimento da parte, determinar as provas necessárias ao julgamento do mérito. O juiz indeferirá, em decisão fundamentada, as diligências inúteis ou meramente protelatórias.

O juiz apreciará a prova constante dos autos, independentemente do sujeito que a tiver promovido, e indicará na decisão as razões da formação de seu convencimento. Ele poderá admitir a utilização de prova produzida em outro processo, atribuindo-lhe o valor que considerar adequado, observado o contraditório.

8.1. Ônus da prova

O ônus da prova incumbe ao autor, quanto ao fato constitutivo de seu direito. E ao réu, quanto à existência de fato impeditivo, modificativo ou extintivo do direito do autor.

Nos casos previstos em lei ou diante de peculiaridades da causa relacionadas à impossibilidade ou à excessiva dificuldade de cumprir o encargo nos termos acima indicados ou à maior facilidade de obtenção da prova do fato contrário, poderá o juiz atribuir o ônus da prova de modo diverso, desde que o faça por decisão fundamentada, caso em que deverá dar à parte a oportunidade de se desincumbir do ônus que lhe foi atribuído. A decisão acima mencionada não pode gerar situação em que a desincumbência do encargo pela parte seja impossível ou excessivamente difícil.

A distribuição diversa do ônus da prova também pode ocorrer por convenção das partes, salvo quando: a) recair sobre direito indisponível da parte; b) tornar excessivamente difícil a uma parte o exercício do direito.

A convenção pode ser celebrada antes ou durante o processo.

Não dependem de prova os fatos: a) notórios; b) afirmados por uma parte e confessados pela parte contrária; c) admitidos no processo como incontroversos; d) em cujo favor milita presunção legal de existência ou de veracidade.

O juiz aplicará as regras de experiência comum subministradas pela observação do que ordinariamente acontece e, ainda, as regras de experiência técnica, ressalvado, quanto a estas, o exame pericial.

A parte que alegar direito municipal, estadual, estrangeiro ou consuetudinário provar-lhe-á o teor e a vigência, se assim o juiz determinar.

8.2. Produção antecipada de provas

A produção antecipada da prova será admitida nos casos em que:

- haja fundado receio de que venha a tornar-se impossível ou muito difícil a verificação de certos fatos na pendência da ação;

- a prova a ser produzida seja suscetível de viabilizar a autocomposição ou outro meio adequado de solução de conflito;
- o prévio conhecimento dos fatos possa justificar ou evitar o ajuizamento de ação.

A produção antecipada da prova é da competência do juízo do foro onde esta deva ser produzida ou do foro de domicílio do réu. A produção antecipada da prova não previne a competência do juízo para a ação que venha a ser proposta.

O juízo estadual tem competência para produção antecipada de prova requerida em face da União, de entidade autárquica ou de empresa pública federal se, na localidade, não houver vara federal.

Aplicam-se às disposições acima àquele que pretender justificar a existência de algum fato ou relação jurídica para simples documento e sem caráter contencioso, que exporá, em petição circunstanciada, a sua intenção.

Na petição, o requerente apresentará as razões que justificam a necessidade de antecipação da prova e mencionará com precisão os fatos sobre os quais a prova há de recair.

O juiz determinará, de ofício ou a requerimento da parte, a citação de interessados na produção da prova ou no fato a ser provado, salvo se inexistente caráter contencioso. Ele não se pronunciará sobre a ocorrência ou a inocorrência do fato, nem sobre as respectivas consequências jurídicas.

Os interessados poderão requerer a produção de qualquer prova no mesmo procedimento, desde que relacionada ao mesmo fato, salvo se a sua produção conjunta acarretar excessiva demora.

Neste procedimento, não se admitirá defesa ou recurso, salvo contra decisão que indeferir totalmente a produção da prova pleiteada pelo requerente originário.

Os autos permanecerão em cartório durante 1 (um) mês para extração de cópias e certidões pelos interessados. Findo o prazo, os autos serão entregues ao promovente da medida.

8.3. Provas em espécie

8.3.1. Ata notarial

a ata notarial se revela como um instrumento público, lavrado por tabelião de notas (Lei Federal nº 8.935/94, art. 7º, III) a requerimento de pessoa interessada, que se destina a atestar e documentar a existência ou o modo de existir de algum fato jurídico.

De acordo com o art. 384 a existência e o modo de existir de algum fato podem ser atestados ou documentados, a requerimento do interessado, mediante ata lavrada por tabelião. Dados representados por imagem ou som gravados em arquivos eletrônicos poderão constar da ata notarial.

8.3.2. *Depoimento pessoal*

Depoimento pessoal é o ato praticado pela parte, por determinação de ofício ou mediante provocação da parte contrária, de comparecer em juízo quando convocada pelo juiz, a fim de prestar esclarecimentos sobre os fatos de interesse da causa.

Cabe à parte requerer o depoimento pessoal da outra parte, a fim de que esta seja interrogada na audiência de instrução e julgamento, sem prejuízo do poder do juiz de ordená-lo de ofício, como dito acima.

Se a parte, pessoalmente intimada para prestar depoimento pessoal e advertida da pena de confesso, não comparecer ou, comparecendo, se recusar a depor, o juiz aplicar-lhe-á a pena.

> **ATENÇÃO!** É vedado a quem ainda não depôs assistir ao interrogatório da outra parte. O depoimento pessoal da parte que residir em comarca, seção ou subseção judiciária diversa daquela onde tramita o processo poderá ser colhido por meio de videoconferência ou outro recurso tecnológico de transmissão de sons e imagens em tempo real, o que poderá ocorrer, inclusive, durante a realização da audiência de instrução e julgamento.

Quando a parte, sem motivo justificado, deixar de responder ao que lhe for perguntado ou empregar evasivas, o juiz, apreciando as demais circunstâncias e os elementos de prova, declarará, na sentença, se houve recusa de depor.

A parte responderá pessoalmente sobre os fatos articulados, não podendo servir-se de escritos anteriormente preparados, permitindo-lhe o juiz, todavia, a consulta a notas breves, desde que objetivem completar esclarecimentos.

A parte não é obrigada a depor sobre fatos:

- criminosos ou torpes que lhe forem imputados;
- a cujo respeito, por estado ou profissão, deva guardar sigilo;
- acerca dos quais não possa responder sem desonra própria, de seu cônjuge, de seu companheiro ou de parente em grau sucessível;
- que coloquem em perigo a vida do depoente ou das pessoas referidas acima.

EXCEÇÃO! Esta disposição não se aplica às ações de estado e de família.

8.3.3. *Confissão*

Há confissão, judicial ou extrajudicial, quando a parte admite a verdade de fato contrário ao seu interesse e favorável ao do adversário.

Vale ressaltar que a confissão judicial pode ser espontânea ou provocada. Ademais, a confissão espontânea pode ser feita pela própria parte ou por representante com poder especial. Já a confissão provocada constará do termo de depoimento pessoal.

A confissão judicial faz prova contra o confitente, não prejudicando, todavia, os litisconsortes. Ela tem caráter personalíssimo.

Nas ações que versarem sobre bens imóveis ou direitos reais sobre imóveis alheios, a confissão de um cônjuge ou companheiro não valerá sem a do outro, salvo se o regime de casamento for o de separação absoluta de bens.

ATENÇÃO! Não vale como confissão a admissão, em juízo, de fatos relativos a direitos indisponíveis.

A confissão será ineficaz se feita por quem não for capaz de dispor do direito a que se referem os fatos confessados. Quando ela é feita por um representante somente é eficaz nos limites em que este pode vincular o representado.

Ademais, ela é irrevogável, mas pode ser anulada se decorreu de erro de fato ou de coação.

A legitimidade para a ação prevista acima é exclusiva do confitente e pode ser transferida a seus herdeiros se ele falecer após a propositura.

A confissão extrajudicial, quando feita oralmente, só terá eficácia nos casos em que a lei não exija prova literal. Ela é, em regra, indivisível, não podendo a parte que a quiser invocar como prova aceitá-la no tópico que a beneficiar e rejeitá-la no que lhe for desfavorável, porém cindir-se-á quando o confitente a ela aduzir fatos novos, capazes de constituir fundamento de defesa de direito material ou de reconvenção.

8.3.4. *Exibição de documento ou coisa*

O juiz pode ordenar que a parte exiba documento ou coisa que se encontre em seu poder.

O pedido formulado pela parte conterá:

- a individuação, tão completa quanto possível, do documento ou da coisa;
- a finalidade da prova, indicando os fatos que se relacionam com o documento ou com a coisa;
- as circunstâncias em que se funda o requerente para afirmar que o documento ou a coisa existe e se acha em poder da parte contrária.

O requerido dará sua resposta nos 5 (cinco) dias subsequentes à sua intimação. Se o requerido afirmar que não possui o documento ou a coisa, o juiz permitirá que o requerente prove, por qualquer meio, que a declaração não corresponde à verdade.

O juiz não admitirá a recusa se:

- o requerido tiver obrigação legal de exibir;
- o requerido tiver aludido ao documento ou à coisa, no processo, com o intuito de constituir prova;
- o documento, por seu conteúdo, for comum às partes.

Ao decidir o pedido, o juiz admitirá como verdadeiros os fatos que, por meio do documento ou da coisa, a parte pretendia provar se:

- o requerido não efetuar a exibição nem fizer nenhuma declaração no prazo do art. 398;
- a recusa for havida por ilegítima.

Sendo necessário, o juiz pode adotar medidas indutivas, coercitivas, mandamentais ou sub-rogatórias para que o documento seja exibido.

8.3.5. Prova documental

O documento público faz prova não só da sua formação, mas também dos fatos que o escrivão, o chefe de secretaria, o tabelião ou o servidor declarar que ocorreram em sua presença.

Quando a lei exigir instrumento público como da substância do ato, nenhuma outra prova, por mais especial que seja, pode suprir-lhe a falta.

O documento feito por oficial público incompetente ou sem a observância das formalidades legais, sendo subscrito pelas partes, tem a mesma eficácia probatória do documento particular.

As declarações constantes do documento particular escrito e assinado ou somente assinado presumem-se verdadeiras em relação ao signatário. Quando, todavia, contiver declaração de ciência de determinado fato, o documento particular prova a ciência, mas não o fato em si, incumbindo o ônus de prová-lo ao interessado em sua veracidade.

A data do documento particular, quando a seu respeito surgir dúvida ou impugnação entre os litigantes, provar-se-á por todos os meios de direito.

Em relação a terceiros, considerar-se-á datado o documento particular:

- no dia em que foi registrado;
- desde a morte de algum dos signatários;
- a partir da impossibilidade física que sobreveio a qualquer dos signatários;
- da sua apresentação em repartição pública ou em juízo;
- do ato ou do fato que estabeleça, de modo certo, a anterioridade da formação do documento.

Considera-se autor do documento particular:

- aquele que o fez e o assinou;
- aquele por conta de quem ele foi feito, estando assinado;
- aquele que, mandando compô-lo, não o firmou porque, conforme a experiência comum, não se costuma assinar, como livros empresariais e assentos domésticos.

O art. 411 do CPC sinaliza que considera-se autêntico o documento quando:

- o tabelião reconhecer a firma do signatário;
- a autoria estiver identificada por qualquer outro meio legal de certificação, inclusive eletrônico, nos termos da lei;
- não houver impugnação da parte contra quem foi produzido o documento.

O documento particular de cuja autenticidade não se duvida prova que o seu autor fez a declaração que lhe é atribuída. Ele é admitido expressa ou tacitamente é indivisível, sendo vedado à parte que pretende utilizar-se dele aceitar os fatos que lhe são favoráveis e recusar os que são contrários ao seu interesse, salvo se provar que estes não ocorreram.

O telegrama, o radiograma ou qualquer outro meio de transmissão tem a mesma força probatória do documento particular se o original constante da estação expedidora tiver sido assinado pelo remetente. A firma do remetente poderá ser reconhecida pelo tabelião, declarando-se essa circunstância no original depositado na estação expedidora.

O telegrama ou o radiograma presume-se conforme com o original, provando as datas de sua expedição e de seu recebimento pelo destinatário.

8.3.5.1. Produção da prova documental

Incumbe à parte instruir a petição inicial ou a contestação com os documentos destinados a provar suas alegações.

Quando o documento consistir em reprodução cinematográfica ou fonográfica, a parte deverá trazê-lo nos termos do caput, mas sua exposição será realizada em audiência, intimando-se previamente as partes.

É lícito às partes, em qualquer tempo, juntar aos autos documentos novos, quando destinados a fazer prova de fatos ocorridos depois dos articulados ou para contrapô-los aos que foram produzidos nos autos.

Admite-se também a juntada posterior de documentos formados após a petição inicial ou a contestação, bem como dos que se tornaram conhecidos, acessíveis ou disponíveis após esses atos, cabendo à parte que os produzir comprovar o motivo que a impediu de juntá-los anteriormente e incumbindo ao juiz, em qualquer caso, avaliar a conduta da parte.

A parte, intimada a falar sobre documento constante dos autos, poderá:

- impugnar a admissibilidade da prova documental;
- impugnar sua autenticidade;
- suscitar sua falsidade, com ou sem deflagração do incidente de arguição de falsidade;
- manifestar-se sobre seu conteúdo.

O réu manifestar-se-á na contestação sobre os documentos anexados à inicial, e o autor manifestar-se-á na réplica sobre os documentos anexados à contestação. Sempre que uma das partes requerer a juntada de documento aos autos, o juiz ouvirá, a seu respeito, a outra parte, que disporá do prazo de 15 (quinze) dias para adotar qualquer das posturas indicadas no art. 436.

Poderá o juiz, a requerimento da parte, dilatar o prazo para manifestação sobre a prova documental produzida, levando em consideração a quantidade e a complexidade da documentação.

O juiz requisitará às repartições públicas, em qualquer tempo ou grau de jurisdição:

- as certidões necessárias à prova das alegações das partes;
- os procedimentos administrativos nas causas em que forem interessados a União, os Estados, o Distrito Federal, os Municípios ou entidades da administração indireta.

Recebidos os autos, o juiz mandará extrair, no prazo máximo e improrrogável de 1 (um) mês, certidões ou reproduções fotográficas das peças que indicar e das que forem indicadas pelas partes, e, em seguida, devolverá os autos à repartição de origem.

As repartições públicas poderão fornecer todos os documentos em meio eletrônico, conforme disposto em lei, certificando, pelo mesmo meio, que se trata de extrato fiel do que consta em seu banco de dados ou no documento digitalizado.

A utilização de documentos eletrônicos no processo convencional dependerá de sua conversão à forma impressa e da verificação de sua autenticidade, na forma da lei.

O juiz apreciará o valor probante do documento eletrônico não convertido, assegurado às partes o acesso ao seu teor. Serão admitidos documentos eletrônicos produzidos e conservados com a observância da legislação específica.

8.3.6. *Prova testemunhal*

Muitas foram às mudanças implementadas na prova testemunhal.

A prova testemunhal é sempre admissível, não dispondo a lei de modo diverso.

O juiz indeferirá a inquirição de testemunhas sobre fatos já provados por documento ou confissão da parte ou que só por documento ou por exame pericial puderem ser provados.

Nos casos em que a lei exigir prova escrita da obrigação, é admissível a prova testemunhal quando houver começo de prova por escrito, emanado da parte contra a qual se pretende produzir a prova.

Também se admite a prova testemunhal quando o credor não pode ou não podia, moral ou materialmente, obter a prova escrita da obrigação, em casos como o de parentesco, de depósito necessário ou de hospedagem em hotel ou em razão das práticas comerciais do local onde contraída a obrigação.

8.3.6.1. *Produção da prova testemunhal*

O rol de testemunhas conterá, sempre que possível, o nome, a profissão, o estado civil, a idade, o número de inscrição no Cadastro de Pessoas Físicas, o número de registro de identidade e o endereço completo da residência e do local de trabalho.

Depois de apresentado o rol de testemunhas, a parte só pode substituir a testemunha: a) que falecer; b) que, por enfermidade, não estiver em condições de depor; c) que, tendo mudado de residência ou de local de trabalho, não for encontrada.

Quando for arrolado como testemunha, o juiz da causa declarar-se-á impedido, se tiver conhecimento de fatos que possam influir na decisão, caso em que será vedado à parte que o incluiu no rol desistir de seu depoimento. Porém, se o juiz nada souber, mandará excluir o seu nome.

As testemunhas depõem na audiência de instrução e julgamento, perante o juiz da causa, exceto as que prestam depoimento antecipadamente ou as que são inquiridas por carta.

ATENÇÃO! A oitiva de testemunha que residir em comarca, seção ou subseção judiciária diversa daquela onde tramita o processo poderá ser realizada por meio de videoconferência ou outro recurso tecnológico de transmissão e recepção de sons e imagens em tempo real, o que poderá ocorrer, inclusive, durante a audiência de instrução e julgamento.

Cabe ao advogado da parte informar ou intimar a testemunha por ele arrolada do dia, da hora e do local da audiência designada, dispensando-se a intimação do juízo.

A intimação deverá ser realizada por carta com aviso de recebimento, cumprindo ao advogado juntar aos autos, com antecedência de pelo menos 3 (três) dias da data da audiência, cópia da correspondência de intimação e do comprovante de recebimento.

A parte pode comprometer-se a levar a testemunha à audiência, independentemente da intimação, presumindo-se, caso a testemunha não compareça, que a parte desistiu de sua inquirição.

A inércia na realização da intimação importa desistência da inquirição da testemunha.

A testemunha que, intimada, deixar de comparecer sem motivo justificado será conduzida e responderá pelas despesas do adiamento.

O juiz inquirirá as testemunhas separada e sucessivamente, primeiro as do autor e depois as do réu, e providenciará para que uma não ouça o depoimento das outras.

O juiz poderá alterar a ordem estabelecida acima se as partes concordarem.

Antes de depor, a testemunha será qualificada, declarará ou confirmará seus dados e informará se tem relações de parentesco com a parte ou interesse no objeto do processo.

É lícito à parte contraditar a testemunha, arguindo-lhe a incapacidade, o impedimento ou a suspeição, bem como, caso a testemunha negue os fatos que lhe são imputados, provar a contradita com documentos ou com testemunhas, até 3 (três), apresentadas no ato e inquiridas em separado.

Sendo provados ou confessados os fatos o juiz dispensará a testemunha ou lhe tomará o depoimento como informante.

A testemunha pode requerer ao juiz que a escuse de depor, alegando os motivos previstos no CPC, decidindo o juiz de plano após ouvidas as partes.

Ao início da inquirição, a testemunha prestará o compromisso de dizer a verdade do que souber e lhe for perguntado.

O juiz advertirá à testemunha que incorre em sanção penal quem faz afirmação falsa, cala ou oculta a verdade.

As perguntas serão formuladas pelas partes diretamente à testemunha, começando pela que a arrolou, não admitindo o juiz aquelas que puderem induzir a resposta, não tiverem relação com as questões de fato objeto da atividade probatória ou importarem repetição de outra já respondida.

O juiz poderá inquirir a testemunha tanto antes quanto depois da inquirição feita pelas partes.

As testemunhas devem ser tratadas com urbanidade, não se lhes fazendo perguntas ou considerações impertinentes, capciosas ou vexatórias.

As perguntas que o juiz indeferir serão transcritas no termo, se a parte o requerer.

8.3.7. Prova pericial

A prova pericial consiste em exame, vistoria ou avaliação.

Vale lembrar que o juiz indeferirá a perícia quando:

- a prova do fato não depender de conhecimento especial de técnico;
- for desnecessária em vista de outras provas produzidas;
- a verificação for impraticável.

De ofício ou a requerimento das partes, o juiz poderá, em substituição à perícia, determinar a produção de prova técnica simplificada, quando o ponto controvertido for de menor complexidade. Eis uma facilitação de procedimento que merece nossas considerações elogiosas.

ATENÇÃO! A prova técnica simplificada consistirá apenas na inquirição de especialista, pelo juiz, sobre ponto controvertido da causa que demande especial conhecimento científico ou técnico.

Durante a arguição, o especialista, que deverá ter formação acadêmica específica na área objeto de seu depoimento, poderá valer-se de qualquer recurso tecnológico de transmissão de sons e imagens com o fim de esclarecer os pontos controvertidos da causa.

O juiz nomeará perito especializado no objeto da perícia e fixará de imediato o prazo para a entrega do laudo.

Incumbe às partes, dentro de 15 (quinze) dias contados da intimação do despacho de nomeação do perito:

- arguir o impedimento ou a suspeição do perito, se for o caso;
- indicar assistente técnico;
- apresentar quesitos.

Nessa toada, ciente da nomeação, o perito apresentará em 5 (cinco) dias:

- proposta de honorários;
- currículo, com comprovação de especialização;
- contatos profissionais, em especial o endereço eletrônico, para onde serão dirigidas as intimações pessoais.

As partes serão intimadas da proposta de honorários para, querendo, manifestar-se no prazo comum de 5 (cinco) dias, após o que o juiz arbitrará o valor, intimando-se as partes para os fins do art. 95.

O juiz poderá autorizar o pagamento de até cinquenta por cento dos honorários arbitrados a favor do perito no início dos trabalhos, devendo o remanescente ser pago apenas ao final, depois de entregue o laudo e prestados todos os esclarecimentos necessários.

Quando a perícia for inconclusiva ou deficiente, o juiz poderá reduzir a remuneração inicialmente arbitrada para o trabalho.

Quando tiver de realizar-se por carta, poder-se-á proceder à nomeação de perito e à indicação de assistentes técnicos no juízo ao qual se requisitar a perícia.

O perito cumprirá escrupulosamente o encargo que lhe foi cometido, independentemente de termo de compromisso.

O perito pode escusar-se ou ser recusado por impedimento ou suspeição.

O juiz, ao aceitar a escusa ou ao julgar procedente a impugnação, nomeará novo perito.

Se ele deixar de cumprir o encargo no prazo assinalado, o juiz comunicará a ocorrência à corporação profissional respectiva, podendo, ainda, impor multa ao perito, fixada tendo em vista o valor da causa e o possível prejuízo decorrente do atraso no processo.

O perito substituído restituirá, no prazo de 15 (quinze) dias, os valores recebidos pelo trabalho não realizado, sob pena de ficar impedido de atuar como perito judicial pelo prazo de 5 (cinco) anos.

Não ocorrendo a restituição voluntária de que trata o § 2º, a parte que tiver realizado o adiantamento dos honorários poderá promover execução contra o perito, na forma dos arts. 513 e seguintes deste Código, com fundamento na decisão que determinar a devolução do numerário.

As partes poderão apresentar quesitos suplementares durante a diligência, que poderão ser respondidos pelo perito previamente ou na audiência de instrução e julgamento. O escrivão dará à parte contrária ciência da juntada dos quesitos aos autos.

O perito e os assistentes técnicos devem entregar, respectivamente, laudo e pareceres em prazo fixado pelo juiz.

A perícia consensual substitui, para todos os efeitos, a que seria realizada por perito nomeado pelo juiz.

O juiz poderá dispensar prova pericial quando as partes, na inicial e na contestação, apresentarem, sobre as questões de fato, pareceres técnicos ou documentos elucidativos que considerar suficientes.

O laudo pericial deverá conter:

- a exposição do objeto da perícia;
- a análise técnica ou científica realizada pelo perito;
- a indicação do método utilizado, esclarecendo-o e demonstrando ser predominantemente aceito pelos especialistas da área do conhecimento da qual se originou;
- resposta conclusiva a todos os quesitos apresentados pelo juiz, pelas partes e pelo órgão do Ministério Público.

No laudo, o perito deve apresentar sua fundamentação em linguagem simples e com coerência lógica, indicando como alcançou suas conclusões.

É vedado ao perito ultrapassar os limites de sua designação, bem como emitir opiniões pessoais que excedam o exame técnico ou científico do objeto da perícia.

Para o desempenho de sua função, o perito e os assistentes técnicos podem valer-se de todos os meios necessários, ouvindo testemunhas, obtendo informações, solicitando documentos que estejam em poder da parte, de terceiros ou em repartições públicas, bem como instruir o laudo com planilhas, mapas, plantas, desenhos, fotografias ou outros elementos necessários ao esclarecimento do objeto da perícia.

As partes terão ciência da data e do local designados pelo juiz ou indicados pelo perito para ter início a produção da prova.

Tratando-se de perícia complexa que abranja mais de uma área de conhecimento especializado, o juiz poderá nomear mais de um perito, e a parte, indicar mais de um assistente técnico.

Se o perito, por motivo justificado, não puder apresentar o laudo dentro do prazo, o juiz poderá conceder-lhe, por uma vez, prorrogação pela metade do prazo originalmente fixado.

O perito protocolará o laudo em juízo, no prazo fixado pelo juiz, pelo menos 20 (vinte) dias antes da audiência de instrução e julgamento.

As partes serão intimadas para, querendo, manifestar-se sobre o laudo do perito do juízo no prazo comum de 15 (quinze) dias, podendo o assistente técnico de cada uma das partes, em igual prazo, apresentar seu respectivo parecer.

O perito do juízo tem o dever de, no prazo de 15 (quinze) dias, esclarecer ponto:

- sobre o qual exista divergência ou dúvida de qualquer das partes, do juiz ou do órgão do Ministério Público;
- divergente apresentado no parecer do assistente técnico da parte.

Se ainda houver necessidade de esclarecimentos, a parte requererá ao juiz que mande intimar o perito ou o assistente técnico a comparecer à audiência de instrução e julgamento, formulando, desde logo, as perguntas, sob forma de quesitos.

O perito ou o assistente técnico será intimado por meio eletrônico, com pelo menos 10 (dez) dias de antecedência da audiência.

Quando o exame tiver por objeto a autenticidade ou a falsidade de documento ou for de natureza médico-legal, o perito será escolhido, de preferência, entre os técnicos dos estabelecimentos oficiais especializados, a cujos diretores o juiz autorizará a remessa dos autos, bem como do material sujeito a exame.

Nas hipóteses de gratuidade de justiça, os órgãos e as repartições oficiais deverão cumprir a determinação judicial com preferência, no prazo estabelecido.

8.3.8. Inspeção judicial

O juiz, de ofício ou a requerimento da parte, pode, em qualquer fase do processo, inspecionar pessoas ou coisas, a fim de se esclarecer sobre fato que interesse à decisão da causa.

Ao realizar a inspeção, o juiz poderá ser assistido por um ou mais peritos.

O juiz irá ao local onde se encontre a pessoa ou a coisa quando:

- julgar necessário para a melhor verificação ou interpretação dos fatos que deva observar;
- a coisa não puder ser apresentada em juízo sem consideráveis despesas ou graves dificuldades;
- determinar a reconstituição dos fatos.

As partes têm sempre direito a assistir à inspeção, prestando esclarecimentos e fazendo observações que considerem de interesse para a causa.

Concluída a diligência, o juiz mandará lavrar auto circunstanciado, mencionando nele tudo quanto for útil ao julgamento da causa. O auto poderá ser instruído com desenho, gráfico ou fotografia.

9. AUDIÊNCIA DE INSTRUÇÃO E JULGAMENTO

No dia e na hora designados, o juiz declarará aberta a audiência de instrução e julgamento e mandará apregoar as partes e os respectivos advogados, bem como outras pessoas que dela devam participar.

Instalada a audiência, o juiz tentará conciliar as partes, independentemente do emprego anterior de outros métodos de solução consensual de conflitos, como a mediação e a arbitragem.

O juiz exerce o poder de polícia, incumbindo-lhe:

- manter a ordem e o decoro na audiência;
- ordenar que se retirem da sala de audiência os que se comportarem inconvenientemente;
- requisitar, quando necessário, força policial;
- tratar com urbanidade as partes, os advogados, os membros do Ministério Público e da Defensoria Pública e qualquer pessoa que participe do processo; - registrar em ata, com exatidão, todos os requerimentos apresentados em audiência.

As provas orais serão produzidas em audiência, ouvindo-se nesta ordem, preferencialmente:

- o perito e os assistentes técnicos, que responderão aos quesitos de esclarecimentos requeridos no prazo e na forma do art. 477, caso não respondidos anteriormente por escrito;
- o autor e, em seguida, o réu, que prestarão depoimentos pessoais;
- as testemunhas arroladas pelo autor e pelo réu, que serão inquiridas.

Enquanto depuserem o perito, os assistentes técnicos, as partes e as testemunhas, não poderão os advogados e o Ministério Público intervir ou apartear, sem licença do juiz.

A audiência poderá ser adiada:

- por convenção das partes;
- se não puder comparecer, por motivo justificado, qualquer pessoa que dela deva necessariamente participar;
- por atraso injustificado de seu início em tempo superior a 30 (trinta) minutos do horário marcado.

O impedimento deverá ser comprovado até a abertura da audiência, e, não o sendo, o juiz procederá à instrução.

O juiz poderá dispensar a produção das provas requeridas pela parte cujo advogado ou defensor público não tenha comparecido à audiência, aplicando-se a mesma regra ao Ministério Público.

Quem der causa ao adiamento responderá pelas despesas acrescidas.

Havendo antecipação ou adiamento da audiência, o juiz, de ofício ou a requerimento da parte, determinará a intimação dos advogados ou da sociedade de advogados para ciência da nova designação.

Finda a instrução, o juiz dará a palavra ao advogado do autor e do réu, bem como ao membro do Ministério Público, se for o caso de sua intervenção, sucessivamente, pelo prazo de 20 (vinte) minutos para cada um, prorrogável por 10 (dez) minutos, a critério do juiz.

Havendo litisconsorte ou terceiro interveniente, o prazo, que formará com o da prorrogação um só todo, dividir-se-á entre os do mesmo grupo, se não convencionarem de modo diverso.

Quando a causa apresentar questões complexas de fato ou de direito, o debate oral poderá ser substituído por razões finais escritas, que serão apresentadas pelo autor e pelo réu, bem como pelo Ministério Público, se for o caso de sua intervenção, em prazos sucessivos de 15 (quinze) dias, assegurada vista dos autos.

A audiência é una e contínua, podendo ser excepcional e justificadamente cindida na ausência de perito ou de testemunha, desde que haja concordância das partes.

Diante da impossibilidade de realização da instrução, do debate e do julgamento no mesmo dia, o juiz marcará seu prosseguimento para a data mais próxima possível, em pauta preferencial.

Encerrado o debate ou oferecidas as razões finais, o juiz proferirá sentença em audiência ou no prazo de 30 (trinta) dias.

O servidor lavrará, sob ditado do juiz, termo que conterá, em resumo, o ocorrido na audiência, bem como, por extenso, os despachos, as decisões e a sentença, se proferida no ato.

Quando o termo não for registrado em meio eletrônico, o juiz rubricar-lhe-á as folhas, que serão encadernadas em volume próprio.

Subscreverão o termo o juiz, os advogados, o membro do Ministério Público e o escrivão ou chefe de secretaria, dispensadas as partes, exceto quando houver ato de disposição para cuja prática os advogados não tenham poderes.

O escrivão ou chefe de secretaria trasladará para os autos cópia autêntica do termo de audiência.

Tratando-se de autos eletrônicos, observar-se-á o disposto neste Código, em legislação específica e nas normas internas dos tribunais.

A audiência poderá ser integralmente gravada em imagem e em áudio, em meio digital ou analógico, desde que assegure o rápido acesso das partes e dos órgãos julgadores, observada a legislação específica.

A gravação a que se refere o § 5º também pode ser realizada diretamente por qualquer das partes, independentemente de autorização judicial.

A audiência será pública, ressalvadas as exceções legais.

10. SENTENÇA E COISA JULGADA

10.1. Noções iniciais

não podemos definir mais a sentença como um ato que extingue processo, mas sim como um pronunciamento judicial que contém uma das hipóteses dos arts. 485 ou 487, incisos e parágrafos, do novo CPC, e que poderá ou não extinguir o processo.

Vejamos as hipóteses de **extinção sem julgamento de mérito:**

O juiz não resolverá o mérito quando:

- indeferir a petição inicial;
- o processo ficar parado durante mais de 1 (um) ano por negligência das partes;
- por não promover os atos e as diligências que lhe incumbir, o autor abandonar a causa por mais de 30 (trinta) dias;
- verificar a ausência de pressupostos de constituição e de desenvolvimento válido e regular do processo;
- reconhecer a existência de perempção, de litispendência ou de coisa julgada;
- verificar ausência de legitimidade ou de interesse processual;
- acolher a alegação de existência de convenção de arbitragem ou quando o juízo arbitral reconhecer sua competência;
- homologar a desistência da ação;
- em caso de morte da parte, a ação for considerada intransmissível por disposição legal; e
- nos demais casos prescritos no CPC/15.

ATENÇÃO! O pronunciamento judicial que não resolve o mérito não obsta a que a parte proponha de novo a ação.

No caso de extinção em razão de litispendência e nos casos dos incisos I, IV, VI e VII do art. 485, a propositura da nova ação depende da correção do vício que levou à sentença sem resolução do mérito.

A petição inicial, todavia, não será despachada sem a prova do pagamento ou do depósito das custas e dos honorários de advogado.

Haverá resolução de mérito quando o juiz:

- acolher ou rejeitar o pedido formulado na ação ou na reconvenção;
- decidir, de ofício ou a requerimento, sobre a ocorrência de decadência ou prescrição;
- homologar:
  - o reconhecimento da procedência do pedido formulado na ação ou na reconvenção;
  - b) a transação;
  - c) a renúncia à pretensão formulada na ação ou na reconvenção.

Ressalvada a hipótese do § 1º do art. 332, a prescrição e a decadência não serão reconhecidas sem que antes seja dada às partes oportunidade de manifestar-se.

Desde que possível, o juiz resolverá o mérito sempre que a decisão for favorável à parte a quem aproveitaria eventual pronunciamento nos termos do art. 485.

10.2. Elementos e efeitos da sentença

São elementos essenciais da sentença:

- o relatório, que conterá os nomes das partes, a identificação do caso, com a suma do pedido e da contestação, e o registro das principais ocorrências havidas no andamento do processo;
- os fundamentos, em que o juiz analisará as questões de fato e de direito;
- o dispositivo, em que o juiz resolverá as questões principais que as partes lhe submeterem.

ATENÇÃO! O CPC/15 se preocupa em indicar quando uma decisão não estará fundamentada. Percebe-se uma exigência peculiar quanto à qualidade da fundamentação.

Não se considera fundamentada qualquer decisão judicial, seja ela interlocutória, sentença ou acórdão, que:

- se limitar à indicação, à reprodução ou à paráfrase de ato normativo, sem explicar sua relação com a causa ou a questão decidida;
- empregar conceitos jurídicos indeterminados, sem explicar o motivo concreto de sua incidência no caso;
- invocar motivos que se prestariam a justificar qualquer outra decisão;
- não enfrentar todos os argumentos deduzidos no processo capazes de, em tese, infirmar a conclusão adotada pelo julgador;
- se limitar a invocar precedente ou enunciado de súmula, sem identificar seus fundamentos determinantes nem demonstrar que o caso sob julgamento se ajusta àqueles fundamentos;
- deixar de seguir enunciado de súmula, jurisprudência ou precedente invocado pela parte, sem demonstrar a existência de distinção no caso em julgamento ou a superação do entendimento.

No caso de colisão entre normas, o juiz deve justificar o objeto e os critérios gerais da ponderação efetuada, enunciando as razões que autorizam a interferência na norma afastada e as premissas fáticas que fundamentam a conclusão.

A decisão judicial deve ser interpretada a partir da conjugação de todos os seus elementos e em conformidade com o princípio da boa-fé.

O juiz resolverá o mérito acolhendo ou rejeitando, no todo ou em parte, os pedidos formulados pelas partes.

Na ação relativa à obrigação de pagar quantia, ainda que formulado pedido genérico, a decisão definirá desde logo a extensão da obrigação, o índice de correção monetária, a taxa de juros, o termo inicial de ambos e a periodicidade da capitalização dos juros, se for o caso, salvo quando:

- não for possível determinar, de modo definitivo, o montante devido;
- a apuração do valor devido depender da produção de prova de realização demorada ou excessivamente dispendiosa, assim reconhecida na sentença.

É vedado ao juiz proferir decisão de natureza diversa da pedida, bem como condenar a parte em quantidade superior ou em objeto diverso do que lhe foi demandado.

A decisão deve ser certa, ainda que resolva relação jurídica condicional.

Se, depois da propositura da ação, algum fato constitutivo, modificativo ou extintivo do direito influir no julgamento do mérito, caberá ao juiz tomá-lo em consideração, de ofício ou a requerimento da parte, no momento de proferir a decisão.

Se constatar de ofício o fato novo, o juiz ouvirá as partes sobre ele antes de decidir.

Publicada a sentença, o juiz só poderá alterá-la:

- para lhe corrigir, de ofício ou a requerimento da parte, inexatidões materiais ou erros de cálculo;
- por meio de embargos de declaração.

A decisão que condenar o réu ao pagamento de prestação consistente em dinheiro e a que determinar a conversão de prestação de fazer, de não fazer ou de dar coisa em prestação pecuniária valerão como título constitutivo de hipoteca judiciária.

A decisão produz a hipoteca judiciária:

- embora a condenação seja genérica;
- ainda que o credor possa promover o cumprimento provisório da sentença ou esteja pendente arresto sobre bem do devedor;
- mesmo que impugnada por recurso dotado de efeito suspensivo.

A hipoteca judiciária poderá ser realizada mediante apresentação de cópia da sentença perante o cartório de registro imobiliário, independentemente de ordem judicial, de declaração expressa do juiz ou de demonstração de urgência.

No prazo de até 15 (quinze) dias da data de realização da hipoteca, a parte informá-la-á ao juízo da causa, que determinará a intimação da outra parte para que tome ciência do ato.

A hipoteca judiciária, uma vez constituída, implicará, para o credor hipotecário, o direito de preferência, quanto ao pagamento, em relação a outros credores, observada a prioridade no registro.

Sobrevindo a reforma ou a invalidação da decisão que impôs o pagamento de quantia, a parte responderá, independentemente de culpa, pelos danos que a outra parte tiver sofrido em razão da constituição da garantia, devendo o valor da indenização ser liquidado e executado nos próprios autos.

10.3. Da remessa necessária

no CPC está sujeita ao duplo grau de jurisdição, não produzindo efeito senão depois de confirmada pelo tribunal, a sentença:

- proferida contra a União, os Estados, o Distrito Federal, os Municípios e suas respectivas autarquias e fundações de direito público;
- que julgar procedentes, no todo ou em parte, os embargos à execução fiscal.

Nos casos previstos acima, não interposta a apelação no prazo legal, o juiz ordenará a remessa dos autos ao tribunal, e, se não o fizer, o presidente do respectivo tribunal avocá-los-á.

Não se aplica o disposto acima quando a condenação ou o proveito econômico obtido na causa for de valor certo e líquido inferior a:

- 1.000 (mil) salários-mínimos para a União e as respectivas autarquias e fundações de direito público;
- 500 (quinhentos) salários-mínimos para os Estados, o Distrito Federal, as respectivas autarquias e fundações de direito público e os Municípios que constituam capitais dos Estados;
- 100 (cem) salários-mínimos para todos os demais Municípios e respectivas autarquias e fundações de direito público.

Também não se aplica o disposto acima quando a sentença estiver fundada em:

- súmula de tribunal superior;
- acórdão proferido pelo Supremo Tribunal Federal ou pelo Superior Tribunal de Justiça em julgamento de recursos repetitivos;
- entendimento firmado em incidente de resolução de demandas repetitivas ou de assunção de competência;
- entendimento coincidente com orientação vinculante firmada no âmbito administrativo do próprio ente público, consolidada em manifestação, parecer ou súmula administrativa.

10.4. Julgamento das ações relativas às prestações de fazer, de não fazer e de entregar coisa

Na ação que tenha por objeto a prestação de fazer ou de não fazer, o juiz, se procedente o pedido, concederá a tutela específica ou determinará providências que assegurem a obtenção de tutela pelo resultado prático equivalente.

Para a concessão da tutela específica destinada a inibir a prática, a reiteração ou a continuação de um ilícito, ou a sua remoção, é irrelevante a demonstração da ocorrência de dano ou da existência de culpa ou dolo.

Na ação que tenha por objeto a entrega de coisa, o juiz, ao conceder a tutela específica, fixará o prazo para o cumprimento da obrigação.

Tratando-se de entrega de coisa determinada pelo gênero e pela quantidade, o autor individualizá-la-á na petição inicial, se lhe couber a escolha, ou, se a escolha couber ao réu, este a entregará individualizada, no prazo fixado pelo juiz.

A obrigação somente será convertida em perdas e danos se o autor o requerer ou se impossível a tutela específica ou a obtenção de tutela pelo resultado prático equivalente.

A indenização por perdas e danos dar-se-á sem prejuízo da multa fixada periodicamente para compelir o réu ao cumprimento específico da obrigação.

Na ação que tenha por objeto a emissão de declaração de vontade, a sentença que julgar procedente o pedido, uma vez transitada em julgado, produzirá todos os efeitos da declaração não emitida.

11. COISA JULGADA

Nos termos do art. 502 do CPC de 2015, denomina-se coisa julgada material a **autoridade** que torna imutável e indiscutível a **decisão de mérito** não mais sujeita a recurso; o CPC de 1973, por sua vez, definia, no art. 467, a coisa julgada material como sendo a **eficácia**, que torna imutável e indiscutível a **sentença**, não mais sujeita a recurso **ordinário ou extraordinário**. Logo, o termo "sentença", previsto na legislação pretérita, foi substituído pela expressão "decisão de mérito", o que abrange também as decisões interlocutórias de mérito.

Denomina-se coisa julgada material a autoridade que torna imutável e indiscutível a decisão de mérito não mais sujeita a recurso.

A decisão que julgar total ou parcialmente o mérito tem força de lei nos limites da questão principal expressamente decidida.

A disposição acima aplica-se à resolução de questão prejudicial, decidida expressa e incidentemente no processo, se:

- dessa resolução depender o julgamento do mérito;
- a seu respeito tiver havido contraditório prévio e efetivo, não se aplicando no caso de revelia;
- o juízo tiver competência em razão da matéria e da pessoa para resolvê-la como questão principal.

Não fazem coisa julgada:

- os motivos, ainda que importantes para determinar o alcance da parte dispositiva da sentença;
- a verdade dos fatos, estabelecida como fundamento da sentença.

Nenhum juiz decidirá novamente as questões já decididas relativas à mesma lide, salvo:

- se, tratando-se de relação jurídica de trato continuado, sobreveio modificação no estado de fato ou de direito, caso em que poderá a parte pedir a revisão do que foi estatuído na sentença;

– nos demais casos prescritos em lei.

A sentença faz coisa julgada às partes entre as quais é dada, não prejudicando terceiros.

É vedado à parte discutir no curso do processo as questões já decididas a cujo respeito se operou a preclusão.

Transitada em julgado a decisão de mérito, considerar-se-ão deduzidas e repelidas todas as alegações e as defesas que a parte poderia opor tanto ao acolhimento quanto à rejeição do pedido.

CAPÍTULO II

Cumprimento de sentença

1. LIQUIDAÇÃO E CUMPRIMENTO DE SENTENÇA

1.1. Liquidação

Nos termos do art. 509, a liquidação terá lugar quando "a sentença condenar ao pagamento de quantia ilíquida". Ou seja, pela literal aplicação do dispositivo, quando a posterior execução tiver por objeto prestações pecuniárias, visando à dívidas em dinheiro.

É necessário ressaltar que o procedimento de liquidação destina-se exclusivamente aos títulos executivos judiciais, motivo pelo qual conclui-se que a iliquidez dos títulos executivos extrajudiciais impede, por completo, sua execução, pois deixará de ser considerado título executivo.

Na liquidação também é vedado rediscutir a lide ou modificar a sentença que a julgou (CPC, art. 509, parágrafo 4º).

Conheçamos suas importantes disposições:

Quando a sentença condenar ao pagamento de quantia ilíquida, proceder-se-á à sua liquidação, a requerimento do credor ou do devedor:

- por arbitramento, quando determinado pela sentença, convencionado pelas partes ou exigido pela natureza do objeto da liquidação;
- pelo procedimento comum, quando houver necessidade de alegar e provar fato novo.

Quando na sentença houver uma parte líquida e outra ilíquida, ao credor é lícito promover simultaneamente a execução daquela e, em autos apartados, a liquidação desta.

Quando a apuração do valor depender apenas de cálculo aritmético, o credor poderá promover, desde logo, o cumprimento da sentença.

O Conselho Nacional de Justiça desenvolverá e colocará à disposição dos interessados programa de atualização financeira.

Na liquidação, é vedado discutir de novo a lide ou modificar a sentença que a julgou.

Na liquidação por arbitramento, o juiz intimará as partes para a apresentação de pareceres ou documentos elucidativos, no prazo que fixar, e, caso não possa decidir de plano, nomeará perito, observando-se, no que couber, o procedimento da prova pericial.

Na liquidação pelo procedimento comum, o juiz determinará a intimação do requerido, na pessoa de seu advogado ou da sociedade de advogados a que estiver vinculado, para, querendo, apresentar contestação no prazo de 15 (quinze) dias, observando-se, a seguir, no que couber, o disposto no Livro I da Parte Especial do CPC.

A liquidação poderá ser realizada na pendência de recurso, processando-se em autos apartados no juízo de origem, cumprindo ao liquidante instruir o pedido com cópias das peças processuais pertinentes.

1.2. Cumprimento de sentença

1.2.1. Noções iniciais

De acordo com as alterações promovidas no CPC pela Lei 11.232/05, as obrigações de pagar quantia consubstanciada em título executivo judicial não são executadas em processo autônomo de execução, mas sim em fase do mesmo processo, denominada de fase de cumprimento de sentença. O CPC/15 fortalece o sistema do sincretismo processual.

As demais espécies de obrigações previstas em títulos executivos judiciais, como a de fazer, não fazer e entregar coisa, ao menos necessitam de fase de cumprimento de sentença, pois se efetivam por meio da concessão de tutela específica ou por determinação de providências que asseguram o resultado prático equivalente ao do adimplemento, conforme regra prevista nos artigos 497 e ss., bem como 536 e 498 do CPC.

Até mesmo a Fazenda Pública se sujeitará ao regramento do cumprimento de sentença, consoante dispõe o art. 534, que será estudado na sequência.

O cumprimento da sentença que reconhece o dever de pagar quantia, provisório ou definitivo, far-se-á a requerimento do exequente.

O devedor será intimado para cumprir a sentença:

- pelo Diário da Justiça, na pessoa de seu advogado constituído nos autos;
- por carta com aviso de recebimento, quando representado pela Defensoria Pública ou quando não tiver procurador constituído nos autos, ressalvada a hipótese do inciso IV;
- por meio eletrônico, quando, no caso do § 1º do art. 246, não tiver procurador constituído nos autos;
- por edital, quando, citado na forma do art. 256, tiver sido revel na fase de conhecimento.

ATENÇÃO! Se o requerimento acima indicado for formulado **após 1 (um) ano** do trânsito em julgado da sentença, a intimação será feita na pessoa do devedor, por meio de carta com aviso de recebimento encaminhada ao endereço constante dos autos, observado o disposto no parágrafo único do art. 274 e no § 3º deste artigo.

O cumprimento da sentença não poderá ser promovido em face do fiador, do coobrigado ou do corresponsável que não tiver participado da fase de conhecimento.

Quando o juiz decidir relação jurídica sujeita a condição ou termo, o cumprimento da sentença dependerá de demonstração de que se realizou a condição ou de que ocorreu o termo.

São títulos executivos judiciais, cujo cumprimento dar-se-á de acordo com os artigos previstos neste Título:

- as decisões proferidas no processo civil que reconheçam a exigibilidade de obrigação de pagar quantia, de fazer, de não fazer ou de entregar coisa;
- a decisão homologatória de autocomposição judicial;
- a decisão homologatória de autocomposição extrajudicial de qualquer natureza;
- o formal e a certidão de partilha, exclusivamente em relação ao inventariante, aos herdeiros e aos sucessores a título singular ou universal;
- o crédito de auxiliar da justiça, quando as custas, emolumentos ou honorários tiverem sido aprovados por decisão judicial;
- a sentença penal condenatória transitada em julgado;
- a sentença arbitral;
- a sentença estrangeira homologada pelo Superior Tribunal de Justiça;
- a decisão interlocutória estrangeira, após a concessão do "exequatur" à carta rogatória pelo Superior Tribunal de Justiça;

A sentença arbitral é título executivo **JUDICIAL.**

A autocomposição judicial pode envolver sujeito estranho ao processo e versar sobre relação jurídica que não tenha sido deduzida em juízo.

Tratemos de competência, vejamos:

O cumprimento da sentença efetuar-se-á perante:

- os tribunais, nas causas de sua competência originária;

- o juízo que decidiu a causa no primeiro grau de jurisdição;
- o juízo cível competente, quando se tratar de sentença penal condenatória, de sentença arbitral, de sentença estrangeira ou de acórdão proferido pelo Tribunal Marítimo.

Nas hipóteses de decisão homologatória de autocomposição judicial ou de decisão homologatória de autocomposição extrajudicial de qualquer natureza, o exequente poderá optar pelo juízo do atual domicílio do executado, pelo juízo do local onde se encontrem os bens sujeitos à execução ou pelo juízo do local onde deva ser executada a obrigação de fazer ou de não fazer, casos em que a remessa dos autos do processo será solicitada ao juízo de origem.

A decisão judicial transitada em julgado poderá ser levada a protesto, nos termos da lei, depois de transcorrido o prazo para pagamento voluntário previsto no art. 523, já mencionado acima.

Para efetivar o protesto, incumbe ao exequente apresentar certidão de teor da decisão.

A certidão de teor da decisão deverá ser fornecida no prazo de 3 (três) dias e indicará o nome e a qualificação do exequente e do executado, o número do processo, o valor da dívida e a data de decurso do prazo para pagamento voluntário.

ATENÇÃO! O executado que tiver proposto ação rescisória para impugnar a decisão exequenda pode requerer, a suas expensas e sob sua responsabilidade, a anotação da propositura da ação à margem do título protestado.

A requerimento do executado, o protesto será cancelado por determinação do juiz, mediante ofício a ser expedido ao cartório, no prazo de 3 (três) dias, contado da data de protocolo do requerimento, desde que comprovada a satisfação integral da obrigação.

Todas as questões relativas à validade do procedimento de cumprimento da sentença e dos atos executivos subsequentes poderão ser arguidas pelo executado nos próprios autos e nestes serão decididas pelo juiz.

REGRA DE APLICAÇÃO SUBSIDIÁRIA

Aplicam-se as disposições relativas ao cumprimento da sentença, provisório ou definitivo, e à liquidação, no que couber, às decisões que concederem tutela provisória.

1.2.2. *Cumprimento provisório da sentença que reconhece a exigibilidade de obrigação de pagar quantia certa*

O cumprimento provisório da sentença impugnada por recurso desprovido de efeito suspensivo será realizado da mesma forma que o cumprimento definitivo, sujeitando-se ao seguinte regime:

- corre por iniciativa e responsabilidade do exequente, que se obriga, se a sentença for reformada, a reparar os danos que o executado haja sofrido;
- fica sem efeito, sobrevindo decisão que modifique ou anule a sentença objeto da execução, restituindo-se as partes ao estado anterior e liquidando-se eventuais prejuízos nos mesmos autos;

Se a sentença objeto de cumprimento provisório for modificada ou anulada apenas em parte, somente nesta ficará sem efeito a execução;

O levantamento de depósito em dinheiro e a prática de atos que importem transferência de posse ou alienação de propriedade ou de outro direito real, ou dos quais possa resultar grave dano ao executado, dependem de caução suficiente e idônea, arbitrada de plano pelo juiz e prestada nos próprios autos.

No cumprimento provisório da sentença, o executado poderá apresentar impugnação, se quiser, nos termos do art. 525 do CPC/15.

A multa e os honorários são devidos no cumprimento provisório de sentença condenatória ao pagamento de quantia certa.

Se o executado comparecer tempestivamente e depositar o valor, com a finalidade de isentar-se da multa, o ato não será havido como incompatível com o recurso por ele interposto.

A restituição ao estado anterior a que se refere o inciso II não implica o desfazimento da transferência de posse ou da alienação de propriedade ou de outro direito real eventualmente já realizado, ressalvado, sempre, o direito à reparação dos prejuízos causados ao executado.

Ao cumprimento provisório de sentença que reconheça obrigação de fazer, de não fazer ou de dar coisa aplica-se, no que couber, as disposições deste cumprimento.

A caução acima mencionada poderá ser dispensada nos casos em que:

- o crédito for de natureza alimentar, independentemente de sua origem;
- o credor demonstrar situação de necessidade;
- pender o agravo fundado nos incisos II e III do art. 1.042;

De acordo com a Lei 13.256/16 a redação do art. 521, inciso III passou a ser a seguinte: [...] pender o agravo do art. 1.042.

- a sentença a ser provisoriamente cumprida estiver em consonância com súmula da jurisprudência do Supremo Tribunal Federal ou do Superior Tribunal de Justiça ou em conformidade com acórdão proferido no julgamento de casos repetitivos.

A exigência de caução será mantida quando da dispensa possa resultar manifesto risco de grave dano de difícil ou incerta reparação.

O cumprimento provisório da sentença será requerido por petição dirigida ao juízo competente.

Não sendo eletrônicos os autos, a petição será acompanhada de cópias das seguintes peças do processo, cuja autenticidade poderá ser certificada pelo próprio advogado, sob sua responsabilidade pessoal:

- decisão exequenda;
- certidão de interposição do recurso não dotado de efeito suspensivo;
- procurações outorgadas pelas partes;
- decisão de habilitação, se for o caso;
- facultativamente, outras peças processuais consideradas necessárias para demonstrar a existência do crédito.

É certo que a sentença judicial pode constituir um sujeito a uma obrigação de fazer, não fazer, entregar coisa ou pagar quantia. As três primeiras são chamadas de "obrigações específicas", na medida em que exigem a prática ou abstenção de determinada conduta humana; a última consiste naquilo que se denomina de "obrigação genérica" (*pagar dinheiro*, que é bem fungível por excelência).

O procedimento executivo irá variar, a depender da modalidade de obrigação. Enquanto nas *obrigações específicas* o legislador concedeu poderes para que o magistrado compelisse o destinatário a cumprir o preceito específico estatuído na sentença, na *obrigação genérica* o procedimento passou a ser mais acelerado, na medida em que houve o abandono de formalidades exigidas pelo modelo executivo clássico do processo dual.

1.2.3. Obrigações de fazer, não fazer e entrega de coisa

A) Considerações iniciais

Sob o argumento da intangibilidade da vontade humana, há muito não se permitia a execução específica de obrigações de *fazer e não fazer*, de modo que o descumprimento da obrigação importava, quando muito, na conversão da obrigação das perdas e danos.

Com o avanço da processualística, atrelado à ideia de efetividade do processo, surgiu a sistemática da tutela específica da obrigação, introduzida pela Lei nº

8.952/94 e posteriormente estendida às obrigações de entrega de coisa, por intermédio da Lei nº 10.444/02.

O CPC de 2015 também utilizou-se da técnica da **tutela específica** ou do **resultado prático equivalente**.

Pela primeira, entende-se a maior coincidência possível entre o resultado da atividade judicial e o da obrigação, acaso a mesma tivesse sido espontaneamente cumprida. O resultado prático equivalente, por sua vez, consiste em uma forma diferente de obter a mesma tutela, o mesmo bem da vida vislumbrado pelo autor, por meio de medidas que levem a tal resultado.

B) Natureza da obrigação e técnica executiva apropriada

Conforme afirmado alhures, o legislador, mediante as Leis nº 8.952/94, 10.444/02 e, agora com o CPC de 2015, procurou elevar as prerrogativas do julgador nas lides que versam *obrigações de fazer, não fazer* e *entrega de coisa*, de modo que são inúmeros os instrumentos colocados à sua disposição na perspectiva de cumprimento imediato do decisório emitido, sendo certo que a sentença que serviu de base às medidas de apoio acaba por assumir um caráter misto, ora assumindo feição *mandamental*, ora *executiva*.

Assim, para a efetivação da tutela pleiteada, poderá o magistrado determinar, de acordo com o artigo 536, parágrafo 1º, as medidas necessárias, a exemplo de: 1) **imposição de multa por atraso:** é a chamada "astreintes", aplicada nas obrigações de **entrega de coisa** (*ex: mora do Poder Público em entregar determinado medicamento ou concessionária em substituir automóvel, entregando um novo veículo*), **fazer** (ex: *realização de cirurgia por empresa de plano de saúde ou inclusão de determinada pessoa em academia militar*) ou **não fazer** (*ex: como na abstenção de jogar resíduos em rios, não produção de barulhos na vizinhança*); 2) **busca e apreensão,** como no caso de materiais produzidos ilegalmente, onde se determina, inclusive, a apreensão do maquinário responsável pela confecção; 3) **remoção de pessoas e coisas**, como ocorre com a determinação para que seja retirada uma grande placa publicitária de determinada instituição que se utiliza, indevidamente, da marca de outra empresa; 4) **desfazimento de obras,** a exemplo daquele que constrói muro acima de determinado limite de tolerância; 4) **impedimento de atividade nociva,** *a* exemplo de paralisação de atividade de fábrica que agride de maneira considerável o meio ambiente.

Conforme se observa, o objetivo é fornecer meios para que a sentença proferida alcance sua finalidade. *O objetivo é não apenas determinar que alguém cumpra com uma prestação, mas forçá-la, mediante as medidas de apoio, a cumprir especificamente com a obrigação a que ele se encontra atado* (do contrário, o ordenamento se conformaria com a conversão da obrigação em perdas e danos).

ATENÇÃO! O juiz poderá, de ofício ou a requerimento, modificar o valor ou a periodicidade da multa diária ou ainda excluí-la, caso verifique que se tornou insuficiente, excessiva, o obrigado demonstrou o cumprimento parcial da obrigação ou justa causa para o descumprimento (art. 537, § 1º CPC).

Nada impede que o executado apresente impugnação ao cumprimento de sentença como defesa nesta modalidade de execução.

1.2.4. Obrigações para pagamento de quantia certa

A) Considerações iniciais

Nas obrigações de fazer, não fazer e entrega de coisa, o magistrado exerce sua atividade com vistas à obtenção da tutela específica ou, ao menos, do resultado prático equivalente. A indenização por perdas e danos se dará, apenas, em último caso, quando o adimplemento for impossível ou o autor da demanda assim o requerer.

No que pertine às obrigações para pagamento de quantia certa, como se vê, a pecúnia já integra o objeto de tal obrigação.

Assim, o objetivo do legislador, com o procedimento descrito nos artigos 523 a 527, NCPC, é justamente fornecer meios para que o adimplemento desta espécie de obrigação se dê num lapso temporal mais breve possível, de modo a atender aos ditames da *razoável duração do processo* e *celeridade processual*.

B) Procedimento

Atentemos, assim, para a sistemática do procedimento para o cumprimento de sentença nas obrigações de tal natureza:

→ **requerimento do credor:** em atendimento ao princípio da inércia, o legislador previu a necessidade de requerimento por parte do credor (interessado na execução) para que o devedor venha cumprir com o preceituado na decisão.

Assim, no caso de condenação em quantia certa, ou já fixada em liquidação, e no caso de decisão sobre parcela incontroversa, o cumprimento definitivo da sentença far-se-á a requerimento do exequente, sendo o executado intimado para pagar o débito, no prazo de 15 (quinze) dias, acrescido de custas, se houver.

O requerimento em questão deverá estar **acompanhado de planilha** com demonstrativo do débito atualizado, elaborado pelo credor (art. 524, CPC). O juiz poderá valer-se de contabilista do juízo quando o credor for beneficiário da justiça gratuita ou se o magistrado considerar aparentemente excessivo o cálculo elaborado ou, ainda, se houver impugnação por parte do devedor. Neste caso, o contabilista terá o prazo de 30 (trinta) dias para a entrega dos cálculos, salvo se outro prazo tiver sido assinado pelo juízo.

Quando a elaboração do demonstrativo depender de **dados em poder de terceiros ou do executado**, o juiz poderá requisitá-los, sob cominação do crime de desobediência.

Quando a complementação do demonstrativo depender de dados adicionais em poder do executado, o juiz poderá, a requerimento do exequente, requisitá-los, fixando prazo de até 30 (trinta) dias para o cumprimento da diligência. Se os dados adicionais não forem apresentados pelo executado, sem justificativa, no prazo designado, reputar-se-ão corretos os cálculos apresentados pelo exequente apenas com base nos dados de que dispõe.

A peça de **requerimento ainda deverá conter**: I - o nome completo, o número de inscrição no Cadastro de Pessoas Físicas ou no Cadastro Nacional da Pessoa Jurídica do exequente e do executado; II - o índice de correção monetária adotado; III - os juros aplicados e as respectivas taxas; IV - o termo inicial e o termo final dos juros e da correção monetária utilizados; V - a periodicidade da capitalização dos juros, se for o caso; VI - especificação dos eventuais descontos obrigatórios realizados; VII - indicação dos bens passíveis de penhora, sempre que possível.

> **ATENÇÃO!** Há possibilidade do cumprimento de sentença ser realizado, mediante requerimento do credor, perante o juízo onde se encontram os bens sujeitos à expropriação ou pelo atual domicílio do devedor (art. 516, par. único, NCPC), tudo por amor à efetividade e ao princípio da razoável duração do processo.

→ **prazo para adimplemento voluntário:** o devedor terá o prazo de quinze dias para cumprir, espontaneamente, com a obrigação, sob pena de cumprir, forçadamente, com o acréscimo de 10% (dez por cento) a título de multa, além da incidência de honorários no percentual de 10%. Cabe salientar que o pagamento parcial do montante da condenação fará com que a multa e os honorários incidam apenas sobre o restante da dívida, em respeito ao princípio da proporcionalidade.

→ **expedição de mandado:** não realizado o pagamento, será expedido *mandado de penhora e avaliação*. Observa-se que há a **reunião de atos processuais** outrora cumpridos por sujeitos diversos - o oficial de justiça e o avaliador - e agora concentrados na função do oficial de justiça (por isso ele é chamado de "oficial de justiça-avaliador").

Apenas na hipótese deste **não possuir capacidade técnica** para realizar a diligência em questão (como no caso de avaliar uma obra de arte, por exemplo), o magistrado nomeará um avaliador para cumprir com tal determinação.

Destarte, verifica-se que a nova sistemática não mais prevê o denominado instrumento de "**mandado de citação e penhora**", mas, sim, o "**mandado de pe-**

nhora e avaliação", de modo que, agora, procura-se obter o imediato cumprimento da obrigação, sem a dependência de ato a ser praticado pelo devedor (como a nomeação de bens à penhora), tudo em cumprimento aos anseios da efetividade processual (princípio da razoável duração do processo).

→ **Impugnação ao cumprimento de sentença (art. 525, CPC)**: instrumento utilizado pelo devedor para insurgir-se contra o cumprimento do comando sentencial.

Transcorrido o prazo sem o pagamento voluntário, inicia-se o **prazo de 15 (quinze) dias** para que o executado, independentemente de penhora ou nova intimação, apresente, **nos próprios autos**, sua impugnação.

A impugnação poderá ter como **fundamento** a *ausência ou nulidade de citação*, se o processo correu à revelia; *Inexigibilidade do título* (considera-se, também, inexigível o título quando o mesmo estiver fundado em lei ou ato normativo declarado inconstitucional ou incompatível com a constituição pelo STF); *Penhora incorreta; avaliação errônea; ilegitimidade; excesso de execução* (ocorre quando o credor buscar o adimplemento da obrigação para além daquilo que o título permite, ou seja, em quantia superior àquela prevista no título); *Qualquer causa modificativa, impeditiva ou extintiva da obrigação, desde que superveniente à sentença* (ex: pagamento, novação, compensação, prescrição, etc.).

ATENÇÃO! Quanto aos *efeitos*, a impugnação **não terá o condão de suspender** o cumprimento de sentença (art. 525, § 6º, NCPC), tudo em atendimento à duração razoável do processo, **salvo** em apresentando **perigo de dano de difícil ou incerta reparação**, caso em que o magistrado poderá atribuir o efeito suspensivo à impugnação.

Em regra, a *decisão* que resolve a impugnação tem natureza interlocutória, atacável, portanto, mediante *agravo de instrumento*. Caso a mesma venha a extinguir a execução, de sentença se trata, sendo atacável mediante *apelação*.

1.2.5. Modelos relacionados ao cumprimento de sentença

MODELO DE REQUERIMENTO DE CUMPRIMENTO DE SENTENÇA

A elaboração da peça compreende os seguintes passos:

1º Passo: Endereçamento

O requerimento será dirigido ao juízo que processou a causa em primeiro grau de jurisdição (art. 516, II, CPC). Por exemplo:

EXCELENTÍSSIMO SENHOR JUIZ DA 1ª VARA CÍVEL DA COMARCA DE RECIFE/ PERNAMBUCO

2º Passo: Apresentação das partes

O requerimento conterá o nome completo, o número de inscrição no Cadastro de Pessoas Físicas ou no Cadastro Nacional da Pessoa Jurídica do exequente e do executado. Por exemplo:

FULANO DE TAL, CPF n. ...., já qualificado nos autos do processo em referência, movido em face de BELTRANO, CNPJ....., também qualificado, através do advogado que a esta subscreve, vem a presença de vossa Excelência, com fundamento nos artigos 523 e seguintes do CPC, requerer o **CUMPRIMENTO DE SENTENÇA**, nos seguintes termos:

3º Passo: Fundamentação de fato e de direito

O "corpo" do requerimento trará as seguintes informações: a) notícia do trânsito em julgado da decisão; b) pedido de intimação do devedor para efetuar o pagamento, sob pena da aplicação da multa do artigo 523, § 1º, NCPC; c) Planilha, com a discriminação atualizada do crédito; d) indicação de bens; e) índice de correção monetária e juros aplicados. Vejamos:

1. A decisão que condenou o réu ao pagamento de ressarcimento por danos materiais na quantia de R$... transitou em julgado no dia....;

2. O valor atual da dívida é de R$...., haja vista a aplicação de juros de ...%, bem como do índice de correção monetária ...., com termo inicial em... e final em...., consoante aponta a planilha acostada em anexo;

3. Sendo assim, vem o exequente requerer providências deste juízo no sentido de intimar o devedor para que efetue o pagamento no prazo de quinze dias, sob pena do montante da obrigação ser acrescido de multa no percentual de 10%, nos termos do artigo 523, § 1º do NCPC;

4. Com o objetivo de acelerar a execução, o exequente indica à penhora, desde já, o seguinte bem: (descrever o bem).

4º Passo: Encerramento

Pede-se o deferimento daquilo que fora postulado, seguindo-se do local, data e advogado. Por exemplo:

Termos em que pede deferimento.

Local, data,

Advogado

OAB...

MODELO DE IMPUGNAÇÃO AO CUMPRIMENTO DE SENTENÇA

A elaboração da peça compreende os seguintes passos:

1º Passo: Endereçamento

A impugnação será dirigida ao juízo que processa o cumprimento de sentença (art. 516, II, CPC). Por exemplo:

> EXCELENTÍSSIMO SENHOR JUIZ DA 1ª VARA CÍVEL DA COMARCA DE RECIFE/ PERNAMBUCO

2º Passo: Apresentação das partes

Aqui as partes são comumente chamadas de "impugnante" (aquele que apresenta a impugnação) e "impugnado" (aquele contra o qual a impugnação é apresentada). A apresentação das partes dispensará a qualificação, pois as mesmas já estão devidamente qualificadas no processo. Como é necessário, na maioria das vezes, requerer o efeito suspensivo à impugnação, citamos, além do artigo 525, caput, o seu § 6º. Por exemplo:

> FULANO DE TAL, já qualificado nos autos do processo em referência, em que lhe move BELTRANO, também qualificado, através do advogado que a esta subscreve, vem a presença de vossa Excelência, com fundamento nos artigos 525, caput e § 6º do CPC, apresentar **IMPUGNAÇÃO AO CUMPRIMENTO DE SENTENÇA**, nos seguintes termos:

3º Passo: Menção ao prazo

A peça sujeita a prazo necessita ser iniciada com a menção de obediência ao mesmo. No caso da impugnação, o prazo será de 15 (quinze) dias, contados a partir do final do transcurso do prazo para pagamento voluntário (art. 525, caput, CPC). Por exemplo:

> *DA TEMPESTIVIDADE*
>
> O presente instrumento jurídico está sendo utilizado dentro do prazo legal, a saber, 15 dias, contados após o transcurso do prazo para pagamento voluntário (art. 525, caput, CPC).
>
> É que, tendo sido expirado o prazo para pagamento no dia..... e apresentada a impugnação nesta data, a mesma mostra-se tempestiva.

4º Passo: Fundamentação

A impugnação ao cumprimento de sentença necessita de fundamentação, de fato e de direito.

Na fundamentação **de fato**, o texto da peça estará apoiado numa das situações factuais arroladas no artigo 525, § 1º, NCPC (*falta ou nulidade de citação se, na fase de conhecimento, o processo correu à revelia, excesso de execução, penhora incorreta, etc.*). Por exemplo:

A) FATOS:

1. A impugnada moveu ação de cobrança em face do impugnante, sendo o pedido julgado procedente, logo após a decretação da revelia, consoante atesta sentença de fls. xx;

2. A decisão que condenou o Impugnante ao pagamento de quantia certa transitou em julgado no dia .... e, feito o requerimento de cumprimento de sentença, este juízo determinou a expedição de mandado de penhora e avaliação;

3. Ocorre, V. Exa., que, em momento algum, o impugnante tomou conhecimento da ação que lhe fora movida. É que não há qualquer prova, nos autos, de sua citação.

Por outro lado, na fundamentação **de direito,** a peça trará um parágrafo para tratar da fundamentação jurídica que justifica a apresentação da impugnação. Vejamos:

B) DIREITO:

4. O ordenamento jurídico pátrio consubstancia regra segundo a qual, para a validade do processo, é indispensável a citação do réu (art. 239, CPC). Significa que a ausência de citação é fator que compromete toda a atividade processual cognitiva.

5. Sendo assim, é forçoso reconhecer a nulidade processual, com a consequente extinção do presente cumprimento de sentença e retorno do feito à fase de conhecimento.

5º Passo: Pedido de efeito suspensivo

Em regra, a impugnação não possui efeito suspensivo. Mas o legislador autoriza o pedido de suspensão, acaso a continuidade da execução possa causar dano irreparável ou difícil reparação ao executado. Para tanto, é preciso valer-se do artigo 525, § 6º do CPC, o qual lhe auxiliará na redação da peça. Por exemplo:

C) DO EFEITO SUSPENSIVO

8. O Código de Processo Civil, em seu artigo 525, § 6º, indica que o Juiz poderá conceder efeito suspensivo à Impugnação, desde que relevantes seus fundamentos e o prosseguimento da execução seja manifestamente suscetível de causar ao executado grave dano de difícil ou incerta reparação.

9. Ora, douto julgador, a continuidade da presente execução poderá acarretar graves prejuízos ao impugnante, na medida em que o mesmo correrá o risco de privar-se de seus bens, quando da realização de atos expropriatórios, sem, sequer, ter havido citação nos presentes autos.

10. Sendo assim, é imperiosa a concessão de efeito suspensivo à presente impugnação.

6º Passo: Requerimentos

Nos requerimentos (que também podem receber o nome de "pedidos"), o impugnante pedirá: a) concessão do efeito suspensivo; b) o acolhimento da impugnação para que o juiz determine o que fora pedido (*extinção do processo, liberação de bens penhorados indevidamente, diminuição do valor em execução, etc.*); c) condenação nas custas processuais e nos honorários advocatícios. Por exemplo:

D) REQUERIMENTOS

Diante de todo o exposto, requer:

a) A concessão de efeito suspensivo à impugnação, sendo a mesma processada nos próprios autos;

b) Seja a mesma, ao final, julgada procedente, com a consequente extinção da presente execução, por ser medida de pura justiça;

c) a condenação do exequente nas custas processuais e honorários advocatícios.

7º Passo: Encerramento

Pede-se o deferimento daquilo que fora postulado, seguindo-se do local, data e advogado. Por exemplo:

Termos em que pede deferimento.

Local, data,

Advogado

OAB...

CAPÍTULO III

Procedimentos Especiais

1. PROCEDIMENTOS ESPECIAIS

Sabe-se que a jurisdição se vale do processo como instrumento para o cumprimento de seu mister, que é *dizer o direito* (*juris dictio*).

O **processo**, assim, pode ser definido como *o instrumento utilizado pela jurisdição para a resolução dos conflitos de interesses.*

O **procedimento**, por sua vez, *é a forma pela qual o processo se exterioriza (modo de ser do processo)*. Em outros termos, é o caminho percorrido, o encadeamento de atos que se ligam e sucedem temporalmente uns aos outros, com vistas a um resultado, que é fazer justiça entre as partes.

O processo se distingue do procedimento, na medida em que este último indica o aspecto puramente formal e exterior do fenômeno processual, ao passo que a noção de processo é essencialmente finalística (resolver conflitos).

Assim, o processo é o instrumento pelo qual se exerce a jurisdição; o procedimento representa o meio extrínseco pelo qual ele se opera.

O **procedimento** pode ser **comum** ou **especial**.

O procedimento *comum* fora devidamente analisado nesta obra.

Já os procedimentos *especiais* estão previstos tanto no CPC (*parte especial, livro I, no título III*) quanto em leis extravagantes (*mandado de segurança, juizados especiais, etc.*), os quais serão objeto de análise a seguir.

1.1. Procedimentos especiais previstos no CPC

Três são os procedimentos previstos no novo Código de Processo Civil (CPC/15) de maior importância: Ação de consignação em pagamento (arts. 539 a 549), Embargos de terceiro (arts. 674 a 681) e Ação Monitória (arts. 700 a 703).

1.1.1. Ação de consignação em pagamento

Em uma dada relação jurídica obrigacional, sendo atingida a data do vencimento para a entrega de coisa ou para o pagamento de quantia, é comum contemplarmos o recebimento do objeto ou quantia em questão e, por conseguinte, a quitação regular (emissão de recibo, por ex.), de forma a liberar o devedor da, agora, extinta obrigação.

Ocorre que determinadas circunstâncias acidentais (*divergência quanto ao valor, dúvida quem se deva pagar, negativa de entrega de recibo, etc.*) podem fazer com que surja a necessidade de se proceder com a medida de consignação, judicial ou extrajudicial, como forma de desonerar aquele que deve e não está podendo exercer o seu direito de se desvincular da obrigação a qual está atado.

Vê-se, portanto, que existe um conflito de interesses, a ser solucionado mediante instrumentos legais (judiciais ou extrajudiciais) de pacificação social.

Definição

A consignação é o procedimento, judicial ou extrajudicial, para a obtenção pelo autor, de quitação de dívida naquelas hipóteses em que o credor se nega a receber a coisa ou o dinheiro, ou ainda quando o devedor não sabe a quem pagar. Com a quitação, o autor busca evitar a mora e os seus efeitos.

Espécies de Consignação

Extrajudicial: com o escopo de garantir a pacificação social e, ao mesmo tempo, evitar assoberbar ainda mais o judiciário, o legislador previu a consignação extrajudicial como forma alternativa de solução de conflitos. O procedimento consiste no depósito de quantia em instituição bancária oficial, em conta com correção monetária, com a posterior notificação do credor, mediante aviso de recebimento, para que o mesmo tome ciência e se manifeste, no prazo de 10 (dez) dias, acerca do depósito efetuado.

Embora haja divergência, temos que é indicado seja a correspondência emitida pelo representante do estabelecimento bancário, haja vista a maior segurança que o ato proporciona.

Feita a notificação, o credor poderá tomar as seguintes atitudes:

comparecer perante o estabelecimento e levantar o depósito efetuado (aceitação expressa), com a consequente liberação do devedor da obrigação;

deixar escoar o prazo de manifestação de recusa (aceitação tácita), com a consequente liberação do devedor;

efetuar o levantamento com ressalvas, dizendo não se tratar de depósito integral, dando cabimento ao ingresso de ação judicial para a cobrança da diferença que entenda ser devida;

manifestar a recusa por escrito, endereçada ao estabelecimento bancário, no prazo de 10 (dez) dias, importando a ineficácia do depósito, não liberando o devedor da obrigação.

Judicial: no insucesso da tentativa extrajudicial, restará ao devedor ou ao terceiro interessado ingressar com demanda judicial dentro de um mês, na qual colacionará os documentos indispensáveis (prova do depósito e cópia da correspondência com a recusa).

Não propondo a consignatória dentro do referido prazo, será necessário que o autor, logo após autorização judicial, providencie novo depósito, haja vista que aquele tornou sem efeito.

Ação Judicial

A consignação é ação de cognição, de rito especial, para a obtenção pelo autor, de quitação de dívida naquelas hipóteses em que o credor se nega a receber a coisa ou o dinheiro, ou ainda quando o devedor não sabe a quem pagar.

Relativamente à natureza da pretensão por ela veiculada, há controvérsia na doutrina, sendo majoritária, no entanto, a posição que afirma se tratar de pretensão do tipo declaratória.

Como ação especial, tem a mesma um rito legal próprio, previsto nos artigos 540 a 549, CPC/15, com especificidades em relação ao procedimento comumente conhecido, senão vejamos:

Competência: deve o procedimento judicial ser instaurado no lugar do pagamento, geralmente expresso no documento obrigacional, podendo, por conseguinte, ser intentada no domicílio do devedor ou do credor, a depender de ser a mesma quesível ou portável, respectivamente. A regra, como sabido é que a mesma se trate de dívida a ser paga no domicílio do devedor.

Legitimidade: a legitimidade constitui condição da ação, de forma que o seu regular exercício apenas de dará quando atendido o requisito em questão.

É parte **ativa** da ação o devedor e o terceiro interessado (fiador, devedor solidário, sócio, etc.), existindo quem diga (Misael Montenegro, com fundamento no par. único do artigo 304, CC) que se incluiria o terceiro desinteressado, o qual apenas não poderia se sub-rogar nos direitos do credor.

Outrossim, é parte **passiva** o credor. Podemos também afirmar que pode ser sujeito passivo da ação uma outra pessoa que represente o devedor (ex: administradora de imóveis).

Petição inicial: além dos requisitos genéricos do artigo 319, CPC, a peça inicial deverá obedecer algumas particularidades deste procedimento.

PARTE ESPECIAL

Em primeiro lugar, acaso se trate de ação posterior à tentativa de consignação extrajudicial, deverá a mesma conter cópia do comprovante de depósito bem como da correspondência demonstradora da recusa.

Ademais, deverá a mesma conter os seguintes requisitos especiais:

requerimento do depósito da quantia ou da coisa devida, a ser efetivado no prazo de 5 (cinco) dias contados do deferimento, ressalvada a hipótese de ter sido feito o prévio depósito extrajudicial.

a citação do réu para levantar o depósito ou oferecer resposta: a peculiaridade da ação tem por efeito que o requerimento da citação do réu seja feito em se considerando a postura que ele pode adotar em relação ao pedido formulado. O réu na ação de consignação pode levantar a quantia ou coisa oferecida, o que equivale ao reconhecimento da procedência do pedido, ou pode contestar o pedido.

Intimação para o depósito: recebida a inicial, não sendo caso de indeferimento, o autor será intimado para providenciar, *no prazo de 5 (cinco) dias*, o depósito da quantia ou coisa devida. O depósito, aqui, consiste em condição de procedibilidade, de modo que o processo será extinto sem resolução de mérito, acaso não seja ultimado.

Citação do consignado: a citação do consignado será feita pelo correio, a menos que o autor requeira a citação por Oficial de Justiça ou que seja a hipótese de que a citação seja necessariamente por edital.

Contestação do réu: as regras que regem a defesa na ação de consignação em pagamento não tratam a matéria de forma completa. A defesa será apresentada no prazo de 15 (quinze) dias. Na contestação, o réu pode alegar todas as matérias de defesa contra o processo (preliminares) e, no mérito, ele pode alegar quaisquer das matérias do artigo 544, CPC/15 (I- que não houve recusa ou mora em receber a quantia ou coisa devida; II- que a recusa foi justa; III- o depósito não se efetuou no prazo ou no lugar do pagamento; IV - o depósito não é integral).

Se o réu alegar que o depósito não fora integral, a lei permite ao autor efetuar a complementação do depósito inicial, no prazo de dez dias. Essa complementação não será possível, entretanto, se o não cumprimento integral da obrigação for previsto contratualmente como causa da rescisão do contrato que gerou a obrigação de pagar.

Levantamento da quantia depositada sem prejuízo da defesa: com a alteração promovida pela Lei nº 8.951/94, o réu na ação de consignação passou a poder levantar o depósito feito pelo autor sem prejuízo de sua defesa. Antes da lei, o réu só poderia levantar o depósito ao final, o que acabava permitindo que a ação de consignação fosse utilizada como uma ameaça ao credor, em especial em questões de locação. O CPC de 2015 manteve a sistemática, de modo que o credor pode levantar, de imediato, o depósito da parcela incontroversa (art. 545, § 1º).

Instrução: na consignação temos, via de regra, a desnecessidade de audiência de instrução porque, na maioria dos casos, a matéria veiculada é de direito ou, sendo de direito e de fato, os fatos são comprovados por documentos. Havendo necessidade de prova em audiência, far-se-á como de costume, ou seja, é possível a produção de todas as provas que o direito admite.

Extinção da obrigação e a continuidade do processo: quando a Ação de consignação tiver por fundamento dúvida sobre quem deva receber, comparecendo ao processo mais de um interessado, o juiz resolverá a consignação, dizendo de sua procedência ou não, e o processo passará a correr segundo o rito ordinário para que o juiz decida quanto a quem deva ficar com o depósito.

Julgamento da causa: a doutrina diverge quanto à natureza da sentença na Ação de consignação em pagamento. A corrente majoritária é no sentido de que ela possui natureza declaratória. A parcela restante da doutrina opina que ela tem natureza constitutiva.

O artigo § 2º, CPC/15 revela, todavia, uma peculiaridade. Ele permite ao juiz proferir uma sentença de conteúdo condenatório em favor do réu, em uma alteração substancial do papel das partes no processo. Diz o mencionado artigo que *a sentença que concluir pela insuficiência do depósito determinará, sempre que possível, o montante devido e valerá como título executivo, facultado ao credor promover-lhe o cumprimento nos mesmos autos, após liquidação, se necessária.*

Recurso: O recurso contra a sentença na ACP é a apelação. A apelação será recebida em ambos os efeitos.

Consignação de prestações periódicas

As prestações periódicas são aquelas decorrentes, principalmente, dos contratos de trato sucessivo, ou seja, aqueles cujas principais obrigações se renovam periodicamente. Uma vez consignada uma parcela, as demais que forem se vencendo poderão ser depositadas pelo devedor até 5 (cinco) dias depois da data do respectivo vencimento (art. 541, CPC/15). Esse depósito é sem maiores formalidades e o prazo previsto para ele é em razão da possibilidade de obtenção de quitação junto ao credor no prazo do pagamento.

MODELO DA AÇÃO DE CONSIGNAÇÃO EM PAGAMENTO

A) Conceito: A consignação é o procedimento, judicial ou extrajudicial, para a obtenção pelo autor, de quitação de dívida naquelas hipóteses em que o credor se nega a receber a coisa ou o dinheiro, ou ainda quando o devedor não sabe a quem pagar. Com a quitação, o autor busca evitar a mora e os seus efeitos.

B) Fundamentos: Arts. 539 e 319 do CPC.

A elaboração da peça compreende os seguintes passos:

1º passo: endereçamento

Excelentíssimo Senhor Doutor Juiz de Direito da ... Vara Cível da Comarca de Salvador – Bahia. (Confira a localidade no enunciado da peça).

2º passo: qualificação das partes

RENATO BATALHA, estado civil..., profissão..., inscrito no cadastro de pessoas físicas sob o nº..., com o endereço eletrônico..., vem, perante Vossa Excelência, por seu advogado abaixo assinado (e-mail e endereço), ajuizar **AÇÃO DE CONSIGNAÇÃO EM PAGAMENTO COM PEDIDO DE ANTECIPAÇÃO DOS EFEITOS DA TUTELA JURISDICIONAL** em face de **LUCIANO FIGUEIREDO**, estado civil..., profissão..., inscrito no cadastro de pessoas físicas sob o nº..., com o endereço eletrônico..., vem, perante Vossa Excelência, por seu advogado abaixo assinado (e-mail e endereço) expondo e requerendo o seguinte:

3º passo: fatos

O autor celebrou com o réu contrato verbal de empreitada ficando ajustado o preço de R$ 1.000,00 (mil reais) a título de contraprestação por tal serviço e definido o foro da comarca de Salvador para dirimir eventuais conflitos a respeito do aludido negócio jurídico.

Ficou pactuado, ainda, que o autor pagaria ao réu em 30 dias após a conclusão da empreitada. Contudo, o autor ficou desempregado de modo que decorrido o prazo convencionado não realizou o pagamento.

Diante do não pagamento, o réu incluiu o nome do autor nos cadastros de inadimplentes dos órgãos de proteção ao crédito.

Atualmente, o autor conseguiu novo emprego e se encontra regularmente empregado. Desta maneira, o autor procurou o réu para lhe pagar e obter quitação, oportunidade em que foi surpreendido com a notícia de que o réu havia se mudado.

O autor desconhece o novo domicílio do réu, não sabendo qual é o atual paradeiro. Desejoso de saldar a dívida e restabelecer seu crédito perante as instituições financeiras necessita o autor de tutela jurisdicional não apenas para realizar o pagamento e, desta maneira, obter a quitação, liberando-se em termos obrigacionais, como também para cancelar a negativação nos órgãos de proteção ao crédito.

4º passo: fundamentos

Os arts. 304 do CC e 539 do CPC reconhecem ao autor, na qualidade de devedor, o direito de pagar a dívida e extinguir a obrigação, inclusive por meios coercitivos.

A consignação é considerada pagamento e extingue a obrigação, como prescreve o art. 334 do CC, sendo cabível também para o caso de o credor residir em lugar incerto, a teor do inciso III do art. 335 do CC.

Desta maneira, concorrem no caso concreto todos os requisitos para a consignação em pagamento, notadamente no que diz respeito às pessoas, ao objeto, ao modo e ao tempo do pagamento, conforma determina o art. 336 do CC, sendo visível o cabimento do pagamento em consignação.

Autorizado pela legislação, requererá o autor o depósito da quantia de R$ 1.000,00 (mil reais), devidamente corrigido e atualizado, a ser efetivado no prazo de cinco dias contados do deferimento desta medida, conforme art. 542, I do CPC, eximindo-se a partir deste instante dos juros e dos riscos com a coisa, de acordo com o art. 540, última parte, do CPC, rogando seja citado o réu para levantar o referido crédito, julgando-se procedente o pedido, como prescreve o inciso II do mesmo art. 542 do CPC.

Com estas providências e após regular tramitação, Vossa Excelência deverá julgar procedente os pedidos formulados na petição inicial, declarando extinta a obrigação e condenando o réu no pagamento de custas e honorários advocatícios, como reza o art. 546 do CPC.

Mas, além disto, o autor também necessitará de tutela jurisdicional que determine o cancelamento de seu nome dos órgãos de proteção ao crédito. Com efeito, se é certo dizer que o autor até o presente momento não havia realizado o pagamento da dívida, certo também será admitir que com a quitação não mais se justifica em hipótese alguma a negativação do nome deste, sob pena de lesão à sua imagem e boa fama, protegidos pelo art. 20 do CC.

Isto posto, o autor cumula pedido de cancelamento do seu nome dos órgãos de proteção ao crédito eis que está autorizado a fazer cessar qualquer lesão a seu direito de personalidade, na forma do art. 12 do CC.

Ressalta-se que o art. 327 do CPC autoriza a cumulação de pedidos em um único processo, contra o mesmo réu, ainda que entre eles não haja conexão, desde que tais pleitos sejam compatíveis entre si, sendo o juízo competente para conhecer de ambos e, finalmente, seja adequado o procedimento que, no caso, poderá ser o comum, como permitido pelo referido dispositivo de lei.

DO PEDIDO DE ANTECIPAÇÃO DOS EFEITOS DA TUTELA JURISDICIONAL DE URGÊNCIA.

A tutela de urgência deve ser concedida quando houver elementos que evidenciem a probabilidade do direito e o perigo de dano, ou ainda o risco ao resultado útil do processo, como afirma o art. 300 do CPC.

É o caso dos autos. O autor está providenciando o depósito da quantia devida de maneira que não mais se justifica a sua negativação nos órgãos de proteção ao crédito, surgindo a partir deste instante dano injusto a sua imagem atributo e boa-fama (CC, art. 20).

Isto posto, o autor requer tutela de urgência que liminarmente determine o cancelamento da negativação do seu nome dos órgãos de proteção ao crédito

5º passo: pedidos

Nessa toada, o autor requer seja designada audiência de conciliação com antecedência mínima de 30 dias, devendo ser citado o réu com pelo menos 20 dias de antecedência para tanto, nos termos do art. 334 do CPC, advertindo a parte contrária que o não comparecimento da mesma será considerado ato atentatório à dignidade da Justiça sancionado com multa de até dois por cento da vantagem econômica pretendida, ou do valor da causa, revertida em favor da União ou do Estado.

Concluída a audiência e não havendo acordo, requer seja aberto prazo de 15 dias úteis para o réu oferecer contestação aos pedidos de consignação em pagamento, de cancelamento da negativação, e os demais abaixo listados, sob pena de sofrer os efeitos da revelia, tramitando-se o feito com regular instrução, quando então Vossa Excelência deverá julgar procedente todos os pedidos vestibulares formulados, especialmente para:

1. Confirmar os efeitos da tutela jurisdicional de cancelamento do nome do autor dos órgãos de proteção ao crédito.

2. Autorizar o depósito judicial da quantia de mil reais, acrescida de juros e correção monetária em favor do réu.

3. Reconhecer realizado o pagamento e quitada a obrigação, liberando o autor do vínculo obrigacional e da dívida até então existente.

4. Condenar o réu no pagamento das despesas processuais e dos honorários advocatícios arbitrados em vinte por cento do valor da causa.

6º passo: indicação dos meios de prova

O autor pretende provar todos os fatos acima alegados por meio da apresentação de documentos, depoimento pessoal do réu e oitiva de testemunhas.

7º passo: valor da causa

Dá-se à causa o valor de R$: 1.000,00 (mil) reais.

8º passo: encerramento

Nestes termos,

Pede deferimento.

Local, data e ano.

Advogado...

OAB...

1.1.2. Embargos de terceiro

A responsabilidade patrimonial reside na premissa ou possibilidade do estado, exercendo o seu poder de império, retirar do patrimônio do devedor tantos bens quantos bastem para o cumprimento da obrigação a qual o mesmo se encontra vinculado.

Para tanto, vale-se a jurisdição do processo de execução, que tem a função de tornar efetiva a vontade da lei ou do título executivo, e a qual atua submetendo o patrimônio do devedor aos atos de *constrição* (penhora, arresto, etc.,) e de *expropriação*, tudo com vistas a satisfação do credor, seja pela obtenção do próprio bem da vida, seja pela técnica da conversão do bem em equivalente pecuniário.

É mister salientar que, com o objetivo acima exposto, poderão vir a ser objeto de constrição não apenas bem do devedor, mas também aqueles que se encontram em poder de terceiros estranhos à execução, mas que a ela fiquem sujeitos, pelos seguintes motivos: a) seja porque são *bens adquiridos com evidente intuito de fraudar execução*; b) seja porque está ele (o terceiro), em virtude de lei ou contrato, na qualidade de *corresponsável pelo adimplemento da dívida (ex: fiador)*; ou, finalmente, c) porque os possui na *qualidade de mero possuidor* (comodatário, locatário, depositário, etc.).

Ocorre que pode suceder, entretanto, de um terceiro, completamente despido de responsabilidade, vir a ser afetado pela constrição judicial de um bem ou direito seu. Para tanto, o ordenamento jurídico, na perspectiva de salvaguardar aqueles bens, previu o instituto dos Embargos de terceiro como remédio jurídico apto a sanar a ilegítima constrição perpetrada.

Definição

É a ação incidental, de rito especial, destinada a excluir bens de terceiro que foram ilegitimamente alvos de constrição judicial.

Finalidade e fundamento

A ação judicial em questão tem a **finalidade**, conforme dito, de liberar bens daquele que não é parte em dado processo judicial, além de não possuir a qualidade de codevedor. O ato prejudicial em questão deve ter sido praticado pelo Poder Judiciário. Assim, acaso a posse venha a ser ofendida por ato de particular, o remédio jurídico adequado passa a ser a ação possessória e não o que ora tratamos.

O seu **fundamento** de seu manejo pode ser vislumbrado na premissa de que a sentença só pode surtir efeitos em relação às partes do processo (limites subjetivos da coisa julgada- artigo 506, CPC/15), não podendo atingir terceiros, que não integraram a relação jurídico-processual, sob pena de ferir os princípios do contraditório e da ampla defesa.

Legitimidade

Parte legítima para figurar como autor da ação é o **terceiro**, sendo entendido, por exclusão, como aquele que não ocupa um dos polos da relação jurídica processual.

Frise-se que a legislação equipara a terceiro a pessoa que, **não obstante ostente a qualidade de parte, venha a defender bens que não poderiam ter sido atingidos pela constrição judicial.** Seja em virtude do ***título* em que o possua** (*ex: bem que já pertencia ao patrimônio do herdeiro que passou a ser sucessor no polo passivo de um processo de execução não estará sujeito à execução*), seja pela ***qualidade* em que o possua** (*ex: um locatário, por não ser dono, não poderá ver penhorado o imóvel em que o mesmo está morando de aluguel*).

Legitimado passivo é aquele que figura como *credor* no processo principal (autor/exequente/requerente), justificando-se pelo fato de que a constrição só foi realizada em virtude de provocação inicial do demandante, já que fora este que propunha a ação;

Nada obsta, entretanto, que venha o devedor figurar como réu, juntamente com o demandante, acaso tenha sido ele o indicador do bem objeto da constrição (art. Art. 677, § 4º, CPC/15). Neste caso estaríamos diante de um *litisconsórcio passivo necessário*, haja vista que a desconstituição da constrição poderia acarretar prejuízos ao exequente, bem assim para o réu-executado, já que estaria este último sujeito a sofrer nova constrição. Ressalte-se, entretanto, que, a teor da **Súmula 303 do STJ**, a condenação nas custas processuais e honorários advocatícios ficará a cargo da parte que deu causa à ilegítima constrição (indicou o bem).

Prazo para a propositura da ação

Tratando-se de **processo de conhecimento,** a propositura se dará a qualquer momento, desde que antes do trânsito em julgado da decisão.

No caso de **processo de execução**, a propositura dar-se-á até 5 (cinco) dias após a *arrematação, adjudicação* ou *alienação por iniciativa particular*, desde que antes da assinatura da respectiva carta (art. 675, CPC/15).

Vale salientar que, em virtude do terceiro não poder ser atingido pelos efeitos da coisa julgada, o transcorrer do prazo em questão não o impede de, pelas vias ordinárias, reivindicar o bem que fora objeto da constrição. O vencimento do prazo é meramente preclusivo no sentido de o impedir de manejar os embargos para a defesa imediata da posse.

Procedimento

Os embargos são uma ação especial autônoma, a qual dá origem a um processo incidente, distribuído por dependência, ficando os mesmos apensos aos autos ditos principais. O procedimento segue às seguintes regras:

Competência: é competente o mesmo juízo que ordenou a apreensão do bem, mediante a expedição do mandado de constrição. Assim, embora realizado o ato de constrição por intermédio do juízo deprecado, este apenas será competente se tiver ordenado o ato em questão (art. 676, CPC).

Petição Inicial: deverá obedecer aos requisitos gerais do artigo 319 combinados com os específicos do artigo 677 do CPC, os quais exigem: a) **prova** sumária **da posse**; b) **prova da constrição,** c) **qualidade de terceiro**; d) **documentos** e **rol de testemunhas.**

Da Liminar: julgando suficientemente provada a posse, o juiz deferirá liminarmente os embargos e ordenará a expedição de mandado de *manutenção* ou de *restituição* em favor do embargante, que só receberá os bens depois de *prestar caução* de os devolver com seus rendimentos, caso sejam afinal declarados improcedentes, ressalvada a impossibilidade da parte economicamente hipossuficiente.

Da audiência preliminar: faculta-se ao magistrado determinar a realização de audiência preliminar quando o autor não tiver provado suficientemente, por meio de documentos, a sua posse. Seria, em outros termos, audiência que se assemelha à justificação prévia das possessórias.

Contestação: será apresentada no prazo de 15 (quinze) dias.

A conversão ao rito comum: apresentada a defesa, haverá a conversão do rito especial para o rito comum. Destarte, deverá o magistrado determinar a intimação do autor para apresentar a réplica, seguindo-se a fase de saneamento e *audiência de instrução e julgamento.* Logo após, proferirá a sentença. Se procedente, determinará a expedição de mandado de manutenção ou de restituição; acaso tais medidas já tiverem sido tomadas no limiar do processo, o magistrado determinará a liberação da caução anteriormente prestada pelo autor.

Condenação em custas e honorários advocatícios: deverá ser condenado aquele que deu causa à constrição indevida e, por consequência, causou o tumulto processual. Inclusive há o entendimento neste sentido, expresso mediante a Súmula 303, do STJ: "Em Embargos de terceiro, quem deu causa à constrição indevida deve arcar com os honorários advocatícios".

MODELO DA AÇÃO DE EMBARGOS DE TERCEIRO

A) Definição: Ação civil, de rito especial, que visa desconstituir ilegítima constrição (*penhora, arresto, sequestro, etc.*.) feita sobre bem de terceiro.

B) Fundamentação legal: arts. 674 e seguintes do CPC.

A elaboração da peça compreende os seguintes passos:

1º Passo: Endereçamento

Os Embargos de terceiro serão distribuídos por dependência perante o juízo que determinou a constrição. Por exemplo:

EXCELENTÍSSIMO SENHOR JUIZ DA 1ª VARA CÍVEL DA COMARCA DE RECIFE/ PERNAMBUCO

Distribuição por dependência ao proc. nº xxxxxxxxx

2º Passo: Qualificação das partes

Aqui, como em toda petição inicial, as partes necessitam ser qualificadas (nome, estado civil, profissão, CPF ou CNPJ, endereço eletrônico e endereço) nos termos do artigo 319 do CPC, haja vista que os embargos têm natureza jurídica de "ação".

As partes são comumente chamadas de "embargante" (aquele que apresenta os embargos) e "embargado" (aquele contra o qual os embargos são apresentados), ou "requerente" e "requerido".

Será legitimado passivo o sujeito a quem o ato de constrição aproveita, assim como o será seu adversário no processo principal quando for sua a indicação do bem para a constrição judicial (art. 677, § 4º, NCPC). Vejamos:

FULANO DE TAL, (Estado Civil), (Profissão), (endereço eletrônico), inscrito no CPF sob o nº ..., residente e domiciliado na..., através do advogado que a esta subscreve, constituído nos termos da procuração em anexo, vem a presença de vossa Excelência, com fundamento nos artigos 674 e seguintes do CPC, propor a presente **AÇÃO DE EMBARGOS DE TERCEIRO**, em face de **BELTRANO**, (Estado Civil), (Profissão), (endereço eletrônico), inscrito no CPF sob o nº ..., residente e domiciliado na..., de acordo com os fatos e fundamentos que a seguir passa expor:

3º Passo: Fundamentação

Na exposição dos **fatos**, é necessário que o embargante prove a sua posse e a qualidade de terceiro. Por exemplo:

A) FATOS:

1. O requerente é legítimo possuidor do imóvel ...., conforme atesta escritura em anexo (doc. ..).

2. A aquisição da posse é oriunda de contrato de promessa de compra e venda, celebrado em..... com o Sr. Marcelo da Silva, executado no processo de execução em tela (doc. ..);

3. Na data .....o requerente recebeu mandado de penhora e avaliação sobre o referido bem, expedido por este Juízo, nos autos da ação de execução movida pelo requerido em face do Sr. Marcelo da Silva;

4. Ocorre, vossa excelência, que o requerente não é parte no mencionado processo de execução, sendo importante anotar, conforme acima exposto, que a aquisição do imóvel ocorreu antes mesmo da mencionada ação ser proposta.

Outrossim, na exposição do **direito,** a peça trará um parágrafo para tratar da fundamentação jurídica, relativamente ao cabimento da demanda. Vejamos:

B) DIREITO:

5. O Código de Processo Civil, em seu artigo 674, consubstancia a regra segundo a qual, quem, não sendo parte no processo, sofrer ato de constrição judicial sobre seus bens, possa requerer sejam mantido ou restituído por meio de embargos.

6. Ressalte-se que o requerente é proprietário e possuidor do imóvel desde......, ocasião em que inexistia qualquer demanda judicial em face do executado, não havendo que se falar, portanto, em fraude à execução;

7. A jurisprudência do Superior Tribunal de Justiça, inclusive, já pacificou entendimento neste sentido ao editar a súmula 375, nos seguintes termos: "O reconhecimento da fraude à execução depende do registro da penhora do bem alienado ou da prova de má-fé do terceiro adquirente";

8. Sendo assim, é forçoso reconhecer que o ato judicial que determinou a constrição do bem fora ilegítimo e, portanto, sujeito a cancelamento, por ser medida de justiça.

4º Passo: Pedido de liminar

A ação em questão admite pedido de liminar, no sentido de que o magistrado determine a manutenção ou restituição da posse dos bens que foram atingidos. Para tanto, será necessário valer-se do artigo 678 do CPC, o qual lhe auxiliará na redação da peça. Por exemplo:

C) DA LIMINAR

9. Considerando que o prosseguimento da execução possa causar ao embargante grave dano de difícil ou incerta reparação, é necessário que lhe seja concedida liminar de manutenção de posse, de acordo com o preceituado no artigo 678 do CPC.

5º Passo: Pedidos

Nos pedidos, é mister requerer: a) a distribuição por dependência; b) concessão de liminar; c) a citação do embargado para, querendo, contestar os embargos no prazo de 15 dias; c) a procedência do pedido contido na ação; d) condenação nas custas processuais e nos honorários advocatícios. Por exemplo:

D) DOS PEDIDOS

Diante de todo o exposto, requer:

a) Sejam os embargos distribuídos por dependência, nos termos do artigo 676, CPC;

b) A concessão de mandado LIMINAR de manutenção/restituição da posse do requerente sobre o bem atingido;

c) Seja o requerido citado para, querendo, apresentar contestação no prazo de 15 (quinze) dias, sob pena de serem reputados como verdadeiros os fatos aqui alegados;

d) Ao final, a procedência dos embargos, com a consequente liberação definitiva dos bens constritos e condenação do requerido nas custas processuais e honorários advocatícios.

6º Passo: Valor da causa

A toda causa deve ser atribuído um valor, o qual corresponderá ao benefício econômico pretendido pelo autor. No caso dos embargos de terceiro, o valor da causa corresponde ao valor do bem que se pretende liberar. Por exemplo:

Dá-se à causa o valor de R$ 50.000,00 (cinquenta mil reais).

7º Passo: Protesto pelas provas

Como os embargos têm natureza jurídica de ação, é mister que o embargante prove o alegado, para que os pedidos formulados na demanda sejam acolhidos. Por exemplo:

Protesta provar o alegado por todos os meios de provas em direito admitidos, seja pelo depoimento pessoal, documentos, testemunhas, perícias e tudo quanto se fizer necessário para a efetivação da justiça!

8º Passo: Rol de testemunhas

Requisito específico desse modelo de peça é o rol de testemunhas, exigido nos termos do artigo 677 do CPC. Por exemplo:

Apresenta o requerente o seguinte rol de testemunhas:

xxxxxx

xxxxxx

9º Passo: Encerramento

Pede-se o deferimento daquilo que fora postulado, seguindo-se do local, data e advogado. Por exemplo:

Termos em que pede deferimento.

Local, data,

Advogado...

OAB...

1.1.3. Ação monitória

Certamente que aquele que pretende ver satisfeita uma determinada obrigação deve se valer de um determinado documento que legitime a sua pretensão. Para tanto, no momento da constituição de uma dada relação jurídica obrigacional, a lei confere força executiva aos documentos que fizeram erigir ou, ao menos, serviram de força probante ao negócio jurídico realizado: são os conhecidos títulos executivos. Assim, de acordo com o artigo 784, CPC, temos o *contrato assinado por duas testemunhas, a duplicata com aceite na compra e venda de mercadorias, a nota promissória, etc.*

Ocorre que algumas obrigações, apesar de firmadas na realidade factual, acabam por perder certa força no mundo jurídico, justamente em virtude da ausência de **força executiva** do documento do qual dispunha o credor. Imaginemos uma carta na qual o devedor agradece o empréstimo contraído, prometendo pagar futuramente a quantia devida; ou um contrato sem assinatura de testemunhas; um cheque prescrito, uma fatura que comprova despesas com internação em hospital despesas durante a estadia em hotel, etc.

Em todas as situações acima estamos do seguinte quadro: existe um *credor*, um *devedor*, bem como um *documento* que, **embora não possua força executiva**, tem uma alta carga probatória, na medida em que, diante de uma simples leitura, chega-se à conclusão da existência do crédito nele consignado.

Não obstante a inexistência da força executiva do chamado "quase-título" (utiliza-se deste termo em virtude de faltar-lhe algum requisito que lhe torne exigível), o legislador, atento à realidade factual bem como com vistas a evitar o enriquecimento sem causa do beneficiário do negócio jurídico, previu, por meio da Lei nº 9.079/95, instrumento apto a imprimir a realização do direito do credor de documento desprovido de força executiva, sem a necessária delonga típica do processo de cognição. É a chamada "Ação Monitória".

O procedimento monitório, previsto nos artigos 700 a 703 do CPC, resulta da fusão de atos típicos de cognição e de execução e é informado pela técnica da inversão do contraditório. Nele, a cognição é fundada em prova documental apresentada de forma unilateral pelo autor, **de modo a permitir, de imediato, a emissão de um mandado dirigido ao réu contendo comando para pagar soma em dinheiro, entregar bem móvel ou imóvel ou cumprir com obrigação de fazer ou não fazer.**

Definição

É a ação, de rito especial, que tem por objetivo atribuir força executiva a documento desprovido de tal caráter, para a consequente satisfação do direito do credor, mediante o pagamento de soma em dinheiro, entrega de bem móvel ou imóvel ou cumprimento de obrigação de fazer ou não fazer.

Procedimento

É mister tecer as seguintes considerações acerca do seu procedimento:

Competência: é o do *local do pagamento* ou da *entrega da coisa*, ou o foro do *domicílio do réu*. Caso a pretensão esteja lastreada em contrato que contemple foro de eleição, neste será aforada a ação.

Petição Inicial: além dos requisitos gerais do artigo 319, CPC, a petição deverá vir acompanhada de prova escrita (documento em sentido estrito), de modo a permitir a cognição superficial típica deste procedimento. Vê-se que o modelo estrito de documento (escrito) adotado pelo legislador afasta outras espécies de documentação em sentido amplo, a exemplo de uma fita cassete. Têm sido considerados instrumentos hábeis à instrução da ação monitória: *um cheque prescrito (Súmula 299, STJ), uma nota promissória rasurada, contrato particular sem assinatura de testemunhas, contrato de abertura de crédito em conta corrente (Súmula 247, STJ)*, etc.

Juízo de Admissibilidade: consiste na verificação de regularidade quanto ao preenchimento dos requisitos formais e materiais da ação. Após a análise em questão, o magistrado poderá adotar uma das seguintes atitudes:

Em primeiro lugar, havendo dúvida quanto à idoneidade de prova documental apresentada pelo autor, o juiz intimá-lo-á para, querendo, **emendar** a petição inicial, adaptando-a ao procedimento comum.

Em segundo lugar, observando que a petição inicial está devidamente instruída, determinará ele a **expedição do mandado monitório ou injuntivo.**

O Mandado monitório: o instrumento em questão consiste em ordem dirigida ao réu para pagamento, entrega de coisa ou cumprimento da obrigação de fazer ou não fazer, no prazo de 15 (quinze) dias, com o pagamento de honorários advocatícios de 5% do valor atribuído à causa. Como no lapso temporal em questão poderão ser apresentados embargos, o mandado serve, de igual modo, como instrumento de citação, devendo, assim, conter as implicações de sua inércia (revelia). Destarte, cientificado do mandado, o réu, além de estar impelido a cumprir com a obrigação, e intimado do conteúdo daquele ato e das consequências que poderão advir do seu descumprimento, também estará sendo citado para integrar a relação processual.

Atitudes do Réu: uma vez citado, o réu, no prazo de 15 (quinze) dias, poderá tomar as seguintes atitudes: **a) inércia:** a contumácia acarretará a revelia. No panorama da monitória, ela é vislumbrada de maneira mais qualificada, mais forte, tendo em vista a presença do quase-título, o qual acaba por possuir uma presunção quase que absoluta, transmudando-se em título executivo judicial, autorizando a consequente instauração da execução, por meio da técnica do cumprimento de sentença; **b) cumprimento voluntário do mandado:** é a opção mais favorável ao réu quando o mesmo reconhece a sua posição de devedor, tendo em vista que, não se opondo ao cumprimento da obrigação, ficará ele isento das custas processuais. Mais que mera vantagem, a isenção em questão representa um verdadeiro convite ao réu para não apresentar embargos, buscando, assim, o ideal de solução de conflitos por meio de atividade das partes; **c) apresentação de Embargos ao Mandado:** quanto à sua *natureza*, constitui ele uma espécie de defesa (contestação), com a pretensão de combater a prova escrita na perspectiva de evitar a formação do título executivo judicial; Quanto ao *prazo*, serão os embargos propostos em 15 (quinze) dias; quanto ao *conteúdo*, poderão versar a imprestabilidade do documento como fundamento da monitória, em virtude de não evidenciar a intenção de pagar ou entregar coisa.

Instrução: apresentados os embargos, serão dadas vistas ao autor para impugnação (semelhante à réplica). Em seguida haverá designação de audiência de instrução e julgamento, havendo prova a ser produzida. Em seguida, será proferida a sentença.

A sentença que acolher os embargos condenará o vencido nas custas e honorários advocatícios, em respeito ao princípio da sucumbência; a sentença de rejeição importará na procedência do pedido contido na monitória e a constituição do título executivo judicial, hábil à execução forçada, mediante a técnica do cumprimento de sentença.

ATENÇÃO! Duas observações devem aqui ser consignadas:

Em primeiro lugar, nada impede a apresentação de **reconvenção** no procedimento monitório, consoante os termos do artigo 702, § 6º, CPC.

A segunda observação é no sentido de que **cabe ação Monitória em face da Fazenda Pública.** Embora surgissem vozes no sentido de não vislumbrar a possibilidade, ante a normatividade dos precatórios, hoje o posicionamento é uniforme no sentido de permitir a monitória em face da Fazenda Pública, como processo de formação abreviado do título judicial. Isto quer dizer que a especialidade vai até a formação do título, de modo a respeitar, posteriormente o preceituado para a execução contra a fazenda pública. O CPC de 2015 seguiu esta trilha, ao permitir o manejo da monitória em face da fazenda pública (art. 700, § 6º, CPC).

MODELO DE AÇÃO MONITÓRIA

A) Definição: A ação monitória compete a quem pretender, com base em prova escrita sem eficácia de título executivo, pagamento de soma em dinheiro, entrega de coisa fungível ou infungível, coisa móvel ou imóvel e obrigação de fazer ou não fazer.

B) Fundamentação legal: artigos 700 a 702 do CPC.

Vide também:

STJ Súmula nº 299

É admissível a ação monitória fundada em cheque prescrito.

STJ Súmula nº 384

Cabe ação monitória para haver saldo remanescente oriundo de venda extrajudicial de bem alienado fiduciariamente em garantia.

STJ Súmula nº 247

O contrato de abertura de crédito em conta corrente, acompanhado do demonstrativo de débito, constitui documento hábil para o ajuizamento da ação monitória.

A elaboração da peça compreende os seguintes passos:

1º Passo: Endereçamento

A ação monitória será apresentada perante o juízo da vara cível do lugar do cumprimento da obrigação (artigo 53, III, "d", do CPC).

EXCELENTÍSSIMO SENHOR JUIZ DA .... VARA CÍVEL DA COMARCA DE ...../ ESTADO

2º Passo: Qualificação das partes

Aqui, como em toda petição inicial, as partes necessitam ser qualificadas (nome, estado civil, profissão, CPF ou CNPJ, endereço eletrônico e endereço) nos termos do artigo 319 do CPC. Vejamos:

> **FULANO DE TAL**, (Estado Civil), (Profissão), (endereço eletrônico), inscrito no CPF sob o nº ..., residente e domiciliado na..., através do advogado que a esta subscreve, constituído nos termos da procuração em anexo, vem a presença de vossa Excelência, com fundamento nos artigos 700 a 702 do CPC, propor a presente **AÇÃO MONITÓRIA**, em face de **BELTRANO**, (Estado Civil), (Profissão), (endereço eletrônico), inscrito no CPF sob o nº ..., residente e domiciliado na..., de acordo com os fatos e fundamentos que a seguir passa expor:

3º Passo: Fundamentação

Em primeiro lugar, será feita a exposição da situação de **fato**, de forma articulada e cronológica. Vejamos:

> **1. FATOS**
>
> 1. O Autor é credor da quantia líquida e certa, consubstanciada em cheque de N. ..., emitido pelo demandado, após a prestação de serviços de odontológicos;
>
> 2. Ao tentar efetuar o desconto do valor, na data..., o autor recebeu a notícia de que o título estava sem provisão de fundos;
>
> 3. Necessitando efetuar viagem de negócios, o demandante ficou impossibilitado de promover a execução do cheque em tempo hábil, o que acabou ocasionando a prescrição;
>
> 4. Destarte, não restou outra alternativa ao autor, senão vir a este juízo requerer o que lhe seja de direito, valendo-se do procedimento monitório.

Outrossim, na exposição do **direito**, a peça trará um parágrafo para tratar da fundamentação jurídica, relativamente ao cabimento da demanda. Vejamos:

> **2. DO DIREITO**
>
> 5. Conforme estabelece o art. 700 do Código de Processo Civil que a ação monitória poderá ser utilizada por quem pretender, com base em prova escrita, sem eficácia de título executivo, o pagamento de soma em dinheiro (art. 700, I, CPC).
>
> 6. É o que se verifica no caso narrado.
>
> 7. Ora, conforme mencionado alhures, o demandante é legítimo credor de quantia expressa em cheque que, por estar prescrito, perdeu a força executiva, tornando-se prova escrita, sem eficácia de título executivo.

8. Inclusive, o Superior Tribunal de Justiça (STJ), através da súmula 299, entendeu que o cheque prescrito constitui prova escrita hábil ao manejo da ação monitória.

4º Passo: Pedidos

Nos pedidos, é mister requerer: a) expedição de mandado monitório, convidando o demandado a efetuar o pagamento da quantia devida no prazo de 15 dias ou, se preferir, apresentar embargos ao mandado, sob pena de revelia; b) Não sendo apresentada a resposta ou sendo os embargos julgados improcedentes, que seja o mandado inicial convertido em mandado executivo, prosseguindo-se nos demais termos executivos; c) A condenação do réu nos ônus sucumbenciais (custas processuais e honorários advocatícios). Por exemplo:

3. DOS PEDIDOS

Diante do exposto, requer:

a) Seja deferida expedição de mandado monitório, convidando o demandado a efetuar o pagamento da quantia devida no prazo de 15 dias ou, se preferir, apresentar embargos ao mandado, sob pena de revelia;

b) Não sendo apresentada a resposta ou sendo os embargos julgados improcedentes, que seja o mandado inicial convertido em mandado executivo, prosseguindo-se nos demais termos executivos;

c) A condenação do réu nas custas processuais e honorários advocatícios.

5º Passo: Valor da causa

A toda causa deve ser atribuído um valor, o qual corresponderá ao benefício econômico pretendido pelo autor. No caso da ação monitória, o valor da causa corresponde ao valor da quantia ou coisa devida, ou ainda do proveito econômico da obrigação. Vejamos:

Dá-se à causa o valor de R$ 50.000,00 (cinquenta mil reais), correspondente ao valor atualizado da dívida.

6º Passo: Protesto pelas provas

Como toda ação, aqui também será necessário provar o alegado, para que os pedidos formulados na demanda sejam acolhidos. Por exemplo:

Protesta provar o alegado por todos os meios de provas em direito admitidos, seja pelo depoimento pessoal, documentos, testemunhas, perícias e tudo quanto se fizer necessário para a efetivação da justiça!

7º Passo: Encerramento

Pede-se o deferimento daquilo que fora postulado, seguindo-se do local, data e advogado. Por exemplo:

Termos em que pede deferimento.

Local, data,

Advogado

OAB...

1.1.4. Ações possessórias

A) Definição: são ações que visam sanar, de forma preventiva ou repressiva, a perturbação ou perda da posse de um bem.

Vale ressaltar que três são as modalidades de ação possessória, a depender da espécie de violação: 1) Ação de reintegração de posse - ajuíza-se essa ação quando o possuidor sofre esbulho na sua posse, ou seja, o possuidor é totalmente destituído de sua posse, podendo, neste momento, estar na posse direta ou não do bem.

2) Ação de manutenção da posse - ajuíza-se a ação em tela quando o possuidor é turbado de sua posse, ou seja, tem o seu exercício limitado, no entanto continua exercendo-a.

3) Interdito proibitório: ocorre quando o possuidor está sendo ameaçado de perder a sua posse.

B) Fundamentação legal: artigos 554 e seguintes do CPC.

MODELO DE AÇÃO POSSESSÓRIA

A elaboração da peça compreende os seguintes passos:

1º Passo: Endereçamento

A ação possessória imobiliária será proposta no foro de situação da coisa, cujo juízo tem competência absoluta. (artigo 47, § 2º, CPC).

EXCELENTÍSSIMO SENHOR JUIZ DA .... VARA CÍVEL DA COMARCA DE ...../ ESTADO

2º Passo: Qualificação das partes

Aqui, como em toda petição inicial, as partes necessitam ser qualificadas (nome, estado civil, profissão, CPF ou CNPJ, endereço eletrônico e endereço) nos termos do artigo 319 do CPC. Vejamos:

FULANO DE TAL, (Estado Civil), (Profissão), (endereço eletrônico), inscrito no CPF sob o nº ..., residente e domiciliado na..., através do advogado que a esta subscreve, constituído nos termos da procuração em anexo, vem a presença de vossa Excelência, com fundamento nos artigos 554 e seguintes do CPC, propor a presente AÇÃO DE .... **(Reintegração, Manutenção ou interdito proibitório)** POSSE, em face de **BELTRANO**, (Estado Civil), (Profissão), (endereço eletrônico), inscrito no CPF sob o nº ..., residente e domiciliado na..., de acordo com os fatos e fundamentos que a seguir passa expor:

3º Passo: Fundamentação

Em primeiro lugar, será feita a exposição da situação de **fato**, de forma articulada e cronológica. Aqui a parte deverá demonstrar a sua posse, a agressão (esbulho, turbação ou ameaça) e a data do ocorrido. Vejamos:

1. FATOS

1. O Autor é legítimo proprietário e possuidor de um imóvel situado nesta cidade, na ...., adquirido mediante escritura de compra e venda lavrada em ..... conforme certidão em anexo e, durante todo esse período, sempre manteve a posse mansa e pacífica do bem.

2. Ocorre que, no dia....., o mesmo teve sua posse ...... (turbada/esbulhada ou ameaçada) por ato praticado pelo suplicado, consistente em (expor os fatos que apontam a existência de turbação, esbulho ou ameaça).

3. Instado a ...... (cessar com a prática do ato/ devolver o imóvel esbulhado/ não consumar a agressão), o demandado negou-se, pelo que não restou outra alternativa ao autor, senão vir a este mm. Juízo requerer o que lhe seja de direito.

Outrossim, na exposição do **direito,** a peça trará um parágrafo para tratar da fundamentação jurídica, relativamente ao cabimento da demanda. Vejamos:

2. DO DIREITO

4. Conforme estabelecem os arts. 560 do Código de Processo Civil e 1.210 do Código Civil, o possuidor tem o direito de ser (mantido na posse, no caso de turbação, e reintegrado em caso de esbulho), o que se verifica no caso narrado.

5. Ora, conforme mencionado alhures, o demandante é legítimo proprietário e possuidor do imóvel em questão, tendo sido lesada, injustamente, a sua posse por ato do demandado, pelo que se torna necessário o reestabelecimento da ordem jurídica abalada pelo ato praticado.

4º Passo: Pedido de liminar

A ação em questão admite pedido de liminar, no sentido de que o magistrado determine a manutenção ou reintegração na posse do bem. Para tanto, será necessário valer-se do artigo 562 do CPC, o qual lhe auxiliará na redação da peça. Por exemplo:

3. DO PEDIDO DE LIMINAR

6. O ordenamento jurídico nacional, através do artigo 562, CPC, previu a possibilidade de o juiz deferir, sem ouvir o réu, a expedição de mandado liminar de (reintegração/manutenção), desde que a petição esteja devidamente instruída.

7. É o que ocorre no presente caso, senão vejamos: a petição inicial está devidamente instruída com a prova da posse, prova do (esbulho/turbação/ameaça) praticado pelo réu, além do quê, a data da violação mostra que a agressão é recente, ensejadora, portanto, de proteção liminar.

5º Passo: Pedidos

Nos pedidos, é mister requerer: a) O deferimento de liminar de manutenção/ reintegração/ou expedição de mandado proibitório; b) Caso o juízo repute necessária, que seja designada a audiência de justificação prévia; c) Ao final, seja o pedido julgado procedente, com a confirmação da liminar deferida; d) A condenação do réu nos ônus sucumbenciais (custas processuais e honorários advocatícios).

Ademais, aqui também cabe pedir a fixação de multa para o caso de novo esbulho ou nova turbação. Vejamos:

4. DOS PEDIDOS

Diante do exposto, requer:

a) Seja deferida a medida LIMINAR, com a consequente expedição de mandado de... (manutenção/ reintegração/proibitório);

b) Caso V. Exa entenda necessária, que seja designada audiência de justificação prévia, a teor do que dispõe o artigo 562, citando-se o réu para comparecimento;

c) Seja cominada multa ao réu, nos termos do art. 555, parágrafo único, I, do Código de Processo Civil, em montante fixado por este mm. Juízo, na hipótese de novo esbulho ou nova turbação.

d) A citação do réu para, querendo, oferecer resposta, sob pena de revelia;

e) AO FINAL, seja o pedido julgado procedente, com a confirmação da medida liminarmente deferida e condenação do réu nas custas processuais e honorários advocatícios.

6º Passo: Valor da causa

A toda causa deve ser atribuído um valor, o qual corresponderá ao benefício econômico pretendido pelo autor. No caso da ação possessória, o valor da causa corresponde ao valor do bem perseguido (no caso de esbulho) ou dos prejuízos resultantes da turbação ou esbulho. Vejamos:

> Dá-se à causa o valor de R$ 50.000,00 (cinquenta mil reais), correspondente ao valor atualizado dos prejuízos causados ao autor.

7º Passo: Protesto pelas provas

Como toda ação, aqui também será necessário provar o alegado, para que os pedidos formulados na demanda sejam acolhidos. Por exemplo:

> Protesta provar o alegado por todos os meios de provas em direito admitidos, seja pelo depoimento pessoal, documentos, testemunhas, perícias e tudo quanto se fizer necessário para a efetivação da justiça!

8º Passo: Encerramento

Pede-se o deferimento daquilo que fora postulado, seguindo-se do local, data e advogado. Por exemplo:

> Termos em que pede deferimento.
>
> Local, data,
>
> Advogado...
>
> OAB...

1.1.5. Inventário e partilha

A) conceito: A demanda de inventário corresponde a um procedimento através qual se contempla a definição dos bens, os quais compõe o acervo hereditário, bem como qual quinhão será oferecido a cada herdeiro.

B) Fundamentos: Arts. 610 e seguintes do CPC.

MODELO DE PEDIDO DE ABERTURA DE INVENTÁRIO

A elaboração da peça compreende os seguintes passos:

1º Passo: Endereçamento

O pedido de abertura de inventário deverá ser apresentado perante o juízo de sucessões, desde que a comarca possua tal vara especializada. Vejamos:

> **EXCELENTÍSSIMO SENHOR JUIZ DE DIREITO DA .... VARA DE SUCESSÕES......DA COMARCA DE..../ESTADO**

2º Passo: Qualificação das partes

Aqui, a parte requerente deverá ser qualificada nos termos do artigo 319, CPC. Ademais, ela deverá indicar a pessoa do de cujus, senão vejamos:

FULANA DE TAL, (estado civil), (profissão), CPF inscrito sob o Nº...., (endereço eletrônico), residente e domiciliado na ......, através do advogado que a esta subscreve, com escritório profissional situado na ...., local onde receberá as intimações, vem a presença de vossa Excelência, com fundamento nos artigos 610 e seguintes do CPC, requerer abertura de

INVENTÁRIO

dos bens deixados por .... (de cujus), pelos fatos e fundamentos a seguir expostos:

3º Passo: Fundamentação

Em primeiro lugar, será feita uma sumária exposição da situação de **fato**, onde o requerente apontará a ocorrência do falecimento, da existência de herdeiros bem como de bens a inventariar. Vejamos:

1. DOS FATOS

1 – A Requerente é esposa do de cujus, falecido em ......, nesta cidade, conforme, respectivamente, as certidões de casamento e de óbito em anexo (docs..).

2 – O *de cujus*, à época do falecimento, deixou, além da requerente, outros herdeiros e bens a inventariar, não deixando testamento ou declaração de última vontade.

Em segundo lugar, o requerente apontará o cabimento do procedimento de inventário, bem como da legitimidade do requerente. Vejamos:

2. DO DIREITO

3. De acordo com o art. 611 do Código de Processo Civil, o processo de inventário e partilha deve ser instaurado dentro de 2 (dois) meses, a contar da abertura da sucessão, ultimando-se nos 12 (doze) meses subsequentes.

4. Considerando que a requerente tem legitimidade para requerer a abertura do inventário, consoante o disposto no artigo 616, I, CPC, pede-se a instauração de tal procedimento.

5. Conforme afirmado anteriormente, a requerente é esposa do de cujus e está na posse e administração dos seus bens desde o seu falecimento, motivo pelo qual requer a sua nomeação como inventariante, prestando compromisso para tanto.

4º Passo: Pedidos

Nos pedidos, é mister requerer apenas a abertura do inventário, bem como a nomeação do inventariante, para que o mesmo preste o compromisso e apresente as primeiras declarações. Vejamos:

> **3. DO PEDIDO**
>
> Diante do exposto, requer:
>
> a) a abertura do inventário;
>
> b) seja a requerente nomeada inventariante, prestando compromisso para, após, serem apresentadas as primeiras declarações e demais formalidades inerentes ao procedimento.

5º Passo: Valor da causa

O valor da causa corresponderá à expressão econômica da causa. No caso do inventário, corresponderá ao valor dos bens deixados pelo de cujus. Vejamos:

> Dá-se à causa o valor de R$...., correspondente ao valor do patrimônio deixado pelo de cujus.

6º Passo: Protesto pelas provas

Finalmente o requerente fará o protesto pelas provas, em especial pela juntada posterior de prova documental. É que, no inventário, as questões complexas são remetidas às vias comuns, com o ajuizamento de novas demandas (ex: investigação de paternidade para se verificar a qualidade de herdeiro). Vejamos:

> Protesta provar o alegado pelos meios de prova necessários, em especial pela posterior juntada de novos documentos.

7º Passo: Encerramento

Pede-se o deferimento daquilo que fora postulado, seguindo-se do local, data e advogado. Por exemplo:

> Termos em que pede deferimento.
>
> Local, data,
>
> Advogado

1.1.6. Habilitação

A) Conceito: A habilitação ocorre quando, por falecimento de qualquer das partes, os interessados houverem de suceder-lhe no processo.

B) Fundamentos: Arts. 689 e seguintes do CPC

MODELO DE AÇÃO DE HABILITAÇÃO

1º Passo: Endereçamento

O pedido de habilitação deverá ser apresentado perante o juízo onde tramita o processo principal e será processado nos mesmos autos, suspendendo-se, a partir de então, o feito (art. 689, CPC). Vejamos:

EXCELENTÍSSIMO SENHOR JUIZ DA 20ª VARA CÍVEL DA COMARCA DE RECIFE/ PERNAMBUCO

2º Passo: Qualificação das partes

Aqui, como em toda petição inicial, as partes necessitam ser qualificadas (nome, estado civil, profissão, CPF ou CNPJ, endereço eletrônico e endereço) nos termos do artigo 319 do CPC. Serão qualificados tantos quantos forem os sucessores do falecido. Vejamos:

HERDEIRO 1, (Estado Civil), (Profissão), (endereço eletrônico), inscrito no CPF sob o nº ..., residente e domiciliado na..., **HERDEIRO 2**, (Estado Civil), (Profissão), (endereço eletrônico), inscrito no CPF sob o nº ..., residente e domiciliado na..., através do advogado que a esta subscreve, constituído nos termos da procuração em anexo, vêm a presença de vossa Excelência, com fundamento nos artigos 687 a 692 do CPC, requerer

HABILITAÇÃO

Nos autos do processo, por motivo de falecimento da parte autora, consoante comprova certidão de óbito em anexo, pelos fatos e fundamentos que a seguir passa a expor:

3º Passo: Fundamentação

Em primeiro lugar, será feita a exposição da situação de **fato**, de forma articulada e cronológica. Vejamos:

1. FATOS

1. O de cujus havia ajuizado ação de cobrança de dívida em face do Sr. ...,, em trâmite neste juízo sob o N...;

2. Ocorre que, consoante informa certidão de óbito em anexo, o mesmo veio a falecer na data ...;

PARTE ESPECIAL

3. Assim, fez-se necessário que os seus herdeiros, acima qualificados, viessem a este juízo requerer a habilitação, na forma da lei.

Outrossim, na exposição do **direito,** a peça trará um parágrafo para tratar da fundamentação jurídica, relativamente ao cabimento do procedimento de habilitação. Vejamos:

2. DO DIREITO

4. Com efeito, a habilitação tem lugar quando, por falecimento de qualquer das partes, os interessados houverem de suceder-lhe no processo.

5. Neste contexto, a habilitação pode ser requerida tanto pela parte, em relação aos sucessores do falecido, quanto pelos sucessores do falecido, em relação à parte.

4º Passo: Pedidos

Nos pedidos, é mister requerer: a) a suspensão do processo, nos termos do artigo 689, CPC; b) a citação do requerido para se pronunciar no prazo de 05 (cinco) dias; c) a procedência do pedido, com a habilitação dos requerentes e o prosseguimento do feito. Por exemplo:

D) DOS PEDIDOS

Diante de todo o exposto, requer:

a) a suspensão do feito, nos ternos do artigo 689 do CPC;

b) a citação do requerido para se pronunciar no prazo de cinco dias;

c) uma vez processado o feito, sejam os sucessores julgados habilitados, a fim de que o feito principal prossiga em seu curso normal.

5º Passo: Valor da causa

A toda causa deve ser atribuído um valor, o qual corresponderá ao benefício econômico pretendido pelo autor. No caso da habilitação, deve-se atribuir um valor para efeitos fiscais. Por exemplo:

Dá-se à causa o valor de R$ ...., para efeitos fiscais.

6º Passo: Protesto pelas provas

Como a habilitação tem natureza jurídica de ação, é mister que a parte prove o alegado, para que os pedidos formulados na demanda sejam acolhidos. Por exemplo:

> Protesta provar o alegado por todos os meios de provas em direito admitidos, seja pelo depoimento pessoal, documentos, testemunhas, perícias e tudo quanto se fizer necessário para a efetivação da justiça!

7º Passo: Encerramento

Pede-se o deferimento daquilo que fora postulado, seguindo-se do local, data e advogado. Por exemplo:

> Termos em que pede deferimento.
>
> Local, data,
>
> Advogado
>
> OAB...

1.1.7. Ações de família

Breves notas introdutórias.

Inovando a legislação processual anterior, o vigente Código de Processo Civil regulou as chamadas ações de famílias, nos seus artigos 693 *usque* 699.

A novidade, registra-se, veio em boa hora.

Há muito apercebeu-se que o processo familiar demanda, dos operadores do Direito, um olhar diferenciado. São processos pautados, no mais das vezes, em emoções, sendo mais complexo atingirmos direcionamentos racionais. Diferentemente de ações que envolvam apenas contratos, nas quais as partes pautam seus interesses em questões monetárias, as ações familiares remetem a sentimentos e bens inestimáveis.

Soma-se a isto a percepção da grande complexidade das demandas, diante do fato de adentrar, literalmente, no ciclo mais intimo de cada um: o recanto de seu lar e as novas organizações afetivas.

Atento a todas estas questões, trouxe o legislador processual um procedimento especial às demandas contenciosas de *divórcio, separação, reconhecimento e extinção de união estável, guarda, visitação e filiação* (CPC, art. 693). Ressalvou o legislador, porém, a permanência da especialidade no que tange aos processos que versem sobre o interesse alimentar da criança ou do adolescente (CPC, art. 693, parágrafo único).

Mas o que há de diferente neste *novo* processo familiar?

Investe o legislador na aplicação dos chamados métodos alternativos de solução da controvérsia, devendo *o juiz dispor do auxílio de profissionais de outras áreas do conhecimento para mediação e conciliação* (CPC, art. 694). O escopo é que haja uma decisão construída com a participação das partes, objetivando maior aderência ao seu cumprimento e, consequentemente, redução de litígios posteriores.

Nessa toada, *recebida a petição inicial e, se for o caso, tomadas as providências referentes à tutela provisória, o juiz ordenará a citação do réu para comparecer à audiência de mediação e conciliação* (CPC, art. 695). O *mandado de citação conterá apenas os dados necessários à audiência*, vindo desacompanhado *de cópia da petição inicial*, sendo *assegurado ao réu o direito de examinar o seu conteúdo a qualquer tempo* (CPC, art. 695, parágrafo primeiro).

A tentativa é de trazer um réu *desarmado* para a audiência. Decerto, a experiência demonstra que a leitura da inicial por parte do réu, em regra e em um primeiro momento, gera, naturalmente, o afastamento de seu desejo conciliatório. Outrossim, não raro, a inicial vem impregnada de fatos desabonadores do demandado, com uma narrativa bastante parcial e apaixonada.

A citação será feita na pessoa do réu e com interstício mínimo de 15 (quinze) dias para a data da audiência. Na assentada as partes deverão comparecer acompanhadas de seus advogados ou defensores públicos.

Sobre a audiência de conciliação prévia há duas notas importantes:

i. o não comparecimento injustificado de uma das partes é considerado ato atentatório à dignidade da justiça, tendo como sanção multa de até 2% (dois por cento) da vantagem econômica pretendida ou do valor da causa, revertida em favor da União ou do Estado (CPC, art. 334, parágrafo oitavo) e

ii. as partes podem constituir representante com poderes especiais para negociar e transigir, através de procuração específica (CPC, art. 334, parágrafo décimo).

A audiência de mediação e conciliação poderá dividir-se em tantas sessões quantas sejam necessárias para viabilizar a solução consensual. Com efeito, desgastes históricos não costumam ser solucionados, por completo, em uma única sessão. O fracionamento das sessões, porém, não deve ser fator impeditivo para o juízo *adotar as providências jurisdicionais para evitar o perecimento do direito*, a exemplo das tutelas de urgência (CPC, art. 696).

Acaso não se chegue a uma solução construída, não alcançando sucesso o método de solução consensual, seguirá o processo o procedimento comum, na forma do art. 335 e seguintes do Código de Processo Civil (CPC, art. 697).

Ainda nas novidades sobre este procedimento:

i. verifica-se redução do papel intervencionista do Ministério Público, que somente atuará quando houver interesse de incapaz, sendo ouvido, até mesmo, antes da homologação do acordo (CPC, art. 698). Trata-se de mudança salutar, acabando com intervenções desnecessárias mediante parecer padrão de ausência de interesse no feito e

ii. a necessidade do juiz se valer de especialistas quando o processo envolver debates sobre alienação parental ou abuso, haja vista a peculiaridade da demanda (CPC, art. 699).

Pois bem. Vistas estas notas gerais, passaremos a abordar a estrutura das peças específicas nas especiais ações de famílias.

1.1.7.1. Modelos das ações de família

Ação Consensual de Reconhecimento Cumulada com Dissolução de União Estável

A) Definição: Procedimento judicial que visa reconhecer e dissolver a união estável. Poder ser cumulada, ou não, com partilha de bens, alimentos, guarda e convivência.

B) Fundamentação Legal: art. 731 e seguintes do Código de Processo Civil.

A elaboração da peça compreende os seguintes passos:

1º Passo: Endereçamento.

A ação consensual de reconhecimento cumulada com dissolução de união estável deverá ser endereçada à Vara de Família ou, na ausência desta, à Vara Cível. Por exemplo:

EXCELENTÍSSIMO SENHOR JUIZ DA ....VARA DE FAMÍLIA DA COMARCA DE ...../ESTADO

2º Passo: Qualificação das partes.

Aqui, como em toda petição inicial, as partes necessitam ser qualificadas (nome, estado civil, profissão, endereço eletrônico, RG, CPF ou CNPJ e endereço). Veja-se:

FULANO DE TAL, (Nacionalidade), (Estado Civil), (Profissão), endereço eletrônico ... , portador da Carteira de Identidade nº ..., inscrito no CPF sob o nº ..., residente e domiciliado na Rua ..., nº ..., Bairro ..., Cidade ..., Cep. ..., no Estado de ..., e **BELTRANO**, (Nacionalidade), (Estado Civil), (Profissão), endereço eletrônico....., portador da Carteira de Identidade nº ..., inscrito no CPF sob o nº ..., residente e domiciliado na Rua ..., nº ..., Bairro ..., Cidade ..., Cep. ..., no Estado de ..., através de seu advogado comum que a esta subscreve, constituído nos termos da procuração anexa (doc. 01), vem, à presença de Vossa Excelência, com fundamento no artigo 731 e seguintes do Código de Processo Civil, propor a presente Ação Consensual de Reconhecimento Cumulada com Dissolução de União Estável, de acordo com os fatos e fundamentos que a seguir passa expor:

3º Passo: Fundamentação.

É necessário que as partes comprovem ter união estável, apresentando declaração de união estável, contrato de convivência, documentos e produzindo eventual prova oral. Ademais, as partes devem indicar o regime de bens.

Existindo bens também é necessário informar.

Também se exige que declarem se tem, ou não, filhos menores ou incapazes. Caso tenham, haverão de regular guarda, convivência e alimentos.

Destarte, devem declarar se haverá, ou não, fixação de pensão alimentícia em favor de um dos companheiros. Exemplifica-se:

1. FATOS.

1. Requerente e Requerido tem união estável desde o dia......., sob regime..., conforme declaração de união estável junta (Doc).

2. Da referida união não nasceram os filhos: ......, conforme certidões de nascimento em anexo (Doc).

3. Há aproximadamente .... meses/anos, o casal não vem se entendendo mais, optando pela dissolução afetiva.

4. Por fim, ressalta-se que o casal adquiriu um único imóvel durante união (Doc) e ambos trabalham, não necessitando de alimentos.

2. DO DIREITO.

Tendo em vista a união estável, o regime de bens será o da comunhão parcial, sendo o imóvel objeto de meação igualitária, na forma dos arts. 1.725 e 1.660, I do Código Civil.

4º Passo: Pedidos.

Nos pedidos é mister requerer: a) o reconhecimento e a dissolução da união estável; b) a homologação do plano de partilha e c) a dispensa da pensão alimentícia. Veja-se:

<u>D) DOS PEDIDOS</u>

Diante de todo o exposto, requer:

a) o reconhecimento e a dissolução da união estável;

b) a homologação do plano de partilha;

d) a dispensa recíproca dos alimentos.

5º Passo: Protesto pelas provas.

É mister que os Peticionantes provem o alegado, para que os pedidos formulados sejam acolhidos. Por exemplo:

Protesta provar o alegado por todos os meios de provas em direito admitidos.

6º Passo: Valor da causa.

Deverá ser atribuído o valor do patrimônio do casal e uma anualidade da pensão alimentícia à causa, consoante as regras de processo civil. O apontamento do valor da causa é importante para o recolhimento de custas cartorárias. Exemplifica-se:

Dá-se à causa o valor de R$ 50.000,00 (cinquenta mil reais).

7º Passo: Encerramento.

Pede-se o deferimento daquilo que fora postulado, seguindo-se do local, data e advogado. Veja-se:

Termos em que pede deferimento.

Local, data,

Advogado

OAB...

Divórcio Extrajudicial

A) Definição: Procedimento Extrajudicial que visa desconstituir o vinculo matrimonial. Exige que todos os envolvidos sejam maiores e capazes, haja consenso e presença do advogado. Demanda que seja regulada dissolução afetiva, partilha de bens, alimentos e retomada, ou não, do nome de solteiro(a).

B) Fundamentação Legal. art. 733 do Código de Processo Civil e Resoluções 35 e 220 do Conselho Nacional de Justiça.

A elaboração da peça compreende os seguintes passos:

1º Passo: Endereçamento.

O divórcio extrajudicial deverá ser endereçado a qualquer Tabelião de Notas da Comarca. Por exemplo:

ILUSTRÍSSIMO(A) SENHOR(A) DOUTOR(A) TABELIÃO(Ã) DO 6º OFÍCIO DE NOTAS DE SALVADOR/BA.

2º Passo: Qualificação das partes.

Aqui, como em toda petição inicial, as partes necessitam ser qualificadas (nome, estado civil, profissão, endereço eletrônico, RG, CPF ou CNPJ e endereço). Veja-

FULANO DE TAL, (Nacionalidade), (Estado Civil), (Profissão), endereço eletrônico ... , portador da Carteira de Identidade nº ..., inscrito no CPF sob o nº ..., residente e domiciliado na Rua ..., nº ..., Bairro ..., Cidade ..., Cep. ..., no Estado de ..., e **BELTRANO**, (Nacionalidade), (Estado Civil), (Profissão), endereço eletrônico....., portador da Carteira de Identidade nº ..., inscrito no CPF sob o nº ..., residente e domiciliado na Rua ..., nº ..., Bairro ..., Cidade ..., Cep. ..., no Estado de ..., através de seu advogado comum que a esta subscreve, constituído nos termos da procuração anexa (doc. 01), vem a presença deste Ilustríssimo Tabelião, com fundamento no artigo 733 e seguintes do Código de Processo Civil e nas Resoluções 35 e 220 do Conselho Nacional de Justiça, propor o PROCEDIMENTO DE DIVÓRCIO EXTRAJUDICIAL, de acordo com os fatos e fundamentos que a seguir passa expor:

3º Passo: Fundamentação.

É necessário que as partes provem ser casadas, apresentando a certidão de casamento, e o regime de bens escolhido.

Existindo bens também é necessário informar.

Também se exige que declarem que não tem filhos menores ou incapazes e que o Cônjuge Virago não está gravida.

Caso queira retornar ao nome anterior ao casamento, haverá de se fazer o requerimento com base no art. 1.578 do Código Civil. Registra-se que o art. 41 da Resolução 35 do Conselho Nacional de Justiça também poderá servir de fundamento.

Outrossim, devem declarar se haverá, ou não fixação pensão alimentícia em favor de um dos cônjuges. Exemplifica-se:

- Mérito:

1.Os Requerentes se casaram no dia XXX de XXXX de XXXXX, conforme certidão de casamento anexa.

Resolveram se divorciar e, para tanto, declaram que não tem filhos menores ou incapazes e que o Cônjuge Virago não está gravida.

2.Os bens a partilhar são:

XXXX

YYYYY

ZZZZZ

3.Diante dos bens, o plano de partilha ficará da seguinte forma:

a)

b)

c)

4.O Cônjuge XXXXX deseja retornar ao nome de solteiro (a), com base no art. 1.578 do Código Civil e art. 41 da Resolução 35 do Conselho Nacional de Justiça.

5.Os cônjuges, por terem aptidão para o trabalho e formação profissional, dispensam, mutuamente, os alimentos.

4º Passo: Pedidos.

Nos pedidos é mister requerer: a) a decretação do divórcio; b) a homologação do plano de partilha; c) a alteração, ou não, para o nome anterior ao casamento e d) a dispensa ou fixação da pensão alimentícia. Veja-se:

D) DOS PEDIDOS

Diante de todo o exposto, requer:

a) a decretação do divórcio;

b) a homologação do plano de partilha;

c) a alteração para o nome anterior ao casamento;

d) a dispensa recíproca dos alimentos.

5º Passo: Protesto pelas provas.

É mister que os Peticionantes provem o alegado, para que os pedidos formulados sejam acolhidos. Por exemplo:

Protesta provar o alegado por todos os meios de provas em direito admitidos.

6º Passo: Valor da causa.

Deverá ser atribuído o valor do patrimônio do casal e uma anualidade da pensão alimentícia à causa, consoante as regras de processo civil. O apontamento do valor da causa é importante para o recolhimento de custas cartorárias. Exemplifica-se:

Dá-se à causa o valor de R$ 50.000,00 (cinquenta mil reais).

7º Passo: Encerramento.

Pede-se o deferimento daquilo que fora postulado, seguindo-se do local, data e advogado. Veja-se:

Termos em que pede deferimento.

Local, data,

Advogado...

OAB...

Reconhecimento e Dissolução de União Estável Extrajudicial

A) Definição: Procedimento Extrajudicial que visa desconstituir a união estável. Exige que todos os envolvidos sejam maiores e capazes, haja consenso e presença do advogado. Demanda que seja regulada dissolução afetiva, partilha de bens, alimentos e retomada, ou não, do nome de solteiro (a).

B) Fundamentação legal: art. 733 do Código de Processo Civil, Resoluções 35 e 220 do Conselho Nacional de Justiça.

A elaboração da peça compreende os seguintes passos:

1º Passo: Endereçamento.

O Reconhecimento e Dissolução de União Estável Extrajudicial deverá ser endereçado a qualquer Tabelião de Notas da Comarca. Por exemplo:

ILUSTRÍSSIMO(A) SENHOR(A) DOUTOR(A) TABELIÃO(Ã) DO 6º OFÍCIO DE NOTAS DE SALVADOR/BA.

2º Passo: Qualificação das partes.

Aqui, como em toda petição inicial, as partes necessitam ser qualificadas (nome, estado civil, profissão, endereço eletrônico, RG, CPF ou CNPJ e endereço). Veja-se:

FULANO DE TAL, (Nacionalidade), (Estado Civil), (Profissão), endereço eletrônico ... , portador da Carteira de Identidade nº ..., inscrito no CPF sob o nº ..., residente e domiciliado na Rua ..., nº ..., Bairro ..., Cidade ..., Cep. ..., no Estado de ..., e **BELTRANO**, (Nacionalidade), (Estado Civil), (Profissão), endereço eletrônico....., portador da Carteira de Identidade nº ..., inscrito no CPF sob o nº ..., residente e domiciliado na Rua ..., nº ..., Bairro ..., Cidade ..., Cep. ..., no Estado de ..., através de seu advogado comum que a esta subscreve, constituído nos termos da procuração anexa (doc. 01), vem a presença deste Ilustríssimo Tabelião, com fundamento no artigo 733 e seguintes do Código de Processo Civil e nas Resoluções 35 e 220 do Conselho Nacional de Justiça, propor o PROCEDIMENTO DE RECONHECIMENTO E DISSOLUÇÃO DE UNIÃO ESTÁVEL EXTRAJUDICIAL, de acordo com os fatos e fundamentos que a seguir passa expor:

3º Passo: Fundamentação.

É necessário que as partes declarem conviver em União estável, apresentando escritura pública, se houver, e indicando o regime de bens.

Existindo bens também é necessário informar.

Também se exige que declarem que não tem filhos menores ou incapazes e que o Cônjuge Virago não está gravida.

Veja-se:

- Mérito:

6.Os Requerentes convivem em união estável desde XXX de XXXX de XXXXX e resolveram findar a união. Para tanto, declaram que não tem filhos menores ou incapazes e que o Cônjuge Virago não está gravida.

7.Os bens a partilhar são:

XXXX

YYYYY

ZZZZZ

8.Diante dos bens, o plano de partilha ficará da seguinte forma:

a)

b)

c)

9.Os conviventes dispensam, reciprocamente, os alimentos.

4º Passo: Pedidos.

Nos pedidos é mister requerer: a) o Reconhecimento e a Dissolução da União Estável; b) a homologação do plano de partilha e c) fixação, ou não, dos alimentos.

D) DOS PEDIDOS

Diante de todo o exposto, requer:

a) O Reconhecimento e a Dissolução da União Estável;

b) A homologação do plano de partilha;

c) Dispensa reciproca dos alimentos;

5º Passo: Protesto pelas provas.

É mister que os Peticionantes provem o alegado, para que os pedidos formulados sejam acolhidos. Por exemplo:

Protesta provar o alegado por todos os meios de provas em direito admitidos.

6º Passo: Valor da causa.

Deverá ser atribuído o valor do patrimônio do casal somado a uma anualidade dos alimentos, consoante as regras de processo civil. O apontamento do valor da causa é importante para o recolhimento de custas cartorárias.

> Dá-se à causa o valor de R$ 50.000,00 (cinquenta mil reais).

7º Passo: Encerramento.

Pede-se o deferimento daquilo que fora postulado, seguindo-se do local, data e advogado. Por exemplo:

> Termos em que pede deferimento.
>
> Local, data,
>
> Advogado...
>
> OAB...

Ação de Guarda e Regime de Convívio

A) Definição: Ação Civil que visa estabelecer o regime de guarda e convívio dos filhos.

Pode ser requerida em ação autônoma ou de forma cumulada com a separação, o divórcio, o reconhecimento cumulado com a dissolução da união estável ou em medida cautelar (art. 1.584, I do Código Civil).

B) Fundamentação legal: art. 1.583 e seguintes do Código Civil e art. 696 e ss. do Código de Processo Civil.

A elaboração da peça compreende os seguintes passos:

1º Passo: Endereçamento.

A ação de guarda deverá ser dirigida ao Juízo de uma das Varas de Família ou à Vara Cível, em comarcas nas quais não haja Vara de Família. Por exemplo:

> Excelentíssimo Senhor Doutor Juiz de Direito da 1ª Vara de Família da Comarca de Salvador-Bahia.

2º Passo: Qualificação das partes.

Aqui, como em toda petição inicial, as partes necessitam ser qualificadas (nome, estado civil, profissão, endereço eletrônico, RG, CPF ou CNPJ e endereço).

Serão legitimados desta ação via de regra, os genitores do menor.

Exemplifica-se:

FULANO DE TAL, Menor, (Nacionalidade), portador da Carteira de Identidade nº ..., inscrito no CPF sob o nº ..., neste ato representado(a) pelo seu Genitor(a), (Nacionalidade), portador da Carteira de Identidade nº ..., inscrito no CPF sob o nº ..., endereço eletrônico ..., ambos residentes e domiciliados na Rua ..., nº ..., Bairro ..., Cidade ..., Cep. ..., no Estado de ..., através do advogado que a esta subscreve, constituído nos termos da procuração em anexo (doc. 01), vem a presença de vossa Excelência, com fundamento no artigo 1.583 e seguintes do Código Civil e art. 696 e seguintes do Código de Processo Civil, propor a presente AÇÃO DE REGULAMENTAÇÃO DE GUARDA E REGIME DE CONVÍVIO, em face de **BELTRANO**, (Nacionalidade), (Estado Civil), (Profissão), endereço eletrônico....., portador da Carteira de Identidade nº ..., inscrito no CPF sob o nº ..., residente e domiciliado na Rua ..., nº ..., Bairro ..., Cidade ..., Cep. ..., no Estado de ..., de acordo com os fatos e fundamentos que a seguir passa expor:

3º Passo: Fundamentação.

A ação deverá ser fundamentada com espeque nos artigos 1.583 e seguintes do Código Civil, bem como art. 693 e seguintes do Código de Processo Civil. Por exemplo:

a) **Fatos**

- O menor é fruto do matrimônio entre o Genitor Requerente e a Genitora Requerida, conforme Certidão de Nascimento anexa .

- Os Genitores estão em processo de divórcio, em ação tombada sob o nº XXX, em tramite na XXX Vara de Família desta Capital.

- Com o fim do matrimônio surge a necessidade de definir sobre a guarda e regime de convívio dos filhos menores.

b) Direito

Da narrativa fática, o mérito desta inicial perpassara por dois temas: b.1) Da Guarda e b.2) do regime de convívio

b.1) Da Guarda.

- Código Civil estabelece duas modalidades exemplificativas de guarda: a unilateral e a compartilhada.

- O artigo 1.583, §1º do Código Civil define a guarda unilateral como *aquela atribuída a um dos Genitores ou alguém que o substitua e por guarda compartilhada a responsabilização conjunta e o exercício de direitos e deveres do pai e da mãe que não vivam sob o mesmo teto, concernentes ao poder familiar dos filhos comuns.*

- Malgrado a dualidade sistemática, é clara a preferência legislativa pelo modelo conjunto de guarda.

- Nos termos do artigo 1584, § 2º do Código Civil verifica-se que ainda que não haja consenso entre os genitores, demonstrando ambos aptidão ao exercício do poder familiar, deverá o magistrado aplicar a guarda compartilhada, a menos que um dos genitores declare que não deseja ter a guarda do menor.

b.1) Regime de Convívio

- O direito à convivência familiar é assegurado à criança e ao adolescente. O §2º do artigo 1.583 do Código Civil determina que *na guarda compartilhada, o tempo de convívio com os filhos deve ser dividido de forma equilibrada com a mãe e com o pai, sempre tendo em vista condições fáticas e os interesses dos filhos.*

- Diante dos comandos legislativos que disciplinam acerca do direito fundamental dos filhos terem o direito a conviver com ambos os pais, requer seja seguido o seguinte modelo de convívio.

I) residência fixa com a Genitora;

II) finais de semanas alternados com o Genitor;

III) Visitas livres durante a semana;

4º Passo: Tutela de Urgência.

A demanda em questão poderá necessitar da antecipação dos efeitos da tutela, para que seja assegurado o direito de convívio do Genitor Requerente com o seu filho menor. Veja-se:

c) Da tutela de urgência

Considerando que a situação em tela é capaz de causar ao menor grave dano de difícil ou incerta reparação é necessário que seja concedida a antecipação dos efeitos da tutela, com espeque no artigo 300 do Código de Processo Civil, haja vista a probabilidade do direito e o perigo de dano ou risco ao resultado útil do processo.

5º Passo: Pedidos.

Após os fatos e o direito, tem-se os pedidos. Exemplifica-se:

Por tudo o que fora exposto, após a regular citação da Requerida, requer:

a) Seja concedida a tutela de urgência de caráter antecipatório, para decretar a guarda compartilhada do menor, e o regime de visitas nos seguintes moldes:...

b) No mérito, a decretação da guarda compartilhada e regime de visitação nos seguintes moldes: ...

c) A intervenção do Ministério Público, tendo em vista envolver interesse de incapaz, na forma do art. 178 do Código de Processo Civil;

6º Passo: Protesto pelas provas.

É mister que o Genitor Requerente prove o alegado, para que os pedidos formulados na demanda sejam acolhidos. Por exemplo:

Protesta provar o alegado por todos os meios de provas em direito admitidos, em especial pelo depoimento pessoal, testemunhas, perícias e tudo quanto se fizer necessário para a efetivação da justiça.

7º Passo: Valor da causa.

A toda causa deve ser atribuído um valor, o qual corresponderá ao benefício econômico pretendido pelo autor. Contudo, a presente ação não visa qualquer benefício econômico. Assim, atribui-se um valor para meros efeitos fiscais. Exemplo:

Dá-se à causa o valor de R$ 100,00 (cem reais) para meros efeitos fiscais.

8º Passo: Encerramento.

Pede-se o deferimento daquilo que fora postulado, seguindo-se do local, data e advogado. Por exemplo:

Termos em que pede deferimento.

Local, data,

Advogado

Alienação Parental

A) Definição: Ação civil, autônoma ou incidental, que visa coibir atos dos Genitores, ou dos Avós, que tenham a criança sob a sua autoridade, hábeis a interferir na formação psicológica da criança ou do adolescente. Tais atos objetivam que o menor repudie o outro Genitor ou que cause prejuízo ao estabelecimento ou à manutenção de vínculos com este.

B) Fundamentação legal: Lei nº 12.318/2010 e art. 696 e seguintes do Código de Processo Civil.

A elaboração da peça compreende os seguintes passos:

1º Passo: Endereçamento.

Se autônoma a ação de alienação parental deverá ser dirigida ao Juízo de uma das Varas de Família ou Cível – caso não haja Vara de Família. Caso seja incidental, a ação deverá ser dirigida Juízo da causa principal. Por Exemplo:

Excelentíssimo Senhor Doutor Juiz de Direito da 1ª Vara de Família da Comarca de Salvador-Bahia.

2º Passo: Qualificação das partes.

Aqui, como em toda petição inicial, as partes necessitam ser qualificadas (nome, estado civil, profissão, endereço eletrônico, RG, CPF ou CNPJ e endereço).

Será legitimado passivo o Genitor ou Avó que tenha o menor sob a sua guarda e pratique os atos de alienação parental descritos no rol exemplificativo do art. 2º da Lei nº 12.318/2010. Vejamos:

FULANO DE TAL, Menor, (Nacionalidade), portador da Carteira de Identidade nº ..., inscrito no CPF sob o nº ..., neste ato representado(a) pelo seu Genitor(a), (Nacionalidade), portador da Carteira de Identidade nº ..., inscrito no CPF sob o nº ..., endereço eletrônico ..., ambos residentes e domiciliados na Rua ..., nº ..., Bairro ..., Cidade ..., Cep. ..., no Estado de ..., através do advogado que a esta subscreve, constituído nos termos da procuração em anexo (doc. 01), vem a presença de vossa Excelência, com fundamento na Lei nº 12.318/2010 e artigos 696 e seguintes do Código de Processo Civil, propor a presente **AÇÃO DE ALIENAÇÃO PARENTAL**, em face de **BELTRANO**, (Nacionalidade), (Estado Civil), (Profissão), endereço eletrônico....., portador da Carteira de Identidade nº ..., inscrito no CPF sob o nº ..., residente e domiciliado na Rua ..., nº ..., Bairro ..., Cidade ..., Cep. ..., no Estado de ..., de acordo com os fatos e fundamentos que a seguir passa expor:

3º Passo: Fundamentação.

A ação deverá ser fundamentada sob a Lei nº 12.318/2010. Veja-se.

a) Fatos

- A criança é fruto de união estável havida entre o Genitor Requerente e a Genitora Requerida, conforme Certidão de Nascimento anexa.

- Em acordo realizado em audiência, nos autos do processo nº XXX no dia XXX, restou pactuado a guarda compartilhada do menor, com residência fixa com a Genitora Requerida e regime de convívio em finais de semanas alternados com o Genitor Requerente.

- Malgrado o acordo, o Genitor Requerente está encontrando óbices ao exercício do direito de convívio com o seu filho, em virtude de condutas da Genitora Requerida.

- Outrossim, o Genitor Requerente está encontrando dificuldades em obter importantes informações sobre a rotina da criança, novamente em razão de condutas da Genitora Requerida.

> **b) Direito**
>
> – O artigo 2º, parágrafo único, IV e V elenca como conduta consistente em ato de alienação parental, *dificultar o exercício do direito regulamentado de convivência familiar* e *omitir deliberadamente a genitor informações pessoais relevantes sobre a criança ou adolescente, inclusive escolares, médicas e alterações de endereço.*

4º Passo: Tutela de Urgência.

A ação em questão poderá necessitar da antecipação dos efeitos da tutela, para que seja assegurado o direito de convívio do Genitor Requerente com o seu filho menor. Veja-se:

> c) Da tutela de urgência
>
> Considerando que a situação em tela é capaz de causar ao menor grave dano de difícil ou incerta reparação é necessário que seja concedida a antecipação dos efeitos da tutela, com espeque no artigo 300 do Código de Processo Civil, haja vista a probabilidade do direito e o perigo de dano ou risco ao resultado útil do processo.

5º Passo: Pedidos.

Após os fatos e o direito, tem-se os pedidos. Exemplifica-se:

> Diante de todo o exposto, após a regular citação do Réu, requer:
>
> a) A tramitação prioritária da demanda, nos termos do art. 4º da Lei nº 12.318/2010;
>
> b) Uma vez constatados indícios de alienação parental, a determinação de perícia psicológica e/ou biopsicossocial, conforme art. 5º da Lei 12.318/2010, no prazo de 90 (noventa) dias;
>
> c) Seja o menor ouvido por este nobre Magistrado, com o acompanhamento de especialista, conforme obtempera o artigo 699 do Código de Processo Civil.
>
> d) A intervenção do Ministério Público, tendo em vista envolver a presente interesse de incapaz, na forma do art. 178 do Código de Processo Civil;
>
> e) A aplicação das penalidades elencadas no art. 6º da Lei 12.318/2010, conforme o melhor juízo deste Nobre Magistrado, após advertência ao Requerido sobre suas condutas.

6º Passo: Protesto pelas provas.

É mister que o Genitor Requerente prove o alegado, para que os pedidos formulados na demanda sejam acolhidos. Por exemplo:

Protesta provar o alegado por todos os meios de provas em direito admitidos, em especial pelo depoimento pessoal, testemunhas, perícias e tudo quanto se fizer necessário para a efetivação da justiça.

7º Passo: Valor da causa.

A toda causa deve ser atribuído um valor, o qual corresponderá ao benefício econômico pretendido pelo autor. Contudo, a presente ação não visa qualquer benefício econômico. Assim, atribui-se um valor para meros efeitos fiscais. Exemplo:

Dá-se à causa o valor de R$ 100,00 (cem reais) para meros efeitos fiscais.

8º Passo: Encerramento.

Pede-se o deferimento daquilo que fora postulado, seguindo-se do local, data e advogado. Por exemplo:

Termos em que pede deferimento.

Local, data,

Advogado...

OAB...

Modelo de Ação de Divórcio Litigioso C/C Separação de Corpos

A peça obedecerá aos seguintes passos:

1º Passo: Endereçamento

O pedido de divórcio deverá ser apresentado perante o juízo especializado de família. Vejamos:

EXCELENTÍSSIMO SENHOR JUIZ DA ....VARA DE FAMÍLIA DA COMARCA DE ...../ESTADO

2º Passo: Qualificação das partes

Aqui, como em toda petição inicial, as partes necessitam ser qualificadas (nome, estado civil, profissão, CPF ou CNPJ, endereço eletrônico e endereço) nos termos do artigo 319 do CPC. Vejamos:

FULANO DE TAL, (estado civil), (profissão), CPF inscrito sob o Nº...., (endereço eletrônico), residente e domiciliado na ......, através do advogado que a esta subscreve, com escritório profissional situado na ...., local onde receberá intimações, vem à presença de vossa excelência, com fundamento nos artigos 693 e seguintes do CPC, propor **AÇÃO DE DIVÓRCIO C/C PEDIDO DE SEPARAÇÃO DE CORPOS**

em face de BELTRANO, (estado civil), (profissão), CPF inscrito sob o Nº...., (endereço eletrônico), residente e domiciliado na ......, pelos fatos e fundamentos que a seguir passa expor :

3º Passo: Fundamentação

Em primeiro lugar, será feita a exposição da situação de **fato**, de forma articulada e cronológica. A exposição compreenderá a celebração do casamento, existência de filhos, de bens (se for o caso) e a insuportabilidade da vida em comum. Vejamos:

1. FATOS

1. A requerente e o requerido convolaram núpcias na data...., sob regime ...., conforme certidão de casamento inclusa.

2. Da referida união nasceram os filhos: ......, conforme certidões de nascimento em anexo.

3. Há aproximadamente .... meses/anos, o casal não vem se entendendo mais, tendo em vista que o requerido passou a tratar com desprezo, ofensas morais e ameaças de agressão física, tanto a requerente quanto os filhos.

4. A requerente já expressou sua intenção de divorciar-se, porém, sempre que a mesma entra nesse assunto, o requerido a ameaça, mostrando ser impossível a realização de um divórcio consensual.

5. Tendo em vista que o casal vive sob o mesmo teto, a requerente acredita que se propuser apenas a ação de divórcio, irá acirrar ao máximo os ânimos, a ponto de pôr em risco a sua vida e a de seus filhos.

6. Ademais, a requerente e seus filhos não têm onde se abrigar, por essa razão, a separação de corpos deve caracterizar-se com o afastamento do requerido do lar conjugal.

7. Por fim, ressalta-se que o casal não adquiriu bens durante o matrimônio, pois a casa onde reside juntamente com seus filhos pertence ao pai da requerente, conforme demonstra o documento incluso (DOC. nº), sendo incabível o requerido exigir algum direito sobre esta.

8. Daí a necessidade do presente pedido da separação de corpos juntamente com o divórcio litigioso.

Outrossim, na exposição do **direito**, a peça trará um parágrafo para tratar da fundamentação jurídica, relativamente ao cabimento do divórcio. Vejamos:

2. DO DIREITO

A Emenda Constitucional nº. 66 alterou a disposição do art. 226, §6º, passando a prever que o *"casamento civil pode ser dissolvido pelo divórcio"*.

Portanto, conclui-se que a extinção do vínculo matrimonial pode se dar sem a necessidade da prévia separação judicial.

4º Passo: MEDIDA CAUTELAR DE SEPARAÇÃO DE CORPOS

Nada obsta que, satisfeitos os requisitos de urgência, seja requerida a medida cautelar de separação de corpos conjuntamente com o pedido principal de divórcio. Para tanto, será aberto tópico específico, senão vejamos:

3. DA SEPARAÇÃO DE CORPOS

Ressalta-se que os requisitos básicos para a concessão da medida de urgência de natureza cautelar estão presentes no caso tela, conforme foi exposto acima, tendo em vista a plausibilidade do pedido bem como o perigo iminente da requerente e seus filhos sofrerem agressões por parte do requerido.

Portanto, de acordo com o artigo 1.562 do Código Civil, requer que, antes de analisar o divórcio pleiteado, a concessão da tutela para a separação de corpos.

5º Passo: Pedidos

Nos pedidos, é mister requerer: a) a separação de corpos; b) intimação do representante do Ministério Público; c) a citação do requerido para comparecer à audiência de autocomposição; d) Procedência do pedido e condenação do requerido nos ônus da sucumbência. Por exemplo:

4. DOS PEDIDOS

Ante o exposto, requer:

a) a concessão da tutela cautelar de separação de corpos, determinado a saída, imediata, do requerido do lar conjugal, expedindo-se o competente mandado, onde deverá constar, se necessário, autorização para o uso de força policial; b) a intimação do ilustre representante do Ministério Público, nos termos do art. 178, II, do CPC;

c) a citação do requerido, para que compareça à audiência de mediação ou conciliação;

d) Ao final, a procedência do pedido, decretando-se o divórcio do casal, expedindo-se o mandado de Averbação;

e) o retorno da requerente ao nome de solteira, qual seja: ....;

f) a condenação do requerido no pagamento das custas processuais e nos honorários advocatícios.

6º Passo: Valor da causa

A toda causa deve ser atribuído um valor, o qual corresponderá ao benefício econômico pretendido pelo autor. No caso do divórcio, o valor corresponderá ao valor patrimonial do casal. Não havendo bens a partilhar, deve-se atribuir um valor para efeitos fiscais. Por exemplo:

Dá-se à causa o valor de R$ ...., para efeitos fiscais.

7º Passo: Protesto pelas provas

Na ação de divórcio, é mister que a parte prove o alegado, para que os pedidos formulados na demanda sejam acolhidos. Por exemplo:

Protesta provar o alegado por todos os meios de provas em direito admitidos, seja pelo depoimento pessoal, documentos, testemunhas, perícias e tudo quanto se fizer necessário para a efetivação da justiça!

8º Passo: Encerramento

Pede-se o deferimento daquilo que fora postulado, seguindo-se do local, data e advogado. Por exemplo:

Termos em que pede deferimento.

Local, data,

Advogado...

OAB...

1.1.8. Interdição

a) Conceito: Trata-se de uma ação intentada no âmbito cível e tem por finalidade precípua a declaração da incapacidade de determinada pessoa.

B) Fundamentos: Arts. 747 e seguintes do CPC.

MODELO DE AÇÃO DE INTERDIÇÃO

A peça obedecerá aos seguintes passos:

PARTE ESPECIAL

1º Passo: Endereçamento

O pedido de interdição deverá ser apresentado perante o juízo da vara cível. Vejamos:

EXCELENTÍSSIMO SENHOR JUIZ DA ..... VARA CÍVEL DA COMARCA DE RECIFE/ PERNAMBUCO

2º Passo: Qualificação

Aqui, como em toda petição inicial, os sujeitos do processo necessitam ser identificados. Mas, atenção: Neste procedimento de jurisdição voluntária o sujeito não "ajuíza ação contra", mas, sim, "requer a interdição de". Vejamos:

FULANO DE TAL, (estado civil), (profissão), CPF inscrito sob o Nº...., (endereço eletrônico), residente e domiciliado na ......, através do advogado que a esta subscreve, com escritório profissional situado na ...., local onde receberá intimações, vem a presença de vossa excelência, com fundamento nos artigos 1.767 e seguintes do CC e artigos. 747 e seguintes do CPC, requerer a

INTERDIÇÃO

de **BELTRANO,** (estado civil), (profissão), CPF inscrito sob o Nº...., , residente e domiciliado na ......, de acordo com os fatos e fundamentos que a seguir passa expor:

3º Passo: Fundamentação

Em primeiro lugar, será feita a exposição da situação de **fato**, de forma articulada e cronológica. Aqui, deve-se demonstrar os fatos que apontam a impossibilidade do interditando reger a sua vida e seus bens. Vejamos:

A) FATOS:

1. A requerente é esposa do interditando, mora com o mesmo e lhe presta toda a assistência material necessária.

2. Em virtude da idade avançada, o interditando possui diversas limitações físicas e mentais, necessitando do auxílio da requerente para o desempenho de atividades mais elementares como banho, realização de refeições e ministração dos vários remédios que controlam o mal de Alzheimer, dentre outras patologias existentes, conforme relatórios médicos emitidos por hospital público municipal.

3. É certo que o interditando não pode exprimir a sua vontade e a aposentadoria que recebe do INSS é fundamental para cobrir as despesas com medicamentos, ficando as demais despesas suportadas pela requerente.

4. Recentemente, chegou à residência da requerente uma correspondência do INSS comunicando que o interditando deveria comparecer ao posto da autarquia mais próximo para recadastramento e retirada de novo cartão de benefício previdenciário, sob pena de ser suspenso o pagamento do benefício de aposentadoria.

Outrossim, na exposição do **direito,** a peça trará um parágrafo para tratar da fundamentação jurídica, relativamente ao cabimento da interdição. Vejamos:

B) DIREITO:

5. O Código Civil, em seu artigo 1.767, consubstancia a regra segundo a qual estão sujeitos a curatela aqueles que, por enfermidade ou deficiência mental, não tiverem o necessário discernimento para os atos da vida civil.

6. É o que ocorre no presente caso: conforme anteriormente mencionado, o interditando possui idade avançada, além de diversas limitações físicas e mentais, de modo que o mesmo necessita do auxílio da requerente para o desempenho de atividades mais elementares como banho, realização de refeições e ministração dos vários medicamentos que controlam o mal de Alzheimer, dentre outras patologias existentes.

7. Sendo assim, é forçoso reconhecer a necessidade de nomeação da requerente como sua curadora, de modo a poder assisti-lo nos atos da vida civil.

4º Passo: CURATELA PROVISÓRIA

Satisfeitos os requisitos de urgência, será aberto tópico específico para o requerimento de curatela provisória, de modo que o requerente seja imediatamente investido na qualidade de curador. Vejamos:

C) DA CURATELA PROVISÓRIA

Considerando o estado de incapacidade do interditando e a imediata necessidade de resguardar os seus direitos, requer a nomeação do requerente na condição de curador provisório.

5º Passo: Pedidos

Nos pedidos, é mister requerer a curatela provisória, entrevista com o interditando, intimação do representante do MP e confirmação, ao final, da curatela, transformando-a em definitiva. Vejamos:

D) DOS PEDIDOS

Diante de todo o exposto, requer:

a) Seja a autora nomeada como CURADORA PROVISÓRIA do interditando, para que possa assisti-lo nos atos da vida civil;

b) Seja o interditando examinado pessoalmente por este juízo, nos termos do artigo 751, do CPC;

c) A intimação do representante do Ministério Público para acompanhar o feito na condição de fiscal da ordem jurídica;

d) Ao final, a procedência dos pedidos contidos na ação, com a confirmação da NOMEAÇÃO DEFINITIVA da autora como CURADORA do inteditando, nos limites da curatela fixados na sentença.

6º Passo: Valor da causa

A toda causa deve ser atribuído um valor, o qual corresponderá ao benefício econômico pretendido pela parte. Ocorre que aqui não há conteúdo econômico e, portanto, deve-se atribuir um valor para efeitos fiscais. Por exemplo:

Dá-se à causa o valor de R$ ...., para efeitos fiscais.

7º Passo: Protesto pelas provas

Na ação de interdição, é mister que a parte prove o alegado, para que os pedidos formulados na demanda sejam acolhidos. Por exemplo:

Protesta provar o alegado por todos os meios de provas em direito admitidos, seja pelo depoimento pessoal, documentos, testemunhas, perícias e tudo quanto se fizer necessário para a efetivação da justiça!

8º Passo: Encerramento

Pede-se o deferimento daquilo que fora postulado, seguindo-se do local, data e advogado. Por exemplo:

Termos em que pede deferimento.

Local, data,

Advogado...

OAB...

1.1.9. Tomada da decisão apoiada e os impactos do Estatuto da Pessoa com Deficiência sobre o Código Civil

Dentre as novidades decorrentes do Estatuto da Pessoa com Deficiência (Lei 13.146/15), salta aos olhos o novo instituto criado e que passa a integrar o direito assistencial das famílias: a **Tomada de Decisão Apoiada** (CC, art. 1.783-A).

O recente Código Civil Argentino também previu a tomada de decisão apoiada de maneira semelhante à prevista em 2015 no Brasil. Já a Itália trabalha o Instituto há mais de uma década, ao lado da curatela. Portanto, faz-se mister iniciar a apresentação do tema recordando que a tomada de decisão apoiada é instituto que não se confunde com a interdição, tendo, portanto, finalidade distinta. A experiência italiana demonstrou naquela sociedade que o instituto da interdição perdeu, em certa medida, força diante da utilidade prática da tomada da decisão apoiada.

Veremos como acontecerá na história brasileira.

Trata-se de **processo judicial** por meio do qual a pessoa com deficiência elege duas ou mais pessoas idôneas, com as quais mantenha vínculos e que gozem da sua confiança, com o objetivo de que lhes prestem apoio na tomada de decisão sobre atos da vida civil, fornecendo-lhe elementos e informações necessários para que possa exercitar a sua capacidade.

Para formular este requerimento de Tomada de Decisão Apoiada, a pessoa com deficiência e os apoiadores deverão apresentar um **termo.** Neste termo há de constar os limites do apoio a ser oferecido, o compromisso dos apoiadores, o prazo de vigência do acordo e o respeito à vontade, aos direitos e aos interesses da pessoa que devem apoiar.

O **pedido** de apoio será formulado pela própria pessoa a ser apoiada, com indicação expressa das pessoas aptas a prestarem o apoio previsto. Antes de decidir sobre o pleito, o magistrado deverá ser assistido por equipe multidisciplinar e colher o pronunciamento do Ministério Público. Deverá também **ouvir pessoalmente** o requerente e as pessoas que lhe prestarão apoio.

Homologado o apoio, decisões apoiadas serão válidas e eficazes, desde que tomadas nos exatos limites do termo. O terceiro contra quem a pessoa apoiada mantenha relação negocial poderá solicitar, inclusive, a assinatura do contrato ou do acordo dos apoiadores, especificando, por escrito, a função destes em relação ao apoiado.

Em caso de negócio jurídico que possa causar risco ou prejuízo relevante, havendo divergência de opiniões entre a pessoa apoiada e um dos apoiadores, deverá o juiz, ouvido o Ministério Público, decidir sobre a questão.

Se o apoiador agir com negligência, exercer pressão indevida ou não adimplir as obrigações assumidas poderá a pessoa apoiada, ou qualquer pessoa, apresentar **denúncia** ao Ministério Público ou ao juiz.

Acaso esta denúncia seja procedente, o magistrado irá destituir o apoiador e nomear outro, ouvida a pessoa apoiada e se for de interesse desta a substituição.

Outrossim, a pessoa apoiada pode, a qualquer tempo, solicitar o término de acordo firmado em processo de tomada de decisão apoiada. De igual sorte, o apoiador poderá solicitar ao juiz a exclusão de sua participação do processo de tomada de decisão apoiada, sendo o seu desligamento condicionado à manifestação do juiz sobre a matéria.

De acordo com o Código Civil se aplicam à tomada da decisão apoiada, no que couber, as disposições alusivas à prestação de contas na curatela.

Sem dúvida alguma, trata-se de uma relevante inovação legislativa que ainda trará muitos debates, tanto doutrinários, como jurisprudenciais.

A tomada de decisão apoiada efetivamente implementa o princípio vetor da dignidade da pessoa humana e promove a inclusão daqueles que possuem deficiência, implementando a igualdade substancial e realizando a eficácia horizontal dos direitos fundamentais. Com este instituto a curatela tende a ser reduzida, incidindo apenas nos casos em que não houve antecipação de pedido de apoio.

1.2. Procedimentos especiais previstos em leis extravagantes

Dentre os procedimentos especiais, destacam-se os seguintes: Ação de Alimentos (Lei 5.478/68), Mandado de segurança (Lei nº 12.016/09), Ação civil pública (Lei nº 7.347/85), Ação popular (Lei nº 4.717/65), Juizados especiais cíveis (Lei nº 9.099/95) e procedimentos previstos na Lei 8245/91.

1.2.1. Ação de alimentos

A) Definição: Ação de conhecimento, de rito especial, que visa compelir o réu a pagar alimentos ao alimentando. Os alimentos compõem todas as parcelas indispensáveis para a sua manutenção. Deverá ser provada a existência do parentesco ou a obrigação alimentar do réu.

B) Fundamentação legal: arts. 319 e 320 do CPC e lei 5478/68.

A elaboração da peça compreende os seguintes passos:

1º Passo: Endereçamento

EXCELENTÍSSIMO SENHOR DOUTOR JUIZ DE DIREITO DA... VARA DE FAMÍLIA DA COMARCA DE GUAIAQUI DO ESTADO...

2º Passo: Qualificação das partes

Aqui, como em toda petição inicial, as partes necessitam ser qualificadas (nome, estado civil, profissão, CPF, e-mail e endereço).

As partes são comumente chamadas de autor e réu, tendo em vista que estamos diante de ação de conhecimento. Assim:

ANTÔNIO PEDRO, nacionalidade, viúvo, desempregado, devidamente inscrito no CPF sob o número..., e-mail..., residente e domiciliado na rua...,número...,CEP...,bair ro...,cidade de Da luz, Estado...,por seu Advogado legalmente constituído(conforme instrumento procuratório anexo),e-mail, com endereço profissional situado na rua..., número...,bairro...,CEP..., cidade...,Estado..., onde receberá as intimações de estilo, vem a presença de Vossa Excelência, com base nos artigos 319 e 320 do código de processo civil ,com fulcro na lei 5.478 de 1968 e artigos 1694,1.696 do CC/02 e demais dispositivos, propor

AÇÃO DE ALIMENTOS

com pedido de fixação de alimentos provisórios, pelo rito especial, o qual lhe corresponde, em face de ARLINDO ,nacionalidade...,estado civil...,profissão..., devidamente inscrito no CPF sob o número..., e-mail..., residente e domiciliado na rua..., CEP..., bairro..., cidade..., Estado..., pelos fatos e fundamentos a seguir delineados:

Na inicial de Alimentos é possível que se façam presentes os seguintes itens, vejamos:

DA CONCESSÃO DOS BENEFÍCIOS DA GRATUIDADE JUDICIÁRIA

Destaque-se, desde logo, que o autor não tem condições de arcar com as custas do processo, sem prejuízo de seu sustento próprio. Trata-se de pessoa idosa que se encontra desempregado, razão pela qual lhe devem ser concedidos os benefícios da gratuidade judiciária, nos moldes do art. 98 do CPC, bem como da lei 1060/50.

DA PRIORIDADE DE TRAMITAÇÃO

Neste tópico, indicar a prioridade de tramitação com base no art. 71 da Lei 10.741/03. O CPC também regula a matéria no art. 1048. Você também poderá citar tal dispositivo.

3º Passo: Fatos e fundamentos

DOS FATOS

O requerente foi casado por vários anos, e desta união conjugal teve apenas um filho, o referido réu, que hoje é dono de uma rede de hotelaria.

Ocorre que, após o falecimento de sua esposa, o autor entrou em grande tristeza, o que ocasionou o abandono do trabalho, razão pela qual encontra-se em dificuldades financeiras.

Aos 72 anos de idade, sobrevive com a ajuda de vizinhos e alguns parentes, a exemplo da sua sobrinha.

Mister se faz salientar que, é notória a necessidade de fixação de alimentos provisórios em razão da necessidade, bem como da sua extrema carência pecuniária.

DOS FUNDAMENTOS JURÍDICOS DA DEMANDA

DA CONCESSÃO DOS ALIMENTOS PROVISÓRIOS

Utilizar o art. 4º. da Lei de Alimentos

DA OBRIGAÇÃO ALIMENTAR

Consagrado, constitucionalmente, o dever de alimentar, consoante o artigo 229 da CF/88, que determina a obrigação recíproca entre pais e filhos assistirem uns aos outros, na carência, enfermidade, criação e educação.

O texto da carta maior vem também contemplado pela legislação infraconstitucional em seus artigos 1.695,1696 e seguintes do código civil, todos consagrados e revestidos de imperatividade do dever de alimentar.

De acordo com o disposto acima, o dever alimentar é recíproco entre pais e filhos e extensivo a todos os ascendentes, recaindo aos mais próximos, uns na falta dos outros.

É de verificar, que, é dever do réu dar suporte ao seu genitor na sua velhice, é direito do autor, ser amparado pelo seu único filho, com respaldo no artigo 2º do artigo da lei 5.478/68.

Recomendamos a abertura de um tópico para cuidar da necessidade do autor e possibilidade que tem o réu de prover a mantença de seu genitor. Eis o famoso binômio da demanda, em tela.

NECESSIDADE...POSSIBILIDADE

ATENÇÃO! OS TÓPICOS ACIMA DEVEM SER MELHOR DESENVOLVIDOS POR VOCÊ!

4º Passo: Pedidos

DOS PEDIDOS

Ante o exposto, requer a total PROCEDÊNCIA dos pedidos a seguir delineados:

a. Liminarmente, por força do artigo 4ª. da lei 5.478 de 1968, requer a procedência de fixação de alimentos provisórios, a quantia de R$...
b. Requer a prioridade de tramitação no procedimento, atendendo o disposto no artigo 1048 do código de processo civil e o artigo 71 da lei 10.741 de 2003, o estatuto do idoso, por conta do autor ter idade superior da 60 anos.

c. Requer a intimação do ilustre representante do Ministério público, para que manifeste a acompanhe o feito ate o final, sob pena de nulidade, conforme artigo 178 do CPC 74, III, da Lei 10.741/2003.

d. Requer a concessão do benefício de justiça gratuita, nos termos do art. 99 do CPC e Lei 1.060/50.

e. Requer a citação do réu, para comparecer à audiência e querendo contestar no prazo legal, sob pena de revelia.

f. Requer, ainda, no mérito, a procedência total do presente pedido para que sejam fixados os alimentos definitivos.

g. Por fim, requer a condenação do réu ao pagamento das custas processuais e honorários advocatícios, a serem arbitrados por Vossa Excelência, nos moldes do art. 85 do CPC.

5º Passo: Indicação dos meios de prova

Requer a produção de prova documental, testemunhal, pericial e todos os meios de provas em direito admitidos. As testemunhas comparecerão à audiência, nos moldes do art. 8º da lei 5478/68.

6º Passo: Valor da causa

O valor da causa na ação de alimentos é LEGAL. Ele está disposto no art. 292,III do CPC.

Dá-se o valor da causa R$...... 12 vezes prestações mensais pedidas pelo autor.

7º Passo: Encerramento

Nestes termos,

Pede Deferimento.

Advogado ...

OAB...

OBS: Lembre que em se tratando de prova da OAB você não poderá assinar a peça. Ademais, utilize o gênero masculino, como sugerimos acima.

1.2.2. Mandado de Segurança (Lei nº 12.016/09)

Sabe-se que o surgimento da ordem estatal só foi possível em virtude da renúncia, por parte dos súditos, de parcela de sua autonomia. O objetivo era viver de forma organizada, sob a égide de um ente estatal dotado de poderes que dessem suporte à consecução do objetivo de proporcionar ao povo o bem comum.

Não obstante, se por um lado houve o consenso de que a vivência grupal estava condicionada à criação de ente dotado de domínio, por outro lado, paulatinamente, percebeu-se que era necessário conferir aos cidadãos garantias que repelissem a utilização irregular do poder estatal. Da tese em questão, da limitação da atividade estatal, surgiram os *direitos de primeira geração*, conhecidos como aqueles que conferem liberdades individuais ou garantias ao cidadão, a exemplo da vida, liberdade, propriedade, manifestação do pensamento, voto, etc.

Nesse diapasão, ao lado dos direitos materiais, era mister a existência de instrumentos que conferissem efetividade a ditas garantias. Foi daí que surgiram inúmeros instrumentos, dentre os quais destacamos o mandado de segurança, disciplinado, inicialmente, pela Lei nº 1.533/51, posteriormente revogada pela Lei nº 12.016/09.

Definição

É o instrumento jurídico-processual, de natureza constitucional, utilizado para evitar ou sanar lesão a direito líquido e certo, não amparado por habeas corpus ou habeas data, quando o ato ou omissão for praticada por parte de autoridade pública ou por quem o faça as vezes.

Pressupostos

Do conceito exposto, extraem-se os requisitos imprescindíveis ao manejo do remédio heroico. Vejamos:

Direito líquido e certo: conceito tipicamente processual. Pode ser entendido como aquele que é contemplado de imediato, *prima facie*, sem necessidade de maiores delongas. É justamente por isso que, no *mandamus*, inexiste dilação probatória; nele a questão deve ser vislumbrada mediante a análise de prova documental pré-constituída.

Periculum in mora: não basta a evidência do direito alegado. É mister que o autor demonstre que o mesmo fora objeto de violação ou mesmo esteja na iminência de o ser por parte de autoridade pública ou por quem o faça as vezes.

ATENÇÃO! O instrumento em questão *não poderá ser utilizado* quando o ato a ser impugnado seja passível de combate mediante recurso administrativo ou judicial com efeito suspensivo ou, ainda, quando se tratar de decisão transitada em julgado (artigo 5º, Lei nº 12.016/09). Nesses casos, o manejo da ação não seria possível por não existir o *interesse de agir*.

Prazo

O direito de requerer mandado de segurança extinguir-se-á quando decorridos 120 (cento e vinte) dias, *contados da ciência, pelo interessado, do ato impugnado.*

Algumas colocações devem aqui ser feitas.

A primeira diz respeito ao termo inicial para a impetração quando se efetua **pedido de reconsideração** à autoridade coatora. Em uma apressada conclusão, diríamos que o termo inicial do prazo não esperaria pela resposta da autoridade administrativa ao pedido de reconsideração, haja vista que a Súmula 430 do STF menciona que *"o pedido de reconsideração na via administrativa não interrompe o prazo para o mandado de segurança"*. Ocorre que a súmula em questão deve ser aplicada aos casos em que inexiste disposição legal expressa quanto ao pedido de reconsideração. Assim, havendo previsão legal quanto ao pedido de reconsideração, este passa a ostentar a natureza de recurso administrativo, pelo que a resposta negativa da autoridade administrativa acabará por renovar a lesão a direito líquido e certo, justificando, por consequência a devolução do prazo para impetração do *mandamus*.

A segunda se refere aos **atos de trato sucessivo**. Nesse caso, como a lesão se renova periodicamente, o prazo para impetração da segurança renasce com a lesão perpetrada. Este é o entendimento sedimentado na jurisprudência.

Finalmente, a terceira colocação se refere ao início do prazo quando a lesão a direito líquido e certo é perpetrada mediante **omissão** da autoridade coatora. Fixada por lei a data em que a conduta deverá ser praticada, o termo inicial de impetração coincidiria com aludida data; se, ao contrário, não houver previsão acerca do momento, a lesão estará em constante execução, pelo que não haveria que se falar em fluência do prazo decadencial (seria, em outros termos, obrigação de trato sucessivo, a qual se renova mês a mês).

Legitimidade

Tanto a pessoa física quanto a jurídica poderá valer-se do remédio heroico. Verifica-se que a nova lei procurou abarcar o entendimento sedimentado pela jurisprudência quanto à utilização do *mandamus* por pessoa jurídica.

Competência

No que pertine à competência, o remédio em questão deverá ser apresentado perante o juízo cuja jurisdição o ato da autoridade coatora esteja sujeita.

Dessa forma, a impugnação de ato administrativo emanado de autoridade municipal se dará perante juízo de primeiro grau (*mesmo em se tratando de prefeito, visto que a regra do artigo 29, X da Carta de 1988, que o submete ao julgamento perante o tribunal de justiça, se refere tão somente à competência criminal, em virtude da prerrogativa da função, e não para a apreciação de mandado de segurança)*; do ato de autoridade estadual, caberá o *mandamus* perante o respectivo TJ; finalmente, em se tratando de autoridade federal, o mandado de segurança deverá ser aviado perante a justiça federal de primeiro grau, excetuados os casos de competência de outro tribunal, mediante disposição expressa da própria constituição. É que a carta de 1988, em seu artigo 105, I, b, aponta a competência do STJ para julgar mandado de segurança *"contra ato de Ministro de Estado, dos Comandantes da Marinha, do Exército e da Aeronáutica ou do próprio tribunal"* e, em seu artigo 102, I, d, a competência do STF para o julgamento do *mandamus "contra atos do Presidente da República, das Mesas da Câmara dos Deputados e do Senado Federal, do Tribunal de Contas da União, do Procurador-Geral da República e do próprio Supremo Tribunal Federal."*

Em se tratando de impugnação de ato judicial, a competência será do tribunal ao qual a autoridade judiciária está vinculada. Assim, contra ato de juízo de primeiro grau, caberá mandado de segurança para o respectivo tribunal (TJ ou TRF); do ato do tribunal de segundo grau, caberá o remédio para o próprio tribunal (TJ ou TRF), assim como deverá o *mandamus* ser dirigido ao STJ ou STF quando se quiser impugnar ato emitido por seus membros.

Nessa toada, com o fito de expurgar qualquer dúvida, o STJ, por intermédio da Súmula 41, pontuou que o mesmo não tem competência para processar e julgar, originariamente, mandado de segurança contra ato de outros tribunais ou dos respectivos órgãos.

No que se refere à competência para julgamento do mandado de segurança interposto contra ato de juiz de Juizado, o entendimento pacificado é de que a competência é da Turma Recursal (vide Súmula 376, STJ).

Procedimento

A ação em comento, desde a sua propositura até o seu julgamento, deverá obedecer ao procedimento a seguir descrito:

Petição Inicial: A inicial, além de preencher os requisitos do artigo 319, CPC, deverá ser apresentada em duas vias com os documentos que a instruírem. Ademais, deverá ela apontar a autoridade coatora bem como a pessoa jurídica a qual a mesma integra.

Juízo de admissibilidade: Ao despachar a inicial, o magistrado poderá adotar uma dentre as seguintes posturas: a) Indeferimento: quando *não for o caso de mandado de segurança* ou lhe *faltar algum dos requisitos legais* ou quando *decorrido o prazo decadencial* para a sua impetração (a saber, 120 (cento e vinte) dias, contados da ciência, pelo interessado, do ato impugnado- artigo 23, LMS). Da decisão que indefere a inicial será cabível a interposição do recurso de apelação; quando a competência for originária, da decisão do relator que a indefere, será cabível o recurso de agravo para o órgão competente do tribunal que integre; b) recebimento: recebendo a inicial, cuidará o mesmo de adotar as seguintes providências: 1) notificação da autoridade coatora para que preste informações em dez dias; 2) *ciência à pessoa jurídica interessada* para que, querendo, ingresse no feito; 3) concessão de liminar no sentido de suspender o ato que deu origem ao pedido.

A liminar: a liminar será concedida quando houver *fundamento relevante* e do ato impugnado possa resultar *dano irreparável ou de difícil reparação* antes do julgamento final do mérito.

A autoridade administrativa, no prazo de 48 (quarenta e oito) horas da notificação da medida liminar, cuidará de enviar cópia do mandado notificatório ao ministério ou órgão ao qual se acha vinculado ou a quem tiver a representação judicial para que este adote as medidas que entender cabíveis (suspensão da liminar e defesa do ato apontado como ilegal).

Contra a decisão que conceder ou denegar a liminar, caberá agravo de instrumento. Contra a decisão que a conceder, caberá o pedido de suspensão, a ser tratado mais à frente; finalmente, sendo do relator, cabível será o agravo interno.

Os efeitos da liminar irão perdurar até a prolação da sentença (e não mais 90 (noventa) dias, prorrogável por mais 30 (trinta), a teor do disposto no artigo 1, "b", da Lei nº 4.348/64).

Ouvida do Ministério público: prestadas as informações, o representante do ministério público será ouvido no prazo improrrogável de 10 (dez) dias.

Decisão: será a sentença proferida no prazo 30 (trinta) dias. Da sentença, concedendo ou denegando a segurança, caberá apelação *(recebida apenas no efeito devolutivo, visto que não impede a execução provisória, salvo nas hipóteses de proibição de liminares - artigo 14 par. 3o)*, estendendo-se à autoridade coatora o direito de recorrer.

> **ATENÇÃO!** A sentença que concede a segurança estará sujeita ao Reexame necessário (artigo 14, par. 1º). Perceba, inclusive, que o duplo grau sempre será obrigatório, independentemente do valor que eventualmente seja atribuído à condenação, não havendo que se aplicar, aqui, as exceções previstas no CPC.
>
> A sentença que extingue o mandamus sem apreciar o mérito não impede o ajuizamento da ação para pleitear o respectivo direito e seus efeitos patrimoniais.
>
> De igual forma, o pedido de mandado de segurança poderá ser renovado dentro do prazo decadencial se a decisão denegatória não lhe houver apreciado o mérito (artigo 6º, par. 6º).

PARTE ESPECIAL

A questão da limitação no manejo de liminares em face do poder público

Visando ao interesse público (além do óbice jurídico dos precatórios e à necessidade do duplo grau de jurisdição obrigatório), procurou o legislador impedir o manejo de medidas liminares contra a fazenda pública.

Inicialmente a vedação legal à concessão de liminares em face do poder público em sede de mandado de segurança fora feito por intermédio da **Lei nº 4.348/64** para os casos de ***reclassificação ou equiparação salarial* e *aumento e extensão de vantagens a servidores públicos.***

De forma ainda mais restritiva (pois os causídicos poderiam utilizar-se de nomenclaturas distintas para conseguir ditas vantagens proibidas), a **Lei nº 5.021/66** estabeleceu a vedação do mandamus para se conseguir qualquer vantagem pecuniária (***"não se concederá medida liminar para efeito de pagamentos de vencimentos e vantagens pecuniárias"***).

Assim, os advogados passaram a se utilizar de cautelares com o intuito de conseguir igual objetivo, agora em sede de cautelar.

Daí veio à lume a **Lei nº 7.969/1989** apregoar que: ***"não haverá medida liminar quando a ação cautelar tiver por objeto reclassificação ou equiparação de servidores públicos, ou, ainda, aumento e extensão de vantagens a ditos servidores".***

E, para evitar lacunas (que a parte se utilizasse de cautelares se utilizando de outras nomenclaturas para atingir ditas finalidades onde já era vedada a liminar em MS), editou-se a **Lei nº 8.437 de 1992** para determinar que: ***"não caberá liminar em ação cautelar contra o Poder Público, toda vez que providência semelhante não puder ser concedida em ações de MS, em virtude de vedação legal"*** .

Certamente que a "criatividade" dos causídicos não parou por aí. Sem poder se servir da cautelar, passaram a recorrer ao instituto da tutela antecipada para conseguir semelhante intento, até que fora instituída a **Lei nº 9.494/97** para fechar, de vez, as "portas" da utilização de liminares com a proibição do manejo de decisões provisórias, agora em sede de tutela antecipada.

Já no âmbito da nova lei do mandado de segurança (Lei nº 12.016/09), todas as vedações mencionadas foram mantidas, segundo estabelece o artigo 7º da mesma:

"§ 2º Não será concedida medida liminar que tenha por objeto a compensação de créditos tributários, a entrega de mercadorias e bens provenientes do exterior, a reclassificação ou equiparação de servidores públicos e a concessão de aumento ou a extensão de vantagens ou pagamento de qualquer natureza."

A suspensão de segurança

A LMS, a exemplo de outras leis extravagantes (tal como a Lei nº 7.347/85), refere-se ao instrumento em questão para possibilitar às pessoas jurídicas de direito público a suspensão dos efeitos de decisão (liminar ou final) que seja suscetível de causar danos a um dos interesses públicos relevantes, senão vejamos:

Artigo 15. Quando, a requerimento de pessoa jurídica de direito público interessada ou do Ministério Público e para evitar grave lesão à ordem, à saúde, à segurança e à economia públicas, o presidente do tribunal ao qual couber o conhecimento do respectivo recurso suspender, em decisão fundamentada, a execução da liminar e da sentença, dessa decisão caberá agravo, sem efeito suspensivo, no prazo de 5 (cinco) dias, que será levado a julgamento na sessão seguinte à sua interposição.

§ 1º Indeferido o pedido de suspensão ou provido o agravo a que se refere o caput deste artigo, caberá novo pedido de suspensão ao presidente do tribunal competente para conhecer de eventual recurso especial ou extraordinário.

§ 2º É cabível também o pedido de suspensão a que se refere o § 1º deste artigo, quando negado provimento a agravo de instrumento interposto contra a liminar a que se refere este artigo.

A concessão do efeito suspensivo tem como **pressupostos** a plausibilidade do direito invocado e a urgência na concessão da medida.

A legitimidade será da fazenda pública (incluindo, portanto, as agências reguladoras, as quais ostentam feição de autarquias em regime especial e, portanto, de pessoas jurídicas de direito público) e do Ministério Público.

Perceba que o presidente do tribunal não adentra no mérito da discussão, verificando a justiça ou injustiça da decisão. Limita-se este a analisar a potencialidade aos interesses públicos superiores.

Nada obsta que, uma vez interposto o remédio em estudo, seja utilizado cumulativamente o Agravo de instrumento. É o que diz o parágrafo terceiro, *in verbis*:

A interposição de agravo de instrumento contra liminar concedida nas ações movidas contra o poder público e seus agentes não prejudica nem condiciona o julgamento do pedido de suspensão a que se refere este artigo.

Vale ressaltar que não constitui afronta ao princípio da unicidade o manejo dos instrumentos para o combate da mesma decisão judicial. É que, conforme mencionado alhures, o pedido de suspensão não ostenta natureza de recurso, tendo função diversa da do agravo de instrumento. O agravo é recurso, sujeito a prazo e com função específica de reforma ou invalidação da decisão; por outro lado, o pedido de suspensão é incidente que visa, tão somente, a sustação dos efeitos da decisão, não estando sujeito a prazo, podendo ser efetuado a qualquer momento, desde que antes da execução do ato.

Verifique que o deferimento ou indeferimento do pedido de suspensão não prejudica o julgamento do agravo. É que aquele tem a função de apenas sustar os efeitos da decisão, a qual terá o mérito analisado por ocasião do julgamento do agravo.

Em se tratando de **liminares cujo objeto seja idêntico,** estas poderão ser suspensas em uma única decisão, podendo o presidente do Tribunal estender os efeitos da suspensão a liminares supervenientes, mediante simples aditamento do pedido original.

A teor do preceituado na Lei nº 8.437/92 (artigo 4º, par. 9º), a suspensão **vigorará** até o trânsito em julgado da decisão de mérito na ação principal.

O STF editou a Súmula 626, no sentido de que a duração vigora até o trânsito em julgado ou, havendo recurso, até a sua manutenção pelo STF. O STF entende que a duração só não perdurará até o fim caso tenha sido determinado o contrário na decisão que a conferiu.

Mandado de segurança coletivo

O mandado de segurança coletivo pode ser impetrado por **partido político** com representação no Congresso Nacional, na defesa de seus interesses legítimos relativos a seus integrantes ou à finalidade partidária, ou por **organização sindical**, **entidade de classe** ou **associação** legalmente constituída e em funcionamento há, pelo menos, 1 (um) ano, em defesa de direitos líquidos e certos da totalidade, ou de parte, dos seus membros ou associados, na forma dos seus estatutos e desde que pertinentes às suas finalidades, dispensada, para tanto, autorização especial.

Os direitos protegidos pelo mandado de segurança coletivo podem ser: I- **coletivos**, assim entendidos, para efeito desta lei, os transindividuais, de natureza indivisível, de que seja titular grupo ou categoria de pessoas ligadas entre si ou com a parte contrária por uma relação jurídica básica; II - **individuais homogêneos**, assim entendidos, para efeito desta lei, os decorrentes de origem comum e da atividade ou situação específica da totalidade ou de parte dos associados ou membros do impetrante.

ATENÇÃO! Aqui, três nuances necessitam ser registradas:

A primeira é que, no mandado de segurança coletivo, a sentença fará **coisa julgada limitadamente aos membros do grupo ou categoria** substituídos pelo impetrante.

Em segundo lugar, o mandado de segurança coletivo **não induz litispendência para as ações individuais**, mas os efeitos da coisa julgada não beneficiarão o impetrante a título individual se não requerer a desistência de seu mandado de segurança no prazo de 30 (trinta) dias a contar da ciência comprovada da impetração da segurança coletiva.

Em último lugar, no mandado de segurança coletivo, a **liminar só poderá ser concedida após a audiência do representante judicial da pessoa jurídica de direito público**, que deverá se pronunciar no prazo de 72 (setenta e duas) horas.

MANDADO DE SEGURANÇA

A) Definição: Remédio constitucional que visa sanar, de forma preventiva ou repressiva, abuso a direito líquido e certo, não amparado por "habeas corpus" ou "habeas data", praticado por ato de autoridade pública ou agente de pessoa jurídica de direito privado no exercício de função pública.

B) Fundamentação legal: Artigo 5º, LXIX, da Constituição Federal de 1988. Lei 12.016/09.

MODELO DE MANDADO DE SEGURANÇA

A elaboração da peça compreende os seguintes passos:

1º Passo: Endereçamento

No que pertine à competência, o remédio em questão deverá ser aviado perante o juízo cuja jurisdição o ato da autoridade coatora esteja sujeito. Destarte, a impugnação de **ato administrativo** emanado de autoridade municipal ou estadual se dará perante juízo de primeiro grau, salvo quando a autoridade estadual estiver sujeita à jurisdição do tribunal estadual. Em se tratando de autoridade federal, o mandado de segurança deverá ser aviado perante a justiça federal de primeiro grau, excetuados os casos de competência de outro tribunal, mediante disposição expressa da própria constituição. É que a carta de 1988, em seu artigo 105, I, b, aponta a competência do STJ para julgar mandado de segurança *"contra ato de Ministro de Estado, dos Comandantes da Marinha, do Exército e da Aeronáutica ou do próprio tribunal"* e, em seu artigo 102, I, d, a competência do STF para o julgamento do mandado de segurança *"contra atos do Presidente da República, das Mesas da Câmara dos Deputados e do Senado Federal, do Tribunal de Contas da União, do Procurador-Geral da República e do próprio Supremo Tribunal Federal."*

Em se tratando de impugnação de **ato judicial**, a competência será do tribunal ao qual a autoridade judiciária está vinculada. Assim, contra ato de juízo de primeiro grau, caberá mandado de segurança para o respectivo tribunal (TJ ou TRF); do ato do tribunal de segundo grau, caberá o remédio para o próprio tribunal (TJ ou TRF), assim como deverá o *mandamus* ser dirigido ao STJ ou STF quando se quiser impugnar ato emitido por seus membros.

O endereçamento do mandado de segurança impetrado perante o juízo de primeiro grau obedecerá aos seguintes termos:

EXCELENTÍSSIMO SENHOR JUIZ DA VARA DA FAZENDA PÚBLICA DE RECIFE/ PERNAMBUCO

2º Passo: Qualificação das partes

O impetrante necessita ser qualificado (nome, estado civil, profissão, CPF, endereço eletrônico e endereço). A ação é proposta contra ato da autoridade. Dita autoridade necessita ser notificada, para que preste as devidas informações, motivo pelo qual é mister que se decline o seu endereço na inicial. Vejamos:

FULANO DE TAL, (Estado Civil), (Profissão), inscrito no CPF sob o nº ..., (endereço eletrônico), (endereço), através do advogado que a esta subscreve, constituído nos termos da procuração em anexo (doc. 01), com escritório profissional situado na......, local onde receberá as intimações, vem a presença de vossa Excelência, com fundamento no artigo 5º, LXIX da Constituição Federal de 1988 e da Lei 12.016/09, impetrar o presente

MANDADO DE SEGURANÇA,

contra ato do..... **(autoridade coatora)**, a ser encontrado no ...(endereço), de acordo com os fatos e fundamentos que a seguir passa expor:

3º Passo: Fundamentação

Inicialmente, cabe expor, de forma cronológica e articulada, os fatos ensejadores da lesão a direito líquido e certo. Vejamos:

1. FATOS:

1. O Impetrante inscreveu-se em concurso público para provimento de vagas de ....., realizado pela Entidade em tela, na condição de portador de necessidade especial;

2. O certame foi constituído das seguintes fases:......;

3. Efetivadas as aprovações nas duas primeiras fases, o impetrante viu-se surpreendido com a notícia de que fora reprovado no certame, em virtude do resultado do exame pericial, com a equipe multiprofissional, sob a alegação de que a deficiência auditiva unilateral não lhe enquadraria na categoria de "portador de deficiência", mas, apenas a perda "bilateral" da audição.

Expostos os fatos, é mister, agora, discorrer acerca dos **requisitos** para a concessão da segurança: direito líquido e certo e lesão, senão vejamos:

2. DIREITO:

4. A Constituição Federal, em seu artigo 5º, LXIX e a Lei 12.016/09 consagram a regra segundo a qual *"conceder-se-á mandado de segurança para proteger direito líquido e certo, não amparado por "habeas-corpus" ou "habeas-data", quando o responsável pela ilegalidade ou abuso de poder for autoridade pública ou agente de pessoa jurídica no exercício de atribuições do Poder Público."*

No caso em tela, os requisitos para a concessão da segurança estão devidamente presentes, senão vejamos:

A) Direito líquido e certo

5. O impetrante preenche todos os requisitos para avançar às demais etapas do concurso, tendo em vista que logrou êxito nas duas primeiras etapas e se enquadra na condição de "portador de deficiência". É que, segundo a lei..., a qualidade de portador de deficiência física é caracterizada quando... , sendo certo, portanto, que a surdez unilateral está inclusa nessa condição.

B) Da lesão

6. Não obstante a existência do direito líquido e certo mencionado, fato é que a comissão do concurso desprezou os termos legais, reprovando o impetrante, sob a alegação de que a deficiência auditiva, na modalidade unilateral, não enquadraria o mesmo na condição de portador de deficiência física.

7. Sendo assim, é forçoso reconhecer que o ato administrativo questão é abusivo, necessitando, por isso, ser retirado do mundo jurídico, por ser medida de justiça.

4º Passo: Pedido de liminar

A ação em questão admite pedido de liminar, no sentido de que o magistrado determine a suspensão do ato que violou direito líquido e certo do impetrante. Para tanto, será necessário valer-se do artigo 7º, III da Lei 12.016/09, o qual lhe auxiliará na redação da peça. Por exemplo:

3. DA LIMINAR:

8. Considerando que o decurso do tempo poderá causar grave dano ao direito líquido e certo do impetrante, é necessário que lhe seja concedida LIMINAR para o fim de suspender o ato impugnado e determinar sua inclusão nas demais etapas do concurso, bem como que seja reservada a respectiva vaga até que seja o mérito devidamente julgado.

5º Passo: Pedidos

Os pedidos serão formulados, obedecendo-se a ordem estabelecida no artigo art. 7º da lei 12.016/09. Assim:

4. DOS PEDIDOS:

Diante de todo o exposto, requer:

a) que se notifique a autoridade coatora do conteúdo da petição inicial, enviando-lhe a segunda via apresentada com as cópias dos documentos, a fim de que, no prazo de 10 (dez) dias, preste as informações;

b) Que se dê ciência do feito ao órgão de representação judicial da pessoa jurídica interessada, enviando-lhe cópia da inicial sem documentos, para que, querendo, ingresse no feito;

c) seja ouvido o representante do Ministério Público;

d) seja concedido o pedido de LIMINAR para o fim de suspender o ato impugnado e determinar sua inclusão nas demais etapas do concurso, bem como que seja reservada a respectiva vaga até que seja o mérito devidamente julgado;

e) NO MÉRITO, seja confirmada a liminar deferida e definitivamente concedida a segurança, por ser medida de justiça!

6º Passo: Produção de provas

No mandado de segurança não há dilação probatória, tendo em vista tratar-se de direito "líquido e certo". Significa dizer que as provas a serem produzidas serão apenas de cunho documental. Por isso o impetrante apenas fará menção da prova documental, da seguinte forma:

- Provas pré-constituídas em anexo.

7º Passo: Valor da causa

Como a discussão gira em torno da impugnação de ato da autoridade, geralmente o valor da causa é fixado apenas para efeitos fiscais, nos seguintes termos:

Atribui à causa o valor de R$ ......, para efeitos meramente fiscais.

8º Passo: Encerramento

Pede-se o deferimento daquilo que fora postulado, seguindo-se do local, data e advogado. Por exemplo:

Termos em que pede deferimento.

Local, data,

Advogado

OAB...

1.2.3. *Ação Civil Pública (Lei nº 7.347/85)*

Certamente que a moderna noção de acesso à justiça não se limita ao resguardo de direitos individuais violados. Vai, portanto, mais além, preocupando-se, agora, com a tutela jurisdicional de interesses coletivos em seu sentido mais amplo (conflitos de massa).

Com o fito de possibilitar a defesa dos interesses em questão (meio ambiente, consumidor, bens de valor artístico, estético, paisagístico, histórico, turístico, etc.), o legislador criou, por intermédio da Lei nº 7.347/85, a denominada "ação civil pública".

Legitimidade

De acordo com o artigo 5º, são legitimados: o **Ministério Público**, a **Defensoria Pública**, as **Pessoas Jurídicas de Direito Público** (União, Estados, D.F., Municípios, Autarquias e Fundações de direito público), **empresa pública, sociedade de economia mista** e **associação** (desde que, quanto a esta, esteja constituída e em funcionamento há pelo menos um ano e inclua, dentre suas finalidades, a tutela dos interesses previstos na lei em comento).

Algumas nuances devem ser aqui consignadas.

A primeira, que fica facultado ao Poder Público e a outras associações legitimadas habilitar-se como **litisconsortes** de qualquer das partes (tanto no polo ativo quanto passivo, portanto).

A segunda, que em caso de **desistência** infundada ou abandono da ação por associação legitimada, o Ministério Público ou outro legitimado assumirá a titularidade ativa.

Finalmente, quanto ao papel do **Ministério Público**, urge ressaltar que, se não intervier no processo como parte, atuará obrigatoriamente como fiscal da ordem jurídica. Sua atuação, quando no polo ativo, é de suma relevância, tendo em vista o seu poder de instaurar o chamado **inquérito civil público** e o de **requisitar** documentos (prerrogativa inexistente aos demais legitimados, os quais se limitam a "requerer" certidões), no prazo por ele assinalado, os quais deverão ser prestados em prazo não inferior a dez dias úteis.

Admitir-se-á, inclusive, o litisconsórcio facultativo entre os Ministérios Públicos da União, do Distrito Federal e dos Estados na defesa dos interesses e direitos de que cuida a mencionada lei (art. 5º, par. 5º).

ATENÇÃO! O Ministério Público tem legitimidade para promover ação civil pública cujo fundamento seja a ilegalidade de reajuste de mensalidades escolares (Súmula 643, STF).

PARTE ESPECIAL

Competência

Serão propostas no **foro do local** onde ocorrer o dano, cujo juízo terá competência funcional para processar a causa. (art. 2º, LACP). Apesar de estar apoiada no critério territorial a lei atribuiu-lhe natureza absoluta. Isso quer dizer que não há modificação por vontade das partes (foro de eleição) ou prorrogação pela não apresentação de exceção declinatória de incompetência.

A propositura da ação prevenirá a jurisdição para outras demandas a serem propostas, com o mesmo objeto e causa de pedir, a teor do que dispõe o artigo 2º § único, da Lei 7.347.

O dispositivo em tela deve ser interpretado conjuntamente com o artigo 93 do CDC (Lei nº 8.078/90), tendo em vista que existem danos que não se limitam ao âmbito local, tendo repercussão regional ou até mesmo nacional. Preceitua o referido dispositivo:

> Artigo 93. Ressalvada a competência da Justiça Federal, é competente para a causa a justiça local:
>
> I – no foro do lugar onde ocorreu ou deva ocorrer o dano, quando de âmbito local;
>
> II – no foro da Capital do Estado ou no do Distrito Federal, para os danos de âmbito nacional ou regional, aplicando-se as regras do CPC aos casos de competência concorrente.

Assim, seja pela justiça estadual ou federal, deve-se observar a **repercussão do dano**. Se de *âmbito local*, no foro onde ocorrera (resolvendo-se pela prevenção quando envolver diversas comarcas de um mesmo estado); se de *âmbito regional ou nacional*, no foro da capital do estado, tendo-se que aplicar, mais uma vez, as regras do CPC quanto à competência pela prevenção. Ressalte-se, aqui, outra particularidade: não obstante ostentar natureza absoluta (funcional), a lei autoriza a modificação de competência mediante as regras da conexão, continência e prevenção.

Ressalte-se, por fim, que a Ação civil pública será julgada por juiz federal quando a união tiver interesse (na condição de autora, ré, assistente ou opoente).

Objeto

O artigo 3º menciona que a ação poderá ter como objeto a condenação em *dinheiro* ou obrigação de *fazer* ou *não fazer.*

O termo de ajustamento de conduta (TAC)

Os ***órgãos públicos*** legitimados poderão tomar dos interessados compromisso de ajustamento de sua conduta às exigências legais, mediante cominações, que terá eficácia de título executivo extrajudicial.

Procedimento

O procedimento seguirá os seguintes passos:

→ **Petição Inicial:** deverá obedecer aos requisitos gerais descritos nos artigos 319 e 320 do CPC. Perceba, inclusive, quanto à instrução dos documentos, que os interessados poderão requerer às autoridades competentes as *informações* que julgarem necessárias, a serem fornecidas no prazo de 15 (quinze) dias. Quanto ao ministério público, o seu poder é de requisição, conforme mencionado alhures.

→ **Admissibilidade:** Proposta a demanda os autos irão conclusos para a admissibilidade e verificação de cabimento de liminar. Poderá o juiz conceder mandado *liminar*, com ou sem justificação prévia, em decisão sujeita a agravo. Perceba que a liminar determinará o cumprimento da obrigação específica (tutela específica - *fazer ou não fazer*), podendo o magistrado valer-se (a requerimento ou de ofício) das intituladas medidas executivas ou de apoio. Quanto à exigibilidade da multa diária, a lei menciona que esta só será exigida do réu após o trânsito em julgado da decisão favorável ao autor, mas será devida desde o dia em que se houver configurado o descumprimento.

A concessão da liminar não se limita ao ataque pela via do agravo. Destaque-se que a requerimento de pessoa jurídica de direito público interessada, e para evitar grave lesão à ordem, à saúde, à segurança e à economia pública, poderá o Presidente do Tribunal a que competir o conhecimento do respectivo recurso suspender a execução da liminar, em decisão fundamentada, da qual caberá agravo para uma das turmas julgadoras. Seu prazo será de 5 (cinco) dias a partir da publicação do ato.

É o chamado *pedido de suspensão*. O objetivo é preservar o que denominamos de "interesses públicos relevantes".

Sentença e Coisa Julgada: Instruído o feito, os autos irão a julgamento.

Havendo condenação em dinheiro, a indenização pelo dano causado reverterá a um *fundo* gerido por um Conselho Federal ou por Conselhos Estaduais de que participarão necessariamente o Ministério Público e representantes da comunidade, sendo seus recursos destinados à reconstituição dos bens lesados. No âmbito trabalhista, por exemplo, os recursos irão ao FAT (Fundo de Amparo ao Trabalhador).

A sentença civil fará *coisa julgada* erga omnes (**veja-se que a regra é a de que a sentença faz coisa julgada entre as partes às quais é dada, não beneficiando nem prejudicando terceiros- art. 506, CPC**), nos limites da competência territorial do órgão prolator, exceto se o pedido for julgado improcedente por insuficiência de provas, hipótese em que qualquer legitimado poderá intentar outra ação com idêntico fundamento, valendo-se de nova prova (artigo 16, LACP).

Mais uma vez, deve-se interpretar o dispositivo em combinação com o CDC (Lei nº 8.078/90), desta feita no artigo 103, senão vejamos, analisando cada caso:

PARTE ESPECIAL

Artigo 103. Nas ações coletivas de que trata este código, a sentença fará coisa julgada:

I – erga omnes, exceto se o pedido for julgado improcedente por insuficiência de provas, hipótese em que qualquer legitimado poderá intentar outra ação, com idêntico fundamento valendo-se de nova prova, na hipótese do inciso I do parágrafo único do artigo 81 (interesses difusos, ou seja, aqueles transindividuais, de natureza indivisível, de que sejam titulares pessoas indeterminadas, ligadas por circunstâncias de fato. Ex: danos ao meio ambiente);

II – ultra partes, mas limitadamente ao grupo, categoria ou classe, salvo improcedência por insuficiência de provas, nos termos do inciso anterior, quando se tratar da hipótese prevista no inciso II do parágrafo único do artigo 81 (interesse coletivo, ou seja, os transindividuais, de natureza indivisível de que seja titular grupo, categoria ou classe de pessoas ligadas entre si ou com a parte contrária por uma relação jurídica base);

A mutabilidade de resultados da coisa julgada, condicionada aos resultados do processo é o que se denomina de coisa julgada ***secundum eventum litis***.

No caso de procedência da ação coletiva, os efeitos da coisa julgada beneficiarão as vítimas e seus sucessores, os quais poderão proceder à liquidação e execução.

Vale ressaltar que os efeitos da coisa julgada, nos casos de *interesses difusos* ou *coletivos*, não prejudicarão os interesses e direitos individuais dos integrantes da mencionada coletividade.

As ações coletivas, nos casos dos interesses difusos ou coletivos, não induzem litispendência para as ações individuais, mas os efeitos da coisa julgada erga omnes ou ultra partes a que aludem os incisos II e III do artigo em comento não beneficiarão os autores das ações individuais, se não for requerida sua suspensão no prazo de trinta dias, a contar da ciência nos autos do ajuizamento da ação coletiva.

ATENÇÃO! Eis a síntese dos **efeitos da coisa julgada:**

1) Em se tratando de direitos difusos ou coletivos:

PROCEDÊNCIA

beneficiará a todos os lesados - erga omnes (desde que os sujeitos individuais não tenham ingressado com a ação individual ou, tendo, dela tenham desistido no prazo de 30 dias, a contar da ciência nos autos do ajuizamento da coletiva);

IMPROCEDÊNCIA

a coisa julgada só atingirá os legitimados de ajuizar nova ação, salvo se a improcedência tiver se dado por ausência de

provas, caso em que qualquer dos legitimados poderá promover nova demanda;

2) Na hipótese de interesses individuais homogêneos, a improcedência da demanda não poderá prejudicar o direito de ação daqueles que não se habilitaram como litisconsortes na demanda coletiva. Assim:

PROCEDÊNCIA

APENAS neste caso beneficiará a todos- erga omnes;

IMPROCEDÊNCIA

só prejudicará aqueles que tenham se habilitado como litisconsortes, ou seja, que tenham participado da relação processual.

Despesas: quanto às *despesas*, não haverá ADIANTAMENTO de custas, emolumentos, honorários periciais e quaisquer outras despesas por parte dos legitimados.

Já quanto à associação autora, esta não será condenada aos ônus da sucumbência (em honorários de advogado, custas e despesas processuais). É que não haveria sentido, tendo em vista que ela atua na condição de substituta processual. Constatada, todavia, sua má-fé, será ela, bem como seus diretores, solidariamente responsável pelos honorários advocatícios e ao décuplo das custas.

Execução: se a sentença contiver conteúdo condenatório, nos casos de interesses difusos e coletivos, o ente legitimado prosseguirá com sua execução, revertendo-se a pecúnia para fundo gerido por conselho estadual ou federal, conforme o caso, com o objetivo de reconstituir os bens lesados.

Decorridos sessenta dias do trânsito em julgado da sentença condenatória, sem que a associação autora lhe promova a execução, deverá fazê-lo o Ministério Público, facultada igual iniciativa aos demais legitimados.

Em se tratando de *interesses individuais homogêneos*, a verba será destinada àqueles que foram prejudicados, os quais executarão individualmente ou por seus sucessores.

MODELO DE AÇÃO CIVIL PÚBLICA

A elaboração da peça compreende os seguintes passos:

1º Passo: Endereçamento

A ação civil pública deverá ser ajuizada perante o juízo do local onde ocorrera o dano (art. 2º, Lei 7.347/85). Vejamos:

EXCELENTÍSSIMO SENHOR JUIZ DA ...... VARA CÍVEL DA COMARCA DE ....../ESTADO

PARTE ESPECIAL

2º Passo: Qualificação das partes

Aqui, como em qualquer outra demanda, as partes necessitam ser qualificadas nos termos do artigo 319, CPC. Vejamos:

A ASSOCIAÇÃO DE DEFESA DO MEIO AMBIENTE ....., pessoa jurídica de direito privado, inscrita no CNPJ ...., (endereço eletrônico), com sede na ...., por meio do seu representante legal, o Sr. ...., através do advogado que a esta subscreve, constituído nos termos das procuração em anexo (doc...), com endereço profissional situado na ..., local onde receberá intimações, vem à presença de Vossa excelência, com fundamento na Lei 7.347/85, propor a presente

AÇÃO CIVIL PÚBLICA

em face da empresa ....., CNPJ Nº...., (endereço eletrônico), com endereço situado na ...., pelos fatos e fundamentos a seguir expostos:

3º Passo: Fundamentação

Em primeiro lugar, será feita a exposição da situação de **fato**, de forma articulada e cronológica. Vejamos:

1. FATOS

1. Em virtude da morte de toneladas de peixes no Rio Beberibe, amplamente noticiada na imprensa, foram realizadas diversas inspeções nas empresas estabelecidas nas suas margens, de forma a descobrir as causas do problema.

2. Em inspeção realizada pela secretaria municipal do Meio Ambiente na empresa ré, na data ...., ficou constatada a utilização de diversos materiais químicos e tóxicos, capazes de gerar grandes danos ao meio ambiente (laudo de vistoria anexo).

3. Além disso, descobriu-se que os rejeitos da produção contendo esses materiais estão sendo despejados no leito do rio Beberibe, o que motivou a realização de uma nova perícia para constatar a relação de causa e efeito entre o impacto ambiental verificado e a atividade desenvolvida pela ré. O novo laudo foi conclusivo e comprovou que as mortes dos peixes ocorridas no rio Beberibe decorreram do depósito de material tóxico realizado pela ré.

4. Assim, não restou outra alternativa à associação autora, senão vir a este juízo buscar providências no sentido de sanar a lesão ao meio ambiente perpetrado pela empresa ré.

Outrossim, na exposição do **direito,** a peça trará um parágrafo para tratar da fundamentação jurídica, relativamente ao cabimento da demanda e a legitimidade da parte autora. Vejamos:

2. DIREITO

Nos termos do artigo 1º da Lei 7.347/85, é cabível o ajuizamento da ação civil pública para prevenir ou reprimir danos morais ou materiais causados ao meio ambiente, bem como a outros interesses difusos ou coletivos.

Conforme comprovado pelos laudos anexos, a atuação da empresa ré está causando profundo impacto ambiental no município, poluindo o rio e causando a morte da fauna e da flora da região.

Por outro lado, a legitimidade da associação autora é contemplada na medida em que a mesma foi legalmente constituída desde ....., segundo noticia documentação relação ao registro do estatuto em anexo (doc..), sendo notória a pertinência temática com o objeto da presente lide.

4º Passo: Pedido de liminar

A ação em questão admite pedido de liminar, no sentido de que o magistrado determine imediatamente a medida necessária à preservação ou restauração do interesse coletivo violado. Vejamos:

3. DA LIMINAR

No caso em apreço, é patente a plausibilidade do direito invocado, visto que os dois laudos que instruem a inicial estão a demonstrar a extrema lesividade ao meio ambiente da atividade desenvolvida pela ré.

Além disso, a requerida sempre ignorou todas as atuações dos órgãos de controle ambiental, estando os depósitos de resíduos tóxicos ocorrendo todos os dias.

Dessa forma, a não suspensão imediata do lançamento de resíduos tóxicos no leito do rio resultará em dano irreparável ao meio ambiente, de nada adiantando o ajuizamento da presente ação para reparação desse bem jurídico protegido pela Constituição.

Mister se faz, portanto, o deferimento de uma liminar, nos termos do artigo 12 da Lei 7.347/85, determinando-se que a empresa ré suspenda o despejo de qualquer material tóxico no leito do rio Beberibe, ou que promova a instalação de filtros que eliminem a nocividade dos materiais depositados.

5º Passo: Pedidos

Nos pedidos, é mister requerer, de forma cronológica: a) concessão de liminar; b) a citação do réu para comparecer à audiência de autocomposição; c) a intimação do representante do ministério público, para acompanhar o feito na condição de fiscal da ordem jurídica; d) a procedência do pedido contido na ação; e) condenação nos ônus da sucumbência (nas custas processuais e nos honorários advocatícios). Vejamos:

4. DOS PEDIDOS

Diante do exposto, requer:

a) Seja deferida medida LIMINAR, determinando-se que a empresa ré suspenda o despejo de qualquer material tóxico no leito do rio Beberibe ou que promova a instalação de filtros que eliminem a nocividade dos materiais depositados, cominando-se multa diária para o não cumprimento da obrigação;

b) Seja ordenada a citação da ré para comparecer à audiência de autocomposição;

c) A intimação do ilustre representante do Ministério Público, nos termos do artigo 5.º, §1.º da Lei 7.347/85, para acompanhar o feito na condição de fiscal da ordem jurídica;

d) AO FINAL, sejam julgados procedentes os pedidos formulados, condenando-se à empresa ré a abster-se de depositar os materiais tóxicos no leito do rio Beberibe ou a tomar providências capazes de eliminar os danos ao meio ambiente, cominando-se multa diária para o não cumprimento da obrigação, bem como a sua condenação nas custas processuais e honorários advocatícios;

6º Passo: Valor da causa

A toda causa deve ser atribuído um valor, o qual corresponderá ao benefício econômico pretendido pelo autor. No caso da ação civil pública, o valor da causa corresponderá ao valor econômico dos prejuízos resultantes da ação danosa. Vejamos:

Dá-se à causa o valor de R$ 150.000,00 (cento e cinquenta mil reais), correspondente ao valor atualizado dos prejuízos causados pelo réu.

7º Passo: Protesto pelas provas

Como toda ação, aqui também será necessário provar o alegado, para que os pedidos formulados na demanda sejam acolhidos. Por exemplo:

Protesta provar o alegado por todos os meios de provas em direito admitidos, seja pelo depoimento pessoal, documentos, testemunhas, perícias e tudo quanto se fizer necessário para a efetivação da justiça!

8º Passo: Encerramento

Pede-se o deferimento daquilo que fora postulado, seguindo-se do local, data e advogado. Por exemplo:

Termos em que pede deferimento.

Local, data,

Advogado...

OAB...

1.2.4. Ação popular (Lei nº 4.717/65)

Originariamente criada por intermédio da Lei nº 4.717/65, fora a ação popular disciplinada expressamente na atual carta magna, a qual consigna, em seu artigo 5º, LXXIII:

"Qualquer cidadão é parte legítima para propor ação popular que vise a anular ato lesivo ao patrimônio público ou de entidade de que o Estado participe, à moralidade administrativa, ao meio ambiente e ao patrimônio histórico e cultural, ficando o autor, salvo comprovada má-fé, isento de custas judiciais e do ônus da sucumbência".

Vê-se, pois, que a ação popular fora criada com o fito de anular ato prejudicial ao **patrimônio público**, seja ele *meramente estatal* (*aspecto primordialmente econômico*, significando o prejuízo financeiro causado à coisa pública) ou *público-coletivo* (*aspecto valorativo*, indicando a lesão à moralidade administrativa, meio ambiente ou patrimônio histórico e cultural).

A ação popular deve ser proposta no prazo de cinco anos, sob pena de ser fulminada pela prescrição.

Legitimidade

A **legitimidade ativa** será de qualquer *cidadão*, considerado como tal o eleitor, em pleno exercício dos direitos políticos. A prova da cidadania, para ingresso em juízo, será feita com o título eleitoral, ou com documento que a ele corresponda.

É facultado a qualquer cidadão habilitar-se como litisconsorte (litisconsórcio ativo) ou assistente do autor da ação popular. Veja que, na verdade, a lei quis se referir à *assistência litisconsorcial* (ingresso póstumo de terceiro que também é titular do direito discutido em juízo).

Se o autor desistir da ação, ficará assegurado a qualquer cidadão, bem como ao representante do Ministério Público, promover o prosseguimento da ação.

Quanto à **legitimidade passiva**, a ação será proposta contra 1) as ***pessoas públicas ou privadas*** mencionadas (*aqui, a sujeição ao polo passivo se dá pelo fato de que ela poderá ser condenada à adoção de medidas administrativas*); 2) *autoridades, funcionários ou administradores* que houverem autorizado, aprovado, ratificado ou praticado o ato impugnado, ou que, por omissas, tiverem dado oportunidade à lesão; 3) os *beneficiários* diretos do mesmo.

Perceba que, havendo beneficiários diretos no ato, haverá um litisconsórcio passivo necessário, por determinação legal, entre a *pessoa jurídica e autoridade* cuja atuação tiver sido decisiva na prática do ato e o *sujeito beneficiado*. Se não houver benefício direto do ato lesivo, ou se for ele indeterminado ou desconhecido, a ação será proposta somente contra as outras pessoas indicadas.

A pessoa jurídica de direito público ou de direito privado, cujo ato seja objeto de impugnação, poderá abster-se de contestar o pedido, ou poderá atuar ao lado do autor, desde que isso se afigure útil ao interesse público, a juízo do respectivo representante legal ou dirigente.

O **Ministério Público** acompanhará a ação, cabendo-lhe apressar a produção da prova e promover a responsabilidade, civil ou criminal, dos que nela incidirem, sendo-lhe vedado, em qualquer hipótese, assumir a defesa do ato impugnado ou dos seus autores.

Objeto

É a *anulação ou a declaração de nulidade de atos lesivos ao patrimônio público*, sejam eles causados às pessoas jurídicas de direito público de qualquer das esferas políticas, sejam eles causados às entidades privadas das quais o poder público participe com mais de 50% (cinquenta por cento) do capital, sejam, finalmente, aquelas subvencionadas pelos cofres públicos.

Haverá nulidade sempre que nos atos houver vícios relativos à *incompetência, forma, ilegalidade do objeto, inexistência dos motivos ou desvio de finalidade*, ou seja, vícios de ilegalidade.

Urge ressaltar, conforme afirmado alhures, que se consideram patrimônio público, para os fins da lei em comento, os bens e direitos de valor econômico, artístico, estético, histórico ou turístico.

Em se tratando de instituições ou fundações, para cuja criação ou custeio o tesouro público concorra com menos de cinquenta por cento do patrimônio ou da receita ânua, bem como de pessoas jurídicas ou entidades subvencionadas, as consequências patrimoniais da invalidez dos atos lesivos terão por limite a repercussão deles sobre a contribuição dos cofres públicos. O motivo é simples: aqui o poder público não é detentor da maioria do capital e, portanto, sua vontade não é decisiva para a prática do ato lesivo.

Competência

Será fixada de acordo com a **origem do ato** impugnado. Assim, em um primeiro momento deverá ser observada a natureza federal ou estadual, para que seja determinada a competência da justiça comum estadual ou federal.

Quando a competência for da justiça estadual, a vara especializada da fazenda pública, onde houve, cuidará de solver o conflito.

Sendo o pleito de **interesse simultâneo** da União e de qualquer outra pessoa ou entidade de outra esfera, será competente a justiça federal.

A propositura da ação **prevenirá** a jurisdição do juízo para todas as ações que forem posteriormente intentadas contra as mesmas partes e sob os mesmos fundamentos.

D) Procedimento

Seguirá as regras do CPC, com as alterações indicadas na lei. Assim:

Petição inicial: para instruir a inicial, o cidadão poderá requerer às entidades mencionadas as **certidões e informações** que julgar necessárias, bastando para isso indicar a finalidade das mesmas. As certidões e informações deverão ser fornecidas dentro de 15 (quinze) dias da entrega, sob recibo, dos respectivos requerimentos, e só poderão ser utilizadas para a instrução de ação popular.

Nos casos em que o interesse público impuser sigilo, a ação poderá ser proposta desacompanhada das certidões ou informações negadas, cabendo ao juiz, após apreciar os motivos do indeferimento, e salvo em se tratando de razão de segurança nacional, requisitar umas e outras; feita a requisição, o processo correrá em segredo de justiça, que cessará com o trânsito em julgado de sentença condenatória.

Admissibilidade: ao despachar a inicial, o juiz ordenará: a) além da **citação** dos réus, a intimação do representante do Ministério Público; b) a **requisição**, às entidades indicadas na petição inicial, dos documentos que tiverem sido referidos pelo autor, bem como a de outros que se lhe afigurem necessários ao esclarecimento dos fatos, ficando prazos de 15 (quinze) a 30 (trinta) dias para o atendimento.

Na defesa do patrimônio público caberá a suspensão **liminar** do ato lesivo impugnado.

→ **defesa**: o prazo de contestação é de **20 (vinte) dias, prorrogáveis por mais 20 (vinte)**, a requerimento do interessado, se particularmente difícil a produção de prova documental, e será comum a todos os interessados, correndo da entrega em cartório do mandado cumprido, ou, quando for o caso, do decurso do prazo assinado em edital.

A bem da obediência aos postulados do contraditório e ampla defesa, a doutrina tem entendido que o artigo 7º da LAP não foi recepcionado pela atual constituição, pelo que se a citação por edital se afigura possível apenas nas hipóteses indicadas no CPC.

→ **razões finais:** havendo requerimento de prova, o processo tomará o rito ordinário, conforme se sabe. Não sendo requerida ou determinada a produção de prova testemunhal ou pericial, o juiz ordenará vista às partes por 10 (dez) dias, sendo-lhe os autos conclusos para sentença.

→ **sentença:** A sentença, quando não prolatada em audiência de instrução e julgamento, deverá ser proferida dentro de 15 (quinze) dias do recebimento dos autos pelo juiz.

A sentença que, julgando procedente a ação popular, decretar a **invalidade** do ato impugnado, condenará ao pagamento de **perdas e danos** os responsáveis pela sua prática e os beneficiários dele, ressalvada a ação regressiva contra os funcionários causadores de dano, quando incorrerem em culpa.

O autor somente arcará com as custas judiciais e com os ônus da sucumbência se a ação for proposta de má-fé.

Se o valor da lesão ficar provado no curso da causa, será indicado na sentença; se depender de avaliação ou perícia, será apurado na execução, por meio da competente **liquidação, por artigos ou arbitramento.**

Quando o réu condenado receber dos cofres públicos, a execução far-se-á por **desconto em folha** até o integral ressarcimento do dano causado, se assim mais convier ao interesse público.

A sentença terá eficácia de **coisa julgada** oponível "erga omnes", exceto no caso de haver sido a ação julgada improcedente por deficiência de prova; neste caso, qualquer cidadão poderá intentar outra ação com idêntico fundamento, valendo-se de nova prova.

Por outro lado, a sentença que concluir pela carência ou pela improcedência da ação está sujeita ao **duplo grau de jurisdição**, não produzindo efeito senão depois de confirmada pelo tribunal. Apesar da doutrina se referir que, aqui, há um "reexame necessário invertido", percebemos que não é o caso. É que, como a ação popular visa proteger o patrimônio público afetado, a sua improcedência deve estar sujeita ao novo exame, a bem da defesa do patrimônio público.

→ **recursos:** da sentença que julgar a ação procedente caberá **apelação**, com efeito suspensivo.

Das decisões interlocutórias cabe **agravo de instrumento.** Das sentenças e decisões proferidas contra o autor da ação e suscetíveis de recurso, poderá recorrer qualquer **cidadão** e também o **Ministério Público.**

→ **execução:** A parte condenada a restituir bens ou valores ficará sujeita a **sequestro** e **penhora**, desde a prolação da sentença condenatória.

Decorridos 60 (sessenta) dias da publicação da sentença condenatória de segunda instância, **sem que o autor ou terceiro promova a respectiva execução**, o representante do Ministério Público a promoverá nos 30 (trinta) dias seguintes, sob pena de falta grave.

1.2.5. Juizados Especiais Cíveis (LEI n.º 9.099/95)

Preocupado com a agilidade na prestação jurisdicional bem como com o atendimento dos ditames do acesso à justiça, previu o legislador, por intermédio da Lei nº 9.099/95, um procedimento que possibilitasse, ao máximo, a solução das lides de natureza "simplória" ou de menor complexidade.

Para tanto criou os juizados especiais cíveis, órgãos da justiça ordinária estadual, com competência para a conciliação, processo, julgamento e execução, das causas nela mencionadas.

Urge ressaltar que, devido à singeleza e agilidade, o processo orientar-se-á pelos critérios da oralidade, simplicidade, informalidade, economia processual e celeridade, buscando, sempre que possível, a conciliação ou a transação.

Competência

Quanto às *regras gerais*, o juizado especial cível tem competência para **conciliação, processo e julgamento** (demandas cognitivas) das causas cíveis de menor complexidade, assim consideradas:

→ as causas cujo valor **não exceda a quarenta vezes** o salário mínimo;

→ a ação de **despejo para uso próprio** (o objetivo é evitar o ingresso de terceiro no feito, visto o procedimento em questão o veda);

→ as **ações possessórias** sobre bens imóveis de valor não excedente ao fixado no inciso I deste artigo.

Na mesma linha, compete ao Juizado Especial promover a execução: I- dos **seus julgados**; II- dos títulos executivos **extrajudiciais**, no valor de até quarenta vezes o salário mínimo.

Ficam **excluídas** da competência do Juizado Especial as causas de natureza alimentar, falimentar, fiscal e de interesse da Fazenda Pública, e também as relativas a acidentes de trabalho, a resíduos e ao estado e capacidade das pessoas, ainda que de cunho patrimonial.

A opção pelo procedimento previsto na lei em comento importará em renúncia ao crédito excedente ao limite acima mencionado (40 salários), excetuada a hipótese de conciliação.

No que se refere à *competência Territorial*, a lei menciona o foro:

→ do **domicílio do réu** ou, a critério do autor, do local onde aquele exerça atividades profissionais ou econômicas ou mantenha estabelecimento, filial, agência, sucursal ou escritório (o que não deixa de ser o seu domicílio!);

→ do **lugar** onde a obrigação deva ser satisfeita;

→ do **domicílio do autor ou do local do ato ou fato**, nas ações para reparação de dano de qualquer natureza.

Em qualquer hipótese, poderá a ação ser proposta no foro do domicílio do réu.

Partes

De logo, é mister salientar alguns aspectos gerais relativos à atuação das partes e seus procuradores.

Pois bem, em primeiro lugar, não poderão ser partes (autor ou réu), no processo instituído por esta lei, o **incapaz**, o **preso**, as **pessoas jurídicas de direito público**, as **empresas públicas da União**, a **massa falida** e o **insolvente** civil.

Nas causas de valor **até vinte salários mínimos**, as partes comparecerão pessoalmente, podendo ser assistidas por advogado; nas de valor superior, a assistência é obrigatória. Sendo facultativa a assistência, se uma das partes comparecer assistida por advogado, ou se o réu for pessoa jurídica ou firma individual, terá a outra parte, se quiser, assistência judiciária prestada por órgão instituído junto ao Juizado Especial, na forma da lei local; o Juiz alertará as partes da conveniência do patrocínio por advogado, quando a causa o recomendar; O **mandato ao advogado poderá ser verbal**, salvo quanto aos poderes especiais.

O **Ministério Público** intervirá nos casos previstos em lei.

> **ATENÇÃO!** Não se admitirá, no processo, qualquer forma de intervenção de terceiro nem de assistência. Admitir-se-á o litisconsórcio.

No mais, os polos da relação processual ficam assim estabelecidos:

→ **na condição de autor:** I - as pessoas físicas capazes, excluídos os cessionários de direito de pessoas jurídicas; II - as microempresas; III - as pessoas jurídicas qualificadas como Organização da Sociedade Civil de Interesse Público (OSCIP); IV - as sociedades de crédito ao microempreendedor;

Ressalte-se que o maior de 18 (dezoito) anos poderá ser autor, independentemente de assistência, inclusive para fins de conciliação, até mesmo porque, à luz do novo Código Civil, a capacidade plena é adquirida em tal idade.

→ **na condição de réu:** qualquer sujeito poderá ser demandado perante o JEC, exceto o **incapaz**, o **preso**, as **pessoas jurídicas de direito público**, as **empresas públicas da União**, a **massa falida** e o **insolvente** civil.

Procedimento

→ **petição inicial:** o processo instaurar-se-á com a apresentação da petição inicial, valendo frisar que o pedido poderá ser apresentado verbalmente à secretaria do juizado, a qual o reduzirá a escrito, podendo ser utilizado o sistema de fichas ou formulários impressos.

A peça deverá conter os seguintes requisitos (em linguagem simples e acessível): I - o nome, a qualificação e o endereço das partes; II - os fatos e os fundamentos, de forma sucinta; III - o objeto e seu valor (*aqui é lícito formular pedido genérico quando não for possível determinar, desde logo, a extensão da obrigação; se houver cumulação de pedidos, a soma não poderá ultrapassar o montante de 40 salários*).

→ **citação:** registrado o pedido, independentemente de distribuição e autuação, a Secretaria do Juizado designará a sessão de conciliação, a realizar-se no prazo de quinze dias, citando o réu para que o mesmo compareça.

A citação **far-se-á por correspondência**, com aviso de recebimento em mão própria. Tratando-se de pessoa jurídica ou firma individual, será feita mediante entrega ao encarregado da recepção, que será obrigatoriamente identificado. Sendo necessário, será efetivada por oficial de justiça, independentemente de mandado ou carta precatória.

ATENÇÃO! No procedimento descrito na Lei nº 9.099/95 não se fará citação por **edital**.

→ **conciliação:** a conciliação será conduzida pelo juiz togado, leigo ou por conciliador sob sua orientação. Comparecendo inicialmente ambas as partes, instaurar-se-á, desde logo, a sessão de conciliação, dispensados o registro prévio de pedido e a citação. Não comparecendo o demandado à sessão de conciliação ou à audiência de instrução e julgamento, reputar-se-ão verdadeiros os fatos alegados no pedido inicial, salvo se o contrário resultar da convicção do Juiz.

Obtida a conciliação, esta será reduzida a escrito e homologada pelo Juiz togado, mediante sentença com eficácia de título executivo.

Não havendo conciliação será designada audiência de instrução, ocasião em que o réu apresentará a sua resposta.

→ **instrução e julgamento:** a audiência em questão é composta dos seguintes momentos: I- *Apresentação de defesa e réplica:* a contestação, que será oral ou escrita, conterá toda matéria de defesa, exceto arguição de suspeição ou impedimento do Juiz, que se processará na forma da legislação em vigor. Não se admitirá a reconvenção, podendo o réu formular pedido contraposto. O autor poderá responder ao pedido do réu na própria audiência ou requerer a designação da nova data, que será desde logo fixada, cientes todos os presentes; II- *Produção de provas:* na audiência de instrução e julgamento serão ouvidas as partes, colhida a prova e, em seguida, proferida a sentença. Serão decididos de plano todos os incidentes que possam interferir no regular prosseguimento da audiência. As demais questões serão decididas na sentença.

Quanto à produção das provas, observar-se-á o seguinte: a) sobre os *documentos* apresentados por uma das partes, manifestar-se-á imediatamente a parte contrária, sem interrupção da audiência; b) As *testemunhas*, até o máximo de 3 (três) para cada parte, comparecerão à audiência de instrução e julgamento levadas pela parte que as tenha arrolado, independentemente de intimação, ou mediante esta, se assim for requerido; c) Quando a prova do fato exigir, o Juiz poderá inquirir *técnicos* de sua confiança, permitida às partes a apresentação de parecer técnico.

→ **Sentença:** A sentença mencionará os elementos de convicção do Juiz, com breve resumo dos fatos relevantes ocorridos em audiência, *dispensado o relatório.*

Não se admitirá sentença condenatória por *quantia ilíquida*, ainda que genérico o pedido.

É ineficaz a sentença condenatória na parte que *exceder a alçada* de 40 (quarenta) salários mínimos.

→ **Recursos:** são cabíveis os seguintes recursos: I- *Recurso inominado:* Da sentença, excetuada a homologatória de conciliação ou laudo arbitral, caberá recurso para o próprio Juizado. O recurso será julgado por uma turma composta por três Juízes togados, em exercício no primeiro grau de jurisdição, reunidos na sede do Juizado. No recurso, as partes serão obrigatoriamente representadas por advogado. O recurso será interposto no **prazo** de 10 (dez) dias, contados da ciência da sentença, por petição escrita, da qual constarão as razões e o pedido do recorrente. O **preparo** será feito, independentemente de intimação, nas quarenta e oito horas seguintes à interposição, sob pena de deserção. Após o preparo, a Secretaria intimará o recorrido para oferecer resposta escrita no prazo de 10 (dez) dias; II- *Embargos de declaração:* caberão embargos de declaração quando, na sentença ou acórdão, houver obscuridade, contradição, omissão ou dúvida. Os erros materiais podem ser corrigidos de ofício. Os embargos de declaração serão interpostos por escrito ou oralmente, no **prazo** de 5 (cinco) dias, contados da ciência da decisão.

Quando interpostos contra sentença, os embargos de declaração irão **interromper** o prazo para apresentação de outros recursos (artigo 50 da Lei nº 9.099/95).

1.2.6. Ações reguladas na Lei 8.245/91

AÇÃO REVISIONAL DE ALUGUEL

A) Definição: Demanda judicial através da qual o autor, proprietário de imóvel alugado, roga a atualização do valor do aluguel com base no preço de mercado. A revisão judicial só pode ser requerida após três anos de vigência do contrato ou do último acordo.

B) Fundamentação legal: Art. 68 da Lei 8.245/91.

A elaboração da peça compreende os seguintes passos:

1º Passo: Endereçamento

A ação será ajuizada, atendendo-se as regras gerais de competência, fixadas nos artigos 58, II da Lei 8.245/91, tendo como regra o foro do lugar da situação do imóvel, salvo se outro houver sido eleito no contrato.

Excelentíssimo Senhor Juízo da Vara Cível da Comarca de ... / Estado (Exemplo)

2º Passo: Qualificação das partes

Aqui, como em toda petição inicial, as partes necessitam ser qualificadas (os nomes, os prenomes, o estado civil, a existência de união estável, a profissão, o número de inscrição no Cadastro de Pessoas Físicas ou no Cadastro Nacional da Pessoa Jurídica, o endereço eletrônico, o domicílio e a residência do autor e do réu), conforme art. 319, II, do CPC/2015.

As partes são comumente chamadas de autor e réu, tendo em vista que estamos diante de ação de conhecimento. Assim:

FULANO DE TAL, (Qualificação completa), através do advogado, devidamente constituído através da procuração anexa, e-mail..., com escritório profissional situado na (...), onde receberá intimações (art. 287 CPC/2015), vem a presença de vossa excelência, com fundamento no artigo 319 do CPC, c/c art. 68 da Lei 8.245/91, propor **AÇÃO REVISIONAL DE ALUGUEL E ACESSÓRIOS DA LOCAÇÃO**, em face de BELTRANO, (Qualificação completa), nos seguintes termos:

3º Passo: Fundamentação

O examinando deverá, primeiramente, expor os fatos narrados na questão. Assim:

1. FATOS

O autor renovou o contrato de locação do bem imóvel com o solicitado na data de ..., tendo sido estabelecido o valor de R$: ... (Valor), a título de aluguel, acrescido dos tributos e seguro, consoante faz prova a documentação anexa.

Destaque-se que desde a última data de reajuste de aluguel ... se passaram..., e verifica-se a depreciação do mesmo em decorrência da desvalorização da moeda e a grande valorização do local em que se acha localizado o imóvel.

Assim, plausível o ajuizamento da presente ação, a fim de que o valor seja reajustado com base no índice de inflação verificada no período, tabela em anexo (Doc.), assim também a valorização da região do imóvel, ora locado, cujo valor atualizado é de R$ ... (trazer o valor do extenso).

Ato contínuo, o examinando deverá partir para os fundamentos de direito. Vejamos:

2. DO DIREITO

Conforme o artigo 19, da Lei 8.245/91, dita que:

"Art. 19. Não havendo acordo, o locador ou locatário, após três anos de vigência do contrato ou do acordo anteriormente realizado, poderão pedir revisão judicial do aluguel, a fim de ajustá-lo ao preço de mercado".

Aqui, desenvolva melhor o tópico.

4º Passo: Pedidos

Nos pedidos, é mister requerer:

a) requerimento de citação do réu para, querendo, contestar a ação, na forma do art. 67, IV, Lei de Locações;

b) a marcação de audiência de conciliação (caso haja interesse), na forma do art. 68, II das da Lei de Locações;

c) a procedência da demanda

c) condenação nas custas processuais e nos honorários advocatícios. Por exemplo:

4. DOS PEDIDOS

a) a citação do requerido, para que conteste a presente ação no prazo legal, sob pena de confissão e revelia.

b) seja designada audiência de conciliação;

b) a procedência da presente, reajustando-se o valor do aluguel para R$ xxxxx (Valor);

c) a condenação do requerido ao pagamento dos honorários advocatícios, custas e despesas processuais;

5º Passo: Protesto pelas provas

Como se trata de "ação", é mister que o autor prove o alegado, para que os pedidos formulados na demanda sejam acolhidos. Por exemplo:

Protesta-se por provar o alegado por todos os meios de provas admitidas pelo Direito, em especial, prova documental, testemunhal, depoimento pessoal das partes.

6º Passo: Valor da causa

A toda causa deve ser atribuído um valor (art. 291, CPC/2015), o qual corresponderá, conforme o art. 58, III da Lei de Locações, a doze meses de aluguel, ou, na hipótese do inciso II do art. 47 do mesmo diploma legal, a três salários vigentes por ocasião do ajuizamento. Por exemplo:

> Dá-se à causa o valor de R$ ...

8º Passo: Encerramento

Pede-se o deferimento daquilo que fora postulado, seguindo-se do local, data e advogado. Por exemplo:

> Termos em que pede deferimento.
>
> Local, data e ano.
>
> Advogado...
>
> OAB...

MODELO DA AÇÃO DE DESPEJO

A) Definição: A ação de despejo tem lugar quando o proprietário de um imóvel quer reaver a posse, mas o inquilino não o devolve amigavelmente.

Temos duas formas principais que justificam o despejo:

- **Despejo por denuncia vazia.**
- **Despejo por falta de pagamento.**

B) Fundamentação legal: Arts. 5º, 9º e 62 da Lei 8.245/91.

A elaboração da peça compreende os seguintes passos:

1º passo: endereçamento

Será proposta no local onde está situado o imóvel.

> Excelentíssimo Senhor Doutor Juiz de Direito da Vara Cível ... da Comarca de...

2º passo: qualificação das partes

> FULANO, nacionalidade..., estado civil..., profissão..., inscrito no CPF sob o nº..., residente na (endereço completo), e-mail, por seu advogado infra-assinado,

conforme procuração anexada (doc.), vem respeitosamente à presença de Vossa Excelência, ajuizar a presente

AÇÃO DE DESPEJO COM PEDIDO DE TUTELA ANTECIPADA, CUMULADA COM COBRANÇA DE ALUGUÉIS

em face de BELTRANO, nacionalidade..., estado civil..., profissão..., inscrito no CPF sob o nº ..., residente e domiciliado na... (endereço completo), com fundamento nos artigos 5º; 9º, II, III e 62 I da Lei 8.245/91,300 do Código de Processo Civil, pelos fundamentos de fato e de direitos a seguir aduzidos:

3º passo: fatos

Aqui, será feita a síntese da demanda.

Lembre-se que não poderá ser identificado(a). Observe, com cuidado, o enunciado da peça e faça sua síntese.

Na elaboração do tópico, em tela, lembre-se que teremos que discorrer acerca de três itens substanciais, a saber: relação, evento e conclusão.

O autor da presente é proprietário de um imóvel situado na (Rua), (número), (bairro), (CEP), (cidade), (Estado), local onde funciona um centro de conveniências.

Há um contrato escrito de locação e a locatária ocupa o espaço de ... metros quadrados, no qual ela desempenha as atividades de...

Ocorre que....

Destaque os demais pontos da circunstancia fática, levando em consideração os dados do enunciado.

4º passo: fundamentos jurídicos

Na fundamentação, também chamado de mérito ou do direito, deveremos inserir todos os artigos aplicáveis à temática, bem como as possíveis súmulas e entendimentos jurisprudenciais aplicáveis ao caso, vejamos um exemplo:

Os artigos 9º e 23 da Lei 8.245/91, a seguir transcritos, são claros:

"Art. 9º A locação também poderá ser desfeita:

I - por mútuo acordo;

II- em decorrência da prática de infração legal ou contratual;

III- em decorrência da falta de pagamento do aluguel e demais encargos;

IV- para as realizações de reparações urgentes determinadas pelo Poder Público, que não possam ser normalmente executadas com a permanência do locatário no imóvel ou, podendo, ele se recuse a consenti-las."

"Art. 23. O locatário é obrigado a:

I- pagar pontualmente o aluguel e os encargos da locação, legal ou contratualmente exigíveis, no prazo estipulado ou, em sua falta , até o sexto dia útil do mês seguinte ao vencido, no imóvel locado, quando outro local não tiver sido indicado no contrato; (grifo nosso)

[...]

X- cumprir integralmente a convenção de condomínio e os regulamentos internos; ..."

Aqui, desenvolva melhor o tópico, tomando por base as informações extraídas do enunciado.

TUTELA ANTECIPADA

Na situação fática, mister faz-se a aplicabilidade do artigo 300 do Código de Processo Civil, no que tange ao pedido de despejo por descumprimento contratual, uma vez que os patentes prejuízos econômicos são diariamente sentidos pelo locador. Tornou-se insustentável que a atual situação permaneça inalterada por mais um dia sequer.

CUMULAÇÃO DE PEDIDOS

O artigo 62 da lei, em comento, destaca que:

"Nas ações de despejo fundadas na falta de pagamento de aluguel e acessórios da locação, observar-se-á o seguinte:

I - o pedido de rescisão da locação poderá ser cumulado com o de cobrança dos aluguéis e acessórios da locação, devendo ser apresentado, com a inicial, cálculo discriminado do valor do débito;

[...]

VI - havendo cumulação dos pedidos de rescisão da locação e cobrança dos aluguéis, a execução desta pode ter inicio antes da desocupação do imóvel, caso ambos tenham sido acolhidos."

Em cumprimento ao preceituado no artigo 62, I da Lei de Locações, acima transcrito, anexada à presente a respectiva planilha de débitos.

5º passo: pedidos

Diante de todo o exposto, requerer a Vossa Excelência se digne a:

PARTE ESPECIAL

Receber e acolher a demanda, julgando-a totalmente PROCEDENTE;

Em consonância com o artigo 300 do CPC conceder a antecipação de tutela, expedindo a ordem para desocupação do imóvel de imediato.

Citar a ré para que querendo, apresente sua resposta;

Julgar positivamente a demanda, condenando a ré ao final, caso mesmo com as provas apresentas;

Nos moldes do artigo 62, V da Lei de Locação, solicitar o depósito dos valores dos aluguéis que forem vencendo até a sentença;

Condenar a ré ao pagamento das prestações locatícias vencidas e as vincendas no decurso da lide em pauta, acrescer às parcelas vencidas os valores referentes à multa de mora... e juros ... mensais;

Declarar rescindido o contrato de locação existente de fato entre o requerente e a requerida, nos termos do artigo 62, I da Lei de Locação;

Condenar, ainda, a ré ao pagamento de custas processuais e verbas sucumbenciais, nos termos do art. 85 do CPC.

6º passo: requerimento de provas

Protesta provar o alegado por todos os meios de prova em direito admitidos, especialmente por prova testemunhal, depoimento pessoal, prova documental e pericial.

7º passo: valor da causa

Dá-se à causa o valor de R$...(valor por extenso), para todos os efeitos legais.

8º passo: encerramento.

Termos em que,

Pede deferimento.

Local, data e ano.

Advogado...

OAB...

CAPÍTULO **IV**

Execução de Título Extrajudicial

1. EXECUÇÃO

1.1. Aspectos gerais

O processo de conhecimento e a execução são duas formas de manifestação de jurisdição que não se confundem haja vista possuírem distintas finalidades.

Assim, o **processo de conhecimento** é manejado na perspectiva de se obter certeza quanto ao direito. O contraditório é amplo, há exaustiva produção de provas e por meio da sentença o juiz diz quem tem razão quanto ao direito controvertido. Note que o termo cognição ajusta-se à circunstância de que é nesta relação processual que o magistrado tomará conhecimento a respeito da titularidade do direito, estando, até então, alheio aos fatos da causa.

Por outro lado, a **execução** tem como pressuposto a certeza quanto ao direito (já se conhece o seu titular). Essa certeza é outorgada por um título a que a lei confere força executiva- *seja ele judicial ou extrajudicial* - e que obriga o devedor a uma prestação **de *pagar*** (ex: sentença que condena ao pagamento de quantia, a título de indenização por danos materiais), ***de entregar coisa*** (ex: sentença que determina a entrega de imóvel disputado em juízo), ***de fazer*** (ex: sentença que condena plano de saúde a realizar cirurgia anteriormente negada) ***e não fazer*** (ex: sentença que condena empresa a não prosseguir com atividade poluidora). Na execução, a atuação do órgão jurisdicional é para a efetivação do direito. O contraditório é restrito à ciência da execução, não há produção de provas e o juiz não profere sentença. O órgão jurisdicional apenas pratica atos para a satisfação do crédito revelado no título executivo. Esses atos processuais para a satisfação do crédito são a penhora, a adjudicação, a venda pública do bem, a venda do bem por particular e a remição.

1.2. Requisitos para a realização da execução

A atividade jurisdicional executiva é marcada pelo atributo da coercitividade, sendo certo afirmar que ela constitui exceção, no sentido de que o mesmo só será instaurado no caso de insucesso do cumprimento espontâneo da obrigação.

Portanto, ela não pode se desenvolver validamente sem que haja o atendimento de certos requisitos os quais evitem a nulidade do procedimento em questão.

Tamanha é a importância na obediência dos requisitos que a matéria possui índole pública, conhecível de ofício pelo magistrado a qualquer momento e grau de jurisdição.

Dois são os requisitos autorizadores da atividade executiva: título executivo e inadimplemento.

A) título executivo

É o documento a que a lei atribui força executiva, necessário para que se desencadeie a atividade jurisdicional executiva.

A sua Importância no contexto da execução é vislumbrada na medida em que não há atividade jurisdicional executiva senão a partir da existência de um título (*nulla executio sine titulo*).

Os requisitos para que os títulos possam propiciar o desencadeamento da atividade jurisdicional executiva são a certeza, a liquidez e a exigibilidade (artigo 783, CPC). Título **certo** é aquele que possui crédito sobre o qual não pairam dúvidas, seja porque formalmente preenche os requisitos necessários para que possa ter validade perante o mundo jurídico (títulos extrajudiciais), seja pelo fato de que a decisão judicial que originou o crédito transitou em julgado (títulos judiciais); a **liquidez** é a fixação da coisa ou quantia devida no título executivo. Título executivo que não apresenta a coisa ou quantia devida; precisa passar por um procedimento prévio denominado de "liquidação"; quanto à **exigibilidade**, é questão que diz respeito ao vencimento da obrigação prevista no título. É exigível a dívida já vencida. Em outros termos, estará satisfeito tal requisito se houver a indicação de que a obrigação já deva ser cumprida, seja porque ela não está sujeita a termo ou condição, seja porque estes já foram demonstrados.

Os títulos podem ser judiciais ou extrajudiciais.

Títulos judiciais (art. 515, CPC) consistem em provimentos jurisdicionais, ou equivalentes, que contêm a determinação a uma das partes de prestar algo à outra. São eles:

→ **a decisão proferida no processo civil que reconheça a existência de obrigação de fazer, não fazer, entregar coisa ou pagar quantia:** a doutrina aponta como sendo "o título executivo por excelência", sendo certo que a maioria das execuções são lastreadas nesta espécie de título.

→ **a sentença penal condenatória transitada em julgado:** o trânsito em julgado constitui pressuposto imprescindível, na medida em que, enquanto não operada, existe a presunção de inocência daquele que está sendo processado.

→ **a sentença homologatória de autocomposição judicial:** o CPC atribui ao magistrado a tarefa de, como condutor do processo, tentar conciliar as partes a qualquer momento. O objetivo é fazer com que a lide seja resolvida pela atividade das próprias partes. A doutrina costuma distinguir os termos "conciliação" e "transação," apontando que ambos consistem em acordo realizado pelas partes, sendo que, enquanto no primeiro caso há o incentivo do magistrado, na transação o acordo é operado por mera iniciativa das partes.

→ **a sentença arbitral:** a arbitragem constitui instrumento alternativo de solução de conflitos, na medida em que as partes, de comum acordo, elegem árbitro(s) para solucionar eventuais controvérsias advindas de um dado negócio jurídico realizado. Observe que a atividade do árbitro se restringe à prolação da decisão, visto que o não cumprimento da sentença arbitral enseja a execução perante o aparato jurisdicional, órgão investido de jurisdição para proceder às drásticas medidas de execução.

→ **a decisão homologatória de autocomposição extrajudicial de qualquer natureza:** não se confunde com a decisão homologatória de autocomposição judicial. Naquela, o acordo é firmado para pôr fim a uma dada relação processual, ao passo que, aqui, consiste em um procedimento de jurisdição voluntária onde os interessados ingressam com a ação homologatória postulando a chancela do acordo extrajudicial firmado.

→ **a sentença estrangeira, homologada pelo Superior Tribunal de Justiça.**

→ **o formal e a certidão de partilha, exclusivamente em relação ao inventariante, aos herdeiros e aos sucessores a título singular ou universal:** note que, em atendimento aos limites subjetivos da coisa julgada, o título em questão não pode ser oposto ao terceiro não participante da relação processual, de modo que qualquer controvérsia só será dirimida mediante demanda de conhecimento.

→ **o crédito de auxiliar da justiça**, quando as custas, emolumentos ou honorários forem aprovados por decisão judicial.

Por outro lado, os **títulos extrajudiciais (art. 784, CPC)** são documentos, públicos ou particulares, que consubstanciam uma relação jurídica de crédito e de débito e que recebem força executiva mediante expressa previsão legal. São eles:

→ **títulos de crédito:** a letra de câmbio, a nota promissória, a duplicata, a debênture e o cheque.

→ **A escritura pública ou outro documento público assinado pelo devedor.**

→ **O documento particular assinado pelo devedor e por duas testemunhas:** diversamente da escritura pública ou documento público, aqui existe a necessidade da presença de duas testemunhas ao ato jurídico, haja vista a natureza particular do documento. É comum visualizar a espécie em questão na chamada confissão de dívida, a teor do consubstanciado na Súmula 300, STJ.

→ **O instrumento de transação referendado pelo Ministério Público, pela Defensoria Pública ou pelos advogados dos transatores:** muito comum vislumbrar o instrumento em tela, no âmbito do MP, quando da celebração do Termo de Ajus-

PARTE ESPECIAL

tamento de Conduta. Questão interessante é que a Lei nº 11.737/08, dando nova redação ao artigo 13 da Lei nº 10.741/03, outorgou legitimidade, também, à defensoria pública para efetuar transação de alimentos que envolvam idosos (antes só pertencia ao MP). É certo que a legitimidade para referendar as transações relativas aos alimentos deve ser ampla, envolvendo, inclusive, àquelas concernentes a outras pessoas;

→ **os contratos garantidos por hipoteca, penhor, anticrese e caução, bem como os de seguro de vida.**

→ **O crédito decorrente de foro e laudêmio**: os créditos em questão surgem do instituto da Enfiteuse. Pode ser definida como sendo o direito real que autoriza uma pessoa a usar, gozar e dispor de determinada coisa, mediante o pagamento de uma pensão anual (foro). Outrossim, o laudêmio é a compensação devida pelo não-uso do direito de preferência, por parte do senhorio direto, quando da alienação do imóvel.

→ **o crédito, documentalmente comprovado, decorrente de aluguel de imóvel, bem como de encargos acessórios, tais como taxas e despesas de condomínio.**

→ **a certidão de dívida ativa da Fazenda Pública da União, dos Estados, do Distrito Federal, dos Territórios e dos Municípios, correspondente aos créditos inscritos na forma da lei:** a inscrição da dívida ativa deverá ser feita findo o prazo final para o pagamento, fixado pela lei, ou após decisão administrativa final. A Certidão da Dívida Ativa é um documento que goza de presunção relativa de certeza e liquidez, e servirá de fundamento para o início de um processo de execução fiscal contra o devedor (Lei nº 6.830/80). Evidentemente, diz-se que a presunção de certeza e liquidez é relativa, porque admite prova em contrário. O devedor/executado poderá provar em seus embargos qualquer irregularidade na constituição do crédito tributário e poderá alegar até mesmo a inconstitucionalidade da lei que serviu de supedâneo para o lançamento do tributo.

→ **o crédito referente às contribuições ordinárias ou extraordinárias de condomínio edilício, previstas na respectiva convenção ou aprovadas em assembleia geral, desde que documentalmente comprovadas;**

→ **a certidão expedida por serventia notarial ou de registro relativa a valores de emolumentos e demais despesas devidas pelos atos por ela praticados, fixados nas tabelas estabelecidas em lei;**

→ **todos os demais títulos** a que, por disposição expressa, a lei atribuir força executiva: o inciso em tela demonstra que as hipóteses arroladas no artigo são meramente exemplificativas (*numerus apertus*), de modo que o legislador, em outros diplomas legislativos, poderá atribuir força executiva a certos documentos, a exemplo do que ocorre com o par. 6º do artigo 5º da LACP (Lei nº 7.347/85), o qual trata do termo de ajustamento de conduta firmado junto aos entes legitimados para a ação

(União, estados, municípios, autarquias, fundações, empresas públicas, sociedade de economia mista, MP, Defensoria Pública, Associação).

Inadimplemento

Para que se torne viável a execução, é mister, além da presença do título, que tenha havido a violação da norma jurídica, consistente na não satisfação espontânea da obrigação nele consubstanciada. É por isso que o legislador afirma que *"O credor não poderá iniciar a execução ou nela prosseguir se o devedor cumprir a obrigação..."* (art. 788, CPC).

A simples verificação, no título, de que ocorreu o vencimento é prova suficiente do inadimplemento e consequente desencadeamento da atividade executiva.

Neste diapasão, incumbe ao devedor o ônus de provar a quitação da dívida, mediante defesa em *impugnação ao cumprimento de sentença* (se a execução for de título judicial) ou *embargos à execução* (se a execução for de título extrajudicial).

1.3. Desistência da execução

Assim como é possível ao autor desistir da ***ação de conhecimento*** (com a concordância do réu, se já apresentada a contestação), é admissível, também, a desistência da ***ação de execução*** ou de apenas algumas ***medidas executivas***. Quanto à desistência da execução, devemos efetuar duas observações: I) serão extintos os embargos que versarem apenas sobre questões processuais, pagando o credor as custas e os honorários advocatícios; II) nos demais casos, a extinção dependerá da concordância do embargante (art. 775, CPC).

1.4. Impenhorabilidade do bem de família (Lei n.º 8.009/1990)

Os atos executivos não devem levar o devedor a uma situação incompatível com a dignidade da pessoa humana.

A preocupação com a dignidade da pessoa humana é questão erigida a foro constitucional, sendo mais precisamente um dos fundamentos de nossa república federativa (artigo 1º, III da Constituição Federal). O CPC de 2015 também consagrou tal princípio através do seu artigo 8º.

A condição de devedor não desapossa a pessoa de sua dignidade e a atividade jurisdicional de cumprimento da obrigação deve ter em vista essa condição original e imutável. Assim é que formas de exposição do devedor são repelidas pelo ordenamento jurídico e sujeitam o infrator à reparação do dano moral.

Por isso é que bens que permitam uma vida com dignidade são preservados da ação estatal executiva, a exemplo do que ocorre com o bem de família, previsto na Lei nº 8009/90.

Eis alguns artigos que merecem destaque:

Artigo 1º O imóvel residencial próprio do casal, ou da entidade familiar, é impenhorável e não responderá por qualquer tipo de dívida civil, comercial, fiscal, previdenciária ou de outra natureza, contraída pelos cônjuges ou pelos pais ou filhos que sejam seus proprietários e nele residam, salvo nas hipóteses previstas nesta lei.

Parágrafo único. A impenhorabilidade compreende o imóvel sobre o qual se assentam a construção, as plantações, as benfeitorias de qualquer natureza e todos os equipamentos, inclusive os de uso profissional, ou móveis que guarnecem a casa, desde que quitados.

Artigo 2º Excluem-se da impenhorabilidade os veículos de transporte, obras de arte e adornos suntuosos.

Perceba que a impenhorabilidade não alcança os veículos de transporte e as obras de arte e adornos suntuosos, haja vista que eles não constituem bens indispensáveis a uma vivência com dignidade. Mas, atenção! Sendo o veículo utilizado para o exercício da profissão (ex: taxista), será ele impenhorável, nos termos do artigo 833, V, CPC.

ATENÇÃO! Aponte-se que, à luz da jurisprudência pacificada no STJ, o conceito de impenhorabilidade do bem de família abrange também o imóvel pertencente a **pessoas solteiras, separadas ou viúvas** (Súmula 364).

O conceito de bem de família não alcança a **vaga de garagem autônoma** que tenha matrícula própria no registro de imóveis, consoante Súmula 449, STJ. É que, neste caso, a unidade constitui-se em unidade independente e, por consequência, poderá ser objeto de relações jurídicas autônomas (*cessão, locação, venda, etc.*), não se confundindo com o principal.

É impenhorável o **imóvel que esteja locado** a terceiro, desde que a renda obtida seja revertida para a subsistência ou a moradia de sua família (Súmula 486, STJ).

Acerca da possibilidade de utilização de vários imóveis para a residência pelo devedor, o legislador mediante o artigo 5º da Lei nº. 8.009/90 assim se pronunciou:

Art. 5º. Para os efeitos de impenhorabilidade, de que trata esta lei, considera-se residência um único imóvel utilizado pelo casal ou pela entidade familiar para moradia permanente.

Parágrafo único – Na hipótese de o casal, ou entidade familiar, ser possuidor de vários imóveis utilizados como residência, a impenhorabilidade recairá sobre o

de menor valor, salvo se outro tiver sido registrado, para esse fim, no Registro de Imóveis e na forma do artigo 70 do Código Civil.

O objetivo do legislador foi fazer com que o devedor, alegando a moradia simultânea em mais de um imóvel, quisesse se escusar do cumprimento de suas obrigações.

ATENÇÃO! A impenhorabilidade é oponível em qualquer processo de execução civil, fiscal, previdenciária, trabalhista ou de outra natureza. Mas existem situações em que **o bem de família poderá ser penhorado**, senão vejamos:

pelo titular do crédito decorrente do financiamento destinado à construção ou à aquisição do imóvel, no limite dos créditos e acréscimos constituídos em função do respectivo contrato;

pelo credor de pensão alimentícia;

para cobrança de impostos, predial ou territorial, taxas e contribuições devidas em função do imóvel familiar;

para execução de hipoteca sobre o imóvel oferecido como garantia real pelo casal ou pela entidade familiar;

por ter sido adquirido com produto de crime ou para execução de sentença penal condenatória a ressarcimento, indenização ou perdimento de bens.

por obrigação decorrente de fiança concedida em contrato de locação.

1.5. Execução de título extrajudicial

Verificamos que o processo de conhecimento, de rito comum ou especial, é capaz de desaguar na confecção de um documento com força executiva, denominado "título executivo". Observou-se, também, que, não sendo a obrigação espontaneamente cumprida, passaríamos à nova etapa procedimental, de natureza executiva, denominada de "fase de cumprimento de sentença", cujos procedimentos estão capitulados na **Parte Especial, livro I, título II**, do CPC.

Ocorre que existem outros documentos, capitulados no artigo 784, CPC, que possuem natureza executiva, sendo desnecessário ajuizamento de demanda cognitiva: são os títulos executivos extrajudiciais. De posse deles, o credor poderá valer-se, diretamente, de demanda executiva, originando um processo de execução autônomo.

Destarte, o processo de execução autônomo é aquele utilizado para os títulos executivos extrajudiciais, cujos procedimentos estão inseridos na **Parte Especial, livro II** do CPC.

1.5.1. *Obrigações de fazer e não fazer*

A exemplo do que ocorre com as obrigações para entrega de coisa, as obrigações de fazer fundadas em título judicial serão executadas mediante as técnicas da efetivação da tutela específica, com a utilização das medidas de apoio previstas no artigo 536, § 1º, CPC.

O processo executivo autônomo remanesce, contudo, nas obrigações apoiadas em título executivo extrajudicial. Assim, cabe-nos abordar, agora, a execução das obrigações de fazer e não fazer fundadas em título executivo extrajudicial e disciplinadas nos artigos 814 a 823 do CPC.

Vejamos o procedimento a ser utilizado:

→ **Petição inicial:** em atendimento ao princípio da inércia, o credor deverá elaborar a petição inicial, nela acostando o **título executivo** que serve de base à execução, além de apontar expresso pedido de citação do devedor para cumprir com a obrigação.

→ **Juízo de admissibilidade:** intentada a ação, os autos irão conclusos ao magistrado para que este efetue o juízo de admissibilidade da demanda executiva, podendo tomar uma dentre as seguintes atitudes:

1) **emenda** da inicial, sob pena de indeferimento (se ausente o título, por exemplo); 2) **indeferimento** no caso de vício insanável (a exemplo de manifesta ilegitimidade de parte); 3) **processamento** da execução, onde o juiz fixará multa por período de atraso no cumprimento da obrigação e a data a partir da qual será devida. Se o valor da multa estiver previsto no título e for excessivo, o juiz poderá reduzi-lo.

→ **citação:** proposta a demanda e realizado o juízo de admissibilidade, o devedor será citado para satisfazer a obrigação no prazo assinado pelo magistrado, se outro não estiver disposto no título executivo.

→ **atitudes do réu:** sendo citado, poderá o réu adotar as seguintes posturas: 1) **satisfação voluntária da obrigação***:* a satisfação voluntária da obrigação extingue o processo, proferindo o magistrado, por conseguinte, sentença finalizando a relação processual executiva; 2) **inércia***:* permanecendo o devedor inerte no cumprimento da obrigação, duas alternativas restarão ao credor: sendo fungível a prestação de fazer (*aquela que pode ser prestada por qualquer pessoa, a exemplo de um contrato para transporte escolar*), poderá insistir no cumprimento da obrigação específica, a ser realizada por um terceiro às custas do devedor. Neste caso, o credor apresentará simples proposta a ser homologada pelo magistrado após a oitiva da parte contrária. Sendo aprovada, caberá ao credor adiantar as despesas a serem efetuadas, as quais serão cobradas posteriormente ao devedor, sob pena de execução forçada; Sendo infungível a prestação (*a exemplo de cantor renomado que não mais deseja executar show ou artista plástico a confeccionar determinada escultu-*

ra) ou, ainda que fungível, desejando o credor, poderá a obrigação se converter em perdas e danos, de modo que a obrigação específica se transmudará em genérica, observando-se, daí por diante, as regras pertinentes à execução por quantia certa; 3) ***embargos do devedor***: é a ação incidental apresentada pelo devedor, visando combater aspectos relativos à obrigação disposta no título executivo. Sendo julgados procedentes, a execução será extinta. Sendo rejeitados, proceder-se-á de conformidade com a opção executiva dada ao credor, nos termos anteriormente expostos.

→ **obrigações de não-fazer**: a rigor, a execução de obrigação de *não-fazer* representa, muitas vezes, na prestação de ato positivo (num *fazer*), consistente na obrigatoriedade, por parte do devedor, de desfazer o ato a que estava proibido realizar. Por exemplo, aquele que se comprometeu não construir muro acima de determinado limite (num condomínio, por exemplo), será obrigado, por intermédio de processo executivo, a **desfazer** a construção realizada em desacordo com a obrigação consubstanciada no título.

1.5.2. Obrigações para entrega de coisa

O objetivo, aqui, é forçar o devedor a cumprir obrigação de entregar coisa, quando o ajuste estiver consubstanciado em documento cujo o qual a lei atribuiu força executiva. É o caso, por exemplo, de contrato, devidamente assinado pelo devedor e duas testemunhas, em que ficou ajustado a entrega de mercadorias, as quais não foram entregues.

PARTE ESPECIAL

Eis o procedimento para a execução de título extrajudicial:

→ **petição inicial:** além de anexar o **título executivo** que serve de base à execução, a petição inicial será apresentada com a **individualização da coisa** na hipótese do título prever coisa certa ou cuja escolha caiba ao credor.

Se, cabendo ao credor a escolha, este não proceder com a discriminação do objeto da obrigação, deverá o magistrado determinar a emenda, sob pena de extinção processual sem resolução de mérito.

Em se tratando de entrega de coisa incerta, cuja escolha caiba ao devedor, este será citado para efetuar a escolha, entregando-a individualizadamente.

De toda forma, feita a escolha, a parte contrária poderá impugná-la dentro de 15 (quinze) dias.

→ **despacho:** O legislador previu a possibilidade de o juiz fixar, ao despachar a inicial, *multa diária* para a hipótese de demora no cumprimento da obrigação. É a denominada "astreintes", medida de apoio que tem por objetivo constranger o devedor ao cumprimento imediato da obrigação. Vale ressaltar que o valor da penalidade em questão poderá ser diminuído ou majorado, a depender de se vislumbrar excessivo ou insuficiente.

→ **citação:** proposta a demanda e realizado o juízo de admissibilidade, o devedor será citado para, em 15 (quinze) dias, satisfazer a obrigação.

Do mandado de citação constará ordem para imissão na posse ou busca e apreensão, conforme se tratar de bem imóvel ou móvel, cujo cumprimento se dará de imediato, se o executado não satisfizer a obrigação no prazo que lhe foi designado.

→ **atitudes do executado:** feita a citação, o executado poderá adotar uma das seguintes posturas: **1) entrega voluntária da coisa**: a entrega da coisa extingue a obrigação e o processo, exceto na hipótese de necessidade de prosseguimento da demanda em virtude de pagamento de frutos ou fixação de indenização por prejuízos ou, ainda, apuração de multa (prevista no título ou na decisão fixada pelo juízo), caso em que a execução passará a ser processada mediante o rito da obrigação por quantia certa; **2) embargos do devedor:** é o instrumento de defesa apresentado pelo devedor, visando combater aspectos relativos à obrigação disposta no título executivo.

→ **a alienação da coisa litigiosa:** Alienada a coisa quando já litigiosa, será expedido mandado contra o terceiro adquirente, que somente será ouvido após depositá-la. O depósito da coisa em juízo pelo terceiro é pressuposto de que qualquer manifestação dele possa ser conhecida pelo juízo. O terceiro poderá se opor à execução mediante o instrumento de embargos de terceiro (arts. 674 a 681, CPC/15).

→ **Da impossibilidade do cumprimento da obrigação específica:** caso não seja mais possível o cumprimento da obrigação específica (seja porque a coisa se deteriorou, não foi encontrada ou, finalmente, não for requisitada das mãos de terceiro) a obrigação se converterá em genérica (*execução por quantia certa*, calculada com base no valor da coisa mais as perdas e danos). Será mister, no entanto, que o credor proceda com a prévia liquidação, mediante estimativa em planilha de cálculos (a qual acompanhará a inicial) ou arbitramento.

1.5.3. Obrigações para pagamento de quantia

A execução por quantia certa tem por objetivo expropriar bens do devedor a fim de satisfazer o direito do credor, consubstanciado no título executivo judicial ou extrajudicial.

Conforme exposto alhures, os procedimentos executivos possuem algumas diferenças, conforme se baseiem em título judicial ou extrajudicial, especialmente quanto à forma de defesa do devedor. No mais, os traços procedimentais são os mesmos, tendo em vista a aplicação subsidiária da disciplina de execução de quantia certa de títulos extrajudiciais ao rito do cumprimento de sentença de obrigação de mesma natureza.

O cumprimento de sentença já foi objeto de estudo. Agora, cabe-nos deter na disciplina jurídica que norteia o procedimento executivo das obrigações para pagamento de quantia certa.

A ação de execução de título extrajudicial segue, basicamente, o seguinte esquema procedimental:

→ **propositura da ação:** dar-se-á com a apresentação da petição inicial, preenchida com os requisitos da lei (*título executivo e demonstrativo do débito atualizado*). Poderá, inclusive, o credor já indicar bens penhoráveis do devedor, a teor do que preceitua o artigo 798, II, "c", CPC.

O exequente poderá, obter certidão de que a execução foi admitida, com identificação das partes e valor da causa, para fins de **averbação** no registro de imóveis, registro de veículos ou registro de outros bens sujeitos à penhora, arresto ou indisponibilidade. É a chamada "averbação premonitória" (art. 828, CPC). O objetivo é fazer presumir em fraude à execução, qualquer alienação de bens posterior a essa data, dispensada a prova de insolvência.

→ **despacho da inicial:** apresentada a petição inicial, segue-se a apreciação da sua admissibilidade pelo magistrado, o qual pode determinar a sua *emenda* (acaso não possua o documento indispensável, por exemplo), *indeferi-la* (acaso não venha a ser sanada a irregularidade ou título não for executivo, por exemplo), ou, finalmente, determinar o *processamento* da execução, com a expedição de mandado de pagamento da obrigação.

Ao despachar a inicial, o juiz também fixará os **honorários advocatícios** de 10% (dez por cento), a serem pagos pelo executado. No caso de integral pagamento no prazo de 3 (três) dias, a verba honorária será reduzida pela metade.

O valor dos honorários poderá ser elevado até 20% (vinte por cento), quando rejeitados os embargos à execução, podendo a majoração, caso não opostos os embargos, ocorrer ao final do procedimento executivo, levando-se em conta o trabalho realizado pelo advogado do exequente.

→ **citação:** o executado será citado para pagar a dívida no prazo de 3 (três) dias, contado da citação. Do mandado de citação constarão, também, a ordem de penhora e a avaliação a serem cumpridas pelo oficial de justiça tão logo verificado o não pagamento no prazo assinalado, de tudo lavrando-se auto, com intimação do executado. Se o oficial de justiça não encontrar o executado, **arrestar-lhe-á** tantos bens quantos bastem para garantir a execução. Nos 10 (dez) dias seguintes à efetivação do arresto, o oficial de justiça procurará o executado 2 (duas) vezes em dias distintos e, havendo suspeita de ocultação, realizará a citação com hora certa, certificando pormenorizadamente o ocorrido. Incumbe ao exequente requerer a citação por edital, uma vez frustradas a pessoal e a com hora certa.

→ **atitudes do devedor:** recebida a inicial e realizada a citação, o credor poderá tomar as seguintes atitudes: 1) **Efetuar o pagamento voluntário**: haverá a extinção do processo executivo e os honorários advocatícios serão reduzidos pela metade; **2) Requerer o parcelamento (art. 916, CPC)**: poderá o executado, *no prazo dos embargos*, reconhecendo o débito e juntando (trinta por cento) do valor em execução, requerer seja admitido a pagar o restante em até 6 (seis) parcelas mensais, acrescidas de correção monetária e juros de 1% (um por cento) ao mês. Tal benefício não constitui ato que vincula o magistrado, o qual poderá ou não deferi-lo. O *exequente será intimado* para manifestar-se sobre o pedido de parcelamento e o juiz decidirá o requerimento em 5 (cinco) dias. Enquanto não apreciado o requerimento, o executado terá de depositar as parcelas vincendas, facultado ao exequente seu levantamento. *Indeferida* a proposta, seguir-se-ão os atos executivos, mantido o depósito, que será convertido em penhora; *Deferida* a proposta, o exequente levantará a quantia depositada, e serão suspensos os atos executivos. O descumprimento de qualquer das prestações importará o vencimento antecipado das demais e o prosseguimento do processo, com o imediato início dos atos executivos bem como a imposição de *multa* de 10% (dez por cento) sobre o valor das prestações remanescentes; **3) Apresentar embargos à execução:** os embargos qualificam-se como a defesa com a natureza jurídica de ação incidental autônoma. Serão os embargos distribuídos por dependência, autuados em apartado e instruídos com cópias das peças processuais relevantes. Serão oferecidos no prazo de 15 (quinze) dias. Vale ressaltar que, não obstante seja a execução movida em face de litisconsortes com diferentes procuradores, o prazo dobrado do artigo 229, CPC, não lhes será aplicado. Recebidos os embargos, será o exequente ouvido no prazo de 15 (quinze) dias. Os embargos à execução não terão efeito suspensivo (art. 919, CPC/15). O juiz poderá, a requerimento do embargante, atribuir efeito suspensivo aos embargos quando verificados os requisitos para a concessão da tutela provisória e **desde que a execução já esteja garantida por penhora, depósito ou caução suficientes.** É o caso, por exemplo, dos embargos versarem sobre a penhorabilidade de bem protegido por lei;

→ **Penhora:** tendo em vista que os embargos não mais possuem efeito suspensivo, os atos de constrição e expropriação seguirão paralelamente ao seu rito. A expropriação apenas não se aperfeiçoará acaso seja deferido efeito suspensivo aos embargos.

Pois bem, não efetuado o pagamento, munido da segunda via do mandado, o oficial de justiça procederá de imediato à penhora de bens e a sua avaliação, lavrando-se o respectivo auto e de tais atos intimando, na mesma oportunidade, o executado.

A **penhora pode ser definida** como o ato que individualiza bens no patrimônio do devedor, os quais serão sujeitos a posterior expropriação.

Quanto aos **limites**, a penhora deverá incidir em tantos bens quantos bastem para o pagamento do principal atualizado, juros, custas e honorários advocatícios.

A penhora recairá sobre os **bens indicados pelo exequente**, salvo se outros forem indicados pelo executado e aceitos pelo juiz, mediante demonstração de que a constrição proposta lhe será menos onerosa e não trará prejuízo ao exequente.

O ato judicial em questão deverá obedecer à **ordem de prioridade** estabelecida no artigo 835, CPC, a saber: *I - dinheiro, em espécie ou em depósito ou aplicação em instituição financeira* (para possibilitar a penhora de dinheiro em depósito ou aplicação financeira, o juiz, a requerimento do exequente, requisitará à autoridade supervisora do sistema bancário, preferencialmente por meio eletrônico, informações sobre a existência de ativos em nome do executado, podendo no mesmo ato determinar sua indisponibilidade, até o valor indicado na execução. As informações limitar-se-ão à existência ou não de depósito ou aplicação até o valor indicado na execução); *II - títulos da dívida pública* da União, dos Estados e do Distrito Federal com cotação em mercado; *III - títulos e valores mobiliários* com cotação em mercado; *IV - veículos* de via terrestre; *V - bens imóveis*; *VI - bens móveis* em geral; *VII - semoventes*; *VIII - navios e aeronaves*; *IX - ações e quotas de sociedades* simples e empresárias; *X - percentual do faturamento de empresa* devedora; *XI - pedras e metais preciosos*; *XII - direitos aquisitivos* derivados de promessa de compra e venda e de alienação fiduciária em garantia; *XIII - outros direitos*.

ATENÇÃO! Três observações precisam ser feitas:

Em primeiro lugar, se não encontrar bens penhoráveis, o oficial comunicará ao juiz, que intimará o devedor para que indique bens passíveis de expropriação. Considera-se **ato atentatório à dignidade da jurisdição** a conduta do devedor que, intimado, não indica ao juiz quais são e onde se encontram os bens sujeitos à penhora e seus respectivos valores (artigo 774, V, CPC).

Em segundo lugar, atente-se que é prioritária a penhora em dinheiro, podendo o juiz, nas demais hipóteses, **alterar a ordem** acima referida de acordo com as circunstâncias do caso concreto (art. 835, § 1º, NCPC).

Finalmente, quanto ao **registro** da penhora, vale salientar que será tarefa do exequente proceder com o registro da penhora no cartório competente, tudo com o fito de dar publicidade e conhecimento para terceiros de boa-fé; Atento ao mandamento em questão, a Corte Especial do Superior Tribunal de Justiça sumulou a questão (Súmula 375). O texto determina que o reconhecimento da fraude de execução dependa do registro da penhora do bem alienado ou da prova de má-fé do terceiro adquirente.

→ **Depósito de bens:** os bens penhorados serão preferencialmente **depositados:**

as quantias em **dinheiro**, os papéis de crédito e as pedras e os metais preciosos, no Banco do Brasil, na Caixa Econômica Federal ou em banco do qual o Estado ou o Distrito Federal possua mais da metade do capital social integralizado, ou, na falta desses estabelecimentos, em qualquer instituição de crédito designada pelo juiz;

os **móveis, os semoventes, os imóveis urbanos e os direitos aquisitivos sobre imóveis urbanos**, em poder do depositário judicial. Se não houver depositário judicial, os bens ficarão em poder do exequente. Os bens poderão ser depositados em poder do executado nos casos de difícil remoção ou quando anuir o exequente.

os **imóveis rurais, os direitos aquisitivos sobre imóveis rurais, as máquinas, os utensílios e os instrumentos necessários ou úteis à atividade agrícola**, mediante caução idônea, em poder do executado.

→ Dos atos de Expropriação

Realizada a penhora e avaliação, inicia-se a fase expropriatória. A atual sistemática executiva consagra as seguintes modalidades de expropriação:

Adjudicação (arts. 876 a 878, CPC): é a forma preferencial de expropriação, mediante a entrega do próprio bem penhorado ao credor. Verifica-se a adjudicação quando o exequente, oferecendo preço não inferior ao da avaliação, requer lhe sejam adjudicados os bens penhorados. A adjudicação considera-se perfeita e acabada com a lavratura e assinatura do auto pelo juiz, pelo adjudicante, pelo escrivão e, se for presente, pelo executado, expedindo-se a respectiva carta, se bem imóvel (este documento substitui a tradicional compra e venda entre particulares). Urge ressaltar que a carta só será emitida juntamente com a prova da quitação dos tributos (a serem pagos pelo adquirente). Em se tratando de bem móvel, será expedido mandado de entrega ao adjudicante.

Alienação por iniciativa particular (arts. 879 e 880, CPC): dá-se quando, não realizada a adjudicação dos bens penhorados, o exequente requerer sejam eles alienados por sua própria iniciativa ou por intermédio de corretor ou leiloeiro público credenciado perante a autoridade judiciária. A negociação do bem é feita extrajudicialmente, devendo o juiz fixar: a) o prazo em que a alienação deve ser efetivada; b) a forma de publicidade; c) o preço mínimo; d) as condições de pagamento e as garantias, bem como, se for o caso, a comissão de corretagem. Concluída a negociação, a alienação será formalizada por termo nos autos, assinado pelo juiz, pelo exequente, pelo adquirente e, se for presente, pelo executado, expedindo-se carta de alienação do imóvel para o devido registro imobiliário, ou, se bem móvel, mandado de entrega ao adquirente.

Alienação em leilão judicial eletrônico ou presencial (arts. 881 a 903, CPC/15): assemelha-se a uma espécie de licitação. Só deve ser utilizada no caso de não ter ocorrido nem adjudicação, nem alienação por iniciativa particular.

O leilão do bem penhorado será realizado por leiloeiro público.

Ressalvados os casos de alienação a cargo de corretores de bolsa de valores, todos os demais bens serão alienados em leilão público.

Não sendo possível a sua realização por meio eletrônico, o leilão será presencial. A alienação judicial por meio eletrônico será realizada, observando-se as garantias processuais das partes, de acordo com regulamentação específica do Conselho Nacional de Justiça.

Sendo presencial, o leilão será realizado no local designado pelo juiz.

O leilão será precedido de publicação de edital, que conterá: I - a descrição do bem penhorado, com suas características, e, tratando-se de imóvel, sua situação e suas divisas, com remissão à matrícula e aos registros; II - o valor pelo qual o bem foi avaliado, o preço mínimo pelo qual poderá ser alienado, as condições de pagamento e, se for o caso, a comissão do leiloeiro designado; III - o lugar onde estiverem os móveis, os veículos e os semoventes e, tratando-se de créditos ou direitos, a identificação dos autos do processo em que foram penhorados; IV - o sítio, na rede mundial de computadores, e o período em que se realizará o leilão, salvo se este se der de modo presencial, hipótese em que serão indicados o local, o dia e a hora de sua realização; V - a indicação de local, dia e hora de segundo leilão presencial, para a hipótese de não haver interessado no primeiro; VI - menção da existência de ônus, recurso ou processo pendente sobre os bens a serem leiloados.

A arrematação constará de auto que será lavrado de imediato e poderá abranger bens penhorados em mais de uma execução, nele mencionadas as condições nas quais foi alienado o bem.

A ordem de entrega do bem móvel ou a carta de arrematação do bem imóvel, com o respectivo mandado de imissão na posse, será expedida depois de efetuado o depósito ou prestadas as garantias pelo arrematante, bem como realizado o pagamento da comissão do leiloeiro e das demais despesas da execução.

A carta de arrematação conterá a descrição do imóvel, com remissão à sua matrícula ou individuação e aos seus registros, a cópia do auto de arrematação e a prova de pagamento do imposto de transmissão, além da indicação da existência de eventual ônus real ou gravame.

→ **Finalização da execução:** Realizada a expropriação deste, o produto da venda será entregue ao exequente, de modo que haverá extinção da obrigação mediante o pagamento, caso em que magistrado proferirá sentença declarando a extinção da execução.

MODELO DE AÇÃO DE EXECUÇÃO POR QUANTIA CERTA DE TÍTULO EXTRAJUDICIAL

A elaboração da peça compreende os seguintes passos:

1º Passo: Endereçamento

A ação de execução será apresentada perante o juízo da vara cível, atentando-se as regras de competência previstas no artigo 783, CPC. Vejamos:

EXCELENTÍSSIMO SENHOR JUIZ DA .... VARA CÍVEL DA COMARCA DE ...../ ESTADO

2º Passo: Qualificação das partes

Aqui, como em toda petição inicial, as partes necessitam ser qualificadas (nome, estado civil, profissão, CPF ou CNPJ, endereço eletrônico e endereço) nos termos do artigo 319 c/c artigo 798, II do CPC. Vejamos:

FULANO DE TAL, (Estado Civil), (Profissão), (endereço eletrônico), inscrito no CPF sob o nº ..., residente e domiciliado na..., através do advogado que a esta subscreve, constituído nos termos da procuração em anexo, vem a presença de vossa Excelência, com fundamento nos artigos 824 e seguintes do CPC, propor a presente **AÇÃO DE EXECUÇÃO**, em face de **BELTRANO**, (Estado Civil), (Profissão), (endereço eletrônico), inscrito no CPF sob o nº ..., residente e domiciliado na..., de acordo com os fatos e fundamentos que a seguir passa expor:

3º Passo: Fundamentação

Em primeiro lugar, será feita a exposição da situação de **fato**, de forma articulada e cronológica. Aqui as partes são chamadas de "exequente" e "executado". Vejamos:

1. FATOS

1. O exequente é credor da importância líquida, certa e exigível de R$ 30.000,00 (trinta mil reais), conforme demonstra .... (espécie de título executivo extrajudicial) em anexo.

2. Ocorre que, apesar de todos os esforços, no sentido de receber o referido crédito amigavelmente, estes foram ineficazes, sendo certo que fora feito o protesto do título após regular notificação e permanência do inadimplemento por parte do executado;

3. Assim, não restou outra alternativa ao exequente, senão vir a este mm. juízo requerer o que lhe seja de direito.

Outrossim, na exposição do **direito,** a peça trará um parágrafo para tratar da fundamentação jurídica, relativamente ao cabimento da ação de execução. Vejamos:

2. DO DIREITO

O Código de Processo Civil, em seu artigo 783, aponta que a execução para cobrança de crédito fundar-se-á sempre em título de obrigação certa, líquida e exigível.

É o que ocorre nos autos.

Sendo o exequente credor da quantia líquida, certa e exigível de R$ 30.000,00 (trinta mil reais), constante em título executivo previsto em lei, a presente demanda mostra-se perfeitamente cabível.

4º Passo: Pedidos

Nos pedidos, é mister requerer: a) Seja o executado citado para efetuar o pagamento da dívida no prazo de 03 (três) dias; b) Não sendo feito o pagamento, que oficial de justiça proceda com a penhora e avaliação de bens necessários à satisfação do crédito previsto no título; c) Atos de expropriação, acaso necessários; d) A condenação do executado ao pagamento das custas processuais e honorários advocatícios. Por exemplo:

3. DOS PEDIDOS

Diante do exposto, requer:

a) Seja o executado citado para efetuar o pagamento da dívida no prazo de 03 (três) dias;

b) Não sendo feito o pagamento, que oficial de justiça proceda com a penhora e avaliação de bens necessários à satisfação do crédito previsto no título;

c) Ato contínuo, que se proceda com os atos de expropriação.

d) A condenação do executado ao pagamento das custas processuais e honorários advocatícios.

5º Passo: Valor da causa

A toda causa deve ser atribuído um valor, o qual corresponderá ao benefício econômico pretendido pelo autor. No caso da ação de execução por quantia certa de título extrajudicial, o valor da causa corresponderá ao valor do crédito previsto no título. Vejamos:

Dá-se à causa o valor de R$ 30.000,00 (trinta mil reais), correspondente ao valor atualizado da dívida.

6º Passo: Protesto pelas provas

Como toda ação, aqui também será necessário provar o alegado, para que os pedidos formulados na demanda sejam acolhidos. Por exemplo:

> Protesta provar o alegado por todos os meios de provas em direito admitidos, seja pelo depoimento pessoal, documentos, testemunhas, perícias e tudo quanto se fizer necessário para a efetivação da justiça!

7º Passo: Encerramento

Pede-se o deferimento daquilo que fora postulado, seguindo-se do local, data e advogado. Por exemplo:

> Termos em que pede deferimento.
>
> Local, data,
>
> Advogado

1.6. Execução fiscal

Com o objetivo de imprimir maior celeridade à realização do crédito cuja titularidade é das pessoas jurídicas de direito público, a ordem jurídica estatal criou procedimento disciplinado em lei específica (Lei nº 6.830/80), a qual procurou, ao máximo, adaptar as regras executivas às necessidades daqueles entes.

LEGITIMIDADE

O artigo 1º da lei em comento atribui legitimidade **ativa** às pessoas jurídicas de direito público (*União, Estados, Municípios, D.F., Autarquias e fundações públicas*). Urge salientar que os conselhos profissionais também detêm legitimidade ativa para promover a execução fiscal, tendo eles a natureza de autarquias especiais. A legitimidade **passiva** é do devedor, seja ele um devedor originário ou superveniente.

O TÍTULO EXECUTIVO NA EXECUÇÃO FISCAL

O procedimento em questão é lastreado na certidão de dívida ativa, título executivo extrajudicial cuja previsão fora mencionada tanto no CPC (art. 784) quanto na Lei de Execução Fiscal- LEF (Artigos 1º e 2º).

O documento é confeccionado mediante regular procedimento administrativo, em que seja assegurado o contraditório e a ampla defesa. O título em análise aponta a existência de dívida, seja ela de natureza **tributária** (resultante de tributos, a exemplo do IR, IPTU, Contribuições, etc.) ou **não tributária** (a exemplo de multas administrativas, multas contratuais, créditos em virtude da utilização de bem público, etc.).

Constituído o documento, o ordenamento legal presume ser o crédito - *cujo valor abrange tanto o principal como os juros, multa e correção* - líquido e certo, sendo esta última presunção, no entanto, relativa, de modo a admitir prova em contrário.

PROCEDIMENTO

O procedimento executivo deverá obedecer às seguintes regras:

→ **competência:** a) será do foro do *domicílio do devedor (regra);* tendo vários domicílios, em qualquer deles; b) havendo *mais de um devedor, no domicílio de qualquer deles*; poderá, ainda, ser proposta c) no foro do *lugar onde se praticou o ato ou ocorreu o fato que deu origem à dívida* (local onde fora aplicado certa multa de trânsito ou multa em determinado estabelecimento, por exemplo); por fim, poderá ser manejada no d) *foro da situação dos bens*, quando a dívida deles se originar (dívida relativa a IPTU, por exemplo).

Reforçando a regra máxima da *perpetuatio jurisdictionis*, a Súmula 58 do STJ estipula que, *"proposta a execução fiscal, a posterior mudança de domicílio do executado não desloca a competência já fixada"*.

Quanto ao *conselho de fiscalização profissional*, cabe à justiça federal (Súmula 66, STJ) julgar as execuções pelos mesmos intentadas.

Quanto às *penalidades administrativas impostas aos empregadores* pelos órgãos de fiscalização das relações de trabalho, caberá à justiça do trabalho (artigo 114, VII, com redação dada pela EC-45/2004).

ATENÇÃO! No que se refere à execução de multa eleitoral, esta será cobrada pela justiça eleitoral (e não da justiça federal!), a teor da interpretação extraída dos artigos 109, I, CF/88 e 367, IV da Lei nº 4.737/65 (Código Eleitoral). O STJ, inclusive, já pacificou tal entendimento, mediante a edição da Súmula 374.

→ **petição Inicial:** o legislador indicou apenas a necessidade de apontar o *juízo* a quem é dirigida, o *pedido*, bem como o *requerimento de citação do réu*. A singeleza se dá pelo fato do título já conter todos os elementos necessários à compreensão da controvérsia (origem da dívida, forma de cálculos, etc.). O **valor da causa** será o da dívida constante da certidão, mais os encargos legais.

→ **citação:** o executado será citado para, em 5 (cinco) dias, **pagar** a dívida ou **garantir** a execução (*por intermédio de depósito em dinheiro, fiança bancária ou nomeação de bens à penhora*). A citação em questão, em regra, se efetuará pelos correios (artigo 8º, I, LEF). No insucesso, utilizar-se-á a modalidade de mandado ou edital.

PARTE ESPECIAL

→ **posturas do executado:** uma vez citado, o executado adotará uma das seguintes posturas: 1) **permanecer inerte:** haverá o prosseguimento da execução, com a penhora de bens cuja gradação deverá obedecer ao disposto no artigo 11 da lei em comento (dinheiro; II - título da dívida pública, bem como título de crédito, que tenham cotação em bolsa; III - pedras e metais preciosos; IV - imóveis; V - navios e aeronaves; VI - veículos; VII - móveis ou semoventes; e VIII - direitos e ações); 2) **apresentar embargos à execução fiscal:** instrumento aviado no prazo de 30 (trinta dias), **após a regular garantia do juízo** (*ou seja, contados do depósito, juntada aos autos da carta de fiança bancária ou da intimação da penhora*). A garantia, como dito, se dará mediante o depósito da quantia devida, a prestação de fiança bancária ou a penhora de bens.

→ **sentença:** sendo contrária à fazenda pública, estará sujeita ao duplo grau obrigatório (reexame necessário).

Da sentença que rejeita os embargos, caberá apelação, com efeito meramente devolutivo (art. 1.012, § 1º, CPC). Das sentenças proferidas em execuções que não superem 50 (cinquenta) ORTN caberá, tão somente, embargos de declaração ou infringentes.

Desistência da Execução

Caso fazenda pública venha optar pela desistência da execução fiscal, após o oferecimento dos embargos, estará a mesma sujeita aos encargos da sucumbência. É o que nos diz a Súmula 153, STJ.

Intervenção do MP

Considerando o interesse meramente patrimonial da fazenda pública, a intervenção do representante do *parquet* faz-se desnecessária (vide Súmula 189, STJ).

EMBARGOS À EXECUÇÃO

A) Definição: Ação incidental, ajuizada pelo executado, no curso de uma execução de título extrajudicial, com o objetivo de combater aspectos materiais ou processuais da execução.

B) Fundamentação legal: artigos 914 e seguintes do CPC.

MODELO DE EMBARGOS À EXECUÇÃO

A elaboração da peça compreende os seguintes passos:

1º Passo: Endereçamento

Os Embargos à execução serão distribuídos por dependência perante o juízo que processa a execução. Por exemplo:

EXCELENTÍSSIMO SENHOR JUIZ DA 1ª VARA CÍVEL DA COMARCA DE RECIFE/ PERNAMBUCO

Distribuição por dependência ao proc. nº xxxxxxxxx

2º Passo: Qualificação das partes

Aqui, como em toda petição inicial, as partes necessitam ser qualificadas (nome, estado civil, profissão, CPF ou CNPJ, endereço eletrônico e endereço) nos termos do artigo 319 c/c artigo 798, II do CPC. Vejamos:

FULANO DE TAL, (Estado Civil), (Profissão), (endereço eletrônico), inscrito no CPF sob o nº ..., residente e domiciliado na..., através do advogado que a esta subscreve, constituído nos termos da procuração em anexo, vem a presença de vossa Excelência, com fundamento nos artigo 914 do CPC, propor a presente **AÇÃO DE EMBARGOS À EXECUÇÃO**, em face de **BELTRANO**, (Estado Civil), (Profissão), (endereço eletrônico), inscrito no CPF sob o nº ..., residente e domiciliado na..., de acordo com os fatos e fundamentos que a seguir passa expor:

3º Passo: Menção ao prazo e aos documentos

A peça sujeita a prazo necessita ser iniciada com a menção de obediência ao mesmo. No caso dos embargos, o prazo será de 15 (quinze) dias, contados da juntada aos autos do mandado de citação. Por exemplo:

1. PRELIMINARMENTE

DA TEMPESTIVIDADE

O presente instrumento jurídico está sendo utilizado dentro do prazo legal, a saber, 15 dias (art. 915 do NCPC).

É que, sendo o mandado de citação juntado aos autos no dia ......, e apresentados os embargos nesta data, os mesmos mostram-se tempestivos.

De igual modo, é mister que se faça, preliminarmente, menção às peças processuais relevantes, as quais deverão instruir os embargos (art. 914, § 1º, CPC). Por exemplo:

DOS DOCUMENTOS

A presente ação está instruída com cópias dos seguintes documentos, declarados autênticos pelo advogado que a esta subscreve, a saber: 1) petição inicial; 2) auto de penhora, etc.

4º Passo: Fundamentação

Após a menção preliminar ao prazo e aos documentos, os embargos à execução necessitam de fundamentação.

Em primeiro lugar, será feita a exposição da situação de **fato**, de forma articulada e cronológica, onde o embargante poderá valer-se de toda a matéria que lhe seria lícito deduzir como defesa em processo de conhecimento. As partes são comumente chamadas de "embargante" (aquele que apresenta os embargos) e "embargado" (aquele contra o qual os embargos são apresentados). Por exemplo:

2. NO MÉRITO

A) FATOS:

1. O embargado ajuizou ação de execução por quantia certa fundada em título extrajudicial em face do embargante, apoiada em nota promissória, com valor de R$....;

2. Iniciada a execução, este mm. Juízo, acolhendo indicação do embargado, determinou a penhora do imóvel situado na ...., de propriedade do executado;

3. Ocorre que o referido imóvel é o único de propriedade do embargante, sendo o mesmo destinado à sua residência.

Outrossim, na exposição do **direito,** a peça trará um parágrafo para tratar da fundamentação jurídica, relativamente ao cabimento da ação de embargos à execução. Vejamos:

B) DIREITO:

4. O ordenamento jurídico pátrio consubstancia regra segundo a qual "O imóvel residencial próprio do casal, ou da entidade familiar, é impenhorável e não responderá por qualquer tipo de dívida civil, comercial, fiscal, previdenciária ou de outra natureza, contraída pelos cônjuges ou pelos pais ou filhos que sejam seus proprietários e nele residam, salvo nas hipóteses previstas nesta lei." (art. 1º da Lei 8.009/90);

5. E nem se diga que o fato do embargante ser solteiro constitui motivo para a penhora do bem, haja vista que a jurisprudência do Superior Tribunal de Justiça já pacificou entendimento no sentido de que "O conceito de impenhorabilidade de bem de família abrange também o imóvel pertencente a pessoas solteiras, separadas e viúvas" (súmula 364, STJ)

6. Sendo assim, é forçoso reconhecer que a constrição sobre dito bem fora ilegítima.

5º Passo: Pedido de efeito suspensivo

Em regra, os embargos não possuem efeito suspensivo. Mas o legislador autoriza o pedido de suspensão, acaso a continuidade da execução possa causar dano irreparável ou difícil reparação ao executado. O embargante deverá valer-se do artigo 914, § 1º do NCPC, o qual lhe auxiliará na redação da peça. Por exemplo:

C) DO EFEITO SUSPENSIVO

7. O Código de Processo Civil, em seu artigo 914, § 1º, indica que o Juiz poderá conceder efeito suspensivo aos embargos, desde que relevantes seus fundamentos e o prosseguimento da execução possa causar ao executado grave dano de difícil ou incerta reparação.

8. Ora, douto julgador, a continuidade da presente execução poderá acarretar graves prejuízos ao embargante, na medida em que poderá privá-lo do seu bem de família, quando da realização de atos expropriatórios, ferindo claramente o princípio constitucional da dignidade da pessoa humana.

9. Ressalte-se que a execução já está garantida pela penhora, segundo consta em termo lavrado às fls. ...;

10. Sendo assim, é imperiosa a concessão de efeito suspensivo aos presentes embargos.

6º Passo: Pedidos

Nos pedidos, é mister requerer: a) concessão do efeito suspensivo; b) a intimação do embargado para, querendo, impugnar os embargos; c) o acolhimento dos embargos para que o juiz determine o que fora pedido (*extinção do processo, liberação de bens penhorados indevidamente, diminuição do valor em execução, etc.*.); d) condenação nas custas processuais e nos honorários advocatícios. Por exemplo:

D) DOS PEDIDOS

Diante de todo o exposto, requer:

a) Sejam os embargos recebidos e instruídos por este juízo sob o efeito suspensivo;

b) Seja o embargado ouvido no prazo de quinze dias;

c) Ao final, a procedência dos embargos, com a consequente liberação de penhora sobre o bem de família;

d) a condenação do embargado em todas as custas processuais e honorários advocatícios.

7º Passo: Valor da causa

A toda causa deve ser atribuído um valor, o qual corresponderá ao benefício econômico pretendido pelo autor. No caso dos embargos à execução, o valor coincide, normalmente, com o valor da execução. Por exemplo:

Dá-se à causa o valor de R$ 50.000,00 (cinquenta mil reais).

8º Passo: Protesto pelas provas

Como os embargos têm natureza jurídica de ação, é mister que o embargante prove o alegado, para que os pedidos formulados na demanda sejam acolhidos. Por exemplo:

Protesta provar o alegado por todos os meios de provas em direito admitidos, em especial pelo depoimento pessoal, testemunhas, perícias e tudo quanto se fizer necessário para a efetivação da justiça!

9º Passo: Encerramento

Pede-se o deferimento daquilo que fora postulado, seguindo-se do local, data e advogado. Por exemplo:

Termos em que pede deferimento.

Local, data,

Advogado

CAPÍTULO V

Meios de Impugnação das Decisões Judiciais

1. RECURSOS

Certamente que um dos atributos marcantes do ser humano é o seu inconformismo com as situações adversas vividas.

No mundo jurídico não é diferente: pelo contrário, como o cotidiano forense traz a característica de existência de relações conflituosas, na medida em que se travam disputas pelos bens da vida, a tensão e insatisfação ante o surgimento de uma situação desfavorável, representada por uma decisão judicial, é ainda maior.

Encontramos, desta feita, um primeiro fundamento de existência dos instrumentos recursais, na medida em que o mesmo possibilita àquele que teve contra si um provimento judicial desfavorável a prerrogativa de provocar, novamente, a apreciação da matéria objeto de seu inconformismo.

Por outro lado, faz-se mister pontuar a falibilidade do ser humano- inconveniente passivo de ser vivido, inclusive, pelo magistrado- a qual certamente pode causar consequências danosas àquele que foi alvo do erro perpetrado. Aqui, de igual forma, o recurso surge como um instrumento que vem atender aos anseios do jurisdicionado, haja vista que, no caso, o mesmo acaba por servir de veículo de correção da falha humana e, por consequência, de propulsor do ideal de justiça no estado democrático de direito.

1.1. Conceito

O recurso pode ser definido como **o instrumento de impugnação das decisões judiciais, de uso facultativo, com o objetivo de alcançar a *reforma, invalidação ou integração (esclarecimento)* do provimento emitido.**

Verifique que, a teor do que dispõe o artigo 1.001 do NCPC, não cabe recurso para impugnar despachos!

Do conceito exposto, extraímos as suas finalidades ou objetivos:

Reformar: aqui denuncia-se o *erro in judicando,* ou seja, o modo equivocado de apreciação dos atos processuais, de forma a desaguar na errônea ou injusta decisão. (ex: decisão baseada em laudo pericial desqualificado, quando as provas testemunhais foram demasiadamente claras acerca dos pontos controvertidos);

Invalidar: a invalidação pretende apontar o *error in procedendo*, ou seja, o desatendimento de fórmula legal na condução do procedimento. (ex: negativa de oitiva de testemunha, causando cerceio ao direito de defesa da parte);

Integração: o objetivo, neste caso, é pleitear o ajuste de um provimento emitido com defeito (obscuro, omisso ou contraditório), visto que decisão eivada de vício é equivalente à ausência da mesma, fator inadmissível diante do princípio do amplo acesso (exemplo: postulados os danos morais e materiais, a sentença apenas apreciou o primeiro pleito, esquecendo-se do segundo).

1.2. Fundamentos

Além dos fundamentos anteriormente referidos (*inconformismo humano* e *falibilidade humana*), existem outros dois fundamentos que justificam a existência dos recursos: o *controle do* **arbítrio judicial** e a **qualidade das decisões judiciais** emitidas.

O recurso controla o *arbítrio judicial*, na medida em que o julgador, sabendo que sua decisão está sujeita à apreciação por órgão superior, evitará cometer abusos; de igual forma, o órgão prolator da decisão tomará o cuidado de manter a qualidade em suas decisões, sob pena de futura mudança, quando da interposição do recurso.

1.3. Princípios

A atividade recursal deverá atender a certas premissas gerais: são os chamados "princípios recursais". Vejamos os principais:

a) Duplo grau de jurisdição: significa a permissão para que a parte irresignada tenha de ver expressa uma segunda opinião no julgamento da causa. As premissas residem no inconformismo humano, falibilidade humana, na prevenção de ato arbitrário pelo juiz (que sofreria pressão psicológica para julgar correto) e no controle de qualidade das decisões judiciais.

Há discussão quanto à natureza do princípio em questão, se constitucional ou não. Uns apontam pela constitucionalidade implícita, decorrente da previsão de órgãos de hierarquia superior; outros, pela inexistência de natureza constitucional, sob o argumento de que normas infraconstitucionais poderiam retirar a possibilidade de análise da matéria por um órgão de hierarquia superior (a exemplo do que ocorre com o recurso inominado dos juizados especiais cíveis- artigo 41 da Lei nº 9099/95 e nos embargos infringentes da lei de execução fiscal- Lei nº 6.830/80).

ATENÇÃO! Adotando uma ou outra corrente, fato é que não se pode negar que **o princípio em questão não é considerado absoluto**, de modo que a lei pode mitigar a sua aplicabilidade para a preservação de outros princípios processuais (a exemplo da celeridade), como ocorre, inclusive, na limitação das matérias de direito no julgamento dos recursos extremos (Rex e Resp).

b) Correspondência: é a correlação entre o tipo de provimento e o tipo recursal existente para combatê-lo. Esse princípio vincula um tipo recursal a uma específica decisão de modo a permitir o uso com segurança dos recursos pelas partes. O princípio se dirige ao legislador objetivando que o sistema recursal seja erigido sobre bases seguras. Não é bom que um sistema recursal qualquer não permita aos jurisdicionados e aos operadores do direito o prévio e seguro conhecimento dos recursos a serem interpostos contra as diversas decisões possíveis no curso do processo. É precisamente em vista desse princípio que o legislador definiu os atos dos juízes no artigo 203 do NCPC. As definições de sentença e de decisão interlocutória tiveram por objetivo a vinculação dos recursos de Apelação (art. 1.009, NCPC) e de Agravo (art. 1.015, NCPC).

c) Unicidade, singularidade ou unirrecorribilidade: contra uma decisão só deve caber um recurso ou, pelo menos, um por vez. Em outros termos, é vedada a interposição concomitante de recursos.

A exceção ou mitigação a tal princípio fica por conta a interposição simultânea de REsp e REx, a teor do previsto no artigo 1.029, e seus parágrafos, do NCPC.

d) Taxatividade: as hipóteses recursais consistem em *numerus clausus*, não podendo ser ampliado por conveniência das partes ou do magistrado, de modo que só é permitida a utilização de recursos expressamente previstos no CPC ou nas leis federais esparsas (ex: recurso inominado, previsto no artigo 41 da Lei nº 9.099 de 1995; Embargos infringentes previstos no artigo 34 da Lei nº 6.830/80).

Como a competência é da união para legislar em matéria processual (artigo 22, I, CF-88), não podem os estados criar espécies recursais (não confunda competência em matéria processual, exclusiva da união, com competência em matéria procedimental - meramente formal ou ritual - atribuída aos estados!).

e) Fungibilidade: indica que a espécie recursal indevidamente utilizada pode ser recebida quando outra era a adequada, desde que, não havendo erro grosseiro, o recurso tenha sido interposto no prazo correto (presunção de boa-fé). Por esse princípio se proclama a admissão de um recurso incorretamente utilizado em substituição do recurso que deveria ter sido interposto.

Assim, a *forma* assumida pelo inconformismo (o tipo de recurso) passa a ser menos importante que o desejo inequívoco de recorrer, de manifestação de inconformismo com a decisão tal qual proferida.

O princípio da fungibilidade era expressamente previsto no CPC de 39, artigo 810. Ele não foi expressamente mencionado pelo CPC de 1973, mas sempre foi amplamente aceito pela doutrina e jurisprudência. A regra do CPC de 1939 tinha a seguinte redação: "Salvo a hipótese de má-fé ou erro grosseiro, a parte não será prejudicada pela interposição de um recurso por outro, devendo os autos ser enviados à Câmara, ou turma, a que competir o julgamento". Exemplo de erro grosseiro ocorre quando se interpõe recurso incorreto quando a própria legislação aponta o instrumento viável. Assim, por exemplo, constitui erro grosseiro a interposição de agravo de instrumento da decisão que indefere a petição inicial (onde o correto seria apelação, a teor do disposto no art. 331, NCPC).

O CPC de 2015 passou a tratar aludido princípio em seu artigo 1.023, § 3º, na medida em que determina que o órgão julgador conhecerá dos embargos de declaração como agravo interno se entender ser este o recurso cabível, desde que determine previamente a intimação do recorrente para, no prazo de 5 (cinco) dias, complementar as razões recursais, de modo a ajustá-las às exigências do agravo.

f) Proibição da reformatio in pejus: a interposição do recurso não pode agravar a situação jurídico-processual do recorrente, visto que o fundamento do recurso repousa na sucumbência do passado e uma perspectiva de melhora para o futuro. O princípio proclama que o recurso da parte nunca pode servir para agravar a sua situação. Não pode piorar a situação do recorrente. Por esse princípio, então, o recorrente não terá, no caso da interposição de um recurso, a sua situação modificada para pior. Esse princípio está contido no brocardo "tanto se devolve quanto se apela", ou seja, a pretensão de alteração da decisão é o limite imposto à atividade jurisdicional recursal. Assim, como o juiz não pode conhecer de questões que as partes não suscitaram cuja apreciação decorre de provocação necessária, o juízo recursal também não poderá alterar o julgado para pior porque essa não é a pretensão veiculada no recurso.

ATENÇÃO! É mister fazer duas ressalvas. A primeira, no sentido de que o princípio em questão se aplica quando do julgamento do reexame necessário, a teor do que dispõe a Súmula 45, do STJ; a segunda, é que a situação do recorrente poderá ser agravada caso o tribunal verifique lesão a matéria de ordem pública (é o que se chama de "efeito translativo dos recursos").

1.4. Pressupostos de admissibilidade

Assim como o direito de ação só pode ser regularmente exercido quando obedecidos certos requisitos, sendo o recurso uma extensão desse direito, deve o mesmo obedecer a pressupostos que condicionem o seu processamento e, por consequência, a análise da matéria nele veiculada.

Destarte, o juízo de admissibilidade consiste na verificação dos pressupostos recursais da modalidade recursal de que se tenha valido o recorrente para impugnar o decisório judicial.

Aludidos requisitos consistem em matéria de ordem pública, de modo a poder ser enfrentada em qualquer grau de jurisdição, de ofício, sem a necessidade de provocação da parte. A importância é vislumbrada no fato de que ambas as instâncias (recorrente e recorrida) exercem dito juízo de prelibação.

Preenchidos os requisitos, diremos que o recurso será "conhecido", de modo a se poder adentrar na análise meritória (juízo de mérito) para, só então, concluir pelo "provimento" ou "improvimento" do instrumento recursal.

Eis os pressupostos de admissibilidade:

a) Tempestividade: deve ser ele interposto no prazo previsto em lei. À exceção dos embargos de declaração, que continuam com prazo de 5 (cinco) dias, todas as demais espécies recursais passaram a ter o prazo de 15 (quinze) dias, consoante o disposto no artigo 1.003, § 5º do CPC.

PARTE ESPECIAL

O prazo para interposição de recurso conta-se da data em que os advogados, a sociedade de advogados, a Advocacia Pública, a Defensoria Pública ou o Ministério Público são intimados da decisão. Tais sujeitos considerar-se-ão **intimados em audiência** quando nesta for proferida a decisão.

No prazo para interposição de recurso, a petição será protocolada em cartório ou conforme as normas de organização judiciária, ressalvado o disposto em regra especial.

Para aferição da tempestividade do **recurso remetido pelo correio**, será considerada como data de interposição a data de postagem.

Havendo **feriado local**, o recorrente comprovará a ocorrência no ato de interposição do recurso.

É mister ressaltar que a interposição do **recurso prematuro** (apresentado antes da publicação da decisão a que se pretende impugnar) será considerado tempestivo. É que o artigo 218, § 4º do CPC aponta que será considerado tempestivo o ato praticado antes do termo inicial do prazo.

No mais, frise-se que **o prazo para recorrer será dobrado** em certas hipóteses: recurso interposto pelo Ministério Público e Pessoas jurídicas de direito público, (arts. 180 e 183, CPC); a defensoria pública (art. 186, CPC) e os litisconsortes com diferentes procuradores, desde que pertençam a diferentes escritórios de advocacia (art. 229, CPC) e mais de um dos litisconsortes tenha suportado o prejuízo com a decisão judicial (Súmula 641, STF).

b) Preparo: consiste no pagamento das custas, como espécie de taxa, em virtude da contraprestação por serviço público específico. O preparo deve ser efetuado no ato de interposição do recurso. São isentos do preparo o Ministério público, as pessoas jurídicas de direito público e os que gozam de isenção legal (**isenção subjetiva**). Por outro lado, não se faz necessário o seu recolhimento quando se tratar de recurso de embargos de declaração ou agravo no recurso especial ou extraordinário **(isenção objetiva).**

Verificada a insuficiência no valor do preparo, o recorrente será intimado para complementá-lo no prazo de 5 (cinco) dias, sob pena de deserção.

> **ATENÇÃO!** O recorrente que não comprovar, no ato de interposição do recurso, o recolhimento do preparo, inclusive porte de remessa e de retorno, será intimado, na pessoa de seu advogado, para realizar o recolhimento em dobro, sob pena de deserção (art. 1.007, § 4º, CPC).

c) Legitimidade: podem manejar o recurso: 1) quem for ***parte*** na relação processual; 2) o ***terceiro prejudicado*** (*ex1: um advogado, por exemplo, tem legitimidade para recorrer de sentença em que tenham sido fixados os honorários. A legitimidade do advogado é contemplada, inclusive, pela Súmula 306, do STJ, a qual possibilita, também, a inclusão do mesmo na execução promovida pela parte; ex2: recurso interposto pelo arrematante que viu o magistrado acolher os embargos à arrematação interpostos contra arrematação feita em hasta pública*); 3) o ***Ministério Público***, seja no processo em for parte ou naqueles em que tenha atuado como fiscal da lei (ainda que, aqui, não tenha havido recurso voluntário pela parte, a teor do disposto na Súmula 99, STJ).

d) Interesse: representado pela demonstração de que o provimento jurisdicional lhe trouxe prejuízo. Somente poderá recorrer quem experimentou prejuízos com a decisão emitida.

e) Regularidade formal: trata-se de exigência quanto à presença de requisitos estruturais, a saber: *fundamentação* e *pedido de reforma/invalidação/integração* da decisão (requisitos gerais). Podem, também, consistir em requisitos específicos, os quais variam de acordo com o instrumento recursal manejado (ex: no *Agravo de instrumento*, deve-se juntar cópias da decisão agravada, certidão de intimação, cópias das procurações, etc.; no *Recurso especial* fundado em dissídio jurisprudencial, o recorrente deverá acostar a prova da divergência mediante certidão, cópia autenticada ou citação do repositório de jurisprudência oficial ou autorizado em que tiver sido publicada a decisão divergente, etc.).

f) **Inexistência de fato impeditivo**: a apreciação do recurso não será feita caso exista algum fato que a impeça. Neste contexto, existem dois fatos impeditivos que merecem destaque: a *desistência* e *renúncia*.

A **desistência** (art. 998, CPC) é ato unilateral do recorrente o qual impede a apreciação de recurso anteriormente interposto, independente da anuência da parte contrária (ao contrário do que ocorre com a desistência da ação, após apresentada a contestação). Pode ser requerido, desde que não se tenha, ainda, realizado o julgamento. Pode ser manifestada por petição avulsa, ou mesmo verbalmente, durante a sustentação oral.

Outrossim, a **renúncia** se dá antes mesmo de uma possível interposição do instrumento recursal cabível. Pode ser emitida de forma *tácita* (quando praticado ato incompatível com o direito de recorrer, a exemplo do devedor que, no prazo do recurso cumpre espontaneamente com o decidido ou, simplesmente, deixa transcorrer o prazo recursal sem o aviamento do recurso) ou *expressa*, quando aviada petição manifestando o desinteresse em atacar o comando judicial que lhe causou gravame.

ATENÇÃO! Vale ressaltar que a renúncia pode ser total ou parcial, de modo que a parte pode limitar o desejo de recorrer de forma principal, mantendo, no entanto a possibilidade de recorrer adesivamente. Não havendo especificação, a renúncia atingirá o direito de recorrer como um todo.

1.5. Efeitos

Em primeiro lugar, cabe afirmar que o recurso tem o efeito **obstativo**, no sentido de que impede a produção do trânsito em julgado da decisão combatida.

Todo recurso terá efeito **devolutivo**, no sentido de "devolver" a matéria, objeto da impugnação, para uma nova apreciação do judiciário, seja para a mesma ou uma superior instância.

Haverá efeito **suspensivo** naquele recurso que tiver o condão de impedir, de imediato, o cumprimento da decisão recorrida, a exemplo da apelação (arts. 1.009 e seguintes do CPC).

Por fim, o recurso terá efeito **expansivo** quando o seu resultado atingir matéria não impugnada (dito "expansivo objetivo". *Ex: recorre-se quanto à condenação em dano moral e o resultado atinge o montante fixado.*) ou pessoa que não tenha

PARTE ESPECIAL

recorrido (dito "expansivo subjetivo". *Ex: apenas um litisconsorte recorre e o resultado beneficia quem não haja recorrido*).

Há ainda, o efeito **translativo**, o qual possibilita ao tribunal analisar as matérias de ordem pública, independentemente de terem sido as mesmas suscitadas no instrumento recursal.

1.6. Principais modalidades

Considerando a importância do tema, é mister tecermos considerações sobre as espécies recursais a seguir.

1.6.1. Apelação

a apelação é considerada como um dos recursos mais importantes do nosso sistema jurídico, na medida em que a mesma ataca o provimento judicial de maior carga lesiva, a saber, a sentença.

Definição

É o recurso manejado contra toda e qualquer sentença, seja terminativa ou mérito, em procedimento comum ou especial.

Objeto

Apesar de atacar a sentença, o recurso em exame poderá versar sobre matérias contidas na sentença ou em decisões interlocutórias não sujeitas a agravo de instrumento.

→ **matérias decididas na sentença:** conforme salientado, o recurso em análise é apto a atacar sentença seja ela de mérito ou terminativa.

Interposto o recurso, o tribunal estará adstrito à análise da matéria que é objeto da impugnação recursal, nos limites, é claro, do objeto da ação (regra do *tantum devolutum quantum apellatum*). É o que se chama de "extensão" da apelação (*prisma horizontal*).

Entretanto, dentro da limitação imposta, o tribunal poderá visitar todos os argumentos que foram levantados pelas partes ("questões suscitadas"), mesmo que tais espécies não tenham sido objeto de análise da sentença ou do instrumento recursal, tudo com vistas a proferir uma decisão qualitativa (*Efeito devolutivo em profundidade da apelação*). É o que se chama de "profundidade" da apelação (*prisma vertical*).

Reforçando tal circunstância, o legislador pontificou que, quando o pedido ou a defesa tiver mais de um fundamento e o juiz acolher apenas um deles, a apelação devolverá ao tribunal o conhecimento das demais. (*ex: o juízo de primeiro grau acolhe o argumento de pagamento da dívida e a instância de segundo grau acolhe a extinção da dívida com fundamento na prescrição, tendo sido ambos os argumentos - prescrição e pagamento - levantados na peça de defesa, porém apenas um deles acatado pela sentença*).

O recurso de apelação veicula pelo menos um dos seguintes vícios:

Error in procedendo: dizem respeito à desobediência de normas ligadas ao procedimento (*ex: julgar antecipadamente a lide quando não era o caso, visto que existia prova a ser produzida a favor do prejudicado; ex2: rejeitar a oitiva de testemunha ou a produção de prova pericial*)

Error in judicando: ligados ao juízo de mérito (*ex: má valoração de provas, como no julgamento baseado em depoimento de única testemunha de acidente, quando comprovado robustamente por perícia a culpabilidade da parte declarada vencedora na sentença*).

→ **Questões resolvidas na fase de conhecimento:** as questões resolvidas na fase de conhecimento, se a decisão a seu respeito não comportar agravo de instrumento, não são cobertas pela preclusão e devem ser suscitadas em preliminar de apelação, eventualmente interposta contra a decisão final, ou nas contrarrazões. Se as questões referidas forem suscitadas em contrarrazões, o recorrente será intimado para, em 15 (quinze) dias, manifestar-se a respeito delas.

Formalidades

→ **Prazo:** o prazo para a interposição do recurso é de 15 dias, contados da publicação da decisão que se quer recorrer. Atente-se que, conforme analisado na teoria geral, os prazos devem ser dobrados quando se tratar de pessoas jurídicas de direito público, Ministério público, litisconsortes com diferentes procuradores e defensoria pública.

→ **Petição:** a peça deverá conter os nomes e qualificação das partes, fundamentos de fato e de direito bem como o pedido de nova decisão (reformando ou invalidando a anterior).

→ **Preparo:** o recorrente deverá efetuar o preparo do seu recurso (salvo em caso de isenção), mediante o pagamento das custas, de modo a acostar o comprovante no ato de interposição do instrumento recursal.

Ocorrendo insuficiência no valor do preparo, a deserção apenas será declarada se o recorrente, intimado, não o houver complementado no prazo de 5 (cinco) dias. Havendo justo impedimento, poderá o magistrado relevar a pena de deserção (*ex: agência bancária encerra expediente forense mais cedo ou advogado que fora assaltado*).

PARTE ESPECIAL

Efeitos

Como regra geral, será recebida em ambos os efeitos (*devolutivo e suspensivo*).

O **efeito devolutivo** significa que o recurso tem o "poder" de devolver para a jurisdição (agora superior) apenas a matéria que é objeto da impugnação recursal, possibilitando uma nova análise sobre a mesma (regra do *tantum devolutum quantum apellatum*). É o que se chama de "efeito devolutivo em extensão" (*prisma horizontal*).

Entretanto, dentro da limitação imposta, o tribunal poderá analisar todos os argumentos que foram levantados pelas partes ("questões suscitadas"), mesmo que tais espécies não tenham sido objeto de análise da sentença ou do instrumento recursal (*Efeito devolutivo em profundidade da apelação- prisma vertical*).

Outrossim, o **efeito suspensivo** da apelação se refere ao fato de que a mesma impede que a sentença impugnada seja, desde logo, executada.

> **ATENÇÃO!** No artigo 1.012, § 1º do CPC, o legislador tratou de estabelecer o efeito tão somente devolutivo no recurso em análise, haja vista a natureza emergencial das matérias nele veiculadas, de modo que a concessão de efeito suspensivo em tais situações poderia acarretar lesão a direitos. Assim, começa a produzir efeitos imediatamente após a sua publicação a sentença que: I - homologa divisão ou demarcação de terras; II - condena a pagar alimentos; III - extingue sem resolução do mérito ou julga improcedentes os embargos do executado; IV - julga procedente o pedido de instituição de arbitragem; V - confirma, concede ou revoga tutela provisória; VI - decreta a interdição.

E) Processamento

Até que seja julgado, o recurso de apelação percorre um caminho que vai desde o juízo de primeiro grau até o de segundo (tribunal). Assim, o percurso é desenvolvido da seguinte forma:

→ ***No juízo de primeiro grau:***

 # Interposição: o recurso será interposto perante o juízo de primeiro grau, através de petição.

 # Contrarrazões: interposta a apelação, o juízo determinará a intimação da parte contrária para a apresentação das contrarrazões. Se o apelado interpuser apelação adesiva, o juiz intimará o apelante para apresentar contrarrazões.

 # Remessa: apresentada as contrarrazões, os autos serão remetidos ao tribunal pelo juiz, independentemente de juízo de admissibilidade.

ATENÇÃO! Caso a apelação seja interposta contra sentença que *indeferiu* a petição inicial (art. 331, CPC) ou julgou a *improcedência liminar* (art. 332, § 3º do CPC), é possível que, apresentado o recurso, o magistrado venha exercer seu juízo de retratação, no prazo de 5 (cinco) dias.

→ ***No juízo de segundo grau:***

 # Posturas do relator: recebido o recurso de apelação no tribunal e distribuído imediatamente, o relator poderá adotar uma das seguintes posturas: I - **decidi-lo-á monocraticamente**, nos casos legalmente previstos (art. 932, incisos III a V, CPC). Aqui o relator poderá não conhecer do recurso ou conhecer-lhe para dar ou negar provimento; II - se não for o caso de decisão monocrática, **elaborará seu voto** para julgamento do recurso pelo órgão colegiado.

 # Teoria da "causa madura" (art. 1.013. §§ 3º e 4º, CPC): se o processo estiver em condições de imediato julgamento, o tribunal deve decidir desde logo o mérito quando: a) reformar sentença que extinguiu o processo sem resolução de mérito; b) decretar a nulidade da sentença por não ser ela congruente com os limites do pedido ou da causa de pedir; c) constatar a omissão no exame de um dos pedidos, hipótese em que poderá julgá-lo; d) decretar a nulidade de sentença por falta de fundamentação; e) reformar sentença que reconheça a decadência ou a prescrição.

O objetivo, aqui, é otimizar a prestação jurisdicional, dispensando-se o retorno dos autos à instância inferior.

PARTE ESPECIAL

1.6.1.1. Modelo de apelação

MODELO DE APELAÇÃO

A elaboração da peça compreende os seguintes passos:

1º passo: Endereçamento na folha de apresentação

A apelação será interposta no juízo a quo (aquele que proferiu a sentença).

Ele não fará mais o primeiro juízo de admissibilidade do recurso. Irá receber o recurso, intimar o apelado para, querendo, oferecer contrarrazões e enviará o recurso para o tribunal. É o tribunal que fará tal conferência.

> EXCELENTÍSSIMO SENHOR DOUTOR JUIZ DE DIREITO DA ... VARA CÍVEL DA COMARCA DE ... (esses dados estarão no enunciado ou no processo).

2º passo: qualificação das partes

As partes devem ser identificadas no apelo. Poderá ser utilizada a expressão, já devidamente qualificado.

Tratamento: apelante e apelado.

APELANTE, já devidamente qualificado no processo nº..., vem, por intermédio de seu advogado devidamente constituído pelo instrumento procuratório anexo, com endereço profissional (ENDEREÇO COMPLETO) e-mail..., interpor APELAÇÃO com base no art. 1009, CPC, em desfavor do apelado, também já devidamente qualificado, pelos fatos e fundamentos a seguir delineados.

3º passo: demais pontos da construção da folha de apresentação da apelação

Atentar ao art. 1007 do CPC, o qual regula o preparo recursal.

Destaca-se, desde logo, que a apelação é tempestiva e encontra-se devidamente preparada, conforme guias anexas.

Requer a intimação do apelado para, querendo, apresentar suas contrarrazões e ainda, a remessa dos autos ao Tribunal competente.

4º passo: Encerramento da folha de apresentação

Nestes termos,

Pede deferimento.

Local, dia, mês e ano.

Advogado...

OAB...

OBS: não esqueça que a peça não deve ser assinada.

5º passo: Endereçamento das razões da apelação

EXCELENTÍSSIMO SENHOR DOUTOR DESEMBARGADOR PRESIDENTE DO EGRÉGIO TRIBUNAL DE JUSTIÇA DO ESTADO DE...

6º passo: Cabeçalho das razões da apelação

APELANTE:

APELADO:

PROCESSO ORIGINÁRIO:

7º passo: Do preenchimento dos requisitos de admissibilidade;

O presente recurso é tempestivo, uma vez que apresentado dentro do prazo legal previsto no artigo 1003, parágrafo 5º do CPC, qual seja, 15 dias.

Assim, tendo sido intimado da r. sentença no dia X, começando a contagem no dia Y, é tempestivo o presente recurso apresentado na presente data.

A apelação encontra-se devidamente preparada, conforme faz prova as guias de recolhimento em anexo, cumprindo o determinado no art. 1007 do mesmo diploma legal. Da mesma forma, a parte recorrente é legítima, já que foi vencida na presente demanda consoante preceito do art. 996 do CPC.

Neste sentido, a apelação em tela é cabível, visto que preenchidos seus requisitos de admissibilidade.

Por fim, há interesse no presente recurso, já que a parte recorrente foi vencida na instância inferior.

Pelo exposto, estando demonstrados todos os requisitos para admissibilidade do presente recurso, requer seja o mesmo conhecido para ao final, dar-lhe provimento.

8º passo: Da existência de interlocutórias não agraváveis de imediato.

As questões resolvidas na fase de conhecimento, se a decisão a seu respeito não comportar agravo de instrumento, não são cobertas pela preclusão e devem ser suscitadas em preliminar de apelação, eventualmente interposta contra a decisão final, ou nas contrarrazões.

Se as questões referidas forem suscitadas em contrarrazões, o recorrente será intimado para, em 15 (quinze) dias, manifestar-se a respeito delas.

* Requeira seu julgamento preliminarmente;

9º passo: Do resumo da decisão/ síntese da demanda.

Aqui, narre os principais pontos do enunciado. Não crie dados que não foram fornecidos. Seja breve, no entanto, coerente e assertivo.

10º passo: Do mérito / Dos fundamentos da apelação:

Eis um ponto de fundamental importância. Aqui, você destacará os pontos da decisão que precisam de reforma e/ou invalidação.

* Indicar arts. e/ou súmulas aplicáveis ao caso. No entanto, não basta a simples indicação dos mesmos. Desenvolva-os. Traga, com suas palavras, a interpretação dos textos.

11º passo: Pedidos

Pedir: *Reforma: Erro no mérito;

*Invalidação: Erro procedimental;

DOS PEDIDOS:

Ante o exposto, requer a admissibilidade do presente recurso e o seu provimento a fim de...

Repassando...

PEÇA A REFORMA DA DECISÃO QUANDO HOUVER ERRO NA ANÁLISE DE MÉRITO;

PEÇA A INVALIDAÇÃO DA DECISÃO QUANDO HOUVER ERRO PROCEDIMENTAL.

Requer ainda a condenação da parte apelada no pagamento de custas e honorários advocatícios, nos termos do art. 85 do CPC.

12º passo: Encerramento

Nestes termos,

Pede deferimento.

Local, dia, mês e ano.

Advogado...

OAB...

1.6.1.2. Modelo de contrarrazões

MODELO DE CONTRARRAZÕES

A elaboração da peça compreende os seguintes passos:

1º passo: endereçamento

Excelentíssimo Senhor Doutor Juiz de Direito da... Vara Cível da Comarca de...

2º passo: qualificação das partes

Recorrido, já devidamente qualificado nos autos em epígrafe, no qual configura como réu a empresa **Recorrente**, por seu advogado "in fine" assinado, vem respeitosamente à presença de Vossa Excelência apresentar **CONTRARRAZÕES DE APELAÇÃO.**

3º passo: demais itens da folha de interposição

Desta forma, vem, respeitosamente, solicitar a oportuna remessa dessas Contrarrazões à instância superior.

4º passo: encerramento

Termos em que,

Pede e espera deferimento

Local, data e ano.

Advogado..

OAB...

5º passo: endereçamento das razões

EGRÉGIA TURMA DO TRIBUNAL DE JUSTIÇA DO ESTADO DO ...

Doutos julgadores,

6º passo: qualificação das partes

RECORRENTE:

RECORRIDO:

AUTOS Nº

ORIGEM:

CONTRARRAZÕES DE APELAÇÃO

7º passo: demais itens das contrarrazões

Aqui, você deve demonstrar as razões da mantença da decisão. Traga artigos de lei e possíveis súmulas aplicáveis ao caso.

A sentença proferida nos autos nº... merece ser mantida, uma vez que...

8º passo: pedidos

Diante do exposto requer-se respeitosamente a Vossas Excelências:

Que seja desprovida a presente APELAÇÃO, e mantida a sentença prolatada, de forma justa e razoável, nos autos em comento.

Que a recorrente seja condenada ao pagamento de custas e honorários advocatícios nos termos do art. 85 do CPC.

9º passo: encerramento

Termos em que,

Pede e espera deferimento.

Local, data e ano...

Advogado...

OAB...

1.6.1.3. Modelo de recurso inominado

O Recurso Inominado, que equivale ao Recurso de Apelação, serve para atacar sentenças desfavoráveis submetendo o processo à análise de um órgão colegiado, formado por 3 (três) juízes de 1º grau de jurisdição, denominado Turma Recursal Cível, (§ 1º, art. 41 da Lei 9.099/95). Dispõe o art. 41 da Lei 9.099/95:

"Da sentença, excetuada a homologatória de conciliação ou laudo arbitral, caberá recurso para o próprio juizado."

MODELO DE RECURSO INOMINADO

A elaboração da peça compreende uma folha de apresentação (endereçada ao juízo a quo) e uma folha das razões (endereçada ao juízo ad quem).

1º Passo: Endereçamento

Excelentíssimo Senhor juiz de direito do juizado especial cível da comarca de ... Estado ...

2º Passo: Qualificação das partes

O Recurso inominado terá duas folhas, sendo uma de apresentação, qualificada da seguinte forma:

Processo nº ...

FULANO, já devidamente qualificado nos autos do processo referenciado em epígrafe, em que é demandada por BELTRANO, em face da sentença de fls. ..., vem, pelas razões em anexo, interpor o presente **RECURSO INOMINADO** para a egrégia Turma Recursal a que for distribuído.

3º passo: encerramento

Termos em que

Pede deferimento.

Local, dia, mês e ano.

Advogado

OAB...

4º passo: endereçamento das razões

O examinando deverá iniciar a folha das razões da seguinte forma:

EGRÉGIA TURMA RECURSAL DO ESTADO DA...

5º passo: qualificação das partes

Processo nº ...

Recorrente:

Recorrido:

Juízo de origem:

Colenda Turma,

6º passo: requisitos de admissibilidade

O presente recurso é tempestivo, uma vez que apresentado dentro do prazo legal, qual seja, 10 dias.

Assim, tendo sido intimado da r. sentença no dia X, começando a contagem no dia Y, é tempestivo o presente recurso apresentado na presente data.

O recurso inominado encontra-se devidamente preparado, conforme faz prova as guias de recolhimento em anexo, cumprindo o determinado no art. 1007 do CPC, aplicável subsidiariamente. Da mesma forma, a parte recorrente é legítima, já que foi vencida na presente demanda consoante preceito do art. 996 do CPC.

Neste sentido, o inominado, em tela, é cabível, visto que preenchidos seus requisitos de admissibilidade.

Por fim, há interesse no presente recurso, já que a parte recorrente foi vencida na instância inferior.

Pelo exposto, estando demonstrados todos os requisitos para admissibilidade do presente recurso, requer seja o mesmo conhecido para ao final, dar-lhe provimento.

7º passo: resumo da decisão

Neste ponto, faça uma síntese do enunciado. Pontue os principais pontos do caso. Faça uma introdução, desenvolvimento e conclusão.

8º passo: fundamentos do recurso

Aqui, você deve demonstrar as razões de forma ou invalidação da decisão.

Destaque que o juízo cometeu um equívoco e que a sua decisão merece ser revista. Fundamente suas razões com artigos de lei e possíveis súmulas aplicáveis ao caso. Mencione os dispositivos e desenvolva-os com suas ideias.

9º passo: pedidos

Aqui será requerido o provimento do presente recurso:

> Ante o exposto, espera que a egrégia Turma Recursal dê provimento ao presente recurso, para acolher a preliminar de ilegitimidade passiva, extinguindo o processo sem resolução de mérito, ou anular a sentença, determinando a correta instrução do processo em audiência, ou julgar improcedente a demanda, ou, se for o caso, reduzir a quantia para patamar justo. Também impor multa por litigância de má-fé.

NÃO HÁ VALOR DA CAUSA EM SEDE DE RECURSO.

10º passo: encerramento

Pede-se o deferimento daquilo que fora postulado, seguindo-se do local, data e advogado. Por exemplo:

> Termos em que pede deferimento.
>
> Local, data,
>
> **Advogado...**
>
> **OAB...**

1.6.2. Agravo de instrumento

Existe uma série de comandos judiciais que, não obstante não ponham fim à relação processual, acabam por criar gravame ou inconveniente a uma das partes, contra a qual o decisório foi emitido:são as decisões interlocutórias.

Contra tais decisões, nos casos previstos em lei, cabível será a interposição do recurso de agravo de instrumento.

Definição

É o recurso cabível contra as decisões interlocutórias, nos casos previstos em lei.

B) Objeto

Do conceito supra, verifica-se que o recurso deve ser manejado em face de decisões interlocutórias expressamente consagradas pelo novo Código de Processo Civil (artigo 1.015).

Assim, cabe agravo de instrumento contra decisões interlocutórias que versarem sobre: I - tutelas provisórias; II - mérito do processo; III - rejeição da alegação de convenção de arbitragem; IV - incidente de desconsideração da personalidade jurídica; V - rejeição do pedido de gratuidade da justiça ou acolhimento do pedido de sua revogação; VI - exibição ou posse de documento ou coisa; VII - exclusão de litisconsorte; VIII - rejeição do pedido de limitação do litisconsórcio; IX - admissão ou inadmissão de intervenção de terceiros; X - concessão, modificação ou revogação do efeito suspensivo aos embargos à execução; XI - redistribuição do ônus da prova;

A enumeração acima é meramente exemplificativa, uma vez que o legislador se referiu expressamente à utilização do agravo de instrumento *"nos demais casos expressamente referidos em lei"*. Também caberá agravo de instrumento contra decisões interlocutórias proferidas na fase de liquidação de sentença ou de cumprimento de sentença, no processo de execução e no processo de inventário.

Formalidades e Processamento

O recurso em exame será interposto **no prazo de 15 (quinze) dias.**

A **petição deverá ser escrita e interposta diretamente no tribunal**, sendo instruída com os seguintes documentos obrigatórios: a) com cópias da petição inicial e da contestação; b) da petição que ensejou a decisão agravada; c) da própria decisão agravada; d) da certidão da respectiva intimação ou outro documento oficial que comprove a tempestividade; e) das procurações outorgadas aos advogados do agravante e do agravado.

Faltando qualquer dos documentos acima referidos, o advogado do agravante deverá apresentar declaração de inexistência dos mesmos, sob pena de sua responsabilidade pessoal.

O agravante ainda instruirá o agravo com outras peças que entender úteis.

No prazo do recurso, o agravo será interposto por uma das seguintes **formas**: I - protocolo realizado diretamente no tribunal competente para julgá-lo; II - protocolo realizado na própria comarca, seção ou subseção judiciárias; III - postagem, sob registro, com aviso de recebimento; IV - transmissão de dados tipo fac-símile, nos termos da lei; V - outra forma prevista em lei.

Se o recurso for interposto por sistema de transmissão de dados tipo **fac-símile ou similar**, as peças devem ser juntadas no momento de protocolo da petição original.

O **preparo** deverá ser comprovado no ato de interposição do recurso, incluídos os valores relativos ao porte de remessa e retorno (que são despesas postais), conforme tabela publicada pelos tribunais.

Deve o agravante, no prazo de 3 (três) dias a contar da interposição do recurso, requerer a juntada, ao juízo de primeiro grau, cópia da petição do agravo, do comprovante de sua interposição, além da relação dos documentos que instruíram o recurso, sob pena de não conhecimento do agravo, desde que arguido e provado pelo agravado. O objetivo, aqui, é possibilitar ao magistrado o **exercício de sua retratação**, após o conhecimento do inconformismo da parte recorrente. Se assim o fizer, o recurso estará prejudicado (art. 1.018, § 1º, NCPC).

Recebido o agravo de instrumento no tribunal e distribuído imediatamente, se não for o caso de imediata negativa de seguimento ou concessão imediata de provimento ou seguimento, o **relator**, no prazo de 5 (cinco) dias, poderá adotar as seguintes **posturas**: I - atribuir efeito suspensivo ao recurso ou deferir, em antecipação de tutela, total ou parcialmente, a pretensão recursal, comunicando ao juiz sua decisão; II - ordenará a intimação do agravado pessoalmente, por carta com aviso de recebimento, quando não tiver procurador constituído, ou pelo Diário da Justiça ou por carta com aviso de recebimento dirigida ao seu advogado, para que responda no prazo de 15 (quinze) dias, facultando-lhe juntar a documentação que entender necessária ao julgamento do recurso; III - determinará a intimação do Ministério Público, preferencialmente por meio eletrônico, quando for o caso de sua intervenção, para que se manifeste no prazo de 15 (quinze) dias.

Adotas as providências necessárias, o relator solicitará dia para julgamento em prazo não superior a 1 (um) mês da intimação do agravado.

1.6.2.1. Modelo de agravo de instrumento

MODELO DE AGRAVO DE INSTRUMENTO

A elaboração da peça compreende os seguintes passos:

1ª passo: Endereçamento;

FOLHA DE APRESENTAÇÃO

- Endereçamento ao Presidente do Tribunal- art. 1016, caput do CPC.

Excelentíssimo Senhor Desembargador Presidente do emérito Tribunal de Justiça do estado...

2ª passo: Identificação das partes

Como a interposição do recurso será feita diretamente no tribunal, será razoável proceder à qualificação completa das partes.

- Qualificação completa das partes. Elas serão chamadas de Agravante x Agravado;
- Não se esqueça do endereço profissional do advogado.

Aqui, você trará o nome da peça, senão vejamos:

AGRAVO DE INSTRUMENTO COM PEDIDO DE ANTECIPAÇÃO DE TUTELA RECURSAL, com base no art. 1015, I, do CPC, por exemplo.

Lembre! O agravo será interposto para combater a decisão interlocutória, inseriremos os dados do agravado, por ser do cotidiano forense.

3ª passo: Detalhes da construção da folha de apresentação

Destacar, desde logo:

- Tempestividade / preparo ou pedido de gratuidade;
- Da formação do Instrumento ou / Peças essenciais ao presente Agravo (listar as peças) – Art. 1017, CPC;
- obrigatoriamente, com cópias da petição inicial, da contestação, da petição que ensejou a decisão agravada, da própria decisão agravada, da certidão da respectiva intimação ou outro documento oficial que comprove a tempestividade e das procurações outorgadas aos advogados do agravante e do agravado;
- com declaração de inexistência de qualquer dos documentos referidos no inciso I do art. 1017, feita pelo advogado do agravante, sob pena de sua responsabilidade pessoal;
- facultativamente, com outras peças que o agravante reputar úteis.
- Contrarrazões pelo agravado;

Requer a intimação do agravo para, querendo, oferecer contrarrazões no prazo de 15 dias.

- Pedir o Conhecimento do agravo e Remessa ao órgão competente;

Roga o conhecimento do presente agravo, bem como sua remessa ao órgão competente.

- Na sequência, solicitar o encerramento, conforme modelo abaixo:

- Nestes termos

Pede deferimento.

Advogado...

OAB...

Observação importante!

É comum que se aparte a apresentação do recurso do agravo das suas razões. No entanto, a peça poderá ser elaborada em estrutura única.

4º passo: Endereçamento da folha das razões/ minuta do agravo

ÍNCLITOS JULGADORES!

Egrégio Tribunal

Colenda Câmara

5º passo: Qualificação das partes na minuta

AGRAVANTE:...

AGRAVADO:...

PROCESSO ORIGINÁRIO:...

6º passo: requisitos de admissibilidade

Se você já tiver destacado a tempestividade e o preparo na folha de apresentação, recomendamos que nas razões você reforce o cabimento, legitimidade e interesse recursal.

*** Da obediência ao art. 1018, CPC** (destaque-se que uma cópia do presente agravo protocolado, indicando que as peças juntadas serão protocoladas, no juízo de 1º grau.). Com o CPC/15, tal juntada será essencial nos processos físicos. Em se tratando de processo eletrônico a juntada passa a ser faculdade, consoante destaque do art. 1018, parágrafos 2º e 3º.

- **Da concessão do efeito suspensivo ou da tutela antecipada recursal. – art. 1019, I, do CPC.**

O efeito suspensivo deverá ser requerido quando o agravante quiser impedir a eficácia da decisão agravada. A decisão proferida lhe for prejudicial. A concessão do referido efeito suspensivo, tem o condão de impedir que a decisão surta seus efeitos.

De acordo com o parágrafo único do art. 995 do CPC, a eficácia da decisão recorrida poderá ser suspensa por decisão do relator, se da imediata produção de seus efeitos houver risco de dano grave, de difícil ou impossível reparação, e ficar demonstrada a probabilidade de provimento do recurso. Logo, o examinando/ advogado deverá sustentar tal concessão, demonstrando o preenchimento dos requisitos acima.

A tutela antecipada, por seu turno, será requerida quando o juiz de primeiro grau não tiver concedido à pretensão autoral. Ela pode ser total ou parcial. Será necessário demonstrar o preenchimento dos requisitos constantes no art. 300 do CPC, vejamos: "A tutela de urgência será concedida quando houver elementos que evidenciem a probabilidade do direito e o perigo de dano ou o risco ao resultado útil do processo.".

Justificar o pedido de efeito suspensivo ou da antecipação de tutela recursal.

Fica patente o perigo de dano e da probabilidade do direito, diante da ..., pois o MM. Juízo "a quo" ...

A demora na prestação jurisdicional é fator indiscutível, já que O PROSSEGUIMENTO DO FEITO violará, inclusive, os princípios da dignidade da pessoa humana, do contraditório, da ampla defesa e do devido processo legal.

A concessão da providência só ao final da demanda poderá ser inócua, e as consequências desastrosas para o agravante.

Assim, com fundamento nos artigos 1019, I e 932, II do Código de Processo Civil, requer-se á à Vossa Excelência a concessão da antecipação dos efeitos da tutela recursal, a fim de que seja deferido ... .

7º passo: resumo da decisão agravada/breve resumo da demanda

O examinando/advogado deverá fazer breve relato dos principais pontos do enunciado proposto pela banca ou dados trazidos pelo cliente.

Trata-se de decisão interlocutória proferida nos autos de Ação de... movida contra o agravante pelo agravado.

O inconformismo do agravante refere-se ao fato de que o MM. Juízo "a quo"... ficando evidente o prejuízo do agravante.

8º passo: - Fundamentos do agravo

Atacar a decisão com fundamento na legislação pertinente. Deve ser demonstrado o equívoco cometido pelo órgão julgador. Busque a fundamentação na lei e em possíveis súmulas aplicáveis ao caso.

Deve ser enfrentada a decisão agravada, utilizando o direito material e processual a ser invocado ou que, eventualmente, tenha sido violado.

9º passo: - Dos pedidos

- Ante o exposto, requer o conhecimento e provimento do agravo a fim de...
- Requerer por fim, a condenação do agravado em custas e honorários advocatícios sucumbenciais.

10º passo: Encerramento

Pede-se o deferimento daquilo que fora postulado, seguindo-se do local, data e advogado. Por exemplo:

Termos em que pede deferimento.

Local, data,

Advogado...

OAB...

1.6.3. Agravo interno

Já que sabemos que, antes de levar a demanda ao colegiado, o relator poderá adotar uma série de posturas, as quais poderão trazer prejuízos aos protagonistas da relação processual. Assim, com vistas a sanar eventuais erros, o legislador previu o agravo interno como instrumento de combate àquelas decisões.

O agravo interno é o recurso cabível contra decisão monocrática de relator. O processamento do agravo interno seguirá as regras do regimento interno do respectivo tribunal.

Na **petição** de agravo interno, o recorrente impugnará especificadamente os fundamentos da decisão agravada. O agravo será dirigido ao relator, que intimará o agravado para manifestar-se sobre o recurso **(contrarrazões)** no prazo de 15 (quinze) dias, ao final do qual, não havendo retratação, o relator levá-lo-á a julgamento pelo órgão colegiado, com inclusão em pauta.

É vedado ao relator limitar-se à reprodução dos fundamentos da decisão agravada para julgar improcedente o agravo interno.

Quando o agravo interno for **declarado manifestamente inadmissível** ou **improcedente** em votação unânime, o órgão colegiado, em decisão fundamentada, condenará o agravante a pagar ao agravado **multa** fixada entre um e cinco por cento do valor atualizado da causa.

Assim, a interposição de qualquer outro recurso está condicionada ao depósito prévio do valor da multa, à exceção da Fazenda Pública e do beneficiário de gratuidade da justiça, que farão o pagamento ao final.

1.6.3.1. Modelo de agravo interno

MODELO DE AGRAVO INTERNO

A elaboração da peça compreende os seguintes passos:

1º Passo: Endereçamento

EXCELENTÍSSIMO SENHOR DOUTOR DESEMBARGADOR DA ... CÂMARA DO EGRÉGIO TRIBUNAL DE JUSTIÇA DO ESTADO DE ...

2º Passo: Qualificação das partes

O agravo terá duas folhas, sendo uma de apresentação, qualificada da seguinte forma:

FULANO DE TAL, já qualificado nos autos, tomando ciência da decisão denegatória em sede de Agravo de Instrumento, vêm perante Vossa Excelência, com fulcro no art. 1021 do CPC/15, dela recorrer, para o que interpõe o presente, AGRAVO INTERNO, requerendo a remessa da anexa minuta a uma das câmaras Cíveis desse Egrégio Tribunal, pelos motivos de fato e direito a seguir expostos.

3º passo: encerramento

Nestes Termos,

Pede Deferimento.

Local e data.

Advogado...

OAB...

4º Passo: Endereçamento da folha das razões

O examinando deverá iniciar a folha das razões da seguinte forma:

RAZÕES DE AGRAVO INTERNO

AGRAVANTE: FULANO DE TAL

AGRAVADO: BELTRANO

ORIGEM: INSTÂNCIA ORDINÁRIA

PROCESSO Nº

ORIGEM:

PROCESSO Nº

C. Tribunal,

D. Desembargadores,

5º passo: Do preenchimento dos requisitos de admissibilidade.

Deverá indicar os requisitos:

DA TEMPESTIVIDADE DO RECURSO

Foi publicada a decisão no dia XX/XX/XXXX (sexta-feira). Portanto, o agravo interno é tempestivo. O recurso, em tela, tem prazo de 15 dias.

6º passo: resumo da decisão

DA DECISÃO MONOCRÁTICA DO ILUSTRE DES.

Neste ponto, elabore uma síntese com os pontos mais importantes da decisão. Na petição de agravo interno, o recorrente deverá impugnar especificadamente os fundamentos da decisão agravada e não de outra decisão proferida a qual tenha se insurgido.

7º passo: fundamentos do recurso

Neste ponto será preciso trazer referências legais e jurisprudenciais da matéria, a qual seja objeto do recurso. Lembre que a sua impugnação deve ser específica e direcionada.

Importante!

Lembre que você poderá pedir a gratuidade judiciária no recurso. Neste caso, traga a argumentação pertinente.

8º passo: pedidos

Aqui será requerido o conhecimento e provimento do presente agravo:

DOS PEDIDOS

Ante o exposto, requer:

a) seja o presente agravo conhecido e provido;

b) seja deferida a antecipação da tutela recursal para fins de CONCEDER GRATUIDADE JUDICIÁRIA, com seus consequentes efeitos jurídicos, se ela tiver sido pleiteada nos fundamentos, como fizemos acima.

c) seja conhecido e provido o presente recurso, porquanto próprio e tempestivo, para reformar a decisão em foco.

d) Requer a manifestação expressa desse Egrégio Tribunal acerca da tese prequestionada.

e) a intimação da Agravada para, se assim quiser, oferecer contrarrazões.

f) a concessão do já referido benefício da gratuidade judiciária, o processamento do presente de demais efeitos legais.

NÃO HÁ VALOR DA CAUSA EM SEDE DE RECURSO.

4º Passo: Encerramento

Pede-se o deferimento daquilo que fora postulado, seguindo-se do local, data e advogado. Por exemplo:

Termos em que pede deferimento.

Local, data,

Advogado...

OAB...

1.6.4. Embargos de declaração

O princípio do amplo acesso é atendido na medida em que o cidadão não apenas extrai do poder judiciário um decisório qualquer, mas uma decisão límpida, despida de qualquer vício que possa dificultar a postulação ou defesa de direitos perante o aparato estatal.

Pensando nisso, o legislador previu os embargos de declaração como instrumento apropriado a integrar as decisões judiciais, de modo a expurgar eventuais vícios (*obscuridade, omissão ou contradição*) que a mesma venha possuir.

O recurso em tela classifica-se como espécie intermediária, na medida em que o mesmo se situa entre a sentença e a apelação, o acórdão e o RESP ou REX; entre a decisão interlocutória e o agravo de instrumento.

A) Conceito

É o remédio recursal, previsto nos artigos 1.022 a 1.026 do CPC, que visa integrar decisório judicial (*sentença, acórdão, decisão interlocutória e decisão monocrática*), sanando obscuridade, omissão ou contradição existente.

B) Condições específicas para a utilização do recurso

O recurso será apresentado quando a decisão contiver um dos seguintes vícios:

→ **obscuridade:** a obscuridade surge de decisão incompreensível, ininteligível, como quando o magistrado transcreve considerações acerca de um possível direito que teria alguma das partes (benfeitorias, por exemplo) e, ao final, se omite no pronunciamento da questão. Ou mesmo no caso de quando o julgador, não obstante tenha sido postulado danos morais e estéticos separadamente, atribui condenação de único montante a ambos, impossibilitando a compreensão do *quantum* dirigido a cada dano.

→ **omissão:** ocorre quando o magistrado deixa de apreciar questões relevantes, arguidas pelas partes. Certamente que o magistrado não está obrigado a apreciar todas as questões levantadas pelos litigantes.

Porém existem aquelas que possuem suma relevância de modo a poder influenciar, inclusive, no julgamento da questão controvertida (por exemplo, pronúncia do magistrado acerca de condenação do vencido em custas e honorários advocatícios, a existência de caso fortuito, prescrição, culpa exclusiva da vítima, etc.). É por isso que, não raro, a omissão é a causa ou condição que possibilitar o manejo dos embargos de declaração com efeitos modificativos.

→ **contradição:** ocorre geralmente quando há uma contraposição entre o raciocínio veiculado na fundamentação e o resultado emitido no dispositivo do decisório (por exemplo, no corpo da sentença o magistrado transcreve raciocínio que indica o deferimento de determinado título e, na parte dispositiva, o indefere, ou vice-versa).

→ **erro material:** o CPC/2015 passou a admitir o manejo dos embargos declaratórios quando houver mero erro material.

C) Efeitos

O recurso *interrompe* o prazo para a propositura de quaisquer recursos, por *ambas* as partes, devolvendo-se, por conseguinte, a totalidade do mesmo. Urge ressaltar que a interposição intempestiva dos embargos não implica na interrupção do prazo para se aviar outros recursos.

Os embargos declaratórios existentes na lei dos Juizados especiais cíveis (Lei nº 9.099/95) - que até então apenas *suspendiam* o prazo para a interposição de outras espécies recursais – passaram, com o novo CPC, a também *interromper* o prazo para apresentação de outros recursos, conforme se extrai da nova redação do artigo 50, CPC.

D) Processamento

O **prazo** de interposição é de cinco dias, inexistindo deferimento de prazo para as **contrarrazões** (salvo no caso de possibilidade de efeitos modificativos). A interposição fora do prazo não terá o condão de interromper o prazo em questão.

Inexiste **preparo** para a espécie recursal em exame. O julgamento se dará pelo mesmo órgão que emitiu o decisório a ser reexaminado.

E) Embargos de declaração com efeitos modificativos

Ocorre quando o suprimento da omissão havida é capaz de modificar o julgado. Neste caso, o magistrado deverá conceder prazo para a parte contrária apresentar as contrarrazões ao recurso, sob pena de nulidade por cerceio de defesa.

Exemplo clássico é o do magistrado que se esquece de apreciar a alegação de prescrição, julgando a demanda procedente. Aviando os embargos, o réu solicita manifestação jurisdicional sobre a questão, seja para negá-la, seja para acolhê-la. Verifique que, declarando a existência da prescrição, o resto do decisório restará comprometido.

Caso o acolhimento dos embargos de declaração implique modificação da decisão embargada, o embargado que já tiver interposto outro recurso contra a decisão originária tem o direito de complementar ou alterar suas razões, nos exatos limites da modificação, no prazo de 15 (quinze) dias, contado da intimação da decisão dos embargos de declaração. É o que a doutrina chama de "princípio da complementariedade".

F) Embargos protelatórios e penalidade

Quando opostos com o intuito manifestamente protelatório, o manejo do instrumento em questão ensejará a aplicação de multa não excedente a 2% (um por cento) sobre o valor da causa, a ser revertida a favor do embargado. Caso haja reiteração no manejo, a multa será elevada para até 10% (dez por cento), ficando condicionada a interposição de outro recurso ao recolhimento do montante em questão, pelo que constituirá novo pressuposto recursal para a admissibilidade do recurso aviado. Esta exigência não será feita à Fazenda Pública e do beneficiário de gratuidade da justiça, que recolherão a multa apenas ao final.

G) Embargos e prequestionamento

Além dos objetivos já estudados, os ED também têm a serventia de prequestionar o órgão recorrido acerca da questão federal que será objeto de futuros recursos extremos (Resp ou Rex), tudo com o intuito de evitar a preclusão processual.

Por exemplo, por mais que tenha sido proferida sentença cujo teor é violador de matéria federal ou constitucional, deve-se aviar, em primeiro lugar, os recursos ordinariamente previstos (ex: apelação), de modo a haver o prévio esgotamento das instâncias ordinárias. Entretanto, a matéria constitucional ou federal há de ser tratada pelos tribunais inferiores, não podendo as mesmas ser arguidas pela primeira vez em sede dos recursos extremos (de modo a haver a supressão de instâncias). É por isso que, a despeito de ter sido levantada a matéria por ocasião do recurso respectivo, omitindo-se o tribunal *a quo*, serão cabíveis os embargos declaratórios com o propósito de prequestionamento.

Neste sentido é o texto da Súmula 98 do STJ: "Embargos de Declaração manifestados com notório propósito de prequestionamento não tem caráter protelatório."

Urge ressaltar que considera-se incluídos no acórdão os elementos que o embargante suscitou, para fins de pré-questionamento, ainda que os embargos de declaração sejam inadmitidos ou rejeitados, caso o tribunal superior considere existentes erro, omissão, contradição ou obscuridade (art. 1.025, NCP).

1.6.4.1. Modelo de embargos de declaração

MODELO DE EMBARGOS DE DECLARAÇÃO

A elaboração da peça compreende os seguintes passos:

1ª passo: Endereçamento;

Será feito ao próprio órgão que prolatou a decisão. Juiz, relator ou colegiado, o qual tenha proferido a decisão.

Tomemos por base, para a construção do modelo abaixo, a decisão de um juiz de primeiro grau.

> Excelentíssimo Senhor Doutor Juiz de Direito da nº Vara Cível da Comarca de ... (confira os dados do enunciado).

2º passo: Qualificação das partes

Aqui, você deverá identificar as partes. Poderá ser utilizada a expressão: já devidamente qualificado nos autos.

Tratamento: embargante e embargado;

O verbo que deve ser utilizado para os embargos é o **OPOR.**

3º passo: resumo da decisão

Abordar de forma objetiva os principais pontos fáticos do enunciado. Seja breve e lembre-se de não trazer dados não fornecidos. Retrate as principais informações do já mencionado enunciado.

4º passo: requisitos de admissibilidade

Destacar a tempestividade, legitimidade, cabimento e demais requisitos de admissibilidade.

Eles independem de preparo!

No cabimento, reforçar a omissão, contradição, obscuridade ou possível erro material.

5º passo: Fundamentos do recurso

Destacar o ponto OMISSO, CONTRADITÓRIO ou OBSCURO.

> Ao proferir a sentença, o juiz se omitiu quanto à existência do dano moral, o qual fora pleiteado e objeto de prova produzida nos autos. Desenvolver melhor, levando em consideração os dados do enunciado.

6º passo: Pedidos

Requerer o conhecimento e provimento dos embargos, a fim de que seja sanada a omissão, contradição, obscuridade ou erro material.

Se sobrevier efeito modificativo, requerer a intimação do embargado para apresentar contrarrazões.

Requer seja sanada a irregularidade....

7º passo: Encerramento

Nestes termos,

Pede deferimento.

Local, dia, mês e ano.

Advogado...

OAB...

1.6.5. Recurso ordinário constitucional

Eis um recurso de competência dos tribunais superiores. No entanto, ele tem natureza de recurso ordinário, como sugere sua nomenclatura.

De acordo com o artigo 1027 do CPC, serão julgados em recurso ordinário:

→ **pelo Supremo Tribunal Federal**, os mandados de segurança, os habeas data e os mandados de injunção decididos em única instância pelos tribunais superiores, quando denegatória a decisão;

→ **pelo Superior Tribunal de Justiça:**

a) os mandados de segurança decididos em única instância pelos tribunais regionais federais ou pelos tribunais de justiça dos Estados e do Distrito Federal e Territórios, quando denegatória a decisão;

b) os processos em que forem partes, de um lado, Estado estrangeiro ou organismo internacional e, de outro, Município ou pessoa residente ou domiciliada no País.

Aplica-se ao recurso ordinário o disposto nos arts. 1.013, § 3º, e 1.029, § 5º do CPC.

O recurso deve ser interposto perante o tribunal de origem, cabendo ao seu presidente ou vice-presidente determinar a intimação do recorrido para, em 15 (quinze) dias, apresentar as contrarrazões.

Findo o prazo, os autos serão remetidos ao respectivo tribunal superior, independentemente de juízo de admissibilidade.

1.6.5.1. *Modelo de recurso ordinário constitucional*

MODELO DE RECURSO ORDINÁRIO CONSTITUCIONAL

1º passo: Endereçamento da folha de interposição

Excelentíssimo Senhor Doutor Desembargador Presidente do Egrégio Tribunal de Justiça do Estado de... (pode ser presidente de um Tribunal Superior ou mesmo um juiz federal a depender da hipótese).

MANDADO DE SEGURANÇA...

2º passo: qualificação das partes

FULANO, já devidamente qualificado, por ser advogado, que esta subscreve nos autos do Mandado de Segurança impetrado contra ato do de FULANO..., vem respeitosamente, à presença de Vossa Excelência, não se conformando com a respeitável decisão de fls... Interpor, com fundamento nos artigos 105, II da Constituição Federal e art. 1027 do CPC, RECURSO ORDINÁRIO CONSTITUCIONAL pelas razões anexas.

3º passo: demais itens da folha de apresentação

Atesta, para os devidos fins, que o presente recurso é tempestivo, conforme determina o art. 1003, parágrafo 5º.

Requer a juntada da inclusa guia de preparo devidamente recolhida.

Requer a intimação da autoridade impetrada, bem como que seja recebido o recurso no seu efeito devolutivo, com a posterior remessa ao Egrégio Superior Tribunal de Justiça.

4º passo: encerramento

Termos em que, pede deferimento.

Local e data...

ADVOGADO...

OAB...

5º passo: endereçamento da folha das razões

EGRÉGIO SUPERIOR TRIBUNAL DE JUSTIÇA

Colenda câmara,

Nobres julgadores:

6º passo: qualificação das partes nas razões recursais

RECORRENTE...

RECORRIDO...

Processo de origem:...

7º passo: preenchimento dos requisitos de admissibilidade

Aqui, você demonstrará o preenchimento dos requisitos de admissibilidade, os quais conduziram ao seu conhecimento.

TEMPESTIVIDADE E CABIMENTO

(estrutura semelhante a da apelação)

8º passo: resumo da decisão

Aqui, você fará a síntese dos principais pontos do enunciado.

Trata-se de decisão que...

O Venerando acórdão de fls. entendeu que...

9º passo: fundamentos do recurso

Neste item, deverão ser indicados os artigos e possíveis súmulas que regem a matéria.

Demonstre a impropriedade da decisão denegatória prolatada em sede do remédio constitucional, o qual é objeto do ROC.

10º passo: pedidos

Isto posto requer:

Seja recebido e admitido o presente recurso , uma vez que se demonstrou o preenchimento dos pressupostos de admissibilidade do mesmo.

Seja recebido o recurso ordinário no seu regular efeito devolutivo

Seja dado provimento para o fim de...(reforma/invalidação)

A inversão das custas e honorários para o encargo do recorrido.

A intimação do recorrido para apresentar, em querendo, contrarrazões em quinze dias.

11º passo: encerramento

Termos em que, pede deferimento.

Local e data...

ADVOGADO...

OAB...

1.6.6. Recurso especial

Diante do escalonamento das regras jurídicas dispostas por Hans Kelsen, em sua "teoria pura do direito", verifica-se, claramente, que as normas constitucionais ocupam lugar de destaque, considerando-se as mesmas como normas fundantes das demais regras componentes do ordenamento jurídico pátrio.

De igual modo, as leis ordinárias ocupam posições bem definidas, estando acima de outras fontes de menor relevância, as quais devem-lhe o respectivo respeito, a exemplo dos decisórios judiciais.

Assim, a lesão ou contrariedade do seu comando implica o abalo de todo um sistema construído sobre raízes mencionadas.

É justamente por isso que o próprio constituinte procurou criar instrumento jurídico apto a sanar, diante de um caso concreto, a contrariedade aos postulados federais: é o recurso especial.

Percebe-se, de antemão, que, sendo de natureza extraordinária, apenas a questão da interpretação do direito é que pode ser proposta ao órgão de julgamento do recurso (o STJ) sendo vedado, pois, a análise de questões de fato e, por conseguinte, da prova produzida no processo, a teor do consubstanciado na Súmula 07.

A) Definição

Trata-se de recurso de fundamentação vinculada, direcionado ao Superior Tribunal de Justiça, que tem como principal objetivo uniformizar a interpretação da lei federal a partir de um caso concreto, alterando, por consequência, a decisão impugnada.

B) hipóteses de cabimento

Caberá o Recurso especial contra Julgamento de Tribunal Regional Federal, Tribunal de Justiça de Estado, Tribunal de Justiça do Distrito Federal ou Tribunal de Território que em única ou última instância:

→ **contrariar tratado ou lei federal, ou negar-lhes vigência**: os tratados e as leis federais revelam do ponto de vista objetivo a vontade do povo brasileiro que o Poder Legislativo consegue captar e transformar em norma. A vontade do povo é expressa por intermédio da norma, que deve ser concretizada pelo estado-juiz. Caso a decisão contrariar o tratado, lei federal ou negar-lhes vigência, a vontade do povo expressa na norma é desconsiderada.

→ **julgar válido ato de governo local contestado em face de lei federal**: com o pacto federativo, os Estados e os governos que os representam abrem mão da soberania em favor da União. A lei federal, em vista disso, deve ser observada em todo o território nacional e não pode ser contrariada por ato de governo local (*ato administrativo estadual ou municipal, a exemplo de decretos, portarias, regulamentos etc.*). Se o ato de governo local é impugnado em face de lei federal e o Judiciário local diz que ele é válido, convém que o STJ diga da existência ou não da contrariedade para, eventualmente, restabelecer a lei federal.

→ **Conceder a lei federal interpretação divergente da que lhe haja atribuído outro tribunal**: nesse ponto identificamos a principal razão da existência do Recurso Especial, qual seja a de uniformizar a interpretação da lei federal. O Brasil é um país de dimensões continentais e é caracterizado por desigualdades regionais econômicas e culturais. Essas desigualdades podem determinar, eventualmente, que a mesma lei seja interpretada diferentemente em diversas partes do território nacional. Assim, o recurso especial é para uniformizar a interpretação. Imaginemos que o Tribunal de Justiça de Pernambuco julgando apelação diga que a lei federal X tem uma interpretação, enquanto que o Tribunal do Rio Grande do Sul diga que a interpretação é de conteúdo diferente. A parte prejudicada pela decisão do Tribunal de Pernambuco pode invocar a interpretação do Rio Grande do Sul, se ela for a que o beneficia, e pedir que o STJ uniformizando a interpretação dê provimento ao seu recurso. Vale ressaltar que a divergência entre julgados do mesmo Tribunal não enseja recurso especial, a teor do que preceitua a **Súmula 13 do STJ.**

C) processamento

Considerando a natureza de recurso extremo, aplicamos ao recurso especial todas as considerações feitas ao recurso extraordinário, linhas atrás.

D) o pressuposto do prequestionamento

Também aplicamos, aqui, todas as considerações referentes ao recurso extraordinário, anteriormente efetuadas.

E) os recursos repetitivos

A Lei nº 11.672/2008 estabeleceu uma técnica de sobrestamento de recursos de igual conteúdo no âmbito do próprio STJ e nos Tribunais locais até a manifestação do STJ sobre a questão de direito neles debatida. É a técnica do chamado "recurso repetitivo". Os tribunais superiores e o Supremo Tribunal Federal são provocados ao julgamento de milhares de processos por ano com uma imposição de carga de trabalho aos Ministros que é impraticável. Por outro lado, muitos dos recursos apresentados contêm matéria já analisada pelo Tribunal ou que será analisada. Esta técnica permite, então, que o STJ ou STF selecionem processos que representem a discussão jurídica e os decida com repercussão sobre os demais processos de matéria comum, os quais terão a mesma solução, se já estiverem no STJ ou STF, ou serão reapreciados pela instância de origem. Esses recursos só subirão ao STJ se o Tribunal local não adequar o seu julgamento ao que tiver sido decidido pelo STJ.

Aludida técnica foi mantida pelo CPC de 2015. Selecionamos, a seguir, os dispositivos mais importantes:

> **"Art. 1.036. Sempre que houver multiplicidade de recursos extraordinários ou especiais com fundamento em idêntica questão de direito, haverá afetação para julgamento de acordo com as disposições desta Subseção, observado o disposto no Regimento Interno do Supremo Tribunal Federal e no do Superior Tribunal de Justiça.**
>
> **§ 1º O presidente ou o vice-presidente de tribunal de justiça ou de tribunal regional federal selecionará 2 (dois) ou mais recursos representativos da controvérsia, que serão encaminhados ao Supremo Tribunal Federal ou ao Superior Tribunal de Justiça para fins de afetação, determinando a suspensão do trâmite de todos os processos pendentes, individuais ou coletivos, que tramitem no Estado ou na região, conforme o caso.**
>
> **§ 2º O interessado pode requerer, ao presidente ou ao vice-presidente, que exclua da decisão de sobrestamento e inadmita o recurso especial ou o recurso extraordinário que tenha sido interposto intempestivamente, tendo o recorrente o prazo de 5 (cinco) dias para manifestar-se sobre esse requerimento.**
>
> **§ 3º Da decisão que indeferir o requerimento referido no § 2º caberá apenas agravo interno.**
>
> **§ 4º A escolha feita pelo presidente ou vice-presidente do tribunal de justiça ou do tribunal regional federal não vinculará o relator no tribunal superior, que poderá selecionar outros recursos representativos da controvérsia.**
>
> **§ 5º O relator em tribunal superior também poderá selecionar 2 (dois) ou mais recursos representativos da controvérsia para julgamento da questão de direito independentemente da iniciativa do presidente ou do vice-presidente do tribunal de origem.**
>
> **§ 6º Somente podem ser selecionados recursos admissíveis que contenham abrangente argumentação e discussão a respeito da questão a ser decidida.**
>
> **Art. 1.037. Selecionados os recursos, o relator, no tribunal superior, constatando a presença do pressuposto do caput do art. 1.036, proferirá decisão de afetação, na qual:**
>
> **I - identificará com precisão a questão a ser submetida a julgamento;**

II - determinará a suspensão do processamento de todos os processos pendentes, individuais ou coletivos, que versem sobre a questão e tramitem no território nacional;

III - poderá requisitar aos presidentes ou aos vice-presidentes dos tribunais de justiça ou dos tribunais regionais federais a remessa de um recurso representativo da controvérsia.

§ 1º Se, após receber os recursos selecionados pelo presidente ou pelo vice-presidente de tribunal de justiça ou de tribunal regional federal, não se proceder à afetação, o relator, no tribunal superior, comunicará o fato ao presidente ou ao vice-presidente que os houver enviado, para que seja revogada a decisão de suspensão referida no art. 1.036, § 1º.

§ 3º Havendo mais de uma afetação, será prevento o relator que primeiro tiver proferido a decisão a que se refere o inciso I do caput.

§ 4º Os recursos afetados deverão ser julgados no prazo de 1 (um) ano e terão preferência sobre os demais feitos, ressalvados os que envolvam réu preso e os pedidos de habeas corpus.

§ 6º Ocorrendo a hipótese do § 5º, é permitido a outro relator do respectivo tribunal superior afetar 2 (dois) ou mais recursos representativos da controvérsia na forma do art. 1.036.

§ 7º Quando os recursos requisitados na forma do inciso III do caput contiverem outras questões além daquela que é objeto da afetação, caberá ao tribunal decidir esta em primeiro lugar e depois as demais, em acórdão específico para cada processo.

§ 8º As partes deverão ser intimadas da decisão de suspensão de seu processo, a ser proferida pelo respectivo juiz ou relator quando informado da decisão a que se refere o inciso II do caput.

(....)

Art. 1.038. O relator poderá:

I - solicitar ou admitir manifestação de pessoas, órgãos ou entidades com interesse na controvérsia, considerando a relevância da matéria e consoante dispuser o regimento interno;

II - fixar data para, em audiência pública, ouvir depoimentos de pessoas com experiência e conhecimento na matéria, com a finalidade de instruir o procedimento;

III - requisitar informações aos tribunais inferiores a respeito da controvérsia e, cumprida a diligência, intimará o Ministério Público para manifestar-se.

§ 1º No caso do inciso III, os prazos respectivos são de 15 (quinze) dias, e os atos serão praticados, sempre que possível, por meio eletrônico.

§ 2º Transcorrido o prazo para o Ministério Público e remetida cópia do relatório aos demais ministros, haverá inclusão em pauta, devendo ocorrer o julgamento com preferência sobre os demais feitos, ressalvados os que envolvam réu preso e os pedidos de habeas corpus.

§ 3º O conteúdo do acórdão abrangerá a análise dos fundamentos relevantes da tese jurídica discutida.

Art. 1.039. Decididos os recursos afetados, os órgãos colegiados declararão prejudicados os demais recursos versando sobre idêntica controvérsia ou os decidirão aplicando a tese firmada.

Parágrafo único. Negada a existência de repercussão geral no recurso extraordinário afetado, serão considerados automaticamente inadmitidos os recursos extraordinários cujo processamento tenha sido sobrestado.

Art. 1.040. Publicado o acórdão paradigma:

I - o presidente ou o vice-presidente do tribunal de origem negará seguimento aos recursos especiais ou extraordinários sobrestados na origem, se o acórdão recorrido coincidir com a orientação do tribunal superior;

II - o órgão que proferiu o acórdão recorrido, na origem, reexaminará o processo de competência originária, a remessa necessária ou o recurso anteriormente julgado, se o acórdão recorrido contrariar a orientação do tribunal superior;

III - os processos suspensos em primeiro e segundo graus de jurisdição retomarão o curso para julgamento e aplicação da tese firmada pelo tribunal superior;

IV - se os recursos versarem sobre questão relativa a prestação de serviço público objeto de concessão, permissão ou autorização, o resultado do julgamento será comunicado ao órgão, ao ente ou à agência reguladora competente para fiscalização da efetiva aplicação, por parte dos entes sujeitos a regulação, da tese adotada.

§ 1º A parte poderá desistir da ação em curso no primeiro grau de jurisdição, antes de proferida a sentença, se a questão nela discutida for idêntica à resolvida pelo recurso representativo da controvérsia.

§ 2º Se a desistência ocorrer antes de oferecida contestação, a parte ficará isenta do pagamento de custas e de honorários de sucumbência.

§ 3º A desistência apresentada nos termos do § 1º independe de consentimento do réu, ainda que apresentada contestação.

Art. 1.041. Mantido o acórdão divergente pelo tribunal de origem, o recurso especial ou extraordinário será remetido ao respectivo tribunal superior, na forma do art. 1.036, § 10.

§ 1º Realizado o juízo de retratação, com alteração do acórdão divergente, o tribunal de origem, se for o caso, decidirá as demais questões ainda não decididas cujo enfrentamento se tornou necessário em decorrência da alteração.

§ 2º Quando ocorrer a hipótese do inciso II do caput do art. 1.040 e o recurso versar sobre outras questões, caberá ao presidente ou ao vice-presidente do tribunal recorrido, depois do reexame pelo órgão de origem e independentemente de ratificação do recurso, sendo positivo o juízo de admissibilidade, determinar a remessa do recurso ao tribunal superior para julgamento das demais questões."

F) Súmulas do STJ sobre o recurso especial:

SÚMULA Nº 05: A simples interpretação de cláusula contratual não enseja recurso especial.

SÚMULA Nº 07: A pretensão de simples reexame de prova não enseja recurso especial.

SÚMULA Nº 13: A divergência entre julgados do mesmo Tribunal não enseja recurso especial.

SÚMULA Nº 83: Não se conhece do recurso especial pela divergência, quando a orientação do Tribunal se firmou no mesmo sentido da decisão recorrida.

SÚMULA Nº 123: A decisão que admite, ou não, o recurso especial, deve ser fundamentada, com o exame dos seus pressupostos gerais e constitucionais.

SÚMULA Nº 126: É inadmissível recurso especial, quando o acórdão recorrido assenta em fundamentos constitucional e infraconstitucional, qualquer deles suficiente, por si só, para mantê-lo, e a parte vencida não manifesta recurso extraordinário.

SÚMULA Nº 203: Não cabe recurso especial contra decisão proferida, nos limites de sua competência, por órgão de segundo grau dos Juizados Especiais.

SÚMULA Nº 211: Inadmissível recurso especial quanto à questão que, a despeito da oposição de embargos declaratórios, não foi apreciada pelo tribunal *a quo*.

1.6.6.1. Modelo de recurso especial

MODELO DE RECURSO ESPECIAL

A elaboração da peça compreende os seguintes passos:

1ª passo: Endereçamento na folha de apresentação;

A competência é originária do STJ, devendo ser interposto perante o Presidente ou Vice-Presidente do Tribunal recorrido.

> Excelentíssimo Senhor Doutor Desembargador Presidente do Egrégio Tribunal de Justiça do Estado da...

2º passo: qualificação das partes

Como já visto, as partes devem ser identificadas. No recurso, em tela, poderá ser utilizada a expressão: Já devidamente qualificado. Desnecessário, portanto, qualificar as partes, salvo alteração.

Só há necessidade de juntar nova procuração se houve alteração dos advogados.

Tratamento: recorrente e recorrido.

RECORRENTE, já devidamente qualificado no processo nº..., vem, por intermédio de seu advogado devidamente constituído pelo instrumento procuratório anexo, interpor RECURSO ESPECIAL com base no art. 105, III, a, da CF/88, em desfavor do RECORRIDO, também já devidamente qualificado, pelos fatos e fundamentos a seguir delineados.

3º passo: Demais pontos da peça de interposição

Demonstrar, desde logo, o preenchimento dos requisitos de admissibilidade, especialmente, tempestividade, preparo e cabimento. Os demais requisitos podem ser trabalhados nas razões da peça, conforme veremos.

Requerer a intimação da parte contrária para apresentar contrarrazões, bem como a juntada das guias de custas de preparo, porte de remessa e retorno de autos.

ATENÇÃO! Em se tratando de autos eletrônicos, não há necessidade de comprovação do recolhimento do porte de remessa e retorno.

Requerer, também o conhecimento do recurso e sua pronta remessa ao STJ.

4º passo: Encerramento da folha de interposição

Nestes termos,

Pede deferimento.

Local, dia, mês e ano.

Advogado

OAB

5º passo: Endereçamento da folha das razões

Endereçar ao STJ.

Ínclitos ministros,

Colenda turma,

Egrégio Tribunal,

6º passo: Cabeçalho das razões

Recorrente:

Recorrido:

Processo originário:

7º passo: resumo da decisão/ síntese da demanda

Aqui, deve ser feita a síntese do enunciado. É preciso tomar cuidado para não criar informação, que não tenha sido fornecidas pela banca.

A recorrida propôs demanda de...

Em sua defesa foi dito que...

Na sentença de primeiro grau fora decidido que...

Fora impedido provimento à...

Assim, e diante de todo o exposto, a recorrente se viu compelida a interpor a presente medida, a fim de que...

8º passo: Do preenchimento dos requisitos de admissibilidade

Demonstrar o preenchimento dos requisitos de admissibilidade do recurso, bem como o prequestionamento da matéria.

Consoante dispõe o artigo 1036 do CPC, na hipótese de multiplicidade de recursos com fundamento em idêntica questão, apenas alguns recursos serão apreciados. Os demais recursos ficarão suspensos. Logo, é importante destacar que a matéria recorrida não foi entendida como repetitiva pelo STJ.

Se o recurso foi interposto fundamentado na alínea a do art. 105, III, da CF/88, deve-se demonstrar a lei federal que foi contrariada.

Se o recurso foi interposto fundamentado na alínea c do art. 105, III, da CF/88, deve-se confrontar o acórdão recorrido com o utilizado como paradigma, cumprindo ao recorrente fazer prova da divergência.

9º passo: Dos fundamentos

A discussão deve versar unicamente sobre matéria de direito, e não questões fáticas (nesse sentido, Súmula 7 do STJ). O recurso, em tela, tem fundamentação vinculada. Você trará , como fundamento, uma das hipóteses contempladas no texto constitucional.

A decisão, e comento, traz, em seu bojo, violação flagrante ao art... do CPC/15, o qual...

Aqui, desenvolva os fundamentos, levando-se em consideração os detalhes do enunciado e/ou caso concreto.

10º passo: Dos pedidos

Conhecimento do recurso e provimento para anular ou reformar o acórdão recorrido.

Inversão do ônus da sucumbência.

Ante o exposto, requer o conhecimento e provimento do presente recurso, a fim de que...

Requer, ainda, a condenação do recorrido no pagamento de custas e honorários advocatícios sucumbenciais.

11º passo: encerramento

Nestes termos,

Pede deferimento.

Local, dia, mês e ano.

Advogado...

OAB...

1.6.7. Recurso extraordinário

Diante do escalonamento das regras jurídicas dispostas por Hans Kelsen, em sua "teoria pura do direito", verifica-se, claramente, que as normas constitucionais ocupam lugar de destaque, considerando-se as mesmas como normas fundantes das demais regras componentes do ordenamento jurídico pátrio. Assim, a lesão ou contrariedade do seu comando implica o abalo de todo um sistema construído sobre raízes constitucionais.

É justamente por isso que o próprio constituinte procurou criar instrumento jurídico apto a sanar, diante de um caso concreto, a contrariedade aos postulados constitucionais: é o recurso extraordinário.

A) Definição

Trata-se de recurso de fundamentação vinculada, direcionado ao Supremo Tribunal Federal, que tem como principal objetivo fazer prevalecer a Constituição num caso concreto, alterando, assim, a decisão que contrariou a Carta Magna e, por consequência, a sorte do recorrente.

Percebe-se, de antemão, que, sendo de natureza extraordinária, apenas a questão da interpretação do direito é que pode ser proposta ao órgão de julgamento do recurso (o STF), sendo vedada a análise de questões de fato e, por conseguinte, da prova produzida no processo, a teor do consubstanciado na Súmula 279. O recurso tem previsão no artigo 102, III da Constituição Federal e o seu processamento está disciplinado nos artigos 1.029 a 1.041 do NCPC.

B) Cabimento

Ressalte-se, em um primeiro instante, que o REx só caberá em decisões em única ou última instância. Decisões que possam ser alteradas por outro recurso, que não o REx, não admitem contra elas o referido recurso. É o que se denomina de "prévio esgotamento da instância ordinária" (Súmula 281, STF). Assim, por exemplo, se a sentença contrariar dispositivo constitucional, contra ela deverá ser interposto o recurso de apelação e não terá cabimento o Extraordinário. A decisão em única instância é aquela que não prevê qualquer recurso contra ela. Nesse caso, caberá o recurso extraordinário.

A decisão em questão há de ter incidido em um dos casos abaixo (artigo 102, III, CF):

→ **contrariedade direta e literal da Constituição:** para efeito de recurso extraordinário, na hipótese em questão, não vale a violação a princípio que não seja expresso ou violação que seja indireta. (*ex: decisão que admite prova ilícita no processo, violando diretamente o disposto no artigo 5º, LVI, CF; ou a decisão que julga ser a justiça estadual competente para resolver controvérsia de natureza trabalhista, violando o artigo 114, CF*).

→ **declarar a inconstitucionalidade de tratado ou lei federal:** os tratados e leis federais são resultados de complexo procedimento legislativo, no qual se submetem ao controle de constitucionalidade. Por outro lado, a sanção presidencial também pressupõe controle de constitucionalidade. Assim, a lei federal e o tratado gozam de presunção de constitucionalidade, a qual, contrariada por decisão judicial, pode remeter a questão ao STF pela via do REx. Neste caso, estaria havendo uma violação REFLEXA à CF/88. (*ex: caso muito comum era o da possibilidade de prisão do depositário infiel, tendo em vista a violação do Pacto de São José da Costa Rica*).

→ **julgar válida lei ou ato de governo local contestado em face da Constituição:** a regra considera que o Brasil adota o pacto federativo, pelo que os Estados que o integra abrem mão de sua soberania em favor da União e, por consequência, da Constituição Federal. Assim, se a decisão de única ou última instância diz da validade de ato ou de lei local que foi contestado em face da Constituição Federal, pode ser submetida ao STF. Neste caso, estaria havendo uma violação REFLEXA à CF/88.

(ex: é o caso de município ou Estado que cria determinado tributo considerado inconstitucional. Se, ajuizada a demanda, o judiciário julgar válida a lei local que criou dito tributo, estará a decisão sujeita ao recurso extraordinário).

→ **prevalência da lei local sobre a Lei Federal:** ainda em vista do pacto federativo, A decisão que julga a lei local válida em hipótese na qual ela foi contestada em face de lei federal leva a decisão ao STF. (aqui, há violação reflexa à CF, tendo em vista que a distribuição de competência legislativa é matéria constitucional. (*Ex: é a situação na qual uma decisão julga válida lei local- municipal ou estadual- cujo teor contraria matéria reservada à Lei nº federal. É o exemplo de município que proíbe a utilização de capacetes pelos motoqueiros, indo de encontro ao disposto no código brasileiro de trânsito).*

C) Processamento

O Recurso, que tem apenas efeito devolutivo, será **interposto** perante o presidente ou vice-presidente do Tribunal recorrido, no prazo de 15 (quinze) dias.

Recebida a petição do recurso pela secretaria do tribunal, o recorrido será intimado para apresentar **contrarrazões** no prazo de 15 (quinze) dias, findo o qual os autos serão conclusos ao presidente ou ao vice-presidente do tribunal recorrido, que deverá adotar as seguintes **providências:**

→ **negar seguimento:** a) a recurso extraordinário que discuta questão constitucional à qual o Supremo Tribunal Federal não tenha reconhecido a existência de repercussão geral ou a recurso extraordinário interposto contra acórdão que esteja em conformidade com entendimento do Supremo Tribunal Federal exarado no regime de repercussão geral; b) a recurso extraordinário interposto contra acórdão que esteja em conformidade com entendimento do Supremo Tribunal Federal, exarado no regime de julgamento de recursos repetitivos; Contra a decisão que negar seguimento ao recurso extraordinário será cabível agravo interno, previsto no artigo 1.021, CPC.

→ **encaminhar o processo ao órgão julgador para realização do juízo de retratação**, se o acórdão recorrido divergir do entendimento do Supremo Tribunal Federal exarado no regime de repercussão geral ou de recursos repetitivos;

→ **sobrestar o recurso** que versar sobre controvérsia de caráter repetitivo ainda não decidida pelo Supremo Tribunal Federal;

→ **selecionar o recurso** como representativo de controvérsia constitucional, se for o caso;

→ **realizar o juízo de admissibilidade** e, se positivo, remeter o feito ao Supremo Tribunal Federal desde que: a) o recurso ainda não tenha sido submetido ao regime de repercussão geral ou de julgamento de recursos repetitivos; b) o recurso tenha sido selecionado como representativo da controvérsia; ou c) o tribunal recorrido tenha refutado o juízo de retratação.

Da decisão de inadmissibilidade, caberá agravo ao tribunal superior, nos termos do art. 1.042, CPC.

Na hipótese de interposição conjunta de recurso extraordinário e recurso especial, os autos serão remetidos ao Superior Tribunal de Justiça. Concluído o julgamento do recurso especial, os autos serão remetidos ao Supremo Tribunal Federal para apreciação do recurso extraordinário, se este não estiver prejudicado.

Se o relator do recurso especial considerar prejudicial o recurso extraordinário, em decisão irrecorrível, sobrestará o julgamento e remeterá os autos ao Supremo Tribunal Federal. Se o relator do recurso extraordinário, em decisão irrecorrível, rejeitar a prejudicialidade, devolverá os autos ao Superior Tribunal de Justiça para o julgamento do recurso especial.

ATENÇÃO! O § 3º do artigo 102 da Constituição Federal estabeleceu como pressuposto do REx a repercussão da matéria trazida no recurso, ou seja, que ela interesse a um grupo considerável de pessoas. O Novo CPC disciplina a matéria em seu artigo 1.035.

Para efeito de repercussão geral, será considerada a existência ou não de questões relevantes do ponto de vista econômico, político, social ou jurídico que ultrapassem os interesses subjetivos do processo.

O recorrente deverá demonstrar a existência de repercussão geral para apreciação exclusiva pelo Supremo Tribunal Federal.

Vale ressaltar que haverá repercussão geral sempre que o recurso impugnar acórdão que: I - contrarie súmula ou jurisprudência dominante do Supremo Tribunal Federal; II - tenha reconhecido a inconstitucionalidade de tratado ou de lei federal.

Reconhecida a repercussão geral, o relator no Supremo Tribunal Federal determinará a suspensão do processamento de todos os processos pendentes, individuais ou coletivos, que versem sobre a questão e tramitem no território nacional.

Negada a repercussão geral, o presidente ou o vice-presidente do tribunal de origem negará seguimento aos recursos extraordinários sobrestados na origem que versem sobre matéria idêntica.

D) O pressuposto do prequestionamento

Os tribunais superiores e o Supremo Tribunal Federal construíram uma interpretação que consiste na necessidade de que a matéria a eles proposta pelo recurso extremo tenha sido debatida pelo órgão recursal. É que muitos recursos são apresentados aos tribunais superiores e ao STF sem que o tribunal de segundo grau tenha tido a oportunidade de se manifestar explicitamente sobre a matéria que justifica o recurso de natureza extraordinária. Por exemplo: a parte suscita no REx que a decisão recorrida fez prevalecer lei local em face de regras de Lei Federal. Ocorre que ele não havia submetido esta questão ao órgão recorrido, ou seja, falado em seu recurso para o órgão recorrido de REx que a decisão em tal sentido faria prevalecer a Lei Local em face de Lei Federal, o que pelo pressuposto do prequestionamento é absolutamente necessário. Daí que se a questão tiver sido levada ao órgão recorrido e esse não tiver se manifestado, cabem os Embargos de Declaração para efeito de prequestionamento. Em outras palavras: imagine a situação na qual o juízo de primeiro grau indefere a oitiva de testemunha útil ao deslinde da questão. Neste caso, é mister que o prejudicado venha arguir a nulidade ao princípio constitucional do contraditório e ampla defesa, por intermédio do agravo retido, de modo que a mesma venha ser enfrentada pelo tribunal *a quo* por ocasião da apelação (prequestionando a questão). Quando o tribunal de segundo grau houver enfrentado a questão, aí sim, poderemos falar em utilização do recurso extraordinário perante o STF.

E) Súmulas do STF sobre o Recurso extraordinário:

 # SÚMULA Nº 279: Para simples reexame de prova não cabe recurso extraordinário.

 # SÚMULA Nº 281: É inadmissível o recurso extraordinário, quando couber, na justiça de origem, recurso ordinário da decisão impugnada.

 # SÚMULA Nº 283: É inadmissível o recurso extraordinário, quando a decisão recorrida assenta em mais de um fundamento suficiente e o recurso não abrange todos eles.

 # SÚMULA Nº 284: É inadmissível o recurso extraordinário, quando a deficiência na sua fundamentação não permitir a exata compreensão da controvérsia.

 # SÚMULA Nº 285: Não sendo razoável a arguição de inconstitucionalidade, não se conhece do recurso extraordinário fundado na letra "c" do artigo 101, III, da Constituição.

 # SÚMULA Nº 289: O provimento do agravo, por uma das turmas do Supremo Tribunal Federal, ainda que sem ressalva, não prejudica a questão do cabimento do recurso extraordinário.

 # SÚMULA Nº 292: Interposto o recurso extraordinário por mais de um dos fundamentos indicados no artigo 101, III, da Constituição, a admissão apenas por um deles não prejudica o seu conhecimento por qualquer dos outros.

 # SÚMULA Nº 456: O Supremo Tribunal Federal, conhecendo do recurso extraordinário, julgará a causa, aplicando o direito à espécie.

 # SÚMULA Nº 513: A decisão que enseja a interposição de recurso ordinário ou extraordinário não é a do plenário, que resolve o incidente de inconstitucionalidade, mas a do órgão (câmaras, grupos ou turmas) que completa o julgamento do feito.

 # SÚMULA Nº 528: Se a decisão contiver partes autônomas, a admissão parcial, pelo presidente do tribunal "a quo", de recurso extraordinário que, sobre qualquer delas se manifestar, não limitará a apreciação de todas pelo Supremo Tribunal Federal, independentemente de interposição de agravo de instrumento.

1.6.7.1. Modelo de recurso extraordinário

MODELO DE RECURSO EXTRAORDINÁRIO

A elaboração da peça compreende os seguintes passos:

1ª passo: Endereçamento na folha de interposição;

A competência é originária do STF, devendo ser interposto perante o Presidente ou Vice-Presidente do Tribunal recorrido.

> Excelentíssimo Senhor Doutor Desembargador Presidente do Egrégio Tribunal de Justiça do estado...

2ª passo: qualificação das partes

Tratamento: recorrente e recorrido.

Desnecessário qualificar as partes, por completo, salvo alteração indicada pelo próprio enunciado.

> RECORRENTE, já devidamente qualificado no processo nº..., vem, por intermédio de seu advogado devidamente constituído pelo instrumento procuratório anexo, interpor RECURSO EXTRAORDINÁRIO com base no art. 102, III, a, da CF/88, em desfavor do RECORRIDO, também já devidamente qualificado, pelos fatos e fundamentos a seguir delineados.

3ª passo: demais itens da folha de apresentação

Aqui, será indispensável demonstrar o cabimento do recurso, consoante dispõe o art. 1029, II, do CPC.

Requerer a intimação da parte contrária para apresentar contrarrazões, bem como mencionar a juntada das guias de custas de preparo, porte de remessa e retorno de autos. Quanto à comprovação do referido porte, lembre-se da sua dispensa na hipótese de processo judicial eletrônico.

4º passo: Encerramento da folha de apresentação

> Nestes termos,
>
> Pede deferimento.

PARTE ESPECIAL

Local, dia, mês e ano.

Advogado

OAB

5º passo: Endereçamento da folha das razões

Será feito para o próprio STF.

Colenda Câmara

Ínclitos julgadores,

6ª passo: cabeçalho

Recorrente:

Recorrido:

Processo originário:

7ª passo: Resumo da decisão

Trata-se...

O Venerando Acórdão de fls. estabeleceu que...

8º passo: Do preenchimento dos requisitos de admissibilidade

Demonstrar, em preliminar, a existência da repercussão geral, nos termos do § 3º do art. 102, CF/88, bem como do art. 1035, CPC.

Ex:

I – DA REPERCUSSÃO GERAL

A questão constitucional ora discutida reveste-se de repercussão geral na medida em que possui interesse (jurídico/ econômico/ social/ político).

Isso porque a questão sobre.... tem potencialidade de atingir uma grande coletividade de pessoas na medida em que...

Portanto, tendo em vista o preenchimento desse requisito constitucional, requer seja admitido o recurso extraordinário conforme artigo 1035 do CPC.

II – DO PREQUESTIONAMENTO

A matéria, objeto do presente recurso foi devidamente ventilada no acórdão recorrido.

Isso porque a questão sobre... está nas fls.. e a questão sobre... nas fls...

Portanto, preenchido, igualmente, esse requisito constitucional nos termos da súmula 282, STF.

III – DA TEMPESTIVIDADE E DO CABIMENTO

Por se tratar de acórdão que violou a Constituição Federal e, sendo decisão de última instância, é cabível, nos casos em tela, recurso extraordinário.

9º passo: Dos fundamentos do recurso

Descrever as razões pelas quais deverá ser reformada a decisão, indicando qual artigo da Constituição Federal foi contrariado.

10º passo: Pedidos do RE

Pleitear o conhecimento e provimento do recurso, para anular ou reformar o acórdão recorrido.

Isso posto requer:

a) seja admitido o recurso tendo em vista o preenchimento de todos os requisitos de admissibilidade recursais;

b) seja recebido o recurso extraordinário no seu regular efeito devolutivo;

c) seja dado provimento ao recurso para o fim de...

d) a intimação do recorrido para, em querendo, apresentar contrarrazões, no prazo de 15 dias;

e) a inversão dos ônus de sucumbência que ficarão ao encargo do recorrido.

11º passo: Encerramento

Nestes termos,

Pede deferimento.

Local, dia, mês e ano.

Advogado...

OAB...

1.6.8. Agravo em recurso especial e em recurso extraordinário

Cabe agravo contra decisão do presidente ou do vice-presidente do tribunal recorrido que inadmitir recurso extraordinário ou recurso especial, salvo quando fundada na aplicação de entendimento firmado em regime de repercussão geral ou em julgamento de recursos repetitivos.

A petição de agravo será dirigida ao presidente ou ao vice-presidente do tribunal de origem e independe do pagamento de custas e despesas postais, aplicando-se a ela o regime de repercussão geral e de recursos repetitivos, inclusive quanto à possibilidade de sobrestamento e do juízo de retratação.

O agravado será intimado, de imediato, para oferecer resposta no prazo de 15 (quinze) dias.

Após o prazo de resposta, não havendo retratação, o agravo será remetido ao tribunal superior competente.

O agravo poderá ser julgado, conforme o caso, conjuntamente com o recurso especial ou extraordinário, assegurada, neste caso, sustentação oral, observando-se, ainda, o disposto no regimento interno do tribunal respectivo.

Na hipótese de interposição conjunta de recursos extraordinário e especial, o agravante deverá interpor um agravo para cada recurso não admitido.

Havendo apenas um agravo, o recurso será remetido ao tribunal competente, e, havendo interposição conjunta, os autos serão remetidos ao Superior Tribunal de Justiça.

Concluído o julgamento do agravo pelo Superior Tribunal de Justiça e, se for o caso, do recurso especial, independentemente de pedido, os autos serão remetidos ao Supremo Tribunal Federal para apreciação do agravo a ele dirigido, salvo se estiver prejudicado.

1.6.8.1. Modelo de agravo em recurso especial ou extraordinário

MODELO DO AGRAVO

A elaboração da peça compreende os seguintes passos:

1º passo: endereçamento

Endereçamento ao juízo competente.

> Excelentíssimo Senhor Doutor Desembargador Presidente do Egrégio Tribunal de Justiça do Estado de... (especificar com base nos dados do enunciado).

2º passo: qualificação das partes

O agravante e agravado precisam ser identificados.

Agravante, já qualificado nos autos do Recurso Especial nº, por seu advogado que esta subscreve, inconformado com a decisão, a qual inadmitiu o referido Recuso Especial, vem perante Vossa Excelência, tempestivamente, interpor **AGRAVO para o Superior Tribunal de Justiça**, com fundamento 1.042 do CPC, em face do agravado, também já devidamente qualificado.

3º passo: demais itens da folha de interposição

Requer seja recebido e acolhido o presente recurso e encaminhado, com suas inclusas razões, ao Colendo Superior Tribunal de Justiça.

4º passo: encerramento

Aqui, finalize a sua peça de interposição.

Nesses Termos,

Pede Deferimento.

Local, dia de mês de ano.

Advogado

OAB...

5º passo: qualificação das razões do recurso

Razões de Agravo

Agravante: Nome completo do Agravante

Agravado: Nome completo do Agravado

Recurso Especial nº...

6º passo: endereçamento das razões recursais

Superior Tribunal de Justiça,

Colenda Câmara,

7º passo: preenchimento dos requisitos de admissibilidade

Em que pese o indiscutível saber jurídico da Colenda Presidência do Egrégio Tribunal de Justiça, impõe-se a reforma da respeitável decisão que inadmitiu o Recurso Especial, pelas razões de fato e direito a seguir expostas.

8º passo: síntese da demanda

O Agravante, inconformado com a sentença proferida em primeira instância, interpôs recurso de apelação, o qual não fora provido, de forma desarrazoada. De tal decisão, foram opostos embargos aclaratórios, sem êxito.

Irresignado interpôs recurso especial requerendo o recebimento dos referidos embargos, contudo, teve negado seu seguimento sob o a fundamentação de sua intempestividade.

9º passo: fundamentos do recurso

Não há razão que permita a mantença da respeitável decisão denegatória, por ter sido proferida sem proteção legal.

Observe-se que... (aqui, você desenvolverá melhor o tópico, tendo por base os dados apontados no enunciado).

Assim, indevida e arbitrária a denegação do recurso especial, devendo ser ele conhecido.

10º passo: pedidos

Diante do exposto, requer seja conhecido e provido o presente recurso, com a admissão e julgamento do Recurso Especial, determinando-se a reforma da decisão, concedendo-se a pretendida tutela jurisdicional em favor do agravante.

Requer a intimação do agravado para, querendo oferecer contrarrazões no prazo legal.

Roga, por fim, a condenação do agravado no pagamento de custas e honorários advocatícios.

11º passo: encerramento

Nesses Termos,

Pede Deferimento.

Local, dia de mês de ano.

Advogado...

OAB...

1.6.9. Embargos de divergência

Eles serão utilizados, de forma excepcional, no STJ e no STF. Ele está previsto nos artigos 1043 e 1044 do CPC.

Serve para resolver conflitos existentes nos tribunais acima, senão vejamos:

É embargável o acórdão de órgão fracionário que:

- **em recurso extraordinário ou em recurso especial**, divergir do julgamento de qualquer outro órgão do mesmo tribunal, sendo os acórdãos, embargado e paradigma, de mérito;

- **em recurso extraordinário ou em recurso especial**, divergir do julgamento de qualquer outro órgão do mesmo tribunal, sendo um acórdão de mérito e outro que não tenha conhecido do recurso, embora tenha apreciado a controvérsia;

Poderão ser confrontadas teses jurídicas contidas em julgamentos de recursos e de ações de competência originária.

A divergência que autoriza a interposição de embargos de divergência pode verificar-se na aplicação do direito material ou do direito processual.

Cabem embargos de divergência quando o acórdão paradigma for da mesma turma que proferiu a decisão embargada, desde que sua composição tenha sofrido alteração em mais da metade de seus membros.

O recorrente provará a divergência com certidão, cópia ou citação de repositório oficial ou credenciado de jurisprudência, inclusive em mídia eletrônica, onde foi publicado o acórdão divergente, ou com a reprodução de julgado disponível na rede mundial de computadores, indicando a respectiva fonte, e mencionará as circunstâncias que identificam ou assemelham os casos confrontados.

No recurso de embargos de divergência, será observado o procedimento estabelecido no regimento interno do respectivo tribunal superior.

A interposição de embargos de divergência no Superior Tribunal de Justiça interrompe o prazo para interposição de recurso extraordinário por qualquer das partes.

Se os embargos de divergência forem desprovidos ou não alterarem a conclusão do julgamento anterior, o recurso extraordinário interposto pela outra parte antes da publicação do julgamento dos embargos de divergência será processado e julgado independentemente de ratificação.

1.6.9.1. Modelo de embargos de divergência

MODELO DE EMBARGOS DE DIVERGÊNCIA

A elaboração da peça compreende os seguintes passos:

PARTE ESPECIAL

1º passo: endereçamento

Eles serão endereçados ao relator do recurso.

> Excelentíssimo Sr. Dr. Ministro do Egrégio.... (especificar o tribunal superior)

2º passo: qualificação das partes

> FULANO, já devidamente qualificado nos autos de nº..., por seu advogado, legalmente constituído, no Recurso Especial (ou Extraordinário) extraído na demanda, a qual é movida em face de CICLANO, vem, respeitosamente, apresentar
>
> EMBARGOS DE DIVERGÊNCIA, tempestivamente, com espeque no art. 1043 do CPC e nos artigos 266 e 267 do Regimento interno do STJ, pelas razões a seguir delineadas:

3º passo: preenchimento dos requisitos de admissibilidade

> O recurso, em tela, é tempestivo e preenche todos os requisitos legais. A parte é legitima e interessada na...
>
> Ademais, é flagrante a divergência, a qual se consubstancia em...

4º passo: resumo da decisão

Aqui, destaque os principais pontos do enunciado a prova.

> O embargante interpôs recurso... , tendo em vista acordão exarado no Tribunal de Justiça do Estado..., cuja decisão...
>
> Como se não bastasse, o recurso se pautou na violação dos arts... não tendo sido provido, ao seguinte fundamento...

5º passo: fundamentos do presente recurso

Aqui, mencione a divergência e fundamente sua tese nos artigos de regência, bem como em possíveis súmulas aplicáveis ao caso concreto.

> Saliente-se que a divergência que enseja a admissibilidade dos embargos se perfaz com...
>
> O acordão paradigma está assim ementado, com a referência do repositório oficial de jurisprudência...
>
> O Acordão embargado merece ser revisto, uma vez que...

6º passo: pedidos

Diante do exposto, requer seja conhecido e provido o presente recurso, a fim de que..

Requer a intimação do agravado para, querendo oferecer contrarrazões no prazo legal.

Roga, por fim, a condenação do agravado no pagamento de custas e honorários advocatícios.

7º passo: encerramento

Nestes termos,

Pede deferimento.

Local, data e ano.

Advogado...

OAB...

1.6.10. Recurso adesivo

Existem provimentos judiciais que, uma vez emitidos, acabam por provocar prejuízos a ambas às partes figurantes no processo. São situações em que o órgão julgador profere decisão de procedência parcial da demanda, condenando o réu em parte dos pedidos e, noutros, declarando não ser legítima a pretensão do autor.

Perceba que, em tais casos, ocorreu o fenômeno denominado de "sucumbência recíproca", de modo que ambas as partes terão interesse em manejar o correspondente instrumento recursal.

Ocorre, entretanto, que, recorrendo apenas uma delas, a lei abriu a possibilidade da parte que não aviou o recurso originário no prazo legal venha aderir ao recurso principal no prazo das contrarrazões: é o que a doutrina denomina de recurso adesivo. O objetivo é evitar que uma delas, conformada com a decisão originária, seja surpreendida com a interposição do recurso da parte contrária no último dia do prazo. É como se fosse uma "segunda chance" outorgada à parte.

Perceba que, em verdade, o recurso em estudo não consiste em instrumento autônomo, diferentes daqueles já previstos em lei, porém em uma forma diversa de interposição daqueles já previstos.

A) Definição

Consiste em modalidade póstuma de interposição de recurso de apelação, recurso especial ou extraordinário.

O recurso em exame está previsto no artigo 997 do CPC.

B) Prazo

Será no prazo das contrarrazões ao recurso principal, ou seja, 15 (quinze) dias.

C) Regime jurídico

O Regime será subordinado ao do recurso principal, de modo que, não sendo ele conhecido, ou tendo a parte desistido do recurso principal, o recurso adesivo seguirá a mesma sorte (lembre-se: "o acessório segue o principal").

2. AÇÃO RESCISÓRIA

Com o objetivo de conferir segurança às relações jurídicas, consiste em regra do sistema jurídico nacional a indiscutibilidade das decisões que se revestiram do manto da coisa julgada.

Entretanto, não obstante tenha o decisório se revestido de tal caráter, fato é que existem situações em que o legislador acabou por relativizar a autoridade da sua permanência perante o mundo jurídico, justamente por apresentar vício insuportável ou situação autorizadora, exaustivamente listados no artigo 966 do CPC.

A) Definição

É o instrumento jurídico-processual que visa desconstituir decisório *de mérito* transitado em julgado, quando presentes vícios autorizadores.

B) Natureza jurídica

Como o próprio nome sugere, o instrumento em questão tem natureza jurídica de ação desconstitutiva (ou constitutivo-negativa). Pode ser visualizada como espécie de sucedâneo recursal, ou seja, meio de impugnação de decisão judicial que se desenvolve em processo distinto daquele ao qual a decisão fora emitida.

C) Objeto da rescisão

Será a sentença de **mérito**, seja ela nula ou meramente rescindível. Neste último caso se incluem aquelas que, não obstante sejam despidas de vício, possam ser rescindidas, haja vista expressa previsão legal, tal como ocorre com a prevista no artigo 966, VII do NCPC (*obtiver o autor, posteriormente ao trânsito em julgado, prova nova cuja existência ignorava ou de que não pôde fazer uso, capaz, por si só, de lhe assegurar pronunciamento favorável*).

Excepcionalmente, a decisão **terminativa** será objeto de rescisão quando consistir naquela que acolheu a existência dos pressupostos processuais impeditivos

(*Perempção, litispendência ou coisa julgada*), tendo em vista que, nos casos mencionados, a lei proíbe a propositura de nova demanda (art. 966, § 2º, NCPC).

Vale ressaltar que existem decisões de mérito que são, mediante expressa proibição legal, insuscetíveis de combate mediante o instrumento em questão. São eles: Acórdão proferido em Adin ou Adecon (artigo 26 da Lei nº 9.868/99), em ADPF (artigo 12 da Lei nº 9.882/99) e em Decisões proferidas em sede de Juizado especial cível (artigo 59 da Lei nº 9.099/95).

O legislador também proibiu o manejo do instrumento em questão quando a sentença for meramente homologatória de acordo (art. 966, § 4º NCPC). É que, neste caso a sentença não apreciou o mérito da demanda, limitando-se, tão somente, a homologar acordo celebrado entre as partes. Assim, existindo qualquer vício de vontade (erro, dolo, coação), deverá o mesmo ser desconstituído mediante ação anulatória.

D) Hipóteses de cabimento

A sentença de mérito poderá ser rescindida nas seguintes hipóteses:

→ **se verificar que foi dada por prevaricação, concussão ou corrupção do juiz:** as hipóteses em questão representam figuras típicas, de caráter penal. A primeira consistente no *"retardo ou omissão do dever de ofício, ou na prática em desconformidade com a lei, tudo com vistas a satisfazer interesse ou sentimento pessoal"*. A segunda na *"exigência, para si ou para outrem, ainda que fora da função ou antes dela, vantagem indevida"*. A corrupção, por sua vez, ocorre quando *"se pede ou recebe, em virtude da função, vantagem indevida"* (artigos 319, 316 e 317, do CP, respectivamente).

A possibilidade de rescisão se dá em virtude do decisório não ter se apoiado nos elementos constantes dos autos, mas, apenas, nos interesses pessoais do magistrado.

Não obstante exista a regra máxima da proibição de interpretação extensiva ou análoga das regras penais, o dispositivo em questão deve ser interpretado de forma extensiva, de modo a abarcar todos os tipos de irregularidades do magistrado no exercício da função, preservando o princípio do amplo acesso à justiça (= ordem jurídica justa).

→ **proferida por juiz impedido ou absolutamente incompetente:** são pressupostos processuais de validade. No primeiro caso, o vício acaba por macular o requisito de parcialidade do órgão julgador, ao passo que o segundo requisito atinge o pressuposto da competência.

Vale ressaltar que, em se tratando de suspeição e incompetência relativa, o motivo não é ensejador do remédio em estudo, haja vista que, *in casu*, as irregularidades acabam por convalescer (lembre-se: o juiz não pode decretar, de ofício, a incompetência relativa- Súmula 33, STJ).

→ **resultar de dolo ou coação da parte vencedora em detrimento da parte vencida, ou de colusão entre as partes, a fim de fraudar a lei:** o *dolo* se caracterizará quando a parte ludibriar o magistrado ou a parte adversa, sendo que este engano seja decisivo no resultado do julgamento (veja-se que o legislador se utiliza da expressão *"quando a sentença resultar..."*). É o que ocorre quando a parte extrai documento importante, o qual estava contido nos autos; ou quando subornou perito para alterar no resultado de perícia decisiva da lide; ou, ainda, quando criou óbice ao conhecimento, pelo réu, da propositura da ação, levando-o ao estado de revel.

A *coação* caracteriza-se como a "pressão psicológica" que causa temor, a ponto de influenciar, decisivamente, no comportamento do coagido.

Haverá, outrossim, *colusão* quando as partes se unirem para simular demanda que trará prejuízos a terceiros. É o caso de marido e mulher que simulam separação judicial e partilha patrimonial que fraudará credores. Se o magistrado perceber tal fato, no transcorrer da demanda, emitirá sentença que obste o intento das partes. No entanto, não percebendo, e consumando-se a coisa julgada, outra alternativa não restará senão o manejo da rescisória.

→ **ofender a coisa julgada:** a coisa julgada constitui-se em fato extrínseco que impede o ajuizamento de nova demanda (ora, se a nova lei não poderá prejudicar a coisa julgada, o que dizer de uma decisão posterior que ofendeu coisa julgada anterior?). Assim, havendo uma segunda coisa julgada, esta será rescindida para dar lugar a primeira.

→ **violar manifestamente norma jurídica:** aqui o entendimento é no sentido de que o ajuizamento da rescisória independe da natureza da norma tida como violada: se *constitucional ou infraconstitucional* e, neste último caso, se de natureza material (*error in judicando.* ex: violação ao artigo 71 da Lei nº 8.666/93) ou processual (*error in procedendo.* Ex: violação ao artigo 239, NCPC).

A jurisprudência cristalizada no âmbito do STF, por intermédio da Súmula 343, é no sentido de que não cabe o ajuizamento do instrumento em questão quando a decisão rescindenda se tiver baseado em texto legal de interpretação controvertida nos tribunais. Ressalte-se, ainda, que, em se tratando de norma constitucional, o verbete em questão não pode ser aplicado, tendo em vista que se deve preservar sua aplicação uniforme, em qualquer situação perante todos os destinatários, além do que, o STF deve preservar o seu papel de guardião da Constituição Federal.

→ **se fundar em prova, cuja falsidade tenha sido apurada em processo criminal ou seja provada na própria ação rescisória**

→ **depois da sentença, o autor obtiver documento novo, cuja existência ignorava, ou de que não pôde fazer uso, capaz, por si só, de lhe assegurar pronunciamento favorável**

→ **fundada em erro de fato, resultante de atos ou de documentos da causa:** há erro, quando a sentença admitir um fato inexistente, ou quando considerar inexistente um fato efetivamente ocorrido. É indispensável, em ambos os casos, que não tenha havido controvérsia, nem pronunciamento judicial sobre o fato.

E) Legitimidade

Poderão manejar o instrumento jurídico em questão os que foram **parte** na demanda rescindenda (incluídos os terceiros intervenientes que, ao ingressarem na demanda, assentaram-se na condição de parte) ou seus sucessores; os **terceiros** juridicamente interessados (não intervieram no processo, embora acabaram por sofrer os efeitos do decisório); o **Ministério Público**, nos processos em que, embora não tenha participado, sua intervenção era obrigatória ou naqueles em que a sentença foi resultado de colusão entre as partes; e **aquele que não participou do processo** em que era obrigatória a sua intervenção.

F) Prazo

Será de 02 (dois) anos, contados a partir do trânsito em julgado da última decisão proferida nos autos (art. 975, CPC).

Prorroga-se até o primeiro dia útil imediatamente subsequente o prazo, quando o mesmo se expirar durante férias forenses, recesso, feriados ou em dia em que não houver expediente forense.

ATENÇÃO! Se fundada a ação na **descoberta de prova da qual o autor ignorava**, o termo inicial do prazo será a data de descoberta da prova nova, observado o prazo máximo de 5 (cinco) anos, contado do trânsito em julgado da última decisão proferida no processo.

Nas hipóteses de simulação ou de colusão das partes, o prazo começa a contar, para o terceiro prejudicado e para o Ministério Público, que não interveio no processo, a partir do momento em que têm ciência da simulação ou da colusão.

É mister salientar, ainda que não constitui condicionante imperiosa o prévio exaurimento dos recursos nas instâncias ordinárias, haja vista que o artigo 975, CPC, se refere apenas ao "trânsito em julgado da decisão", o que se dá pelo exaurimento dos meios recursais ou, simplesmente, pela não - interposição no prazo legal.

G) Procedimento

O procedimento seguirá os seguintes passos:

→ **Petição inicial:** além dos requisitos gerais dos artigos 319 e 320, CPC, deverá a mesma conter a particularidade do **depósito** de *caução prévia de 5%* sobre o valor da causa, que se converterá em multa, no caso da rescisória ser julgada, por unanimidade, inadmissível ou improcedente. Eximem-se de tal exigência as *pessoas jurídicas de direito público, o Ministério Público, defensoria pública e os que gozam de isenção legal.*

Ressalte-se que o depósito prévio não será superior a 1.000 (mil) salários-mínimos.

A petição apresentará o **pedido de desconstituição** da decisão proferida *(iudicium rescindens)* e, se positivo, o *de* **novo julgamento** da causa *(iudicium rescissorium)*, salvo, neste último caso, quando o novo julgamento houver de ser novamente realizado pelo juízo de primeiro grau (a exemplo da *corrupção, prevaricação ou concussão do juiz, impedimento, etc.*). O **valor da causa** corresponderá ao benefício econômico pretendido pelo autor, o qual poderá coincidir ou não com o valor dado à ação originária. É que, não obstante tenha sido atribuído um dado valor à causa originária, fato é que o valor da condenação (ou execução) seja distinto, motivo pelo qual o resultado da rescisória importaria em consequências financeiras naquele montante.

→ **Juízo de admissibilidade:** verificada a obediência aos requisitos legais, o relator determinará a citação do réu, a fim de responder aos termos da ação proposta.

→ **Resposta do réu:** deverá ser apresentada no prazo fixado pelo relator, variável entre *15 (quinze) e 30 (trinta) dias.* O prazo em questão será quadruplicado, em se tratando de *fazenda pública* (embora haja posicionamento contrário, haja vista que o relator, ao fixá-lo, já poderia levar em consideração a situação específica; no caso dos *litisconsortes com diferentes procuradores* não há dúvidas quanto à incidência do prazo dobrado (artigo 191, CPC), tendo em vista que, *in casu*, seria impossível antever a presença de diferentes procuradores; quanto à revelia, não há a incidência do seu efeito material (presunção de veracidade) haja vista que a coisa julgada é matéria de típica ordem pública.

→ **instrução:** Se os fatos alegados pelas partes dependerem de prova, o relator poderá delegar a competência ao órgão que proferiu a decisão rescindenda, fixando prazo de 1 (um) a 3 (três) meses para a devolução dos autos.

O instrumento jurídico utilizado para efetuar a solicitação em questão será a *carta de ordem.*

Concluída a instrução, será aberta vista ao autor e ao réu para razões finais, sucessivamente, pelo prazo de 10 (dez) dias.

→ **julgamento:** sendo acolhida a pretensão do autor, o órgão julgador rescindirá o julgado combatido, proferindo decisão de *natureza constitutivo- negativa* (ou desconstitutiva, como queira) e, se for o caso, proferirá novo decisório, o qual substituirá o anterior. No caso do *julgamento unânime de improcedência*, o depósito será revertido a favor do réu.

2.1. Modelo de ação rescisória contra sentença de mérito que viola manifestamente norma jurídica

MODELO DE AÇÃO RESCISÓRIA CONTRA SENTENÇA DE MÉRITO QUE VIOLA MANIFESTAMENTE NORMA JURÍDICA

A elaboração da peça obedecerá aos seguintes passos:

1º Passo: Endereçamento

A rescisória é ação de competência originária de tribunal. Vejamos:

> **EXCELENTÍSSIMO SENHOR DESEMBARGADOR PRESIDENTE DO EGRÉGIO TRIBUNAL DE JUSTIÇA DO ESTADO DE....... (ou TRIBUNAL REGIONAL FEDERAL DA ... REGIÃO, a depender de tratar-se de justiça federal)**

2º Passo: Qualificação das partes

Aqui, como em toda petição inicial, as partes necessitam ser qualificadas (nome, estado civil, profissão, CPF ou CNPJ, endereço eletrônico e endereço) nos termos do artigo 319 do CPC. Ademais, a parte deverá indicar que a rescisória pretende desconstituir decisão transitada em julgado (sentença ou acórdão). Vejamos:

> FULANO DE TAL, (estado civil), (profissão), CPF/CNPJ inscrito sob o Nº...., (endereço eletrônico), residente e domiciliado na ......, através do advogado que a esta subscreve, com escritório profissional situado na ...., local onde receberá intimações, vem a presença de vossa excelência, com fundamento nos artigos 966 e seguintes do CPC, propor
>
> AÇÃO RESCISÓRIA
>
> contra r. sentença de mérito proferida pelo juízo da ... vara cível, nos autos da ação de cobrança de Nº....., movida por BELTRANO, (estado civil), (profissão), CPF inscrito sob o Nº...., (endereço eletrônico), residente e domiciliado na ......, em face do ora requerente, pelos fundamentos a seguir expostos:

3º Passo: Fundamentação

Na exposição dos **fatos**, é necessário que autor narre a existência de uma das hipóteses de cabimento da ação rescisória. Por exemplo:

> 1. FATOS
>
> 1. O requerido moveu ação de cobrança em face do requerente, postulando a quantia de R$....;

2. Não tendo sido apresentada a contestação, o MM. Juízo da ... vara cível decretou a revelia, com a consequente presunção de veracidade dos fatos narrados na inicial e procedência do pedido autoral. O feito transitou em julgado em....;

3. Ocorre que o requerente não havia sido citado na referida demanda, uma vez que o endereço fornecido estava incorreto e o recebimento da carta citatória não se deu em sua pessoa;

4. Assim, não restou oura alternativa ao requerente senão vir a este MM. juízo postular a rescisão da sentença de mérito.

Outrossim, na exposição do **direito,** a peça trará um parágrafo para tratar da fundamentação jurídica, relativamente ao cabimento da demanda. Trará, também a fundamentação necessária para demonstrar a legitimidade da parte autora, bem como o a existência do depósito prévio de 5 % (cinco por cento). Vejamos:

2. DO DIREITO

5. A situação narrada envolve típico manejo de ação rescisória, haja vista tratar-se de sentença de mérito, transitada em julgado, que viola literal disposição de norma jurídica, senão vejamos:

"Art. 239. Para a validade do processo é indispensável a citação do réu ou do executado, ressalvadas as hipóteses de indeferimento da petição inicial ou de improcedência liminar do pedido."

"Art. 242. A citação será pessoal, podendo, no entanto, ser feita na pessoa do representante legal ou do procurador do réu, do executado ou do interessado."

"Art. 243. A citação poderá ser feita em qualquer lugar em que se encontre o réu, o executado ou o interessado."

6. Destarte, a ausência de citação importa na violação literal dos aludidos dispositivos, de forma a comprometer a regular validade da relação processual.

7. Por outro lado, a demanda é proposta no prazo de dois anos, previsto no artigo 975, CPC, haja vista que o trânsito em julgado ocorreu no dia...., conforme atesta certidão em anexo (doc...). A legitimidade da parte requerente é constatada na medida em que a mesma é ré na demanda da qual se originou a r. sentença rescindenda.

8. Finalmente, fora devidamente efetuado o depósito prévio R$..... (doc. em anexo), equivalente a 5% do valor da causa, para o caso da presente demanda ser julgada, por unanimidade de votos, inadmissível ou improcedente.

4º Passo: Pedidos

Nos pedidos, é mister requerer: a) a distribuição do feito ao órgão competente; b) citação do requerido para a apresentação da contestação; c) procedência do pedido, com a rescisão do julgado; d) a devolução, ao final, do depósito prévio; e) condenação nos ônus da sucumbência.

> **3. DOS PEDIDOS**
>
> Diante do exposto, requer:
>
> a) Seja determinada a distribuição do feito ao órgão competente, na forma do regimento interno;
>
> b) A citação do requerido para, querendo, apresentar resposta aos termos da presente demanda;
>
> c) A procedência do pedido contido na presente ação, de modo que seja rescindida a sentença de mérito proferida nos autos do processo Nº..., com a declaração de nulidade de todos os atos realizados e retorno da lide à fase inicial.
>
> d) Seja, ao final, determinada a devolução do depósito prévio efetuado pelo requerente;
>
> e) Condenação do requerido nas custas processuais e honorários advocatícios.

5º Passo: Valor da causa

A toda causa deve ser atribuído um valor, o qual corresponderá ao benefício econômico pretendido pela parte. Por exemplo:

> Dá-se à causa o valor de R$ 50.000,00 (cinquenta mil reais).

6º Passo: Protesto pelas provas

Como a rescisória tem natureza jurídica de ação, é mister que a parte autora prove o alegado, para que os pedidos formulados na demanda sejam acolhidos. Por exemplo:

> Protesta provar o alegado por todos os meios de provas em direito admitidos, seja pelo depoimento pessoal, documentos, testemunhas, perícias e tudo quanto se fizer necessário para a efetivação da justiça!

7º Passo: Encerramento

Pede-se o deferimento daquilo que fora postulado, seguindo-se do local, data e advogado. Por exemplo:

Termos em que pede deferimento.

Local, data,

Advogado...

OAB...

CAPÍTULO VI

Parecer Jurídico

1. BREVE NOTA INTRODUTÓRIA

Na prática cível o advogado realiza, basicamente, dois tipos de atividades: a judicial (contenciosa ou voluntária) e a extrajudicial (consultiva ou de assessoramento). Para melhor compreender o conceito e a finalidade de um parecer jurídico, objeto do nosso estudo, será importante distinguir cada uma destas tarefas executadas pelo advogado.

Na área judicial (contenciosa ou voluntária) o advogado atua elaborando peças processuais. Apresenta postulações como autor, réu ou terceiro interessado, por exemplo. Esta atividade pressupõe o ambiente de um processo judicial no qual o causídico elaborará petições iniciais, contestações, réplicas, recursos, manifestações, entre outras peças.

Na área extrajudicial (não há processo em curso) é possível que o profissional do direito atue na consultoria, situação em que o advogado realiza o seu trabalho através da elaboração de pareceres, cuja função é orientar juridicamente alguém sobre decisões ou comportamentos a serem adotados. Imagine, por exemplo, que um gestor de determinada empresa deseje demitir por justa causa um empregado portador de estabilidade decorrente de acidente de trabalho e, portanto, por não ser profissional do direito, tenha dúvida sobre esta possibilidade. Este gestor submeterá ao seu advogado uma consulta. Portanto, a área consultiva costuma se caracterizar por uma atuação extrajudicial do advogado.

O assessoramento jurídico, por sua vez, se caracteriza por uma atuação do advogado em reuniões, assembleias, entrevistas, sem necessariamente ter este profissional elaborado parecer. Um ilustrativo exemplo seria a solicitação da presença de um advogado em uma assembleia de condomínio, ou reunião de negócios. A atuação profissional também ostenta característica extrajudicial.

São estas as nobres atividades que o advogado realiza, em apertada síntese. O parecer jurídico deve ser compreendido neste contexto.

Mas aqui cabe um rápido parêntese. É bem verdade que a apresentação de pareceres costuma acontecer na área da consultoria. Apesar disto, como se verá adiante, o parecer também pode ser apresentado na seara contenciosa. Não é prática comum na advocacia, em termos estatísticos, mas acontece. Veja o exemplo da juntada em um processo judicial de um parecer assinado por um advogado de notório saber jurídico e conduta ilibada para, com isto, tentar influenciar tecnicamente a decisão judicial através do opinativo deste profissional.

Registre-se também que a elaboração de pareceres não é tarefa realizada com exclusividade por advogados. No campo jurídico é muito comum que o Ministério Público atue emitindo pareceres, como fiscal da ordem jurídica, por exemplo. Nos tribunais se costuma verificar a remessa dos autos de recursos ao Ministério Público para que este se manifeste antes das decisões judiciais. Também se constata em 1º grau de jurisdição a remessa de autos ao Ministério Público para emissão de parecer em casos envolvendo incapazes, como processos de guarda, tutela e curatela.

Apresentadas estas breves notas introdutórias é chegada a hora de se conceituar o parecer jurídico, apresentando sua estrutura e finalidade.

2. CONCEITO, ESTRUTURA E FINALIDADE DO PARECER JURÍDICO.

Parecer é um opinativo técnico apresentado por advogado, ou membro do Ministério Público, em processo judicial, administrativo, ou ainda de forma extrajudicial, por imposição de lei, ou por solicitação de alguém, por meio do qual seu emissor apresenta uma opinião jurídica sobre determinada questão que lhe é submetida.

O parecer deve ser estruturado em três importantes partes: a) o relatório, b) a fundamentação jurídica e c) a conclusão.

O relatório é a parte inicial do parecer na qual o seu elaborador irá resumir os fatos que lhes foram apresentados, contextualizando os acontecimentos e as questões jurídicas postas e que - a partir disto - justificam a emissão do opinativo.

A fundamentação é o núcleo duro e técnico do parecer. É o miolo. Constituirá a parte intermediária do instrumento e se caracterizará pelo o confronto dos fatos relatados com as normas e o sistema jurídico, abordando cada um dos problemas suscitados e construindo o substrato técnico para solucionar as questões postas. A fundamentação viabilizará a resposta que o parecerista emitirá ao final, em sua conclusão.

A conclusão é a parte final do parecer na qual as perguntas serão objetivamente respondidas de modo direto, claro e objetivo.

A finalidade do parecer, como já se pode verificar a partir de agora, é responder questões jurídicas apresentadas, esclarecendo dúvidas, apontando soluções, ressaltando o que pode e o que não pode ser feito.

O parecer em linha de regra pressupõe a presença de no mínimo duas pessoas:

a) o consulente, que é o autor da consulta, do pedido, aquele que solicita o parecer. O cliente, por exemplo.

b) O parecerista, que é o autor do parecer, aquele a quem a solicitação é dirigida. O emissor do opinativo. O advogado, por exemplo.

3. A EMENTA.

Apesar de não se tratar de elemento obrigatório, muitos pareceres são compostos por uma ementa, que costuma se encontrar acima do relatório e com recuo para a direita destacadas, portanto, do texto corrido.

A ementa em um parecer tem a finalidade de resumir o conteúdo do documento, trazendo consigo uma síntese daquilo que foi dito no relatório, na fundamentação e na conclusão, de modo a facilitar a compreensão rápida da resposta ao caso apresentado. A ementa do parecer é muito semelhante às ementas em acórdãos e demais decisões de Tribunais.

4. CASO PRÁTICO. CONSTRUÇÃO DO PARECER.

É chegada a hora de se aplicar os breves elementos teóricos acima estudados e construir um parecer. Apresentaremos um caso contemplando alguns elementos fictícios com a finalidade exclusivamente acadêmica de auxiliar o leitor a redigir um parecer:

> *"Roberto Figueiredo e Luciano Figueiredo, maiores e capazes, são irmãos muito próximos. Por se encontrarem em situação de vida econômica estável gostariam de estabelecer manifestação de vontade livre e autônoma um testamento recíproco, por meio do qual Roberto transmitiria à Luciano, ainda em vida, 100% de sua herança e Luciano, por sua vez, também transmitiria à Roberto 100% da própria herança. Em dúvida sobre a possibilidade de se realizar este negócio jurídico, Roberto e Luciano contratam um advogado solicitando deste profissional um parecer que esclarecesse a viabilidade deste contrato. Na qualidade de advogado contratado por Roberto e Luciano emita o parecer".*

Apresentada a questão hipotética, é chegado o momento de elaborar o parecer, cuja sugestão de texto é a seguinte:

> **Ementa. Pacto Sucessório. Impossibilidade. Artigo 426 do Código Civil. Negócio Jurídico Nulo, porque Expressamente Proibido. Testamento recíproco. Impossibilidade por Expressa Vedação Legal Também. Parecer pela Não Realização do Negócio Jurídico.**

1. Relatório.

Roberto Figueiredo e Luciano Figueiredo, irmãos maiores e capazes, devidamente qualificados, solicitam a emissão de parecer jurídico informando que por se

PARTE ESPECIAL

encontrarem em situação de vida econômica estável desejam celebrar testamento recíproco, por meio do qual Roberto transmitiria à Luciano, ainda em vida, 100% de sua herança, enquanto que Luciano, por sua vez, também transmitiria à Roberto 100% da própria herança.

Solicitam, portando, parecer que esclareça sobre a possibilidade de se realizar este negócio jurídico, notadamente a viabilidade deste contrato.

Este é o relatório.

2. Fundamentação Jurídica.

O artigo 426 do Código Civil proíbe, de forma expressa, qualquer tipo de contrato que tenha como objeto herança de pessoa viva. Eis o texto legal: *"Não pode ser objeto de contrato a herança de pessoa viva"*. Portanto, é inviável a celebração ainda em vida, por Roberto e Luciano, de negócio jurídico cujo objeto seja a imediata transferência da herança.

Aliás, a consequência jurídica disto seria um contrato nulo de pleno direito por força do artigo 166, inciso VII, última parte, do Código Civil segundo o qual: "É nulo o negócio jurídico quando a lei taxativamente o declarar nulo, ou proibir-lhe a prática, sem cominar sanção". É o caso. A norma expressamente proíbe a prática do ato, qual seja a celebração de contrato cujo objeto seja herança de pessoa viva, sem cominar sanção, dai a nulidade absoluta.

Por outro lado, o artigo 1.863 do Código Civil proíbe a celebração de testamento recíproco ante o caráter personalíssimo deste importante negócio jurídico *causa mortis*. Transcreve-se, de igual sorte, o aludido preceito de lei: *"É proibido o testamento conjuntivo, seja simultâneo, recíproco ou correspectivo"*. Assim, sem a necessidade de adentrar no mérito de cada uma destas situações jurídicas, o certo é que Roberto e Luciano também não podem, reciprocamente, elaborar um testamento da forma imaginada.

3. Conclusão.

Diante destas considerações, respondendo objetivamente à consulta formulada, opina-se pela não realização por Roberto e Luciano do pacto sucessório, assim como pela não realização de testamento recíproco, tendo em vista que as duas práticas são expressamente vedadas em lei, daí porque seriam negócios jurídicos nulos de pleno direito.

É o parecer.

DATA, LOCAL.

ADVOGADO...

OAB...

CAPÍTULO VII

Direito do Consumidor

1. UMA ABORDAGEM AO CÓDIGO DE DEFESA DO CONSUMIDOR

A Constituição Federal de 1988 traz em seu art. 5º, inc. XXXII, que o Estado irá promover, na forma da lei, a defesa do consumidor.

Trata-se de uma lei que é um microssistema jurídico multidisciplinar, significando a máxima proteção desse vulnerável, que é transparecida através de tutelas específicas, como nos ramos civil (arts. 8º a 54), administrativo (arts. 55 a 60 e, ainda, 105 e 106), penal (arts. 61 a 80) e jurisdicional (arts. 81 a 104).

O art. 1º do CDC dispõe: "O presente código estabelece normas de proteção e defesa do consumidor, de ordem pública e interesse social, nos termos dos arts. 5º, inc. XXXII, 170, inc. V, da Constituição Federal e art. 48 de suas Disposições Transitórias.".

Consiste em uma norma cogente, de observância obrigatória. Trata-se de uma norma de interesse social, que é aquela que visa à proteção de interesses individuais e coletividade.

E o nosso Tribunal da Cidadania?

> **Recurso especial (artigo 105, III, "a", da CRFB). Demanda ressarcitória de seguro. Segurado vítima de crime de extorsão (CP, artigo 158). Aresto estadual reconhecendo a cobertura securitária. Irresignação da seguradora.** 1. Violação do artigo 535 do CPC *[correspondente ao art. 1.022 do CPC/15]* inocorrente. Acórdão local devidamente fundamentado, tendo enfrentado todos os aspectos fático-jurídicos essenciais à resolução da controvérsia. Desnecessidade de a autoridade judiciária enfrentar todas as alegações veiculadas pelas partes, quando invocada motivação suficiente ao bom desate da lide. Não há vício que possa nulificar o acórdão recorrido ou ensejar negativa de prestação jurisdicional, mormente na espécie em que a recorrente sequer especificou quais temas deixaram de ser apreciados pela Corte de origem. 2. A redefinição do enquadramento jurídico dos fatos expressamente mencionados no acórdão hostilizado constitui mera revaloração da prova. A excepcional superação das Súmula s 5 e 7 desta Corte justifica-se em casos particulares, sobretudo quando, num juízo sumário, for possível vislumbrar primo icto oculi que a tese articulada no apelo nobre não retrata rediscussão de fato e nem interpre-

PARTE ESPECIAL

tação de cláusulas contratuais, senão somente da qualificação jurídica dos fatos já apurados e dos efeitos decorrentes de avença securitária, à luz de institutos jurídicos próprios a que se reportou a cláusula que regula os riscos acobertados pela avença. 3. Mérito. Violação ao artigo 757 do CC. Cobertura securitária. Predeterminação de riscos. Cláusula contratual remissiva a conceitos de direito penal (furto e roubo). Segurado vítima de extorsão. Tênue distinção entre o delito do artigo 157 do CP e o tipo do artigo 158 do mesmo Codex. Critério do entendimento do homem médio. Relação contratual submetida às normas do Código de Defesa do Consumidor. Dever de cobertura caracterizado. 4. **Firmada pela Corte a quo a natureza consumerista da relação jurídica estabelecida entre as partes, forçosa sua submissão aos preceitos de ordem pública da Lei nº 8.078/90, a qual elegeu como premissas hermenêuticas a interpretação mais favorável ao consumidor (artigo 47), a nulidade de cláusulas que atenuem a responsabilidade do fornecedor, ou redundem em renúncia ou disposição de direitos pelo consumidor (artigo 51, I), ou desvirtuem direitos fundamentais inerentes à natureza do contrato (artigo 51, § 1º, II).** 5. Embora a aleatoriedade constitua característica elementar do contrato de seguro, é mister a previsão de quais os interesses sujeitos a eventos confiados ao acaso estão protegidos, cujo implemento, uma vez verificado, impõe o dever de cobertura pela seguradora. Daí a imprescindibilidade de se ter muito bem-definidas as balizas contratuais, cuja formação, segundo o artigo 765 do CC, deve observar o princípio da "estrita boa-fé" e da "veracidade", seja na conclusão ou na execução do contrato, bem assim quanto ao "objeto" e as "circunstâncias e declarações a ele concernentes". 6. As cláusulas contratuais, uma vez delimitadas, não escapam da interpretação daquele que ocupa a outra extremidade da relação jurídica, a saber, o consumidor, especialmente em face de manifestações volitivas materializadas em disposições dúbias, lacunosas, omissas ou que comportem vários sentidos. 7. A mera remissão a conceitos e artigos do Código Penal contida em cláusula de contrato de seguro não se compatibiliza com a exigência do artigo 54, § 4º, do CDC, uma vez que materializa informação insuficiente, que escapa à compreensão do homem médio, incapaz de distinguir entre o crime de roubo e o delito de extorsão, dada sua aproximação topográfica, conceitual e da forma probatória. Dever de cobertura caracterizado. 8. Recurso especial conhecido e desprovido. *(REsp nº 1.106.827/SP, Rel. Min. MARCO BUZZI, QUARTA TURMA, julgado em 16.10.2012, DJe de 23.10.2012)*

ATENÇÃO: **Súmula nº 381.** Nos contratos bancários, é vedado ao julgador conhecer, de ofício, da abusividade das cláusulas.

A Súmula citada está de acordo com o artigo 1º do CDC?

Entende-se que a mesma é um verdadeiro contrassenso jurídico. Viola totalmente o que fora salientado no artigo da lei consumerista. O respeitável magistrado GERIVALDO NEIVA faz as seguintes ponderações:

Ora, da forma em que foi editada a Súmula, quando o STJ diz que o Juiz não pode conhecer de ofício de tais cláusulas, por outras vias, está querendo dizer que os bancos podem inserir cláusulas abusivas nos contratos, mas o Juiz simplesmente não pode conhecê-las de ofício. Banco manda, Juiz obedece! (...)

Nesta lógica absurda, considerando que as cláusulas abusivas são sempre favoráveis aos bancos e desfavoráveis ao cliente, o STJ quer que os Juízes sejam benevolentes com os bancos e indiferentes com seus clientes. Devem se omitir, mesmo sabendo que esta omissão será favorável ao banco, e não podem agir, mesmo sabendo que sua ação poderá corrigir uma ilegalidade.[1].

Ser uma norma de interesse social, deste modo descreve o artigo 1º da legislação consumerista. Norma de interesse social é aquela que visa à proteção de interesses individuais relativos à dignidade da pessoa humana e interesses metaindividuais, ou seja, da coletividade.

E o nosso Tribunal da Cidadania?

Direito do consumidor. Administrativo. Normas de proteção e defesa do consumidor. Ordem pública e interesse social. Princípio da vulnerabilidade do consumidor. Princípio da transparência. Princípio da boa-fé objetiva. Princípio da confiança. Obrigação de segurança. Direito à informação. Dever positivo do fornecedor de informar, adequada e claramente, sobre riscos de produtos e serviços. Distinção entre informação-conteúdo e informação-advertência. Rotulagem. Proteção de consumidores hipervulneráveis. Campo de aplicação da lei do glúten (Lei nº 8.543/92 ab-rogada pela Lei nº 10.674/2003) e eventual antinomia com o artigo 31 do Código de Defesa do Consumidor. Mandado de segurança preventivo. Justo receio da impetrante de ofensa à sua livre-iniciativa e à comercialização de seus produtos. Sanções administrativas por deixar de advertir sobre os riscos do glúten aos doentes celíacos. Inexistência de direito líquido e certo. Denegação da segurança. *(REsp nº 586.316/MG, Rel. Min. HERMAN BENJAMIN, SEGUNDA TURMA, julgado em 17.04.2007, DJe de 19.03.2009)*

2. RELAÇÃO JURÍDICA DE CONSUMO

Fica estabelecida a relação de consumo com a presença dos elementos subjetivos e objetivos. Os elementos subjetivos dividem-se em duas partes: consumidor e fornecedor. Já os objetivos, referem-se à prestação em si, isto é, o produto e o serviço.

2.1. Quem é o consumidor?

Art. 2º. *Consumidor é toda pessoa física ou jurídica que adquire ou utiliza produto ou serviço como destinatário final.*

1. Disponível em: <http://www.bahianoticias.com.br/justica/artigo/3-reflexoes-sobre-a-sumula-381-do-stj.html.>

PARTE ESPECIAL

Esse é o tipo de consumidor intitulado *standard, stricto sensu* ou mesmo padrão.

A lei apresenta em três artigos o chamado consumidor equiparado ou por equiparação: a) coletividade de pessoas (art. 2º, parágrafo único); b) vítimas do evento danoso (*vítimas bystanders*, art. 17); c) aquele exposto às práticas comerciais (art. 29).

> **ATENÇÃO!** Em certos casos, o STJ busca abrandar o critério subjetivo aplicado pela lei desde que presente a vulnerabilidade, que é a principal característica do consumidor. Ocorre desse modo a denominada ***Teoria Finalista Aprofundada***.

E o nosso Tribunal da Cidadania?

Direito do consumidor. Consumo intermediário. Vulnerabilidade. Finalismo aprofundado. Não ostenta a qualidade de consumidor a pessoa física ou jurídica que não é destinatária fática ou econômica do bem ou serviço, salvo se caracterizada a sua vulnerabilidade frente ao fornecedor. *A determinação da qualidade de consumidor deve, em regra, ser feita mediante aplicação da teoria finalista, que, numa exegese restritiva do artigo 2º do CDC, considera destinatário final tão somente o destinatário fático e econômico do bem ou serviço, seja ele pessoa física ou jurídica. Dessa forma, fica excluído da proteção do CDC o consumo intermediário, assim entendido como aquele cujo produto retorna para as cadeias de produção e distribuição, compondo o custo (e, portanto, o preço final) de um novo bem ou serviço. Vale dizer, só pode ser considerado consumidor, para fins de tutela pelo CDC, aquele que exaure a função econômica do bem ou serviço, excluindo-o de forma definitiva do mercado de consumo. Todavia, a jurisprudência do STJ, tomando por base o conceito de consumidor por equiparação previsto no artigo 29 do CDC, tem evoluído para uma aplicação temperada da teoria finalista frente às pessoas jurídicas, num processo que a doutrina vem denominando "finalismo aprofundado". Assim, tem se admitido que, em determinadas hipóteses, a pessoa jurídica adquirente de um produto ou serviço possa ser equiparada à condição de consumidora, por apresentar frente ao fornecedor alguma vulnerabilidade, que constitui o princípio-motor da política nacional das relações de consumo, premissa expressamente fixada no artigo 4º, I, do CDC, que legitima toda a proteção conferida ao consumidor. A doutrina tradicionalmente aponta a existência de três modalidades de vulnerabilidade: técnica (ausência de conhecimento específico acerca do produto ou serviço objeto de consumo), jurídica (falta de conhecimento jurídico, contábil ou econômico e de seus reflexos na relação de consumo) e fática (situações em que a insuficiência econômica, física ou até mesmo psicológica do consumidor o coloca em pé de desigualdade frente ao fornecedor). Mais recentemente, tem se incluído também a vulnerabi-*

lidade informacional (dados insuficientes sobre o produto ou serviço capazes de influenciar no processo decisório de compra). Além disso, a casuística poderá apresentar novas formas de vulnerabilidade aptas a atrair a incidência do CDC à relação de consumo. Numa relação interempresarial, para além das hipóteses de vulnerabilidade já consagradas pela doutrina e pela jurisprudência, a relação de dependência de uma das partes frente à outra pode, conforme o caso, caracterizar uma vulnerabilidade legitimadora da aplicação do CDC, mitigando os rigores da teoria finalista e autorizando a equiparação da pessoa jurídica compradora à condição de consumidora. Precedentes citados: REsp 1.196.951-PI, DJe 9/4/2012, e REsp 1.027.165-ES, DJe 14/6/2011. REsp 1.195.642-RJ, Rel. Min. Nancy Andrighi, julgado em 13/11/2012.

Direito do consumidor. Pessoa jurídica. Insumos. Não incidência das normas consumeristas. In casu, *a recorrente, empresa fornecedora de gás, ajuizou na origem ação contra sociedade empresária do ramo industrial e comercial, ora recorrida, cobrando diferenças de valores oriundos de contrato de fornecimento de gás e cessão de equipamentos, em virtude de consumo inferior à cota mínima mensal obrigatória, ocasionando também a rescisão contratual mediante notificação. Sobreveio sentença de improcedência do pedido. O tribunal de justiça negou provimento à apelação. A recorrente interpôs recurso especial, sustentando que a relação jurídica entre as partes não poderia ser considerada como consumerista e que não é caso de equiparação a consumidores hipossuficientes, uma vez que a recorrida é detentora de conhecimentos técnicos, além de possuir fins lucrativos. A Turma entendeu que a recorrida não se insere em situação de vulnerabilidade, porquanto não se apresenta como sujeito mais fraco, com necessidade de proteção estatal, mas como sociedade empresária, sendo certo que não utiliza os produtos e serviços prestados pela recorrente como sua destinatária final, mas como insumos dos produtos que manufatura. Ademais, a sentença e o acórdão recorrido partiram do pressuposto de que todas as pessoas jurídicas são submetidas às regras consumeristas, razão pela qual entenderam ser abusiva a cláusula contratual que estipula o consumo mínimo, nada mencionando acerca de eventual vulnerabilidade – técnica, jurídica, fática, econômica ou informacional. O artigo 2º do CDC abarca expressamente a possibilidade de as pessoas jurídicas figurarem como consumidores, sendo relevante saber se a pessoa – física ou jurídica – é "destinatária final" do produto ou serviço. Nesse passo, somente se desnatura a relação consumerista se o bem ou serviço passam a integrar a cadeia produtiva do adquirente, ou seja, tornam-se objeto de revenda ou de transformação por meio de beneficiamento ou montagem, ou, ainda, quando demonstrada sua vulnerabilidade técnica, jurídica ou econômica frente à outra parte, situação que não se aplica à recorrida. Diante dessa e de outras considerações, a Turma deu provimento ao recurso para reconhecer a não incidência das regras consumeristas, determinando o retorno dos autos ao tribunal de apelação, para que outro julgamento seja proferido. REsp 932.557-SP, Rel. Min. Luís Felipe Salomão, julgado em 7/2/2012.*

Tema de prova!

Diferencie vulnerabilidade de hipossuficiência

A doutrina, tradicionalmente, aponta a existência de três modalidades de **vulnerabilidade**: a técnica (ausência de conhecimento específico acerca do produto ou serviço objeto de consumo), a jurídica (falta de conhecimento jurídico, contábil ou econômico e de seus reflexos na relação de consumo) e a fática (situações em que a insuficiência econômica, física ou, até mesmo, psicológica do consumidor, o coloca em pé de desigualdade frente ao fornecedor). Vulnerabilidade então nada mais é do que a condição de inferioridade e está vinculada ao direito material, enquanto a hipossuficiência é a vulnerabilidade amplificada e está ligada ao direito processual.

Além do consumidor *standard*, a lei apresenta em três artigos o chamado consumidor equiparado ou por equiparação. O ***primeiro consumidor equiparado*** é a coletividade de pessoas, que se encontra no parágrafo único do artigo 2º da lei do CDC. Avalie o texto:

> *Parágrafo único. Equipara-se a consumidor a coletividade de pessoas, ainda que indetermináveis, que haja intervindo nas relações de consumo.*

Fica clara a ideia da tutela coletiva nesse ponto. ***É necessário que o grupo de pessoas tenha adquirido o produto ou contratado o serviço?*** A resposta é negativa, ou seja, basta que haja a possibilidade de um dano, como nos casos de publicidades abusivas. O ***segundo consumidor equiparado*** são as vítimas do evento danoso (***vítimas bystanders)***, presentes no artigo 17 do CDC, que diz que ***"Para os efeitos desta Seção, equiparam-se aos consumidores todas as vítimas do evento. "***

Ressalte-se: não há necessidade de a pessoa adquirir ou mesmo utilizar um produto ou serviço. O artigo suprarreferido é adotado em conjunto com os artigos 12 e 14 do CDC, isto é, no caso de fato do produto e serviço. Um exemplo bastante utilizado em provas é o da ocorrência de negativações indevidas quando houver uma abertura de conta corrente fraudulenta. O terceiro consumidor equiparado é aquele exposto às práticas comerciais, artigo 29 da lei de proteção ao consumidor. Vejamos:

> **Artigo 29.** *Para os fins deste Capítulo e do seguinte, equiparam-se aos consumidores todas as pessoas determináveis ou não, expostas às práticas nele previstas.*

A esse respeito, destacam-se aquelas pessoas que não são identificadas por tais práticas. Exemplo: relação da imobiliária com o locatário, a qual já fez parte de um julgado. Sabe-se que a relação entre a imobiliária e o locador é de consumo, mas a do locatário com a imobiliária possui controvérsias. Imagine um locatário que sofre um constrangimento dentro de uma imobiliária. Pode ele buscar uma indenização com fulcro no CDC? Com base no artigo 29 desta legislação, entende-se que sim.

E o nosso Tribunal da Cidadania?

1. Cuida-se de agravo contra decisão que inadmitiu recurso especial fundado na alínea "a" da permissão constitucional, interposto de acórdão do TJRJ, assim ementado: AGRAVO INOMINADO DO ARTIGO 557, § 1º DO CPC. APELAÇÃO CÍVEL. Ação indenizatória. Consumidor que teve seus documentos roubados. Protesto indevido de cheques não emitidos pelo autor, que sequer participou da relação jurídica. Sentença procedente em parte. Rejeição do dano moral pelo magistrado, sob o argumento de que o fato de terceiro afasta o dever de indenizar. Apelo do autor. Decisão do Relator que deu provimento de plano ao apelo para reconhecer e fixar o dano moral em R$ 8.000,00. Possibilidade. Manifesta procedência das razões recursais do demandante. Inteligência contida nos artigos 557, parágrafo 1º-A do CPC [corresponde ao art. 932, V, CPC/15] e 31, VIII do RITJRJ. Aplicação da Súmula nº 94 deste E TJRJ.

"Cuidando-se de fortuito interno, o fato de terceiro não exclui o dever do fornecedor de indenizar". Na sistemática do Código de Defesa do Consumidor, o qual agasalha a teoria do risco do empreendimento, a utilização de dados de outrem ou mesmo documentos falsos para a obtenção de bens e serviços em nome de alguém que sequer participou do negócio jurídico, integram o risco do negócio praticado pela ré, correndo, assim, por sua própria conta. DECISÃO PROFERIDA PELO ILUSTRE RELATOR QUE SE MANTÉM. AGRAVO CONHECIDO E DESPROVIDO. (e-STJ fl. 166).

Em sede de recurso especial, a recorrente sustenta violação aos artigos 3º, 267, VI, do CPC [correspondem aos arts. 17 e 485, VI, do CPC/15]; 14 § 3º, I e II do CDC; 186, 393, 927 e 944 do CC, argumentando que: a) é parte ilegítima para responder à ação de indenização por dano moral; b) "não pode prevalecer o entendimento de ocorreu "fortuito interno", pois o documento de fl. 70 comprova que o fraudador portava talonário com nome do autor/recorrido e portava também documentos falsos com aparência de verdadeiros; c) o dano sofrido pelo recorrido não é responsabilidade da recorrente, pois se deu por culpa de terceiro e é estranho às atividades por ela desenvolvidas; d) a recorrente não cometeu ato ilícito mas, na verdade, também foi vítima do terceiro que pagou o serviço com cheque roubado. Contrarrazões (e – STJ fls. 209-214). Juízo de admissibilidade (e-STJ fls. 216-217).

Relatados, decido.

2. O Tribunal local decidiu a lide suportada em argumentação assim deduzida: Em primeiro lugar, impende salientar que a relação aventada nos autos é de consumo, enquadrando-se o autor no conceito de **consumidor por equiparação,** *conforme se extrai dos artigos 2º, parágrafo único e 29 do CDC.*

A ré nada mais é do que uma fornecedora de produtos e serviços, sendo certo que a sua responsabilidade é objetiva nos precisos termos do artigo 14, caput, da Lei 8.078/90, encontrando fundamento na teoria do risco do empreendimento, segundo a qual, todo aquele que se dispõe a fornecer em massa bens ou serviços deve assumir os riscos inerentes à sua atividade independentemente de culpa.

In casu, a responsabilidade da recorrida exsurge do simples fato de se dedicar com habitualidade à exploração de atividade consistente no oferecimento de bens ou serviços. Assim, pode-se afirmar que os riscos internos inerentes ao próprio empreendimento correm por conta do fornecedor, que deverá por eles responder sempre que não comprovada a causa excludente do nexo causal.

Deste modo, a sistemática do Código de Defesa do Consumidor, o qual agasalha a teoria do risco do empreendimento, a utilização de dados de outrem ou mesmo documentos falsos para a obtenção de bens e serviços em nome de alguém que sequer participou do negócio praticado pela ré correndo, assim, por sua própria conta. Nesse sentido, a lição dada pelo Exmo. Desembargador Sérgio Cavalieri Filho extraído de sua conhecida obra "Programa de Responsabilidade Civil": (...) Dessa forma, incumbe ao réu, exclusivamente, à assunção dos riscos decorrentes da exploração de sua atividade significativamente lucrativa, arcando com os prejuízos advindos da utilização de documentos da autora para a concessão de crédito em nome de outrem. **Vale frisar que o artigo 29, CDC, define consumidor como qualquer pessoa exposta às práticas comerciais ainda que não exista relação jurídica de consumo direta com o fornecedor, como ocorre in casu, sendo o apelante um bystander atingido pelas técnicas de cobrança de dívidas.**

Ademais, a questão tratada invoca a aplicação do artigo 14, caput, do CDC, que trata da responsabilidade objetiva do fornecedor de serviços, não se perquirindo sobre a existência de culpa para determinar o dever de indenizar. Assim, nos termos do artigo 14, § 3º do CDC, somente se exime do dever da responsabilidade o fornecedor que provar a ausência de defeito na prestação do serviço, fato exclusivo do fornecedor ou fato exclusivo de terceiro.

A sentença ora vergastada reconheceu o fato exclusivo de terceiro, entendendo o magistrado a quo que a abertura de conta bancária e a emissão fraudulenta de cheque realizada por terceiro que se utilizou dos documentos subtraídos do apelante, configuram causas excludentes do nexo causal e afastam o dever de indenizar.

Todavia, não deve ser mantido o raciocínio consignado pelo juízo de primeiro grau, pois, como consagrado pela doutrina e jurisprudência, a emissão fraudulenta de cheque, na hipótese dos autos, caracteriza fato de terceiro equiparado a fortuito interno, estando abrangido pelo risco do empreendimento. Assim, não há rompimento do nexo causal.

(...)

Ora, se para proteger o seu crédito o apelado causou danos indevidos a terceiros, resta flagrante o dever de indenizar. Caso tenha sido induzido a erro por falta do dever de cuidado de terceiros, como alega, que busque o ressarcimento junto àquele que lhe induziu em erro.

Pelo cotejo do cheque acostado a fl. 70 e da cédula de identidade do apelante à fl. 11, percebe-se a diferença gritante entre as assinaturas.

Logo, vê-se que a apelada poderia ter evitado o recebimento do título fraudado solicitando a apresentação de documento de identidade e conferindo as assinaturas, diligência mínima esperada na condução de um negócio. (e-STJ fls. 168-172) (...).

No que toca ao dever de a recorrente indenizar moralmente o recorrido pelo lançamento do seu nome em cadastro de inadimplentes, não lhe escusa a assertiva de que o dano sofrido não é de sua responsabilidade, pois o Tribunal local formou seu convencimento no sentido de que a prestadora de serviço não comprovou ter tomado os cuidados necessários na condução do seu negócio, de forma que rever tal entendimento em sede de recurso especial, esbarra no enunciado nº 7 da Súmula do STJ.

Por outro lado, se o lançamento indevido do nome do recorrido decorreu inequivocamente de ato da recorrente, patente o dever de indenizar. Aliás, essa é a jurisprudência do STJ acerca da matéria (...). 3. Ante o exposto, nego provimento ao agravo no recurso especial. (AREsp 018793, Rel. Min. LUIS FELIPE SALOMÃO, data da publicação 02/08/2012.) (grifos nossos)

2.2. Quem é o fornecedor?

A lei do Código de Defesa do Consumidor enfatiza:

Artigo 3º. *Fornecedor é toda pessoa física ou jurídica, pública ou privada, nacional ou estrangeira, bem como os entes despersonalizados, que desenvolvem atividade de produção, montagem, criação, construção, transformação, importação, exportação, distribuição ou comercialização de produtos ou prestação de serviços.*

ATENÇÃO! Segundo o conceito acima, para que haja uma relação de consumo é necessária a constatação da ***habitualidade***. Exemplo: Se uma pessoa vende o seu carro para a outra, não pode ser aplicado o CDC, e sim o CC/2002. Todavia, se essa pessoa que vendeu o carro para a outra for uma vendedora com habitualidade, deve ser utilizada a lei consumerista.

PARTE ESPECIAL

2.3. Produto e serviço

Relatam os §§ 1º e 2º do artigo 3º da norma consumerista:

§ 1º. *Produto é qualquer bem, móvel ou imóvel, material ou imaterial.*

§ 2º. *Serviço é qualquer atividade fornecida no mercado de consumo, mediante remuneração, inclusive as de natureza bancária, financeira, de crédito e securitária, salvo as decorrentes das relações de caráter trabalhista.*

ATENÇÃO! A remuneração citada pela lei na definição de serviço poderá ser direta ou indireta. É muito comum encontrar esse tipo de remuneração nos estacionamentos de mercados que mencionam ser "gratuitos", mas o valor já está embutido nos preços dos produtos vendidos.

Atenção!

Observar as seguintes Súmulas do STJ:

Súmula nº 297. *O Código de Defesa do Consumidor é aplicável às instituições financeiras.*

Súmula nº 469. *Aplica-se o Código de Defesa do Consumidor aos contratos de plano de saúde.*

Súmula nº 563. O Código de Defesa do Consumidor é aplicável às entidades abertas de previdência complementar, não incidindo nos contratos previdenciários celebrados com entidades fechadas.

3. OS PRINCÍPIOS DO CÓDIGO DE DEFESA DO CONSUMIDOR

3.1. Da vulnerabilidade

Em item anterior fora explicado que a vulnerabilidade é a principal característica do consumidor. A mesma pode ocorrer de quatro formas: técnica; jurídica; fática; e informacional. Observe o seguinte texto da lei do CDC:

Artigo 4º, *I – reconhecimento da vulnerabilidade do consumidor no mercado de consumo;*

3.2. Do dever governamental

Sendo o consumidor vulnerável, o artigo 4º do CDC prevê em seu inciso II uma proteção efetiva a ele por meio de uma ação governamental, que ocorrerá:

a) por iniciativa direta;

b) por incentivos à criação e desenvolvimento de associações representativas;

c) pela presença do Estado no mercado de consumo;

d) pela garantia dos produtos e serviços com padrões adequados de qualidade, segurança, durabilidade e desempenho.

3.3. Da harmonização e compatibilização da proteção ao consumidor

Mais uma vez, a lei do Código de Defesa do Consumidor transparece no inciso III do seu artigo 4º o dever de harmonização entre o consumidor e o fornecedor e a necessidade de um desenvolvimento econômico e tecnológico. Veja:

III – harmonização dos interesses dos participantes das relações de consumo e compatibilização da proteção do consumidor com a necessidade de desenvolvi-

mento econômico e tecnológico, de modo a viabilizar os princípios nos quais se funda a ordem econômica (artigo 170 da Constituição Federal)...;

3.4. Da boa-fé objetiva

A passagem desse princípio está presente no inciso III do artigo 4º, parte final. Comprove:

III - (...) sempre com base na boa-fé e equilíbrio nas relações entre consumidores e fornecedores;

O termo boa-fé serve para indicar um dever de conduta entre os parceiros contratuais, baseado na confiança e na lealdade. O tema está desvinculado das intenções íntimas dos sujeitos da relação de consumo e ligado à lisura, transparência, correção e proteção em todas as fases da formação do contrato.

Para que ocorra o preenchimento de tal princípio, as partes devem cumprir com os deveres principais e anexos. A violação de qualquer deles acarreta inadimplemento contratual.

3.5. Da equidade

Atente-se para o disposto no artigo 51 inciso IV da lei do código do consumidor:

Artigo 51. *São nulas de pleno direito, entre outras, as cláusulas contratuais relativas ao fornecimento de produtos e serviços que:*

(...)

IV - estabeleçam obrigações consideradas iníquas, abusivas, que coloquem o consumidor em desvantagem exagerada, ou sejam incompatíveis com a boa-fé ou a equidade.

Uma vez descumprida a equidade, a cláusula ou o contrato terão a sua invalidade reconhecida, pois estará presente a falta de justiça ao caso concreto.

Veja a **Súmula nº 543, do STJ**: *"Na hipótese de resolução de contrato de promessa de compra e venda de imóvel submetido ao Código de Defesa do Consumidor, deve ocorrer a imediata restituição das parcelas pagas pelo promitente comprador - integralmente, em caso de culpa exclusiva do promitente vendedor/construtor, ou parcialmente, caso tenha sido o comprador quem deu causa ao desfazimento"*.

3.6. Da educação e informação dos consumidores

Um grande exemplo do princípio relatado é a Lei nº 12.291/2010, que obriga os estabelecimentos comerciais e de prestação de serviços à exposição de um exemplar do CDC no local. Vale destacar o artigo 6º inciso II da legislação consumerista. Perceba:

Artigo 6º. *São direitos básicos do consumidor:*

(...)

II – a educação e divulgação sobre o consumo adequado dos produtos e serviços, asseguradas a liberdade de escolha e a igualdade nas contratações;

3.7. Do controle de qualidade e mecanismos de atendimento pelas próprias empresas

O inciso V do artigo 4 salienta o assunto:

V – incentivo à criação pelos fornecedores de meios eficientes de controle de qualidade e segurança de produtos e serviços, assim como de mecanismos alternativos de solução de conflitos de consumo;

3.8. Da racionalização e melhoria dos serviços públicos

Nesse tópico, deve-se ter atenção a dois artigos do CDC. O primeiro deles é o artigo 6º, inciso X, e o segundo, o 22.

Artigo 6º. *São direitos básicos do consumidor:*

(...)

X – a adequada e eficaz prestação dos serviços públicos em geral.

Artigo 22. *Os órgãos públicos, por si ou suas empresas, concessionárias, permissionárias ou sob qualquer outra forma de empreendimento, são obrigados a fornecer serviços adequados, eficientes, seguros e, quanto aos essenciais, contínuos.*

Parágrafo único. Nos casos de descumprimento, total ou parcial, das obrigações referidas neste artigo, serão as pessoas jurídicas compelidas a cumpri-las e a reparar os danos causados, na forma prevista neste código.

Esse princípio está capitaneado no inciso VII do artigo 4º. Reza a lei:

VII – racionalização e melhoria dos serviços públicos;

3.9. Da coibição e repressão das práticas abusivas

Trata-se de um princípio de grande relevância disposto no inciso VI do artigo 4º da norma consumerista, que determina:

VI –coibição e repressão eficientes de todos os abusos praticados no mercado de consumo, inclusive a concorrência desleal e utilização indevida de inventos e criações industriais das marcas e nomes comerciais e signos distintivos, que possam causar prejuízos aos consumidores;

O artigo 39 da legislação exibe um rol exemplificativo das práticas abusivas. Mais adiante esse assunto será abordado.

3.10. Do estudo das modificações do mercado

Nosso mercado de consumo é extremamente mutável e, por essa razão, é preciso um estudo constante para que não haja qualquer tipo de lesão ao consumidor. O inciso VIII do artigo 4º ressalta o tema, confira:

> *VIII – estudo constante das modificações do mercado de consumo.*

O mercado *online* é um grande exemplo do princípio mostrado, pois a todo tempo necessita de modificações.

4. DIREITOS BÁSICOS DO CONSUMIDOR

O artigo 6º propõe uma lista exemplificativa de direitos básicos. Ante esse fato, examine o dispositivo da lei consumerista:

> **Artigo 6º**. *São direitos básicos do consumidor:*
>
> *I – a proteção da vida, saúde e segurança contra os riscos provocados por práticas no fornecimento de produtos e serviços considerados perigosos ou nocivos;*
>
> *II – a educação e divulgação sobre o consumo adequado dos produtos e serviços, asseguradas a liberdade de escolha e a igualdade nas contratações;*
>
> *III – a informação adequada e clara sobre os diferentes produtos e serviços, com especificação correta de quantidade, características, composição, qualidade, tributos incidentes, e preço, bem como sobre os riscos que apresentem;*
>
> *IV – a proteção contra a publicidade enganosa e abusiva, métodos comerciais coercitivos ou desleais, bem como contra práticas e cláusulas abusivas ou impostas no fornecimento de produtos e serviços;*
>
> *V – a modificação das cláusulas contratuais que estabeleçam prestações desproporcionais ou sua revisão em razão de fatos supervenientes que as tornem excessivamente onerosas;*
>
> *VI – a efetiva prevenção e reparação de danos patrimoniais e morais, individuais, coletivos e difusos;*
>
> *VII – o acesso aos órgãos judiciários e administrativos com vistas à prevenção ou reparação de danos patrimoniais e morais, individuais, coletivos ou difusos, assegurada a proteção Jurídica, administrativa e técnica aos necessitados;*
>
> *VIII – a facilitação da defesa de seus direitos, inclusive com a inversão do ônus da prova, a seu favor, no processo civil, quando, a critério do juiz, for verossímil a alegação ou quando for ele hipossuficiente, segundo as regras ordinárias de experiências;*
>
> *IX – (VETADO).*
>
> *X – a adequada e eficaz prestação dos serviços públicos em geral.*

Parágrafo único. A informação de que trata o inciso III do caput deste artigo deve ser acessível à pessoa com deficiência, observado o disposto em regulamento.

4.1. A proteção da vida, saúde e segurança

Vivemos em uma sociedade de risco e, por essa razão, o artigo 6º, inciso I, nos apresenta tal direito básico. Por isso, deve prevalecer a teoria da qualidade dos produtos e serviços para que não ocorram danos aos consumidores, sejam eles os padrões ou equiparados. Nesse sentido, veja os seguintes artigos do CDC:

> **Artigo 8º.** *Os produtos e serviços colocados no mercado de consumo não acarretarão riscos à saúde ou segurança dos consumidores, exceto os considerados normais e previsíveis em decorrência de sua natureza e fruição, obrigando-se os fornecedores, em qualquer hipótese, a dar as informações necessárias e adequadas a seu respeito.*
>
> *Parágrafo único. Em se tratando de produto industrial, ao fabricante cabe prestar as informações a que se refere este artigo, através de impressos apropriados que devam acompanhar o produto.*
>
> **Artigo 9º.** *O fornecedor de produtos e serviços potencialmente nocivos ou perigosos à saúde ou segurança deverá informar, de maneira ostensiva e adequada, a respeito da sua nocividade ou periculosidade, sem prejuízo da adoção de outras medidas cabíveis em cada caso concreto.*
>
> **Artigo 10.** *O fornecedor não poderá colocar no mercado de consumo produto ou serviço que sabe ou deveria saber apresentar alto grau de nocividade ou periculosidade à saúde ou segurança.*
>
> *§ 1º. O fornecedor de produtos e serviços que, posteriormente à sua introdução no mercado de consumo, tiver conhecimento da periculosidade que apresentem, deverá comunicar o fato imediatamente às autoridades competentes e aos consumidores, mediante anúncios publicitários.*
>
> *§ 2º. Os anúncios publicitários a que se refere o parágrafo anterior serão veiculados na imprensa, rádio e televisão, às expensas do fornecedor do produto ou serviço.*
>
> *§ 3º. Sempre que tiverem conhecimento de periculosidade de produtos ou serviços à saúde ou segurança dos consumidores, a União, os Estados, o Distrito Federal e os Municípios deverão informá-los a respeito.*

4.2. Educação, informação e liberdade de escolha

Em todo contrato de consumo devem reinar a liberdade de escolha e a transparência máxima, sendo este o intuito da lei. Um exemplo claro de tal norma, ou seja, o artigo 6º, inciso II, é a exigência de um exemplar do Código de Defesa do Consumidor em todo estabelecimento comercial e de prestação de serviços (Lei nº 12.291/10).

4.3. Informação adequada e clara sobre os diferentes produtos e serviços

Mais uma vez fica consagrado o princípio da transparência máxima no artigo 6º, inciso III. Essa informação deve estar presente tanto nas fases pré-contratual e contratual quanto na de execução do contrato. Tem-se aqui a boa-fé objetiva com o cumprimento dos deveres principais e anexos. O consumidor por intermédio do devido esclarecimento do produto ou serviço fará uma escolha consciente.

Importa mencionar que o Estatuto da Pessoa com Deficiência, Lei nº 13.146/2015, incluiu parágrafo único ao art. 6º, dispondo que a informação de que trata o inc. III deve ser acessível à pessoa com deficiência, observado o disposto em regulamento.

E o nosso Tribunal da Cidadania?

Contrato de seguro. Cláusula abusiva. Não observância do dever de informar. *A Turma decidiu que, uma vez reconhecida a falha no dever geral de informação, direito básico do consumidor previsto no artigo 6º, III, do CDC, é inválida cláusula securitária que exclui da cobertura de indenização o furto simples ocorrido no estabelecimento comercial contratante. A circunstância de o risco segurado ser limitado aos casos de furto qualificado (por arrombamento ou rompimento de obstáculo) exige, de plano, o conhecimento do aderente quanto às diferenças entre uma e outra espécie – qualificado e simples – conhecimento que, em razão da vulnerabilidade do consumidor, presumidamente ele não possui, ensejando, por isso, o vício no dever de informar. A condição exigida para cobertura do sinistro – ocorrência de furto qualificado –, por si só, apresenta conceituação específica da legislação penal, para cuja conceituação o próprio meio técnico-jurídico encontra dificuldades, o que denota sua abusividade. REsp 1.293.006-SP, Rel. Min. Massami Uyeda, julgado em 21/6/2012.*

ACP. Legitimidade do MP. Consumidor. Vale-transporte eletrônico. Direito à informação. *A Turma, por maioria, reiterou que o Ministério Público tem legitimidade para propor ação civil pública que trate da proteção de quaisquer direitos transindividuais, tais como definidos no artigo 81 do CDC. Isso decorre da interpretação do artigo 129, III, da CF em conjunto com o artigo 21 da Lei nº 7.347/1985 e artigos 81 e 90 do CDC e protege todos os interesses transindividuais, sejam eles decorrentes de relações consumeristas ou não. Ressaltou a Min. Relatora que não se pode relegar a tutela de todos os direitos a instrumentos processuais individuais, sob pena de excluir do Estado e da democracia aqueles cidadãos que mais merecem sua proteção. Outro ponto decidido pelo colegiado foi de que viola o direito à plena informação do consumidor (artigo 6º, III, do CDC) a conduta de não informar na roleta do ônibus o saldo do vale-transporte eletrônico. No caso, a operadora do sistema de vale-transporte deixou de informar o saldo do cartão para mostrar apenas um gráfico quando o usuário passava pela roleta. O saldo somente era exibido quando inferior a R$ 20,00. Caso o valor remanescente fosse superior, o portador deveria realizar a consulta na internet ou em "validadores" localizados em lojas e supermercados. Nessa situação, a Min. Relatora entendeu que a operadora do*

PARTE ESPECIAL

sistema de vale-transporte deve possibilitar ao usuário a consulta ao crédito remanescente durante o transporte, sendo insuficiente a disponibilização do serviço apenas na internet ou em poucos guichês espalhados pela região metropolitana. A informação incompleta, representada por gráficos disponibilizados no momento de uso do cartão, não supre o dever de prestar plena informação ao consumidor. Também ficou decidido que a indenização por danos sofridos pelos usuários do sistema de vale-transporte eletrônico deve ser aferida caso a caso. Após debater esses e outros assuntos, a Turma, por maioria, deu parcial provimento ao recurso somente para afastar a condenação genérica ao pagamento de reparação por danos materiais e morais fixada no tribunal de origem. Precedentes citados: do STF: RE 163.231-SP, 29/6/2001; do STJ: REsp 635.807-CE, DJ 20/6/2005; REsp 547.170-SP, DJ 10/2/2004, e REsp 509.654-MA, DJ 16/11/2004. REsp 1.099.634-RJ, Rel. Min. Nancy Andrighi, julgado em 8/5/2012.

4.4. Proteção contra a publicidade enganosa e abusiva

A publicidade é um meio de difusão e informação com um fim comercial. A lei consumerista expressa no artigo 37 o conceito de uma publicidade enganosa e abusiva. O direito básico do artigo 6º, inciso IV, tem como objetivo o equilíbrio da relação de consumo, evitando-se a configuração do abuso de direito.

4.5. A modificação e a revisão das cláusulas contratuais

Sempre que o contrato de consumo se iniciar desequilibrado pela presença de uma cláusula abusiva, o consumidor irá requerer a sua modificação em razão da presença de uma prestação desproporcional, isto é, uma lesão congênere. Contudo, se um fato superveniente acarretar o desequilíbrio na relação de consumo, o consumidor irá buscar a revisão do mesmo. Fica claro então que a primeira parte do artigo 6º, inciso V, abordou a teoria da lesão consumerista, e a segunda, a teoria do rompimento da base objetiva do negócio jurídico.

4.6. A prevenção e a reparação integral dos danos

Educar, orientar e informar os consumidores e fornecedores são deveres básicos para que ocorra a devida prevenção dos danos; já com relação à reparação destes, aplica-se o princípio da *restitutio integrum*. Assim sendo, qualquer tipo de tarifação ou mesmo tabelamento será considerado abusivo. A lei enfatiza que deverão ser reparados os danos materiais e morais, individuais, coletivos e difusos.

4.7. Facilitação do acesso à justiça e à administração

É necessário que o consumidor tenha meios para ver os seus direitos sendo assegurados, seja pelo Judiciário, seja pela Administração Pública. Hoje também se trabalha com a prevenção e a reparação dos danos. O acesso ao judiciário é um direito básico do consumidor, e qualquer cláusula que venha obstar o mesmo será tida como abusiva. Vale ressaltar a regra da própria lei em seu artigo 5º. Avalie:

> **Artigo 5º.** *Para a execução da Política Nacional das Relações de Consumo, contará o poder público com os seguintes instrumentos, entre outros:*
>
> *I – manutenção de assistência jurídica, integral e gratuita para o consumidor carente;*
>
> *II – instituição de Promotorias de Justiça de Defesa do Consumidor, no âmbito do Ministério Público;*
>
> *III – criação de delegacias de polícia especializadas no atendimento de consumidores vítimas de infrações penais de consumo;*
>
> *IV – criação de Juizados Especiais de Pequenas Causas e Varas Especializadas para a solução de litígios de consumo;*
>
> *V – concessão de estímulos à criação e desenvolvimento das Associações de Defesa do Consumidor.*

4.8. Facilitação da defesa e a inversão do ônus da prova

Diante da facilitação da defesa do consumidor, será permitido ao juiz realizar uma análise de critério subjetivo para se inverter o ônus da prova. Destaca a lei de proteção ao consumidor no inciso VIII de seu artigo 6º:

> *VIII – a facilitação da defesa de seus direitos, inclusive com a inversão do ônus da prova, a seu favor, no processo civil, quando, a critério do juiz, for verossímil a alegação ou quando for ele hipossuficiente, segundo as regras ordinárias de experiências.*

Normalmente, o ônus da prova é daquele que alega o fato, conforme previsão do digesto processual de 2015 no artigo 373. A inversão exposta no inciso VIII da lei do CDC é a considerada *ope iudicis* e, por essa razão, poderá o magistrado inverter quando presentes a hipossuficiência ou a verossimilhança. Importante mencionar que a lei mostra outra modalidade de inversão presente nos artigos 12, § 3º, 14, § 3º, e 38, denominada de *ope legis*. Nessa segunda modalidade, a carga probatória já é transferida ao fornecedor.

E o nosso Tribunal da Cidadania?

> **Inversão do ônus da prova. Regra de instrução.** *A Seção, por maioria, decidiu que a inversão do ônus da prova de que trata o artigo 6º, VIII, do CDC é regra de instrução, devendo a decisão judicial que determiná-la ser proferida preferencialmente na fase de saneamento do processo ou, pelo menos, assegurar à parte a quem não incumbia inicialmente o encargo a reabertura de oportunidade para manifestar-se nos autos. EREsp 422.778-SP, Rel. originário Min. João Otávio de Noronha, Rel.*

PARTE ESPECIAL

para o acórdão Min. Maria Isabel Gallotti (artigo 52, IV, b, do RISTJ), julgados em 29/2/2012.

Agravo regimental em agravo de instrumento. Inversão do ônus da prova. Artigo 6º, inciso VIII, do Código de Defesa do Consumidor. Hipossuficiência e verossimilhança. CRITÉRIO do juiz. Reexame do contexto fáctico-probatório. Enunciado nº 7 da Súmula do Superior Tribunal de Justiça. Precedentes.

1. Em se tratando de relação de consumo, a inversão do ônus da prova não é automática, cabendo ao magistrado a análise da existência dos requisitos de hipossuficiência do consumidor e da verossimilhança das suas alegações, conforme estabelece o artigo 6º, inciso VIII, do Código de Defesa do Consumidor.

2. Reconhecida no acórdão impugnado, com base nos elementos fácticos dos autos, a presença dos requisitos a ensejar a inversão do ônus da prova, rever tal situação, nesta instância especial, é inadmissível, pela incidência do enunciado nº 7 da Súmula do Superior Tribunal de Justiça. Precedentes.

3. Agravo regimental improvido. (AgRg no Ag 1102650/MG, Rel. Ministro HAMILTON CARVALHIDO, PRIMEIRA TURMA, julgado em 15/12/2009, DJe 02/02/2010)

5. A ADEQUADA E EFICAZ PRESTAÇÃO DOS SERVIÇOS PÚBLICOS EM GERAL

O Código de Defesa do Consumidor será aplicado quando se tratar de serviços públicos executados mediante o regime de concessão. Neste sentido, o artigo 22 da norma consumerista institui:

Artigo 22. *Os órgãos públicos, por si ou suas empresas, concessionárias, permissionárias ou sob qualquer outra forma de empreendimento, são obrigados a fornecer serviços adequados, eficientes, seguros e, quanto aos essenciais, contínuos.*

Parágrafo único. Nos casos de descumprimento, total ou parcial, das obrigações referidas neste artigo, serão as pessoas jurídicas compelidas a cumpri-las e a reparar os danos causados, na forma prevista neste código.

Vale ressaltar que os serviços custeados por tributos serão afastados dos preceitos consumeristas.

6. A RESPONSABILIDADE CIVIL NO CDC

A lei consumerista não faz qualquer distinção entre a responsabilidade contratual e a extracontratual e, além disso, traz duas modalidades de responsabilidades: por vício e por fato.

6.1. A ocorrência do vício do produto e do serviço

A presente matéria está capitaneada nos artigos 18, 19, 20, 23 e 26 da Lei nº 8.078/90, que diz:

Vício é a impropriedade ou a inadequação do produto ou serviço que fere a expectativa do consumidor. Possui o vício uma natureza intrínseca e pode ele ser de fácil constatação, aparente e oculto.

O vício do produto pela falta de qualidade se encontra presente na regra do artigo 18, enquanto for pela quantidade, consulte-se o artigo 19.

Sendo o vício pela falta de qualidade salienta o artigo 18:

Artigo 18. *Os fornecedores de produtos de consumo duráveis ou não duráveis respondem solidariamente pelos vícios de qualidade ou quantidade que os tornem impróprios ou inadequados ao consumo a que se destinam ou lhes diminuam o valor, assim como por aqueles decorrentes da disparidade, com as indicações constantes do recipiente, da embalagem, rotulagem ou mensagem publicitária, respeitadas as variações decorrentes de sua natureza, podendo o consumidor exigir a substituição das partes viciadas.*

§ 1º. Não sendo o vício sanado no prazo máximo de trinta dias, pode o consumidor exigir, alternativamente e à sua escolha:

I – a substituição do produto por outro da mesma espécie, em perfeitas condições de uso;

II – a restituição imediata da quantia paga, monetariamente atualizada, sem prejuízo de eventuais perdas e danos;

III – o abatimento proporcional do preço.

§ 2º. Poderão as partes convencionar a redução ou ampliação do prazo previsto no parágrafo anterior, não podendo ser inferior a sete nem superior a cento e oitenta dias. Nos contratos de adesão, a cláusula de prazo deverá ser convencionada em separado, por meio de manifestação expressa do consumidor.

§ 3º. O consumidor poderá fazer uso imediato das alternativas do § 1º deste artigo sempre que, em razão da extensão do vício, a substituição das partes viciadas puder comprometer a qualidade ou características do produto, diminuir-lhe o valor ou se tratar de produto essencial.

§ 4º. Tendo o consumidor optado pela alternativa do inciso I do § 1º deste artigo, e não sendo possível a substituição do bem, poderá haver substituição por outro de espécie, marca ou modelo diversos, mediante complementação ou restituição de eventual diferença de preço, sem prejuízo do disposto nos incisos II e III do § 1º deste artigo.

§ 5º. No caso de fornecimento de produtos in natura, será responsável perante o consumidor o fornecedor imediato, exceto quando identificado claramente seu produtor.

§ 6º. São impróprios ao uso e consumo:

I – os produtos cujos prazos de validade estejam vencidos;

II – os produtos deteriorados, alterados, adulterados, avariados, falsificados, corrompidos, fraudados, nocivos à vida ou à saúde, perigosos ou, ainda, aqueles em

PARTE ESPECIAL

desacordo com as normas regulamentares de fabricação, distribuição ou apresentação;

III – os produtos que, por qualquer motivo, se revelem inadequados ao fim a que se destinam.

Deve ser ressaltado que todas as vezes que o CDC mencionar o vocábulo fornecedores, a responsabilidade civil será, em regra, solidária. Na hipótese do § 5º do artigo 18 transparece rompimento da mesma, pois não haverá responsabilidade de todos da cadeia de consumo quando estivermos na frente de um produto *in natura*, ou seja, aquele que não sofre processo de industrialização.

Em razão do risco da atividade desenvolvida pelos fornecedores, esta será objetiva, isto é, independentemente de culpa.

O consumidor, como regra geral, necessita de observar o prazo máximo de 30 dias, conforme narrado no § 1º do artigo 18, para que o fornecedor venha a sanar o vício no produto. Contudo, se ele não for sanado, o consumidor poderá tomar as medidas cabíveis na lei como: substituição ou restituição mais perdas e danos ou abatimento. Todavia, a lei no seu § 3º enfatiza que tal prazo não será observado em certas hipóteses, o que significa que o uso dos pedidos poderá ser realizado de forma imediata.

ATENÇÃO! ***O prazo acima mencionado poderá ser modificado?*** A resposta será encontrada com a breve leitura do § 2º do artigo 18 supracitado.

Em se tratando de vício do produto com relação à quantidade, a leitura do artigo 19 deve ser realizada. Note:

Artigo 19. *Os fornecedores respondem solidariamente pelos vícios de quantidade do produto sempre que, respeitadas as variações decorrentes de sua natureza, seu conteúdo líquido for inferior às indicações constantes do recipiente, da embalagem, rotulagem ou de mensagem publicitária, podendo o consumidor exigir, alternativamente e à sua escolha:*

I – o abatimento proporcional do preço;

II – complementação do peso ou medida;

III – a substituição do produto por outro da mesma espécie, marca ou modelo, sem os aludidos vícios;

IV – a restituição imediata da quantia paga, monetariamente atualizada, sem prejuízo de eventuais perdas e danos.

§ 1º. Aplica-se a este artigo o disposto no § 4º do artigo anterior.

§ 2º. O fornecedor imediato será responsável quando fizer a pesagem ou a medição e o instrumento utilizado não estiver aferido segundo os padrões oficiais.

Nessas palavras, prevalecem as mesmas observações iniciais, ou seja, a regra é a da solidariedade e a responsabilidade civil é objetiva. Porém, haverá hipótese de rompimento dessa solidariedade no caso proposto no § 2º.

Outro ponto importante sobre o vício de quantidade é que não será necessário esperar o prazo para que ele seja sanado, como ocorre no artigo 18. Uma vez que existe o vício, o consumidor poderá realizar os pedidos apresentados de forma imediata.

Sendo o vício do serviço, o leitor deverá ter atenção ao artigo 20. Destaca a lei:

> **Artigo 20.** *O fornecedor de serviços responde pelos vícios de qualidade que os tornem impróprios ao consumo ou lhes diminuam o valor, assim como por aqueles decorrentes da disparidade com as indicações constantes da oferta ou mensagem publicitária, podendo o consumidor exigir, alternativamente e à sua escolha:*
>
> *I - a reexecução dos serviços, sem custo adicional e quando cabível;*
>
> *II - a restituição imediata da quantia paga, monetariamente atualizada, sem prejuízo de eventuais perdas e danos;*
> *III - o abatimento proporcional do preço.*
>
> *§ 1º. A reexecução dos serviços poderá ser confiada a terceiros devidamente capacitados, por conta e risco do fornecedor.*
>
> *§ 2º. São impróprios os serviços que se mostrem inadequados para os fins que razoavelmente deles se esperam, bem como aqueles que não atendam as normas regulamentares de prestabilidade.*

A solidariedade de todos que fazem parte da cadeia de consumo também é muito importante, embora o artigo não tenha mencionado expressamente como o fez nos anteriores. A responsabilidade também independe de culpa, isto é, a mesma é objetiva.

ATENÇÃO! Lembre-se de que os vícios do produto ou do serviço são intrínsecos, ou seja, inerentes.

6.1.2. A decadência. Análise do artigo 26 do CDC

O prazo para reclamar junto ao fornecedor sobre os vícios do produto e do serviço são decadenciais de 30 dias para os bens não duráveis e de 90 dias para os bens duráveis. A contagem desse prazo inicia-se com a entrega efetiva do produto ou do término da execução dos serviços.

O prazo decadencial será suspenso com a reclamação comprovadamente formulada pelo consumidor perante o fornecedor de produtos e serviços até a resposta negativa correspondente, que deve ser transmitida de forma inequívoca, bem como pela instauração de inquérito civil, ainda no seu encerramento.

Além disso, tratando-se de vício oculto, o prazo decadencial começa no momento em que ficar evidenciado o defeito. Há ainda um critério utilizado baseado na *Teoria da Vida Útil*, em que se avalia a duração do bem ou serviço, para se estender o prazo inicial do consumidor de reclamar.

> **ATENÇÃO!** Conforme abordado, os prazos são decadenciais e também são utilizados para os vícios de fácil constatação, aparente e oculto, o que os diferenciam é o ***dies a quo***.

❖ **Observe como a matéria referente ao vício do produto e do serviço foi abordada nos Exames:**

XIII Exame

➢ A peça prático-profissional trouxe questão relativa à responsabilidade por acidente de consumo, peça cabível será uma ação de obrigação de fazer com pedido de tutela antecipada, e tem por fundamentos legais os arts. 2º, 3º, 18, caput, §§ 1º e 3º, 84, § 3º, 101, I, todos do CDC.

IV Exame

A arquiteta Veronise comprou um espremedor de frutas da marca Bom Suco no dia 5 de janeiro de 2011. Quarenta dias após Veronise iniciar sua utilização, o produto quebrou. Veronise procurou uma autorizada e foi informada de que o aparelho era fabricado na China e não havia peças de reposição no mercado. No mesmo dia, ela ligou para o Serviço de Atendimento ao Consumidor (SAC) da empresa. A orientação foi completamente diferente: o produto deveria ser levado para o conserto. Passados 30 dias da ocasião em que o espremedor foi encaminhado à autorizada, o fabricante informou que ainda não havia recebido a peça para realizar o conserto, mas que ela chegaria em três dias. Como o problema persistiu, o fabricante determinou que a consumidora recebesse um espremedor novo do mesmo modelo. Diante da situação apresentada, responda aos itens a seguir, empregando os argumentos jurídicos apropriados e a fundamentação legal pertinente ao caso.

A) O caso narrado caracteriza a ocorrência de qual instituto jurídico, no que se refere ao defeito apresentado pelo espremedor de frutas?

O examinando deve informar a ocorrência de vício do produto, instituto caracterizado no artigo 18, caput, da Lei 8078/90. Deve explicitar que o defeito contido no espremedor de sucos o torna inadequado ao consumo a que se destina, o que caracteriza seu vício de qualidade, não se podendo falar em fato no produto, in casu.

B) Como advogado (a) de Veronise, analise a conduta do fornecedor, indicando se procedeu de maneira correta ao deixar de realizar o reparo por falta de peça e determinar a substituição do produto por um novo espremedor de frutas.

O candidato deve explicitar que há, por parte do fabricante, obrigatoriedade de manter peças de reposição no mercado (art. 32 do CDC), mas no caso em tela, como se passaram mais de 30 dias que o produto foi para conserto, cabe ao consumidor decidir se quer a troca do produto, abatimento no preço ou devolução do dinheiro, nos termos do art. 18, §§ 1º e 3º, Lei 8078/90, razão pela qual se pode afirmar que procedeu equivocadamente o fornecedor ao determinar, sem previamente consultar a consumidora, a substituição do produto.

6.2. A ocorrência do fato do produto e do serviço

É o acidente de consumo ou defeito causado pelo produto ou serviço. O mesmo é tão grave que gera danos ao consumidor. Fica evidente a diferença para o vício que é um defeito menos grave e que recai sobre o produto ou o serviço (intrínseco).

O fato do produto está capitaneado nos artigos 12, 13 e 27 da lei consumerista. Observe:

> **Artigo 12.** *O fabricante, o produtor, o construtor, nacional ou estrangeiro, e o importador respondem, independentemente da existência de culpa, pela reparação dos danos causados aos consumidores por defeitos decorrentes de projeto, fabricação, construção, montagem, fórmulas, manipulação, apresentação ou acondicionamento de seus produtos, bem como por informações insuficientes ou inadequadas sobre sua utilização e riscos.*
>
> *§ 1º. O produto é defeituoso quando não oferece a segurança que dele legitimamente se espera, levando-se em consideração as circunstâncias relevantes, entre as quais:*
>
> *I - sua apresentação;*
>
> *II - o uso e os riscos que razoavelmente dele se esperam;*
>
> *III - a época em que foi colocado em circulação.*
>
> *§ 2º. O produto não é considerado defeituoso pelo fato de outro de melhor qualidade ter sido colocado no mercado.*
>
> *§ 3º. O fabricante, o construtor, o produtor ou importador só não será responsabilizado quando provar:*
>
> *I - que não colocou o produto no mercado;*
>
> *II - que, embora haja colocado o produto no mercado, o defeito inexiste;*
>
> *III - a culpa exclusiva do consumidor ou de terceiro.*
>
> **Artigo 13.** *O comerciante é igualmente responsável, nos termos do artigo anterior, quando:*
>
> *I - o fabricante, o construtor, o produtor ou o importador não puderem ser identificados;*

PARTE ESPECIAL

II – o produto for fornecido sem identificação clara do seu fabricante, produtor, construtor ou importador;

III – não conservar adequadamente os produtos perecíveis.

Parágrafo único. Aquele que efetivar o pagamento ao prejudicado poderá exercer o direito de regresso contra os demais responsáveis, segundo sua participação na causação do evento danoso.

A escolha da responsabilidade civil pelo legislador foi clara na leitura do artigo 12, isto é, ela é objetiva (*independente da existência de culpa*). O fato do produto exibe natureza extrínseca, por causar danos morais, materiais, estéticos e, inclusive, a perda de uma chance ao consumidor. O defeito do produto pode ser causado por um erro de concepção ou de comercialização. Exemplo: há pouco tempo um veículo automotor não mostrava orientação de como manusear determinada peça, e ela estava decepando o dedo do consumidor. Outro episódio bastante divulgado foi o de uma geleia bem conhecida, em que uma senhora deu algumas colheradas a seus filhos e, logo depois, eles morreram. Foi constatada na perícia que havia raticida no produto.

E o nosso Tribunal da Cidadania?

Dano moral. Preservativo em extrato de tomate

A Turma manteve a indenização de R$ 10.000,00 por danos morais para a consumidora que encontrou um preservativo masculino no interior de uma lata de extrato de tomate, visto que o fabricante tem responsabilidade objetiva pelos produtos que disponibiliza no mercado, ainda que se trate de um sistema de fabricação totalmente automatizado, no qual, em princípio, não ocorre intervenção humana. O fato de a consumidora ter dado entrevista aos meios de comunicação não fere seu direito à indenização; ao contrário, divulgar tal fato, demonstrando a justiça feita, faz parte do processo de reparação do mal causado, exercendo uma função educadora. Precedente: REsp 1.239.060-MG, DJe 18/5/2011. REsp 1.317.611/RS, Min. Rel. NANCY ANDRIGHI, julgado em 12.06.2012. (ver Informativo nº 499)

Defeito de fabricação. Relação de consumo. Ônus da prova.

No caso, houve um acidente de trânsito causado pela quebra do banco do motorista, que reclinou, determinando a perda do controle do automóvel e a colisão com uma árvore. A fabricante alegou cerceamento de defesa, pois não foi possível uma perícia direta no automóvel para verificar o defeito de fabricação, em face da perda total do veículo e venda do casco pela seguradora. Para a Turma, o fato narrado amolda-se à regra do artigo 12 do CDC, que contempla a responsabilidade pelo fato do produto. Assim, considerou-se correta a inversão do ônus da prova, atribuído pelo próprio legislador ao fabricante. Para afastar sua responsabilidade, a montadora deveria ter tentado, por outros meios, demonstrar a inexistência do defeito ou a culpa exclusiva do consumidor, já que outras provas confirmaram o defeito do banco do veículo e sua relação de causalidade com o evento dano-

so. Além disso, houve divulgação de recall pela empresa meses após o acidente, chamado que englobou, inclusive, o automóvel sinistrado, para a verificação de possível defeito na peça dos bancos dianteiros. Diante de todas as peculiaridades, o colegiado não reconheceu cerceamento de defesa pela impossibilidade de perícia direta no veículo sinistrado. Precedente citado: REsp 1.036.485-SC, DJe 5/3/2009. REsp 1.168.775/RS, Rel. Min. PAULO DE TARSO SANSEVERINO, julgado em 10/4/2012. (ver Informativo nº 495)

Deve ser dito que consoante proposta do texto legislativo narrado, o comerciante fora excluído da lista do artigo 12. Indaga-se: ***Por que o comerciante foi excluído dessa via principal?*** Justamente por ele não possuir o controle sobre a concepção do produto. Dessa maneira, o CDC lhe atribui uma responsabilidade subsidiária. Seria assim em toda e qualquer hipótese? Não, somente no caso do fato do produto.

Tema de grande conotação, abordado no artigo 12, § 3º, são as excludentes de responsabilidade. Percebe-se que não foram citados o caso fortuito e a força maior. Por essa razão, para as provas objetivas siga o rol do artigo, apesar de não advogar no sentido de ser esse rol taxativo.

Qual seria o prazo para a propositura da Ação Indenizatória no caso do fato do produto? São cinco anos prescricionais do conhecimento do dano e de sua autoria. O fato do serviço possui previsão nos artigos 14 e 27. Examine:

Artigo 14. *O fornecedor de serviços responde, independentemente da existência de culpa, pela reparação dos danos causados aos consumidores por defeitos relativos à prestação dos serviços, bem como por informações insuficientes ou inadequadas sobre sua fruição e riscos.*

§ 1º. O serviço é defeituoso quando não fornece a segurança que o consumidor dele pode esperar, levando-se em consideração as circunstâncias relevantes, entre as quais:

I – o modo de seu fornecimento;

II – o resultado e os riscos que razoavelmente dele se esperam;

III – a época em que foi fornecido.

§ 2º. O serviço não é considerado defeituoso pela adoção de novas técnicas.

§ 3º .O fornecedor de serviços só não será responsabilizado quando provar:

I – que, tendo prestado o serviço, o defeito inexiste;

II – a culpa exclusiva do consumidor ou de terceiro.

§ 4º. A responsabilidade pessoal dos profissionais liberais será apurada mediante a verificação de culpa.

Assim como previsto no artigo 12, no caso de fato do serviço a responsabilidade será objetiva por uma escolha legal; no entanto, existe uma exceção a esse

PARTE ESPECIAL

respeito expressa pela lei do CDC no artigo 14, § 4º. Dessa forma, a responsabilidade do profissional liberal será apurada mediante a verificação de culpa.

Outra questão importante é a da responsabilidade dos participantes na cadeia de consumo. ***É possível fazer as mesmas observações proferidas no artigo 12?*** Não. Nesse caso, há diferença quanto à responsabilidade civil, pois no fato do produto, o CDC especificou quem são os responsáveis, e, ao falar no fato do serviço, apenas citou o vocábulo fornecedor. Conclui-se que, no fato do serviço, todos os participantes da cadeia de consumo respondem solidariamente.

Um exemplo clássico de fato do serviço está contido na Súmula nº 370 do STJ, que dispõe que ***"Caracteriza dano moral a apresentação antecipada de cheque pré-datado."***

E o nosso Tribunal da Cidadania?

Consumidor. Recurso especial. Ação de compensação por danos morais. Embargos de declaração. Omissão, contradição ou obscuridade. Não ocorrência. Recusa indevida de pagamento com cartão de crédito. Responsabilidade solidária. "Bandeira"/ marca do cartão de crédito. Legitimidade passiva. Reexame de fatos e provas. Incidência da Súmula nº 7 do STJ.

– Ausentes os vícios do artigo 535 do Código de Processo Civil [corresponde ao art. 1.022, CPC/15], rejeitam-se os embargos de declaração.

– O artigo 14 do CDC estabelece regra de responsabilidade solidária entre os fornecedores de uma mesma cadeia de serviços, razão pela qual as "bandeiras"/marcas de cartão de crédito respondem solidariamente com os bancos e as administradoras de cartão de crédito pelos danos decorrentes da má prestação de serviços.

– É inadmissível o reexame de fatos e provas em recurso especial.

– A alteração do valor fixado a título de compensação por danos morais somente é possível, em recurso especial, nas hipóteses em que a quantia estipulada pelo Tribunal de origem revela-se irrisória ou exagerada.

Recurso especial não provido. (REsp nº 1029454/RJ, Rel. Min. NANCY ANDRIGHI, TERCEIRA TURMA, julgado em 01.10.2009, DJe, 19.10.2009) (ver Informativo nº 409)

Agravo regimental. Agravo em recurso especial. Responsabilidade civil. Cheque pré-datado. Apresentação antecipada. Danos morais. Súmula 370/STJ. Quantum indenizatório. Razoabilidade. Reexame do conjunto fático-probatório. Impossibilidade. Súmula 7/STJ. Decisão agravada mantida. Improvimento.

1 – Ultrapassar os fundamentos do Acórdão demandaria, inevitavelmente, o reexame de provas, incidindo, à espécie, o óbice da Súmula 7 desta Corte.

2 – O posicionamento adotado pelo colegiado de origem se coaduna com a jurisprudência desta Corte, que é pacífica no sentido de que a apresentação antecipada de cheque pré-datado gera o dever de indenizar por dano moral, conforme o enunciado 370 da Súmula desta Corte.

3 - É possível a intervenção desta Corte para reduzir ou aumentar o valor indenizatório por dano moral apenas nos casos em que o quantum arbitrado pelo Acórdão recorrido se mostrar irrisório ou exorbitante, situação que não se faz presente no caso em tela, em que a indenização foi fixada em R$ 5.000,00 (cinco mil reais).

4 - O Agravo não trouxe nenhum argumento novo capaz de modificar a conclusão alvitrada, a qual se mantém por seus próprios fundamentos.

5 - Agravo Regimental improvido. (AgRg nos EDcl no AREsp 17440 / SC, Rel. Min. SIDNEI BENETI, TERCEIRA TURMA, julgado em 15.09.2011, DJe 26/10/2011)

Direito do consumidor. Danos morais. Devolução de cheque por motivo diverso.

É cabível a indenização por danos morais pela instituição financeira quando cheque apresentado fora do prazo legal e já prescrito é devolvido sob o argumento de insuficiência de fundos. *Considerando que a Lei nº 7.357/1985 diz que a "a existência de fundos disponíveis é verificada no momento da apresentação do cheque para pagamento" (artigo 4º, § 1º) e, paralelamente, afirma que o título deve ser apresentado para pagamento em determinado prazo (artigo 33), impõe-se ao sacador (emitente), de forma implícita, a obrigação de manter provisão de fundos somente durante o prazo de apresentação do cheque. Com isso, evita-se que o sacador fique obrigado em caráter perpétuo a manter dinheiro em conta para o seu pagamento. Por outro lado, a instituição financeira não está impedida de proceder à compensação do cheque após o prazo de apresentação se houver saldo em conta. Contudo, não poderá devolvê-lo por insuficiência de fundos se a apresentação tiver ocorrido após o prazo que a lei assinalou para a prática desse ato. Ademais, de acordo com o Manual Operacional da Compe (Centralizadora da Compensação de Cheques), o cheque deve ser devolvido pelo "motivo 11" quando, em primeira apresentação, não tiver fundos e, pelo "motivo 12", quando não tiver fundos em segunda apresentação. Dito isso, é preciso acrescentar que só será possível afirmar que o cheque foi devolvido por falta de fundos quando ele podia ser validamente apresentado. No mesmo passo, vale destacar que o referido Manual estabelece que o cheque sem fundos [motivos 11 e 12] somente pode ser devolvido pelo motivo correspondente. Diante disso, se a instituição financeira fundamentou a devolução de cheque em insuficiência de fundos, mas o motivo era outro, resta configurada uma clara hipótese de defeito na prestação do serviço bancário, visto que o banco recorrido não atendeu a regramento administrativo baixado de forma cogente pelo órgão regulador; configura-se, portanto, sua responsabilidade objetiva pelos danos deflagrados ao consumidor, nos termos do artigo 14 da Lei nº 8.078/1990. Tal conclusão é reforçada quando, além de o cheque ter sido apresentado fora do prazo, ainda se consumou a prescrição. REsp 1.297.353-SP, Rel. Min. SIDNEI BENETI, julgado em 16/10/2012.*

Sobre o tema, veja entendimento sumulado:

Súmula nº 388 do STJ: "A simples devolução indevida de cheque caracteriza dano moral."

ATENÇÃO! Sobre o tema, observe a recente Súmula nº 572, do STJ, dispondo que:

"O Banco do Brasil, na condição de gestor do Cadastro de Emitentes de Cheques sem Fundos (CCF), não tem a responsabilidade de notificar previamente o devedor acerca da sua inscrição no aludido cadastro, tampouco legitimidade passiva para as ações de reparação de danos fundadas na ausência de prévia comunicação."

CDC. Seguro automotivo. Oficina credenciada. Danos materiais e morais.

A Turma, aplicando o Código de Defesa do Consumidor, decidiu que a seguradora tem responsabilidade objetiva e solidária pela qualidade dos serviços executados no automóvel do consumidor por oficina que indicou ou credenciou. Ao fazer tal indicação, a seguradora, como fornecedora de serviços, amplia a sua responsabilidade aos consertos realizados pela oficina credenciada. Quanto aos danos morais, a Turma entendeu que o simples inadimplemento contratual, má qualidade na prestação do serviço, não gera, em regra, danos morais por caracterizar mero aborrecimento, dissabor, envolvendo controvérsia possível de surgir em qualquer relação negocial, sendo fato comum e previsível na vida social, embora não desejável nos negócios contratados. Precedentes citados: REsp 723.729-RJ, DJ 30/10/2006, e REsp 1.129.881-RJ, DJe 19/12/2011. REsp 827.833/MG, Rel. Min. RAUL ARAÚJO, julgado em 24/4/2012.

A quebra da confiança e da lealdade nesse contexto rompe a boa-fé objetiva e gera o chamado dano moral *in re ipsa*, ou seja, presumido. Outro caso pode ser mencionado: quando um paciente é encaminhado para fazer um exame em uma determinada clínica e sai contaminado por algum vírus.

Diante da ocorrência de dano causado ao consumidor por uma falha na prestação do serviço, o fornecedor pode sugerir alguma excludente para romper o nexo causal e consequentemente afastar a sua responsabilidade? Sim. Valem as mesmas observações feitas para o artigo 12, § 3º, pois no artigo 14, § 3º, também não foram citados o caso fortuito e a força maior no rol de excludentes de responsabilidade.

ATENÇÃO! Nunca esquecer! Os prazos do vício para a propositura da ação são decadenciais (30 dias para produtos/serviços não duráveis e 90 dias para produtos/serviços duráveis). Fica uma dica: Observe a Súmula 477 do STJ. Já o prazo para o fato (acidente de consumo) é prescricional (5 anos do conhecimento do dano e sua autoria). Outra dica: Leia a Súmula 469 e 479 STJ.

IMPORTANTE! As Convenções de Varsóvia e de Montreal limitam a indenização em caso de perda/extravio de bagagem ou atraso de voo em viagens internacionais. Porém, diante do

CDC, não prevalece mais a tarifação limitada em respeito ao direito básico da reparação integral dos danos (art. 6º, VI, da Lei nº 8.078/1990).

Sobre o tema, referente à Recursão Geral no RE nº 636.331, STF, que tratava da antinomia entre a Convenção de Varsóvia e o CDC no caso de indenização por extravio de bagagem em voo internacional, recentemente, em respeito ao julgamento conjunto do RE n. 636331 e ARE n. 766.618, o Plenário do STF por maioria de votos, firmou a seguinte tese: "Nos termos do art. 178 da Constituição da República, as normas e os tratados internacionais limitadores da responsabilidade das transportadoras aéreas de passageiros, especialmente as Convenções de Varsóvia e Montreal, têm prevalência em relação ao Código de Defesa do Consumidor"

Na mesma decisão, no que tange ao prazo prescricional para a propositura da ação indenizatória, entendeu-se pela aplicação das regras internacionais, que determinam o prazo de 2 anos a contar da chegada do voo ao local de destino ou que deveria chegar.

Na mesma decisão, no que tange ao prazo prescricional para a propositura da ação indenizatória, entendeu-se pela aplicação das regras internacionais, que determinam o prazo de 2 anos a contar da chegada do voo ao local de destino ou que deveria chegar.

ATENÇÃO! Qual seria o juízo competente para a propositura da ação indenizatória por fato e vício? O consumidor poderá, facultativamente, propor a ação tanto em seu domicílio quanto no do Réu, por força da regra dos artigos 101, inciso I, e 6º, inciso VII, ambos do CDC.

❖ **Observe como a matéria referente ao fato do produto e do serviço foi abordada nos Exames:**

XXI Exame

➢ A peça prático-profissional trouxe questão relativa a acidente de consumo por fato do produto, a peça processual é a apelação, fundamentando o direito material nos arts. 2º, caput, 12, caput e § 1º, 17, 27, todos do CDC e art. 198, inciso I, do CC.

XIX Exame

➢ A peça prático-profissional trouxe questão relativa a acidente de consumo por vício e fato do produto, a peça processual é a apelação, fundamentando

PARTE ESPECIAL

o direito material nos arts. 3º, 7º. § único, 12, caput e § 1º, 18, 25, § 1º, 26, § 2º, inciso I, 27, todos do CDC.

XVII Exame

O famoso atleta José da Silva, campeão pan-americano da prova de 200 m no atletismo, inscreveu-se para a Copa Rio de Atletismo – RJ, 2015. O torneio previa, como premiação aos campeões de cada modalidade, a soma de R$ 20.000,00. Todos os especialistas no esporte estimavam a chance de vitória de José superior a 80%. Na semana que antecedeu a competição, o atleta, domiciliado no estado de Minas Gerais, viajou para a cidade do Rio de Janeiro para treinamento e reconhecimento dos locais de prova. Na véspera do evento esportivo, José sofreu um grave acidente, tendo sido atropelado por um ônibus executivo da sociedade empresária D Ltda., com sede em São Paulo. O serviço de transporte executivo é explorado pela sociedade empresária D Ltda. de forma habitual, organizada profissionalmente e remunerada. Restou evidente que o acidente ocorreu devido à distração do condutor do ônibus. Em virtude do ocorrido, José não pôde competir no aludido torneio. O atleta precisou de atendimento médico-hospitalar de emergência, tendo realizado duas cirurgias e usado medicamentos. No processo de reabilitação, fez fisioterapia para recuperar a amplitude de movimento das pernas e dos quadris. Sobre a situação descrita, responda aos itens a seguir.

A) **Que legislação deve ser aplicada ao caso e como deverá responder a sociedade empresária D Ltda.? Quais os danos sofridos por José?**

Trata-se de uma relação de consumo, na qual José se qualifica juridicamente como consumidor por equiparação, vítima de acidente de consumo, conforme o Art. 17 do CDC. A sociedade empresária D Ltda. enquadra-se na condição de fornecedora de serviços conforme o Art. 3º, § 2º, do CDC. Assim, deve-se aplicar o CDC e a responsabilidade civil será objetiva, nos termos do Art. 14 do CDC, bem como no Art. 37, § 6º, da Constituição da República, por tratar-se de prestadora de serviço público.

Quanto aos danos suportados pelo corredor, verifica-se a ocorrência da perda de uma chance. Trata-se da frustração da probabilidade de obter o prêmio da Copa Rio de Atletismo. A situação revela que a chance se revestia das características jurídicas de séria e real, e, assim, deverá ser reparada. Além da perda da chance, deverão ser indenizados os danos morais pela violação da integridade física e os danos emergentes decorrentes dos tratamentos médicos (Art. 402 do CC).

B) **Qual o prazo para o ajuizamento da demanda reparatória? É possível fixar a competência do juízo em Minas Gerais?**

O prazo prescricional será de cinco anos, como prevê o Art. 27 do CDC. O regime de consumo autoriza o ajuizamento da ação no domicílio do autor, conforme previsto no Art. 101, I, do CDC. Portanto, José poderá optar pela demanda, em Minas Gerais.

XV Exame

Heitor, residente em Porto Alegre/RS, firmou, em 10/05/2010, com a Sociedade W S/A, sediada na cidade de São Paulo/SP, contrato de seguro de seu veículo automotor. A apólice prevê cobertura para sinistros ocorridos em todo o país. Em 18/12/2010, Heitor, passeando pela cidade de Salvador/BA, teve seu veículo furtado no estacionamento gratuito do Shopping B. Com base em tal situação, responda aos itens a seguir, utilizando os argumentos jurídicos apropriados e a fundamentação legal pertinente ao caso.

A) Caso Heitor acione a Sociedade W S/A, visando a receber o valor do bem segurado, e a seguradora se negue a cobrir os danos sofridos, alegando não haver cobertura securitária para o infortúnio, poderá Heitor demandar a seguradora na Comarca de Porto Alegre/RS?

Heitor poderá ajuizar ação de cobrança em face da Seguradora na Comarca de Porto Alegre/RS, em razão da regra de foro especial para o autor da demanda, nos termos do Art. 101, inciso I, do CDC

B) O Shopping B possui o dever de ressarcir Heitor pelo furto de seu veículo?

Segundo atual entendimento do Superior Tribunal de Justiça, o shopping que oferecer estacionamento privativo aos consumidores, mesmo que de forma gratuita, é responsável pela segurança tanto do veículo como do cliente. Nos termos do Art. 14, do Código de Defesa do Consumidor e da Súmula nº 130, do STJ, o shopping responderá objetivamente pela reparação dos danos acarretados a Heitor. Nestes casos, há falha no fornecimento da segurança, havendo responsabilidade do shopping pelo fato ou defeito do serviço, não se podendo aplicar a regra de exclusão de responsabilidade baseada na força maior. Tal argumento também está escorado no Princípio da Boa-Fé, na forma do Art. 422, do Código Civil.

XIV Exame

Em 10 de abril de 2013, Paula adquiriu em uma loja de eletrodomésticos um secador de cabelos de última geração. Ao tentar utilizá-lo pela primeira vez, o aparelho explodiu, causando-lhe queimaduras severas na mão direita, que empunhava o secador. Em 10 de setembro de 2013, Paula propôs ação judicial em face de Dryhair S/A, fabricante do aparelho, postulando a reparação de danos extrapatrimoniais. Em sua defesa, a fabricante invocou o transcurso do prazo decadencial de 90 dias para a reclamação de vícios de produtos duráveis. Diante da situação descrita acima, responda, fundamentadamente, aos itens a seguir.

A) A alegação de decadência é procedente?

PARTE ESPECIAL

Não. O caso não é de vício do produto, mas de fato do produto. O prazo prescricional aplicável à hipótese é quinquenal previsto no Art. 27 do Código de Proteção e Defesa do Consumidor

B) Se as partes tivessem estabelecido no contrato de aquisição do produto um limite de R$ 30.000,00 para eventuais indenizações, tal cláusula seria válida no direito brasileiro?

Não. A cláusula que limita a responsabilidade por fato ou vício do produto perante consumidor pessoa natural é inválida no direito brasileiro, consoante o disposto no Código de Proteção e Defesa do Consumidor, artigos 25 e 51, I.

XII Exame

Martha foi convidada para participar, como palestrante, de um Congresso que ocorreria no Uruguai. Após confirmar a sua participação no evento, Martha decide comprar suas passagens pela Internet no site de uma famosa companhia aérea. Como não possuía voo direto que a levasse de Goiás para o Uruguai, Martha adquire um voo com escala em São Paulo. No dia da viagem, ao chegar a São Paulo, lugar onde teria que fazer a troca de aeronave, a passageira é informada a respeito do cancelamento de seu voo para o Uruguai. Preocupada, Martha indaga se seria possível realocá-la em outra aeronave, mas recebe a notícia de que somente decolariam novos voos para o Uruguai no dia seguinte, ou seja, após o evento do qual participaria. Inconformada com a perda do Congresso, Martha propõe uma ação no juizado especial cível de seu domicílio, postulando a reparação por danos morais e materiais em face da sociedade empresária. Em sede de contestação, a referida sociedade empresária alega não possuir culpa, não havendo, portanto, responsabilidade. Com base no exposto, responda, fundamentadamente, aos itens a seguir.

A) O argumento utilizado pela sociedade empresária em sede de contestação está correto?

O argumento utilizado pela empresa não está correto. Preliminarmente, o candidato deve identificar que, no caso em tela, a responsabilidade é objetiva. Para fundamentar tal afirmação deverá informar que a questão versa sobre hipótese a ser guiada pelo Código de Defesa do Consumidor. O referido diploma, em seu Art. 14, estabelece que o fornecedor de serviços responde, independentemente da existência de culpa, pela reparação dos danos causados aos consumidores por defeitos relativos à prestação dos serviços, bem como por informações insuficientes ou inadequadas sobre sua fruição e riscos. O dever de informação consta também do Inciso III do Art. 6º, do CDC. Alternativamente, poderá indicar como fundamento o tratamento que o Código Civil confere ao contrato de transporte (Art. 734 e seguintes).

B) Suponha que Martha, ciente da data da audiência de instrução e julgamento, não compareça e não comprove que a sua ausência decorreu por motivo de força maior. Nesse caso, qual atitude deve ser tomada pelo juiz?

Deverá haver extinção do processo sem resolução do mérito, consoante estabelece o Art. 51, inciso I da Lei n. 9.099/95. Ademais, considerando que a ausência da autora não foi justificada, deverá haver pagamento de custas por parte desta, consoante § 2º do Art. 51 do mesmo diploma legal.

XI Exame

Dr. João, médico clínico geral, atende em seu consultório há vinte anos, sem ter constituído qualquer empresa, atuando, portanto, como profissional liberal. Levando-se em conta a responsabilização civil dos profissionais liberais, responda, de forma justificada, aos itens a seguir.

A) A relação de Dr. João com seus pacientes ostenta a natureza jurídica de relação de consumo?

O examinando deve responder positivamente à indagação. Pode ser tida como relação de consumo, pois Dr. João é uma pessoa física que presta serviços médicos, enquadrando-se no conceito de fornecedor do Art. 3º, da Lei n. 8.078/90 (CDC), e os seus pacientes são destinatários finais dos serviços prestados por Dr. João, ostentando a natureza jurídica de consumidores, nos termos do Art. 2º, da Lei n. 8.078/90 (CDC).

B) Neste caso, a responsabilidade civil do Dr. João deve ser subjetiva ou objetiva?

O examinando deve destacar que apesar de se tratar de relação de consumo, o próprio Art. 14, § 4º, da Lei n. 8.078/90 (CDC) estabelece que a responsabilização civil dos profissionais liberais é subjetiva, ou seja, impõe a comprovação do elemento culpa.

C) Em eventual demanda envolvendo Dr. João e um paciente seu, poderia ser aplicada a inversão do ônus da prova fundada na teoria da carga dinâmica da prova?

O examinando deve responder positivamente à indagação, desde que presentes os requisitos legais estabelecidos no Art. 6º, VIII, da Lei n. 8.078/90 (CDC), já que se trata de relação de consumo e este é um direito básico do consumidor que não pode ser afastado pela responsabilidade subjetiva dos profissionais liberais previstas no Art. 14, § 4º, do CDC.

X Exame

Joaquim estava irresignado porque não encontrava mais seu vinho favorito à venda. Conversando com Manuel, dono de um estabelecimento comercial perto de sua residência, o mesmo lhe informou que aquele vinho não era mais entregue pelo fornecedor, mas que vendia outro muito bom, melhor que o apreciado por

PARTE ESPECIAL

Joaquim. O vinho não possuía qualquer informação no rótulo além de seu nome, mas, Joaquim resolveu comprá-lo diante dos elogios feitos por Manuel. Chegando à sua residência, ao tentar abrir a bebida, o vidro se estilhaça e atinge o olho de Joaquim, causando-lhe uma lesão irreparável na córnea. Joaquim tenta, então, conversar com Manuel sobre o ocorrido, mas o mesmo afirma que não possui qualquer responsabilidade. Ajuíza, então, ação em face de Manuel, pleiteando reparação por danos materiais. Oferecida a defesa, Manuel alega que não possui qualquer responsabilidade e que não seria parte legítima, por ser apenas o vendedor do produto. A respeito desta hipótese, responda, fundamentadamente:

A) Merecem prosperar as alegações de Manuel?

O examinando deve identificar que se trata de fato, e não de vício do produto, pelo mesmo apresentar um risco não esperado, e, não havendo informação sobre o produtor da bebida, Manuel, como comerciante será o responsável, nos termos do Art. 12, §1º, II, c/c Art. 13, I ou II, ambos do Código de Defesa do Consumidor, podendo ser responsabilizado civilmente pelo ocorrido.

B) Se Joaquim falecesse no curso do processo, como os herdeiros poderiam pleitear inclusão na relação processual?

O examinando deve identificar que, no caso de falecimento de Joaquim, para pleitearem o recebimento da quantia, os herdeiros deverão prosseguir no feito, requerendo a habilitação incidental nos próprios autos da ação reparatória em face de Manuel. Para isso, deverão juntar aos autos a prova do óbito de Joaquim e da qualidade de herdeiro.

VIII Exame

Marcelo, brasileiro, casado, advogado, residente e domiciliado na cidade do Rio de Janeiro/RJ, adquiriu um veículo zero quilômetro em 2005. Exatos seis anos depois da aquisição do referido automóvel, quando viajava com sua família em Natal/RN, o motor do carro explodiu, o que gerou um grave acidente, com sérias consequências para Marcelo e sua família bem como para dois pedestres que estavam no acostamento da rodovia. Apesar de ter seguido à risca o plano de revisão sugerido pela montadora do veículo, com sede em São Paulo/SP, um exame pericial no carro de Marcelo constatou claramente que o motor apresentava um sério defeito de fabricação que provocou o desgaste prematuro de determinadas peças e, consequentemente, a explosão. A respeito desta hipótese, responda, fundamentadamente:

A) Em relação aos danos sofridos por Marcelo e seus familiares, em que (ais) dispositivo (s) do Código de Defesa do Consumidor você enquadraria a responsabilidade do fabricante do veículo?

A hipótese trata da responsabilidade pelo fato do produto, prevista no art. 12 e seguintes do Código de Defesa do Consumidor, Lei n. 8.078/90. O produto é defeituoso quando não oferece a segurança que dele legitimamente se espera (art. 12, § 1º, do CDC), colocando em risco a integridade dos consumidores.

B) O fabricante pode, com êxito, alegar ter se escoado o prazo prescricional?

O prazo prescricional previsto para o pedido indenizatório no caso de fato do produto é de 5 (cinco) anos contados a partir do conhecimento do dano e de sua autoria (art. 27 do CDC). Assim é que, mesmo depois de 6 (seis) anos, Marcelo ainda conta com prazo para manejar ação de recomposição pelos danos sofridos.

C) Os terceiros lesados (dois pedestres) pelo acidente provocado pela explosão podem se valer das normas constantes do Código de Defesa do Consumidor para pleitear eventual recomposição pelos danos sofridos?

No caso da responsabilidade pelo fato do produto, equiparam-se aos consumidores todas as vítimas do evento lesivo (art. 17 do CDC), pelo que os pedestres podem se valer do CDC para fundamentar as suas demandas compensatórias.

D) Marcelo poderia propor a ação de responsabilidade civil da empresa fabricante na cidade do Rio de Janeiro? E na cidade de São Paulo?

O art. 101, I, do CDC, traz o benefício, para o consumidor de acionar o fornecedor no domicílio do autor, no caso na cidade do Rio de Janeiro/RJ. Mas esta é uma prerrogativa, da qual o consumidor pode abrir mão se quiser, podendo, também, propor a ação em São Paulo/SP, local da sede da empresa ré.

VII Exame

- A peça prático-profissional trouxe questão relativa a acidente de consumo por fato do serviço, peça cabível consiste em uma ação declaratória de inexistência de débito c/c obrigação de fazer e indenização por danos morais, e tem por fundamento legal os arts. 6º, VI, 14, 101, I, todos do CDC; art. 5º, V, X e XXXII da CRFB ou arts. 11, 12, 186 e 927 do CC.

2010. 2 Exame

Em março de 2008, Pedro entrou em uma loja de eletrodomésticos e adquiriu, para uso pessoal, um forno de microondas. Ao ligar o forno pela primeira vez, o aparelho explodiu e causou sérios danos à sua integridade física. Desconhecedor de seus direitos, Pedro demorou mais de dois anos para propor ação de reparação contra a fabricante do produto, o que somente ocorreu em junho de 2010. Em sua sentença, o juiz de primeiro grau acolheu o argumento da fabricante, julgando improcedente a demanda com base no Art. 26 do Código de Defesa do Consumidor, segundo o qual "o direito de reclamar pelos vícios aparentes ou de fácil constatação caduca em: (...) II - noventa dias, tratando-se de fornecimento de serviço e de

produtos duráveis." Afirmou, ademais, que o autor não fez prova do defeito técnico do aparelho. Com base nas normas do Código de Defesa do Consumidor, analise os fundamentos da sentença.

O candidato deve esclarecer, inicialmente, que se trata de fato do produto, e não de vício do produto. O prazo aplicável não é, portanto, o do Art. 26 do CDC, mas o do Art. 27, ou seja, cinco anos. O candidato deve, ainda, explorar a questão atinente à responsabilidade civil (Art. 12, caput e parágrafo 3º) e falar do instituto da inversão do ônus da prova em favor do consumidor, nos termos do Art. 6º, inciso VIII do CDC. Dessa forma, deve ser capaz de identificar e examinar criticamente esses dois fundamentos, e apresentar as razões legais que indicam a incorreção da decisão judicial. Ressalta-se que não basta a simples menção a um ou mais dispositivos do CDC. É necessário demonstrar a sua aplicabilidade, fundamentando analiticamente a resposta.

7. DA DESCONSIDERAÇÃO DA PERSONALIDADE JURÍDICA

Com fundamento no *princípio da separação patrimonial*, as pessoas jurídicas devem responder por suas obrigações com o seu patrimônio, não podendo a execução, como regra geral, adentrar no patrimônio particular dos sócios ou administradores.

> **ATENÇÃO!** Sobre este tema, ressaltamos a inovação processual trazida pelo CPC/15 que trata do Incidente de Desconsideração da Personalidade Jurídica, disposto nos arts. 133 e seguintes do novo diploma.

Todavia, em certos casos, o patrimônio dos sócios ou administradores pode ser executado com a devida aplicação da desconsideração (*disregard doctrine*). ***Desconsideração da personalidade jurídica é a suspensão episódica da eficácia do ato constitutivo.***

No artigo 28 do CDC consta o seguinte tema:

> **Artigo 28.** *O juiz poderá desconsiderar a personalidade jurídica da sociedade quando, em detrimento do consumidor, houver abuso de direito, excesso de poder, infração da lei, fato ou ato ilícito ou violação dos estatutos ou contrato social. A desconsideração também será efetivada quando houver falência, estado de insolvência, encerramento ou inatividade da pessoa jurídica provocados por má-administração.*
>
> § 1º. *(VETADO).*
>
> § 2º. *As sociedades integrantes dos grupos societários e as sociedades controladas, são subsidiariamente responsáveis pelas obrigações decorrentes deste código.*

§ 3º. As sociedades consorciadas são solidariamente responsáveis pelas obrigações decorrentes deste código.

§ 4º. As sociedades coligadas só responderão por culpa.

§ 5º. Também poderá ser desconsiderada a pessoa jurídica sempre que sua personalidade for, de alguma forma, obstáculo ao ressarcimento de prejuízos causados aos consumidores.

> **IMPORTANTE:** Uma excelente dica para esse tema é ler sobre a Teoria Menor na nossa jurisprudência. Tal teoria fora adotada pelo CDC, o que difere do Código Civil que adotou a Teoria Maior, no art. 50.

E o nosso Tribunal da *Cidadania?*

Responsabilidade civil e direito do consumidor. Recurso especial. Shopping Center de Osasco-SP. Explosão. Consumidores. Danos materiais e morais. Ministério Público. Legitimidade ativa. Pessoa jurídica. Desconsideração. Teoria maior e Teoria menor. Limite de responsabilização dos sócios. Código de Defesa do Consumidor. Requisitos. Obstáculo ao ressarcimento de prejuízos causados aos consumidores. Artigo 28, § 5º. *Considerada a proteção do consumidor um dos pilares da ordem econômica, e incumbindo ao Ministério Público a defesa da ordem jurídica, do regime democrático e dos interesses sociais e individuais indisponíveis, possui o Órgão ministerial legitimidade para atuar em defesa de interesses individuais homogêneos de consumidores, decorrentes de origem comum.* **A teoria maior da desconsideração,** *regra geral no sistema jurídico brasileiro, não pode ser aplicada com a mera demonstração de estar a pessoa jurídica insolvente para o cumprimento de suas obrigações. Exige-se, aqui, para além da prova de insolvência, ou a demonstração de desvio de finalidade (teoria subjetiva da desconsideração), ou a demonstração de confusão patrimonial (teoria objetiva da desconsideração).* **A teoria menor da desconsideração,** *acolhida em nosso ordenamento jurídico excepcionalmente no direito do consumidor e no direito ambiental, incide com a mera prova de insolvência da pessoa jurídica para o pagamento de suas obrigações, independentemente da existência de desvio de finalidade ou de confusão patrimonial. Para a teoria menor, o risco empresarial normal às atividades econômicas não pode ser suportado pelo terceiro que contratou com a pessoa jurídica, mas pelos sócios e/ou administradores desta, ainda que estes demonstrem conduta administrativa proba, isto é, mesmo que não exista qualquer prova capaz de identificar conduta culposa ou dolosa por parte dos sócios e/ou administradores da pessoa jurídica. A aplicação da teoria menor da desconsideração às relações de consumo está calcada na exegese autônoma do § 5º do artigo 28 do Código de Defesa do Consumidor, porquanto a incidência desse dispositivo não se subordina à demonstração dos requisitos previstos no caput do artigo indicado, mas apenas à prova de cau-*

sar, a mera existência da pessoa jurídica, obstáculo ao ressarcimento de prejuízos causados aos consumidores. Recursos especiais não conhecidos (REsp nº 279.273/SP, rel. Ministro Ari Pargendler, rel.ª p/Acórdão Ministra Nancy Andrighi, 3ª Turma, j. em 04.12.2003, DJ, 29.03.2004, p. 230)

❖ **Observe como a matéria referente à desconsideração da personalidade foi abordada nos Exames:**

XV Exame

➢ A peça prático-profissional trouxe questão relativa à desconsideração da personalidade jurídica e a peça processual cabível é o recurso especial para o STJ, e tem por fundamento legal os arts. 2º e 28 do CDC.

8. OFERTA

O conceito de oferta, bem como o *princípio da vinculação*, pode ser extraído da leitura do artigo 30 do CDC. Perceba:

> **Artigo 30.** *Toda informação ou publicidade, suficientemente precisa, veiculada por qualquer forma ou meio de comunicação com relação a produtos e serviços oferecidos ou apresentados, obriga o fornecedor que a fizer veicular ou dela se utilizar e integra o contrato que vier a ser celebrado.*

Deste modo, oferta divide-se em informação e publicidade. Importante observar que nem toda oferta vincula, mas somente aquela que for suficientemente precisa. Um exagero publicitário (*puffing*) não obriga o fornecedor. Diante disso, oferta suficientemente precisa é aquela que mostra termos claros/precisos e está dentro dos padrões praticados no mercado.

O *princípio da veracidade da oferta* está intimamente ligado à boa-fé objetiva, referido no artigo 31 da lei de proteção ao consumidor.

O artigo 32 da lei consumerista delimita a responsabilidade para o fabricante e importador no caso da reposição de peças, enquanto não cessar a fabricação ou a importação do produto. Uma vez suspensa a fabricação ou importação das peças, elas deverão ser mantidas por um tempo de vida útil. É o que dispõe a lei:

Caso ocorra venda por telefone ou reembolso postal, o CDC obriga a devida identificação do fabricante ou do importador para que fique caracterizada a transparência (art. 33).

A responsabilidade solidária dos fornecedores do produto ou serviço novamente é citada pela lei consumerista no artigo 34.

A regra anteriormente proposta se equipara à estudada no capítulo de responsabilidade civil desta obra, precisamente a do artigo 932, inciso III, do CC/2002. A responsabilidade civil aqui independe de culpa, em razão do risco da atividade.

Caso o fornecedor não cumpra com a oferta, quais medidas o consumidor poderá adotar? Essa resposta pode ser retirada da leitura do artigo 35 da legislação do CDC.

9. DA PUBLICIDADE

Na busca de fidelizar cada vez mais os consumidores, os fornecedores atuam de forma agressiva no mercado de consumo, exibindo publicidades muito criativas; porém, deve ser salientado que todo abuso será recriminado.

O artigo 36 da norma consumerista aborda o princípio da identificação obrigatória da publicidade, que determina:

> **Artigo 36.** *A publicidade deve ser veiculada de tal forma que o consumidor, fácil e imediatamente, a identifique como tal.*

Diante da regra expressa, a publicidade subliminar é vedada por ferir a transparência com o consumidor.

O legislador proibiu e conceituou a publicidade enganosa e abusiva no artigo 37, §§ 1º e 2º do CDC. Constate:

> **Artigo 37.** *É proibida toda publicidade enganosa ou abusiva.*
>
> § 1º. *É enganosa qualquer modalidade de informação ou comunicação de caráter publicitário, inteira ou parcialmente falsa, ou, por qualquer outro modo, mesmo por omissão, capaz de induzir em erro o consumidor a respeito da natureza, características, qualidade, quantidade, propriedades, origem, preço e quaisquer outros dados sobre produtos e serviços.*
>
> § 2º. *É abusiva, dentre outras a publicidade discriminatória de qualquer natureza, a que incite à violência, explore o medo ou a superstição, se aproveite da deficiência de julgamento e experiência da criança, desrespeita valores ambientais, ou que seja capaz de induzir o consumidor a se comportar de forma prejudicial ou perigosa à sua saúde ou segurança.*
>
> § 3º. *Para os efeitos deste código, a publicidade é enganosa por omissão quando deixar de informar sobre dado essencial do produto ou serviço.*

IMPORTANTE: Sugerimos decorar o art. 37, §§ 1º e 2.

ATENÇÃO! A publicidade enganosa poderá ocorrer de forma comissiva, ou seja, mencionando algo que não é verdadeiro, e omissiva, que significa deixar de transparecer uma essencialidade.

O princípio da inversão do ônus da prova fica claro com a leitura do artigo 38 do CDC, visto que se trata de uma das modalidades *ope legis*, isto é, não ocorre análise do critério subjetivo do magistrado. Avalie:

Artigo 38. *O ônus da prova da veracidade e correção da informação ou comunicação publicitária cabe a quem as patrocina.*

10. DAS PRÁTICAS ABUSIVAS

O art. 39 em seus incs. I a XIII traz rol exemplificativo com vedações de práticas abusivas ao fornecedor de produtos ou serviço.

Obs.: A grande novidade é a súmula 532 do STJ. A leitura é obrigatória.

10.1. Venda casada

A lei proíbe a "venda casada", que se aplica quando o fornecedor de produtos ou serviços associa o fornecimento destes a outro produto ou serviço. Infelizmente, os bancos praticam muito isso, como no exemplo de condicionar a contratação do cheque especial caso ele contrate outro seguro qualquer na instituição.

10.2. Venda quantitativa

Quando o consumidor chega a um estabelecimento ele está certo do que deseja adquirir, mas existem muitos outros que praticam a denominada venda quantitativa, que é a exigência de se adquirir produtos ou serviços em quantidade menor ou maior do que a desejada.

10.3. Recusa de atendimento

Caso o produto ou o serviço esteja disponibilizado e o fornecedor recusar o seu cumprimento, além de ocorrer prática abusiva, ficará configurado crime contra as relações de consumo, conforme prevê o artigo 7º da Lei nº 8.137/90, e infração à ordem econômica, diante do artigo 36, § 3º, inciso XI, da Lei nº 12.529/2011. Um exemplo clássico é aquele em que as lojas se negam a vender a roupa que se encontra na vitrine alegando que não podem retirá-la do manequim.

E o nosso Tribunal da Cidadania?

Direito civil e consumidor. Ilicitude na negativa de contratar seguro de vida.

A negativa pura e simples de contratar seguro de vida é ilícita, violando a regra do artigo 39, IX, do CDC. *Diversas opções poderiam substituir a simples negativa de contratar, como a formulação de prêmio mais alto ou ainda a redução de cobertura securitária, excluindo-se os sinistros relacionados à doença preexistente, mas* *não poderia negar ao consumidor a prestação de serviços. As normas expedidas pela Susep para regulação de seguros devem ser interpretadas em consonância com o mencionado dispositivo. Ainda que o ramo securitário consubstancie atividade de alta complexidade técnica, regulada por órgão específico, a contratação de seguros está inserida no âmbito das relações de consumo, portanto tem necessariamente de respeitar as disposições do CDC. A recusa da contratação é possível, como previsto na Circular Susep nº 251/2004, mas apenas em hipóteses realmente excepcionais. REsp 1.300.116/SP, Rel. Min. NANCY ANDRIGHI, julgado em 23/10/2012.*

10.4. Fornecimento de produto/serviço não solicitado

O fornecimento de produtos/serviços não solicitados configuram uma prática abusiva. ***O consumidor não** deve pagar pelo mesmo* e será considerado uma amostra grátis. Idêntica solução se aplica aos cartões de crédito não solicitados.

E o nosso Tribunal da Cidadania?

Direito do consumidor. Envio de cartão de crédito à residência do consumidor. Necessidade de prévia e expressa solicitação.

É vedado o envio de cartão de crédito, ainda que bloqueado, à residência do consumidor sem prévia e expressa solicitação. *Essa prática comercial é considerada abusiva nos moldes do artigo 39, III, do CDC, contrariando a boa-fé objetiva. O referido dispositivo legal tutela os interesses dos consumidores até mesmo no período pré-contratual, não sendo válido o argumento de que o simples envio do cartão de crédito à residência do consumidor não configuraria ilícito por não implicar contratação, mas mera proposta de serviço. REsp 1.199.117/SP, Rel. Min. PAULO DE TARSO SANSEVERINO, julgado em 18/12/2012.*

Sobre o tema, observe:

Súmula 532, do STJ: "Constitui prática comercial abusiva o envio de cartão de crédito sem prévia e expressa solicitação do consumidor, configurando-se ato ilícito indenizável e sujeito à aplicação de multa administrativa."

10.5. Aproveitamento da vulnerabilidade do consumidor

Conforme já estudado, a vulnerabilidade é a principal característica do consumidor, podendo ser: técnica, jurídica, fática ou real e informacional. Nesse caso, as práticas utilizadas pelos fornecedores que manipulam o consumidor para impor-lhe produtos ou serviços será abusiva.

10.6. Exigir vantagem excessiva

O § 1º do artigo 51 da norma consumerista traz essa ocorrência, quando está caracterizada a utilização do fornecedor da superioridade econômica.

PARTE ESPECIAL

10.7. Serviços sem orçamento

O tema orçamento é tratado no artigo 40 da lei de proteção ao consumidor.

Constitui prática abusiva o serviço realizado sem a prévia autorização do consumidor. Entretanto, poderá ser exonerado de sua responsabilidade o fornecedor que provar práticas anteriores, ou seja, que eram realizados serviços sem a prévia autorização do consumidor. Caso o consumidor alegue a abusividade, o fornecedor poderá alegar o rompimento da boa-fé objetiva (confiança e lealdade) e enfatizar a presença da *venire contra factum proprium* (comportamento contraditório).

10.8. Repasse de informações depreciativas

Esse intercâmbio de dados é considerado abusivo pela lei, assim nenhum fornecedor poderá repassar informações depreciativas sobre o consumidor.

10.9. Descumprir normas técnicas

O padrão de qualidade deverá sempre ser observado pelos fornecedores, sob pena da violação de um direito básico do consumidor. Um produto em desacordo com as normas técnicas pode gerar danos aos consumidores.

10.10. Recusa de venda direta ou à vista

Aquele consumidor que deseja adquirir um bem ou um serviço mediante o pronto pagamento deverá ter o seu direito atendido. Caso o fornecedor venha a descumprir a oferta, ele poderá valer-se da regra estipulada no artigo 84 da legislação do Código de Defesa do Consumidor.

10.11. Elevação dos preços sem justa causa de produtos e serviços

O aumento abusivo dos preços dos produtos e serviços de forma imotivada configura uma prática abusiva. Como exemplo, tem-se o julgamento no REsp nº 1.073.595/MG, que considerou o aumento abrupto nas parcelas de seguro de vida uma violação das normas consumeristas. Existe sim a possibilidade do aumento, desde que o mesmo seja realizado de forma adequada e respeitando um cronograma. O diverso disso não poderá prevalecer.

10.12. Inexistência de prazo para o cumprimento da obrigação

Visando colocar o consumidor no mesmo patamar de igualdade do fornecedor e firmar, portanto, uma função social do contrato, a lei estabelece como abusiva a não estipulação de prazo para o cumprimento de sua obrigação.

10.13. Aplicar fórmula ou reajuste diverso do legal

O fornecedor tem o dever de aplicar os índices legais ou mesmo aqueles que foram contratualmente acordados, sob pena de prática abusiva.

11. COBRANÇA DE DÍVIDAS

O fornecedor possui diversas formas de exigir do consumidor o adimplemento da obrigação, porém, nenhuma delas poderá ser feita de forma vexatória, enxovalhando a imagem daquele que é o vulnerável. Sobre a matéria ver os arts. 42, 42A e 71, CDC.

12. BANCO DE DADOS

São direitos dos consumidores em relação aos bancos de dados: *a) o acesso (art. 43,* caput e § 6º); *b) a informação (art. 43, § 2º); c) a retificação (art. 43, § 3º);* e *d) a exclusão (art. 43, §§ 1º e 5º).*

Atenção! Leitura obrigatória das Súmulas 323, 359, 385, 404, 548, 550 e 572, todas do STJ.

E o nosso Tribunal da Cidadania?

> **Cadastro de inadimplentes. Baixa da inscrição. Responsabilidade. Prazo.**
>
> *O credor é responsável pelo pedido de baixa da inscrição do devedor em cadastro de inadimplentes no prazo de cinco dias úteis, contados da efetiva quitação do débito, sob pena de incorrer em negligência e consequente responsabilização por danos morais. Isso porque o credor tem o dever de manter os cadastros dos serviços de proteção ao crédito atualizados. Quanto ao prazo, a Min. Relatora definiu-o pela aplicação analógica do artigo 43, § 3º, do CDC, segundo o qual o consumidor, sempre que encontrar inexatidão nos seus dados e cadastros, poderá exigir sua imediata correção, devendo o arquivista, no prazo de cinco dias úteis, comunicar a alteração aos eventuais destinatários das informações incorretas. O termo inicial para a contagem do prazo para baixa no registro deverá ser do efetivo pagamento da dívida. Assim, as quitações realizadas mediante cheque, boleto bancário, transferência interbancária ou outro meio sujeito a confirmação, dependerão do efetivo ingresso do numerário na esfera de disponibilidade do credor. A Min. Relatora ressalvou a possibilidade de estipulação de outro prazo entre as partes, desde que não seja abusivo, especialmente por tratar-se de contratos de adesão. Precedentes citados: REsp 255.269-PR, DJ 16/4/2001; REsp 437.234-PB, DJ 29/9/2003; AgRg no Ag 1.094.459-SP, DJe 1º/6/2009, e AgRg no REsp 957.880-SP, DJe 14/3/2012. REsp 1.149.998/RS, Rel. Min. NANCY ANDRIGHI, julgado em 7/8/2012.*

O caput do artigo 43 da lei do CDC menciona o direito do consumidor no acesso às informações existentes em cadastros, fichas, registros e dados pessoais e

de consumo arquivados sobre ele, mas de que forma ele vai ocorrer? Por meio do ***habeas data***, com fundamento no artigo 5º, inciso LXXII, da CF/88.

O artigo 86 do CDC que previa o *habeas data* foi vetado pelo Presidente da República. É válido citar o artigo 1º da Lei nº 9.507/97 que disciplina o seu procedimento.

Interessante frisar que os bancos de dados e cadastros relativos a consumidores, serviços de proteção ao crédito e congêneres são considerados entidades de caráter público.

> **ATENÇÃO!** Em contratos bancários, segundo a jurisprudência do STJ, alguns pontos devem ser observados para que ocorra o cancelamento ou abstenção da inscrição: abstenção da inscrição/manutenção em cadastro de inadimplentes, requerida em antecipação de tutela e/ou medida cautelar, somente será deferida se, cumulativamente: I) a ação for fundada em questionamento integral ou parcial do débito; II) houver demonstração de que a cobrança indevida se funda na aparência do bom direito e em jurisprudência consolidada do STF ou STJ; III) houver depósito da parcela incontroversa ou for prestada a caução fixada conforme o prudente arbítrio do juiz

> **IMPORTANTE!** Em recente alteração foi inserido o § 6º ao art. 43, do CDC, pela Lei nº 13.146/2015, que institui o Estatuto da Pessoa com Deficiência, dispondo que todas as informações de que trata o caput deste artigo devem ser disponibilizadas em formatos acessíveis, inclusive para a pessoa com deficiência, mediante solicitação do consumidor.

> **ATENÇÃO!** Sobre o tema, importante observar a Lei nº 12.414/2011 que disciplina a formação e consulta a **bancos de dados** com informações de adimplemento, de pessoas naturais ou de pessoas jurídicas, para formação de **histórico de crédito.**

❖ **Observe como a matéria referente ao banco de dados foi abordada nos Exames:**

XXII Exame

Danilo ajuizou ação cominatória com pedido de reparação por danos morais contra a financeira Boa Vida S/A, alegando ter sofrido dano extrapatrimonial em virtude da negativação equivocada de seu nome nos bancos de dados de proteção

ao crédito. Danilo sustenta e comprova que nunca atrasou uma parcela sequer do financiamento do seu veículo, motivo pelo qual a negativação de seu nome causou-lhe dano moral indenizável, requerendo, liminarmente, a retirada de seu nome dos bancos de dados e a condenação da ré à indenização por danos morais no valor de R$5.000,00. O juiz concedeu tutela provisória com relação à obrigação de fazer, apesar de reconhecer que não foi vislumbrado perigo de dano ou risco ao resultado útil do processo; contudo, verificou que a petição inicial foi instruída com prova documental suficiente dos fatos constitutivos do direito do autor, não havendo oposição do réu capaz de gerar dúvida razoável. Em sentença, o juiz julgou parcialmente procedentes os pedidos, condenando a ré à obrigação de retirar o nome do autor dos bancos de dados de proteção ao crédito, confirmando a tutela provisória, mas julgando improcedente o pedido de indenização, pois se constatou que o autor já estava com o nome negativado em virtude de anotações legítimas de dívidas preexistentes com instituições diversas, sendo um devedor contumaz. Em face do exposto, responda aos itens a seguir.

A) À luz da jurisprudência dos tribunais superiores, é correta a decisão do juiz que julgou improcedente o pedido de indenização por danos morais?

Sim; com apoio na jurisprudência consolidada no Superior Tribunal de Justiça, "da anotação irregular em cadastro de proteção ao crédito, não cabe indenização por dano moral quando preexistente legítima inscrição, ressalvado o direito ao cancelamento". É o que dispõe o teor da Súmula 385 do STJ.

B) Poderia o advogado requerer a tutela provisória mesmo constatando-se a inexistência de perigo de dano ou de risco ao resultado útil do processo?

Sim. Trata-se de tutela provisória de evidência, que dispensa a prova de perigo de dano ou de risco ao resultado útil do processo, quando "a petição inicial for instruída com prova documental suficiente dos fatos constitutivos do direito do autor, a que o réu não oponha prova capaz de gerar dúvida razoável", nos termos Art. 311, inciso IV, do CPC/15.

13. PROTEÇÃO CONTRATUAL

a) Princípio da transparência máxima (art. 46)

b) Princípio da interpretação mais favorável ao consumidor (art. 47)

c) Vinculação do fornecedor (art. 48)

d) Direito de arrependimento (art. 49)

e) Garantia contratual (art. 50)

f) Cláusulas Abusivas (art. 51)

E o nosso Tribunal da Cidadania?

PARTE ESPECIAL

Direito do consumidor. Administrativo. Normas de proteção e defesa do consumidor. Ordem pública e interesse social. Princípio da vulnerabilidade do consumidor. Princípio da transparência. Princípio da boa-fé objetiva. Princípio da confiança. Obrigação de segurança. Direito à informação. Dever positivo do fornecedor de informar, adequada e claramente, sobre riscos de produtos e serviços. Distinção entre informação-conteúdo e informação-advertência. Rotulagem. Proteção de consumidores hipervulneráveis. Campo de aplicação da Lei do glúten (Lei nº 8.543/92 ab-rogada pela Lei nº 10.674/03) e eventual antinomia com o artigo 31 do Código de Defesa do Consumidor. Mandado de segurança preventivo. Justo receio da impetrante de ofensa à sua livre iniciativa e à comercialização de seus produtos. Sanções administrativas por deixar de advertir sobre os riscos do glúten aos doentes celíacos. Inexistência de direito líquido e certo. Denegação da segurança. 1. *Mandado de Segurança Preventivo fundado em justo receio de sofrer ameaça na comercialização de produtos alimentícios fabricados por empresas que integram a Associação Brasileira das Indústrias da Alimentação – ABIA, ora impetrante, e ajuizado em face da instauração de procedimentos administrativos pelo PROCON/MG, em resposta ao descumprimento do dever de advertir sobre os riscos que o glúten, presente na composição de certos alimentos industrializados, apresenta à saúde e à segurança de uma categoria de consumidores – os portadores de doença celíaca.* 2. *A superveniência da Lei nº 10.674/03, que ab-rogou a Lei nº 8.543/92, não esvazia o objeto do mandamus, pois, a despeito de disciplinar a matéria em maior amplitude, não invalida a necessidade de, por força do artigo 31 do Código de Defesa do Consumidor – CDC, complementar a expressão "contém glúten" com a advertência dos riscos que causa à saúde e segurança dos portadores da doença celíaca. É concreto o justo receio das empresas de alimentos em sofrer efetiva lesão no seu alegado direito líquido e certo de livremente exercer suas atividades e comercializar os produtos que fabricam.* 3. *As normas de proteção e defesa do consumidor têm índole de "ordem pública e interesse social". São, portanto, indisponíveis e inafastáveis, pois resguardam valores básicos e fundamentais da ordem jurídica do Estado Social; daí a impossibilidade de o consumidor delas abrir mão ex ante e no atacado.* 4. *O ponto de partida do CDC é a afirmação do Princípio da Vulnerabilidade do Consumidor, mecanismo que visa a garantir igualdade formal-material aos sujeitos da relação jurídica de consumo, o que não quer dizer compactuar com exageros que, sem utilidade real, obstem o progresso tecnológico, a circulação dos bens de consumo e a própria lucratividade dos negócios.* 5. *O direito à informação, abrigado expressamente pelo artigo 5º, XIV, da Constituição Federal, é uma das formas de expressão concreta do Princípio da Transparência, sendo também corolário do Princípio da Boa-Fé Objetiva e do Princípio da Confiança, todos abraçados pelo CDC.* 6. *No âmbito da proteção à vida e saúde do consumidor, o direito à informação é manifestação autônoma da obrigação de segurança.* 7. *Entre os direitos básicos do consumidor, previstos no CDC, inclui-se exatamente a "informação adequada e clara sobre os diferentes produtos e serviços, com especificação correta de quantidade, características, composição, qualidade e preço, bem como sobre* os riscos que apresentem" (artigo 6º, III). 8. Informação adequada, nos termos do artigo 6º, III, do CDC, é aquela que se apresenta simultaneamente completa, gratuita e útil, vedada, neste último caso, a diluição da comunicação efetivamente relevante pelo uso de informações soltas, redundantes ou destituídas de qualquer serventia para o consumidor. 9. Nas práticas comerciais, instrumento que por excelência viabiliza a circulação de bens de consumo, "a oferta e apresentação de produtos ou serviços devem assegurar informações corretas, claras, precisas, ostensivas e em língua portuguesa sobre suas características, qualidades, quantidade, composição, preço, garantia, prazos de validade e origem, entre outros dados, bem como sobre os riscos que apresentam à saúde e segurança dos consumidores" (artigo 31 do CDC). 10. A informação deve ser correta (= verdadeira), clara (= de fácil entendimento), precisa (= não prolixa ou escassa), ostensiva (= de fácil constatação ou percepção) e, por óbvio, em língua portuguesa. 11. A obrigação de informação é desdobrada pelo artigo 31 do CDC, em quatro categorias principais, imbricadas entre si: a) informação-conteúdo (= características intrínsecas do produto e serviço), b) informação-utilização (= como se usa o produto ou serviço), c) informação-preço (= custo, formas e condições de pagamento), e d) informação-advertência (= riscos do produto ou serviço). 12. A obrigação de informação exige comportamento positivo, pois o CDC rejeita tanto a regra do caveat emptor como a subinformação, o que transmuda o silêncio total ou parcial do fornecedor em patologia repreensível, relevante apenas em desfavor do profissional, inclusive como oferta e publicidade enganosa por omissão. 13. Inexistência de antinomia entre a Lei nº 10.674/03, que surgiu para proteger a saúde (imediatamente) e a vida (mediatamente) dos portadores da doença celíaca, e o artigo 31 do CDC, que prevê sejam os consumidores informados sobre o "conteúdo" e alertados sobre os "riscos" dos produtos ou serviços à saúde e à segurança. 14. Complementaridade entre os dois textos legais. Distinção, na análise das duas leis, que se deve fazer entre obrigação geral de informação e obrigação especial de informação, bem como entre informação-conteúdo e informação-advertência. 15. O CDC estatui uma obrigação geral de informação (= comum, ordinária ou primária), enquanto outras leis, específicas para certos setores (como a Lei nº 10.674/03), dispõem sobre obrigação especial de informação (= secundária, derivada ou tópica). Esta, por ter um caráter mínimo, não isenta os profissionais de cumprirem aquela. 16. Embora toda advertência seja informação, nem toda informação é advertência. Quem informa nem sempre adverte. 17. No campo da saúde e da segurança do consumidor (e com maior razão quanto a alimentos e medicamentos), em que as normas de proteção devem ser interpretadas com maior rigor, por conta dos bens jurídicos em questão, seria um despropósito falar em dever de informar baseado no homo medius ou na generalidade dos consumidores, o que levaria a informação a não atingir quem mais dela precisa, pois os que padecem de enfermidades ou de necessidades especiais são frequentemente a minoria no amplo universo dos consumidores. 18. Ao Estado Social importam não apenas os vulneráveis, mas sobretudo os hipervulneráveis, pois são esses que, exatamente por serem mino-

ritários e amiúde discriminados ou ignorados, mais sofrem com a massificação do consumo e a "pasteurização" das diferenças que caracterizam e enriquecem a sociedade moderna. 19. Ser diferente ou minoria, por doença ou qualquer outra razão, não é ser menos consumidor, nem menos cidadão, tampouco merecer direitos de segunda classe ou proteção apenas retórica do legislador. 20. O fornecedor tem o dever de informar que o produto ou serviço pode causar malefícios a um grupo de pessoas, embora não seja prejudicial à generalidade da população, pois o que o ordenamento pretende resguardar não é somente a vida de muitos, mas também a vida de poucos. 21. Existência de lacuna na Lei nº 10.674/03, que tratou apenas da informação-conteúdo, o que leva à aplicação do artigo 31 do CDC, em processo de integração jurídica, de forma a obrigar o fornecedor a estabelecer e divulgar, clara e inequivocamente, a conexão entre a presença de glúten e os doentes celíacos. 22. Recurso Especial parcialmente conhecido e, nessa parte, provido. (REsp nº 586316/MG, Rel. Min. HERMAN BENJAMIN, SEGUNDA TURMA, julgado em 17.04.2007, DJe, 19.03.2009)

Consumidor. Direito à informação. *A questão posta no REsp cinge-se em saber se, a despeito de existir regulamento classificando como "sem álcool" cervejas que possuem teor alcoólico inferior a meio por cento em volume, seria dado à sociedade empresária recorrente comercializar seu produto, possuidor de 0,30g/100g e 0,37g/100g de álcool em sua composição, fazendo constar do seu rótulo a expressão "sem álcool". A Turma negou provimento ao recurso, consignando que, independentemente do fato de existir norma regulamentar que classifique como sendo "sem álcool" bebidas cujo teor alcoólico seja inferior a 0,5% por volume, não se afigura plausível a pretensão da fornecedora de levar ao mercado cerveja rotulada com a expressão "sem álcool", quando essa substância encontra-se presente no produto. Ao assim proceder, estaria ela induzindo o consumidor a erro e, eventualmente, levando-o ao uso de substância que acreditava inexistente na composição do produto e pode revelar-se potencialmente lesiva à sua saúde. Destarte, entendeu-se correto o tribunal a quo, ao decidir que a comercialização de cerveja com teor alcoólico, ainda que inferior a 0,5% em cada volume, com informação ao consumidor, no rótulo do produto, de que se trata de bebida sem álcool vulnera o disposto nos artigos 6º e 9º do CDC ante o risco à saúde de pessoas impedidas do consumo. REsp nº 1.181.066-RS, Rel. Min. Vasco Della Giustina (Desembargador convocado do TJ-RS), julgado em 15.03.2011. (ver Informativo nº 466)*

É abusiva a negativa do plano de saúde em cobrir as despesas de intervenção cirúrgica de gastroplastia necessária à garantia da sobrevivência do segurado. *A gastroplastia, indicada para o tratamento da obesidade mórbida, bem como de outras doenças dela derivadas, constitui cirurgia essencial à preservação da vida e da saúde do paciente segurado, não se confundindo com simples tratamento para emagrecimento. Os contratos de seguro-saúde são contratos de consumo submetidos a cláusulas contratuais gerais, ocorrendo a sua aceitação por simples adesão pelo segurado. Nesses contratos, as cláusulas seguem as regras de* *interpretação dos negócios jurídicos estandardizados, ou seja, existindo cláusulas ambíguas ou contraditórias, deve ser aplicada a interpretação mais favorável ao aderente, conforme o artigo 47 do CDC. Assim, a cláusula contratual de exclusão da cobertura securitária para casos de tratamento estético de emagrecimento prevista no contrato de seguro-saúde não abrange a cirurgia para tratamento de obesidade mórbida. Precedentes citados: REsp 1.175.616-MT, DJe 4/3/2011; AgRg no AREsp 52.420-MG, DJe 12/12/2011; REsp 311.509-SP, DJ 25/6/2001, e REsp 735.750-SP, DJe 16/2/2012. REsp 1.249.701/SC, Rel. Min. PAULO DE TARSO SANSEVERINO, julgado em 4/12/2012.*

14. DIREITO DE ARREPENDIMENTO

O ***direito de arrependimento*** veio estampado no artigo 49 da norma e trata-se de um direito potestativo do consumidor. A lei apresenta um prazo de 7 (sete) dias para ele refletir se deseja ou não ficar com o produto ou serviço, independente deste mostrar vício ou não. Tal direito somente poderá ser exercido se a compra tiver sido realizada ***fora do estabelecimento*** empresarial. Uma vez exercido o arrependimento, o consumidor irá ter o direito de reaver imediatamente tudo que pagou e ainda monetariamente atualizados.

15. DA GARANTIA CONTRATUAL

De acordo com o artigo 50 da legislação em estudo, a ***garantia contratual*** é complementar à legal e será conferida mediante termo escrito. O termo de garantia ou equivalente deve ser padronizado e esclarecer, de maneira adequada, em que ela consiste, bem como a forma, o prazo e o lugar em que pode ser exercitada e os ônus a cargo do consumidor, devendo ser-lhe entregue, devidamente preenchido pelo fornecedor, no ato do fornecimento, acompanhado de manual de instrução, de instalação e uso do produto em linguagem didática, com ilustrações.

O texto do artigo 24 diz que a ***garantia legal*** de adequação do produto ou serviço independe de termo expresso, vedada a exoneração contratual do fornecedor.

A garantia legal supracitada deverá respeitar os prazos do artigo 26 anteriormente analisado.

O STJ possui o seguinte entendimento: deve-se contar inicialmente com a garantia contratual e, finda a mesma, com a legal.

16. CLÁUSULAS ABUSIVAS

O rol do artigo 51 do CDC é exemplificativo, ou seja, ***numerus apertus***. Serão declaradas nulas de pleno direito as cláusulas que contrariem as normas estabelecidas na lei de proteção ao consumidor. Nesse sentido, por tratar o CDC de norma de ordem pública, qualquer cláusula que contrariá-lo poderá ser decretada de ofício pelo magistrado, porém não é esse o entendimento do STJ.

Importante:

Súmula nº 130, do STJ: *A empresa responde, perante o cliente, pela reparação de dano ou furto de veículo ocorridos em seu estacionamento.*

Súmula nº 302, do STJ: *É abusiva a cláusula contratual de plano de saúde que limita no tempo a internação hospitalar do segurado.*

Súmula 543, do STJ: "Na hipótese de resolução de contrato de promessa de compra e venda de imóvel submetido ao Código de Defesa do Consumidor, deve ocorrer a imediata restituição das parcelas pagas pelo promitente comprador – integralmente, em caso de culpa exclusiva do promitente vendedor/construtor, ou parcialmente, caso tenha sido o comprador quem deu causa ao desfazimento."

E o nosso Tribunal da Cidadania?

Direito processual civil e do consumidor. Convenção de arbitragem. Nulidade da cláusula.

É nula a cláusula que determine a utilização compulsória da arbitragem em contrato que envolva relação de consumo, ainda que de compra e venda de imóvel, salvo se houver posterior concordância de ambas as partes. *A Lei de Arbitragem dispõe que a pactuação do compromisso e da cláusula arbitral constitui hipótese de extinção do processo sem julgamento do mérito, obrigando a observância da arbitragem quando pactuada pelas partes com derrogação da jurisdição estatal. Tratando-se de contratos de adesão genéricos, a mencionada lei restringe a eficácia da cláusula compromissória, permitindo-a na hipótese em que o aderente tome a iniciativa de instituir a arbitragem ou de concordar expressamente com a sua instituição (artigo 4º, § 2º, da Lei nº 9.307/1996). O artigo 51, VII, do CDC estabelece serem nulas as cláusulas contratuais que determinem a utilização compulsória da arbitragem. Porém, o CDC veda apenas a adoção prévia e compulsória da arbitragem no momento da celebração do contrato, mas não impede que, posteriormente, diante de eventual litígio, havendo consenso entre as partes (em especial a aquiescência do consumidor), seja instaurado o procedimento arbitral. Portanto, não há conflito entre as regras dos artigos 51, VII, do CDC e 4º, § 2º, da Lei nº 9.307/1996; pois, havendo contrato de adesão que regule uma relação de consumo, deve-se aplicar a regra específica do CDC, inclusive nos contratos de compra e venda de imóvel. Assim, o ajuizamento da ação judicial evidencia, ainda que de forma implícita, a discordância do autor em se submeter ao procedimento arbitral. Precedente citado: REsp 819.519-PE, DJ 5/11/2007. REsp 1.169.841-RJ, Rel. Min. NANCY ANDRIGHI, julgado em 6/11/2012.*

17. DOS CONTRATOS DE CONCESSÃO DE CRÉDITO, FINANCIAMENTO E CONSÓRCIO

A matéria está disposta no art. 52 tratando dos requisitos para que o fornecedor informe prévia e adequadamente ao consumidor; trata das multas de mora decorrentes do inadimplemento de obrigações e assegura ao consumidor a liquidação antecipada do débito, total ou parcialmente, mediante redução proporcional dos juros e demais acréscimos.

Importante:

Súmula nº 283. *As empresas administradoras de cartão de crédito são instituições financeiras e, por isso, os juros remuneratórios por elas cobrados não sofrem as limitações da Lei de Usura.*

Súmula nº 285. *Nos contratos bancários posteriores ao Código de Defesa do Consumidor incide a multa moratória nele prevista.*

Súmula nº 287. *A Taxa Básica Financeira (TBF) não pode ser utilizada como indexador de correção monetária nos contratos bancários.*

Súmula nº 288. *A Taxa de Juros de Longo Prazo (TJLP) pode ser utilizada como indexador de correção monetária nos contratos bancários.*

Súmula nº 294. *Não é potestativa a cláusula contratual que prevê a comissão de permanência, calculada pela taxa média de mercado apurada pelo Banco Central do Brasil, limitada à taxa do contrato.*

Súmula nº 295. *A Taxa Referencial (TR) é indexador válido para contratos posteriores à Lei nº 8.177/91, desde que pactuada.*

Súmula nº 296. *Os juros remuneratórios, não cumuláveis com a comissão de permanência, são devidos no período de inadimplência, à taxa média de mercado estipulada pelo Banco Central do Brasil, limitada ao percentual contratado.*

Súmula nº 379. *Nos contratos bancários, não regidos por legislação específica, os juros moratórios poderão ser convencionados até o limite de 1% ao mês.*

Súmula nº 382. *A estipulação de juros remuneratórios superiores a 12% ao ano, por si só, não indica abusividade.*

Súmula nº 422. *O artigo 6º, e, da Lei nº 4.380/64 não estabelece limitação aos juros remuneratórios nos contratos vinculados ao SFH.*

Súmula nº 454. *Pactuada a correção monetária nos contratos do SFH pelo mesmo índice aplicável à caderneta de poupança, incide a taxa referencial (TR) a partir da vigência da Lei nº 8.177/91.*

Súmula nº 596, STF. *As disposições do Decreto nº 22.626 de 1933 não se aplicam às taxas de juros e aos outros encargos cobrados nas operações realizadas por instituições públicas ou privadas, que integram o sistema financeiro nacional.*

18. A COMPRA E VENDA DE IMÓVEIS E MÓVEIS

O art. 53 trata dos contratos de compra e venda de móveis ou imóveis mediante pagamento em prestações, bem como nas alienações fiduciárias em garantia, considerando nulas de pleno direito as cláusulas que estabeleçam a perda total das prestações pagas em benefício do credor que, em razão do inadimplemento, pleitear a resolução do contrato e a retomada do produto alienado. Estes serão expressos em moeda corrente nacional.

Sobre o tema, observe a Súmula nº 538, do STJ: "As administradoras de consórcio têm liberdade para estabelecer a respectiva taxa de administração, ainda que fixada em percentual superior a dez por cento."

19. DOS CONTRATOS DE ADESÃO

O art. 54 dispõe que: *"Contrato de adesão é aquele cujas cláusulas tenham sido aprovadas pela autoridade competente ou estabelecidas unilateralmente pelo fornecedor de produtos ou serviços, sem que o consumidor possa discutir ou modificar substancialmente seu conteúdo."*

20. DA DEFESA DO CONSUMIDOR EM JUÍZO

As ações individuais continuam a obedecer à sistemática do Código de Processo Civil. Em qualquer hipótese, a competência para ação se estabelecerá em benefício do autor (art. 101, inc. I, CDC), salvo se for coletiva, quando será competente a justiça estadual do local onde ocorreu o dano (art. 93, CDC). Se, contudo, o fornecedor for empresa pública federal, por exemplo, a competência será da justiça federal (art. 109, inc. I, CRFB/88).

20.1. Tutela dos interesses e direitos dos consumidores e das vítimas de danos (artigo 81 do CDC)

A lei de proteção ao Consumidor tomou o cuidado de definir os direitos e interesses coletivos *lato sensu* (sem fazer diferenciação entre ambos), a fim de esclarecer o âmbito de incidência da proteção judicial.

I – interesses ou direitos difusos: optou-se pelo critério da indeterminação dos titulares e da inexistência entre eles de relação jurídica-base, no aspecto subjetivo, e pela indivisibilidade do bem jurídico, no aspecto objetivo;

II – interesses ou direitos coletivos: essa relação jurídica-base é a preexistente à lesão ou ameaça do interesse ou direito do grupo, categoria ou classe de pessoas;

III – interesses ou direitos individuais homogêneos: "origem comum" não significa, necessariamente, uma unidade factual e temporal.

Essa divisão tripartida dos direitos coletivos criou uma até então nova categoria de direitos coletivos, os individuais homogêneos, que, na verdade, são individuais, porém, foram coletivizados para fins de ações coletivas. A jurisprudência atualmente reconhece categoricamente os interesses individuais homogêneos dos consumidores como aptos de proteção pela via das ações coletivas.

20.2. Legitimação ativa concorrente (artigo 82 do CDC)

Além do Ministério Público, as pessoas jurídicas de direito público também possuem legitimidade para a propositura de ações coletivas, bem como as entidades e os órgãos da Administração Pública, direta ou indireta, ainda que sem personalidade jurídica, especificamente destinados à defesa dos interesses e direitos.

20.3. Efetividade da tutela jurídica processual (artigo 83 do CDC)

Queridos leitores, para qualquer resolução de questão sobre o tema, necessária a leitura dos seguintes dispositivos:

> Art. 83. Para a defesa dos direitos e interesses protegidos por este código são admissíveis todas as espécies de ações capazes de propiciar sua adequada e efetiva tutela.
>
> Art. 84. Na ação que tenha por objeto o cumprimento da obrigação de fazer ou não fazer, o juiz concederá a tutela específica da obrigação ou determinará providências que assegurem o resultado prático equivalente ao do adimplemento.

20.4. Ações coletivas para a defesa de interesses individuais homogêneos

De acordo com o art. 91, do CDC:

> *Art. 91. Os legitimados de que trata o art. 82 poderão propor, em nome próprio e no interesse das vítimas ou seus sucessores, ação civil coletiva de responsabilidade pelos danos individualmente sofridos, de acordo com o disposto nos artigos seguintes.*

20.5. Coisa julgada coletiva

Nas ações coletivas a sentença fará coisa julgada e poderá ser *erga omnes* ou *ultra partes*.

Observe o texto legal:

> **Artigo 103.** *Nas ações coletivas de que trata este código, a sentença fará coisa julgada:*
>
> *I –* erga omnes, *exceto se o pedido for julgado improcedente por insuficiência de provas, hipótese em que qualquer legitimado poderá intentar outra ação, com idêntico fundamento valendo-se de nova prova, na hipótese do inciso I do parágrafo único do artigo 81;*

PARTE ESPECIAL

II – ultra partes, *mas limitadamente ao grupo, categoria ou classe, salvo improcedência por insuficiência de provas, nos termos do inciso anterior, quando se tratar da hipótese prevista no inciso II do parágrafo único do artigo 81;*

III – erga omnes, *apenas no caso de procedência do pedido, para beneficiar todas as vítimas e seus sucessores, na hipótese do inciso III do parágrafo único do artigo 81.*

§ *1º. Os efeitos da coisa julgada previstos nos incisos I e II não prejudicarão interesses e direitos individuais dos integrantes da coletividade, do grupo, categoria ou classe.*

§ *2º. Na hipótese prevista no inciso III, em caso de improcedência do pedido, os interessados que não tiverem intervindo no processo como litisconsortes poderão propor ação de indenização a título individual.*

§ *3º. Os efeitos da coisa julgada de que cuida o artigo 16, combinado com o artigo 13 da Lei nº 7.347, de 24 de julho de 1985, não prejudicarão as ações de indenização por danos pessoalmente sofridos, propostas individualmente ou na forma prevista neste código, mas, se procedente o pedido, beneficiarão as vítimas e seus sucessores, que poderão proceder à liquidação e à execução, nos termos dos artigos 96 a 99.*

§ *4º .Aplica-se o disposto no parágrafo anterior à sentença penal condenatória.*

Artigo 104. *As ações coletivas, previstas nos incisos I e II e do parágrafo único do artigo 81, não induzem litispendência para as ações individuais, mas os efeitos da coisa julgada* erga omnes *ou* ultra partes *a que aludem os incisos II e III do artigo anterior não beneficiarão os autores das ações individuais, se não for requerida sua suspensão no prazo de trinta dias, a contar da ciência nos autos do ajuizamento da ação coletiva.*

21. DO SISTEMA NACIONAL DE DEFESA DO CONSUMIDOR E DA CONVENÇÃO COLETIVA DE CONSUMO

Prevê a lei do CDC: "Artigo 105. Integram o Sistema Nacional de Defesa do Consumidor (SNDC), os órgãos federais, estaduais, do Distrito Federal e municipais e as entidades privadas de defesa do consumidor."

22. DA CONVENÇÃO COLETIVA DE CONSUMO

Dispõe o artigo 107 da lei que as entidades civis de consumidores e as associações de fornecedores ou sindicatos de categoria econômica podem regular, por convenção escrita, relações de consumo que tenham por objeto estabelecer condições relativas ao preço, à qualidade, à quantidade, à garantia e às características de produtos e serviços, bem como à reclamação e composição do conflito de consumo.

A convenção tornar-se-á obrigatória a partir do registro do instrumento no cartório de títulos e documentos. Ela somente obrigará os filiados às entidades signatárias. Vale ressaltar que não se exime de cumprir a convenção o fornecedor que se desligar da entidade em data posterior ao registro do instrumento.

CAPÍTULO VIII

Provas Anteriores

PROVA XX EXAME

PEÇA PRÁTICO-PROFISSIONAL

Em 2015, Rafaela, menor impúbere, representada por sua mãe Melina, ajuizou Ação de Alimentos em Comarca onde não foi implantado o processo judicial eletrônico, em face de Emerson, suposto pai. Apesar de o nome de Emerson não constar da Certidão de Nascimento de Rafaela, ele realizou, em 2014, voluntária e extrajudicialmente, a pedido de sua ex-esposa Melina, exame de DNA, no qual foi apontada a existência de paternidade de Emerson em relação a Rafaela. Na petição inicial, a autora informou ao juízo que sua genitora encontrava-se desempregada e que o réu, por seu turno, não exercia emprego formal, mas vivia de "bicos" e serviços prestados autônoma e informalmente, razão pela qual pediu a fixação de pensão alimentícia no valor de 30% (trinta por cento) de 01 (um) salário mínimo. A Ação de Alimentos foi instruída com os seguintes documentos: cópias do laudo do exame de DNA, da certidão de nascimento de Rafaela, da identidade, do CPF e do comprovante de residência de Melina, além de procuração e declaração de hipossuficiência para fins de gratuidade. Recebida a inicial, o juízo da 1ª Vara de Família da Comarca da Capital do Estado Y indeferiu o pedido de tutela antecipada inaudita altera parte, rejeitando o pedido de fixação de alimentos provisórios com base em dois fundamentos: (i) inexistência de verossimilhança da paternidade, uma vez que o nome de Emerson não constava da certidão de nascimento e que o exame de DNA juntado era uma prova extrajudicial, colhida sem o devido processo legal, sendo, portanto, inservível; e (ii) inexistência de "possibilidade" por parte do réu, que não tinha como pagar pensão alimentícia pelo fato de não exercer emprego formal, como confessado pela própria autora. A referida decisão, que negou o pedido de tutela antecipada para fixação de alimentos provisórios, foi publicada no Diário da Justiça Eletrônico em 01/12/2015, segunda-feira. Considere-se que não há feriados no período. Na qualidade de advogado(a) de Rafaela, elabore a peça processual cabível para a defesa imediata dos interesses de sua cliente, indicando seus requisitos e fundamentos nos termos da legislação vigente. (Valor: 5,00) Obs.: o examinando deve fundamentar suas respostas. A mera citação do dispositivo legal não confere pontuação.

GABARITO

Em Ação de Alimentos, é plenamente possível a fixação liminar de alimentos provisórios, medida que desfruta da natureza jurídica de tutela provisória de urgência antecipada. Para a concessão de alimentos provisórios, embora a necessidade do menor seja presumida, deve ser apontada a presença necessária a comprovação de dois requisitos ("verossimilhança da alegação" e "risco de dano irreparável") a respeito do dever alimentar (presunção de paternidade por meio de realização de prova extrajudicial) o binômio necessidade-possibilidade (necessidade pelo alimentando e possibilidade de pagamento pelo alimentante).

No caso vertente, há verossimilhança do dever de prestar alimentos, uma vez que foi apresentado exame de DNA realizado extrajudicialmente, que apontou o réu como o pai da autora, menor. Há, ainda, possibilidade de pagamento de alimentos pelo réu (que, apesar de não ter emprego formal, realiza atividade informal remunerada) e risco de dano irreparável (necessidade de percepção de alimentos pela autora, que vive com a mãe, desempregada). A decisão do juiz, que indefere o pedido de tutela provisória de urgência antecipada para fixação dos alimentos provisórios, tem natureza de decisão interlocutória, a qual deve ser recorrida por agravo de instrumento. Deve a autora interpor recurso de agravo de instrumento, com pedido de tutela antecipada recursal ("efeito suspensivo ativo") por parte do relator, a fim de ser reformada a decisão que indeferiu o pagamento de alimentos provisórios, até que venha a ser proferida a decisão final, colegiada, pelo órgão julgador do agravo, confirmando a reforma do conteúdo da decisão agravada, para que seja mantido o deferimento de pensão alimentícia provisória.

QUESTÃO 1

Jair é representante comercial nascido em Recife. Em virtude da natureza de sua profissão, por vezes passa meses na estrada efetuando entregas em todo o Brasil. Seus pais moram em Manaus, sua esposa e seu filho moram em Salvador. Com dificuldades financeiras, Jair, na condição de mutuário, realizou contrato de empréstimo com Juca, na condição de mutuante, no valor de R$ 10.000,00. No entanto, na data avençada no contrato para a restituição do valor acordado, Jair não cumpre sua obrigação. Precisando urgentemente da importância emprestada, Juca, domiciliado em Macapá, obtém um inventário dos clientes de Jair e, de posse de tal lista, localiza-o em Belém. Considerados os fatos narrados, pergunta-se: A) Qual é o domicílio de Jair para todos os fins legais? (Valor: 0,65) B) Caso Juca decida ajuizar uma ação em face de Jair enquanto este se encontrar em Belém/PA, onde aquela poderá ser proposta? (Valor: 0,60) Obs.: o examinando deve fundamentar suas respostas. A mera citação do dispositivo legal não confere pontuação.

GABARITO

A) Em virtude da natureza de sua profissão pressupor contínuas viagens, considerar-se-á para todos os fins legais como domicilio de Jair, o local onde for encontrado, nos termos do Art. 73 do CC. B) A ação poderá ser proposta em Macapá OU em Belém, nos termos do Art. 46, § 2º, do CPC.

QUESTÃO 2

Daniel, 30 anos, amealhou ao longo da vida um patrimônio considerável. Era solteiro e decidira não ter filhos. Seus pais já eram falecidos e Daniel tinha apenas um irmão bilateral, Alexandre, e um irmão unilateral, Rafael. Após 30 dias em coma induzido em razão de grave acidente de carro, Daniel veio a falecer em 30 de agosto de 2014. Diante do exposto, responda aos itens a seguir. A) Como deverá ser partilhada a herança entre os irmãos de Daniel? (Valor: 0,60) B) Se depois de três anos do falecimento de Daniel, e já realizada a partilha de seus bens, aparecesse mais um irmão unilateral, até então ignorado pelos demais, que ação judicial poderia intentar para receber parte dos bens da herança? Qual o prazo para ajuizamento? (Valor: 0,65) Obs.: o examinando deve fundamentar suas respostas. A mera citação do dispositivo legal não confere pontuação.

GABARITO

A) Nos termos do Art. 1.841 do Código Civil: "Concorrendo à herança do falecido irmãos bilaterais com irmãos unilaterais, cada um destes herdará metade do que cada um daqueles herdar". Assim, Rafael, irmão unilateral, herdará somente metade do que Alexandre herdar.

B) Nos termos do Art. 1.824 do Código Civil, esse irmão teria direito ao seu quinhão hereditário, sendo que a ação judicial cabível seria a petição de herança, cujo prazo prescricional é de dez anos (Art. 205 do CC).

QUESTÃO 3

Em 15 de janeiro de 2015, a Financeira X celebrou instrumento particular de contrato de mútuo com Rafael para financiar a aquisição, por este último, de veículo automotor vendido pela Concessionária B. De acordo com o contrato de mútuo, Rafael deveria pagar 30 (trinta) prestações mensais à Financeira X, no valor de R$ 2.000,00 cada, com vencimento no quinto dia útil do mês. Por meio do correspondente instrumento particular, devidamente anotado no certificado de registro do veículo, a propriedade deste último é alienada fiduciariamente à Financeira X, em garantia do pagamento do mútuo. Raphael, contudo, inadimpliu a 4ª prestação, tendo sido devidamente constituído em mora pela Financeira X. Com base na situação apresentada, responda aos itens a seguir. A) O inadimplemento da 4ª prestação autoriza o vencimento antecipado das prestações posteriores (da 5ª à 30ª prestação)? (Valor: 0,65) B) Para consolidar o domínio do veículo em seu nome e autorizar a alienação extrajudicial para a satisfação da dívida, qual o tipo de ação judicial que a financeira X deve mover? (Valor: 0,60) Obs.: O examinando deve fundamentar suas respostas. A mera citação do dispositivo legal não confere pontuação.

GABARITO

A) Sim. Considera-se vencida a dívida quando as prestações não forem pontualmente pagas, de acordo com o Art. 2º, § 3º, do Decreto-Lei nº 911/69, em sua redação vigente, estabelece: "A mora e o inadimplemento de obrigações contratuais garantidas por alienação fiduciária, ou a ocorrência legal ou convencional de algum dos casos de antecipação de vencimento da dívida facultarão ao credor considerar, de pleno direito, vencidas todas as obrigações contratuais, independentemente de aviso ou notificação judicial ou extrajudicial".

B) Nos termos dos artigos 2º e 3º do Decreto-Lei nº 911/69, a ação cabível para o fim de consolidar o domínio do veículo em nome do credor e autorizar a alienação extrajudicial em pagamento da dívida é a ação de busca e apreensão.

QUESTÃO 4

Patrícia e sua vizinha Luiza estão sempre em conflito, pois Nick, o cachorro de Luiza, frequentemente pula a cerca entre os imóveis e invade o quintal de Patrícia, causando diversos danos à sua horta. Patrícia já declarou inúmeras vezes que deseja construir uma divisória para evitar as constantes invasões de Nick, mas não quer assumir sozinha o custo da alteração, ao passo que Luiza se recusa a concordar com a mudança da cerca limítrofe entre os terrenos. Em determinado dia, Nick acabou preso no quintal de Patrícia que, bastante irritada com toda a situação, recusou-se a devolvê-lo e não permitiu que Luiza entrasse em seu terreno para resgatá-lo. Sobre a situação descrita, responda aos itens a seguir.

A) Tendo se recusado a devolvê-lo, pode Patrícia impedir a entrada de Luiza em sua propriedade com o intuito de resgatar o cachorro? (Valor: 0,50)

B) Com relação ao pleito de Patrícia acerca da divisória entre os imóveis, é possível exigir de Luiza a concordância com a alteração da cerca? Em caso positivo, de quem seriam os custos da colocação da nova divisória? (Valor: 0,75) Obs.: o examinando deve fundamentar suas respostas. A mera citação do dispositivo legal não confere pontuação.

GABARITO

A) A questão envolve problema de limite entre prédios e direito de tapagem, bem como disposições sobre direitos de vizinhança constantes na seção do Código Civil que versa sobre o direito de construir. Com relação à primeira pergunta, não pode Patrícia impedir que Luiza entre em seu terreno, mediante aviso prévio, a fim de resgatar o cachorro Nick (Art. 1.313, inciso II, do Código Civil), a não ser que o devolva por conta própria, o que não ocorreu no caso em tela.

B) Já se levando em conta o pleito de Patrícia sobre a alteração da divisória entre os imóveis, observa-se que esse direito pode ser exigido pelo proprietário de um terreno a fim de evitar a passagem de animais de pequeno porte, sendo responsável pelas despesas aquele que provocou a necessidade dos tapumes especiais, ou seja, no presente caso, Luiza (Art. 1.297, § 3º, do Código Civil).

PROVA XXI EXAME

PEÇA PRÁTICO-PROFISSIONAL

Em junho de 2009, Soraia, adolescente de 13 anos, perde a visão do olho direito após explosão de aparelho de televisão, que atingiu superaquecimento após permanecer 24 horas ligado ininterruptamente. A TV, da marca Eletrônicos S/A, fora comprada dois meses antes pela mãe da vítima. Exatos sete anos depois do ocorrido, em junho de 2016, a vítima propõe ação de indenização por danos morais e estéticos em face da fabricante do produto. Na petição inicial, a autora alegou que sofreu dano moral e estético em razão do acidente de consumo, atraindo a responsabilidade pelo fato do produto, sendo dispensada a prova da culpa, razão pela qual requer a condenação da ré ao pagamento da quantia de R$ 50.000,00 (cinquenta mil reais) a título de danos morais e R$ 50.000,00 (cinquenta mil reais) pelos danos estéticos sofridos. No mais, realizou a juntada de todas as provas documentais que pretende produzir, inclusive laudo pericial elaborado na época, apontando o defeito do produto, destacando, desde já, a desnecessidade de dilação probatória. Recebida a inicial, o magistrado da 1ª Vara Cível da Comarca Y, determinou a citação da ré e após oferecida a contestação, na qual não se requereu produção de provas, decidiu proferir julgamento antecipado, decretando a improcedência dos pedidos da autora, com base em dois fundamentos: (i) inexistência de relação de consumo, com consequente inaplicabilidade do Código de Defesa do Consumidor, pois a vítima/autora da ação já alegou, em sua inicial, que não participou da relação contratual com a ré, visto que foi sua mãe quem adquiriu o produto na época; e (ii) prescrição da pretensão autoral em razão do transcurso do prazo de três anos, previsto no Art. 206, § 3º, inciso V, do Código Civil.

Na qualidade de advogado(a) de Soraia, elabore a peça processual cabível para a defesa imediata dos interesses de sua cliente, no último dia do prazo recursal, indicando seus requisitos e fundamentos nos termos da legislação vigente. Não deve ser considerada a hipótese de embargos de declaração. (Valor: 5,00)

Obs.: a peça deve abranger todos os fundamentos de Direito que possam ser utilizados para dar respaldo à pretensão. A simples menção ou transcrição do dispositivo legal não confere pontuação.

GABARITO

A decisão em questão tem natureza jurídica de sentença, na forma do Art. 203, § 1º, do Art. 487, incisos I e II, e do Art. 490, todos do CPC/15. Com efeito, extinguiu-se o processo, com resolução do mérito, rejeitando o pedido de indenização pelo fato do produto, ao entender que a vítima não se qualificava como consumidora, na forma da lei, decidindo, também, de ofício, pelo reconhecimento da prescrição da pretensão autoral. Em virtude disso, o meio processual adequado à impugnação do pronunciamento jurisdicional, a fim de evitar que faça coisa julgada, é o recurso de apelação, de acordo com o Art. 1.009 do CPC/15. Deve-se, para buscar a tutela integral ao interesse da autora, impugnar cada um dos capítulos da sentença, isto é, tanto a inexistência da relação de consumo quanto o reconhecimento de ofício da prescrição. Ademais, como a autora já produziu toda a prova pré-constituída que julga adequada, deve devolver toda a matéria, pugnando pelo provimento total do recurso de apelação, para que o Tribunal examine as demais questões, sem determinar o retorno do processo ao juízo de primeiro grau, na forma do Art. 1.013, § 4º, do CPC/15. Quanto ao primeiro ponto, deve-se sustentar a existência de relação de consumo entre a autora da ação, vítima de acidente de consumo, e a ré, fabricante do produto defeituoso que lhe causou dano moral e estético. Nesse caso, a despeito de não ter participado, como parte, da relação contratual de compra e venda do produto, a autora é qualificada como consumidora, pois, nas hipóteses de responsabilidade pelo fato do produto, é consumidor toda pessoa que "utiliza o produto ou serviço como destinatário final" (art. 2º, caput, do CDC), assim como "equiparam-se aos consumidores todas as vítimas do evento" (Art. 17 do CDC). Presente a relação de consumo, deve-se postular pelo julgamento do mérito, sem necessidade de retorno dos autos à instância inferior, alegando que a fabricante responde, independentemente de culpa, pelos danos causados por defeitos de fabricação de produtos que ponham em risco a segurança dos consumidores, como ocorreu no caso vertente (Art. 12, caput e § 1º, do CDC). Quanto ao segundo capítulo da sentença, deve-se pretender o afastamento da prescrição. Isso porque não corre prescrição contra absolutamente incapaz (Art. 198, inciso I, do CC), razão pela qual o termo inicial de contagem do prazo prescricional de 5 (cinco) anos (Art. 27 do CDC) efetivou-se apenas em 2012, quando a autora completou 16 anos, tornando-se relativamente capaz. Dessa forma, a prescrição de sua pretensão ocorreria apenas em 2017. Nessa linha, deve-se requerer a reforma da sentença para que o pedido seja julgado, desde logo, procedente, mediante o reconhecimento da relação de consumo e o afastamento da prescrição, dando provimento integral ao recurso de apelação, com o julgamento do mérito da demanda, na medida em que o feito se encontra maduro para julgamento.

QUESTÃO 1

Ana, menor impúbere, é filha de José e Maria, ambos com apenas 18 (dezoito) anos de idade, desempregados e recém-aprovados para ingresso na Faculdade de

Direito Alfa. As respectivas famílias do casal possuem considerável poder aquisitivo, porém se recusam a ajudá-los no sustento da pequena Ana, em razão de desentendimentos recíprocos. Destaca-se, por fim, que todos os avós são vivos e exercem profissões de destaque. Com esteio na hipótese proposta, responda aos itens a seguir.

A) Os avós são obrigados a prestar alimentos em favor de sua neta? Em hipótese positiva, cuida-se de obrigação solidária? (Valor: 0,65)

B) A ação de alimentos pode ser proposta por Ana, representada por seus pais, sem incluir necessariamente todos os avós no polo passivo da demanda? (Valor: 0,60)

Obs.: o(a) examinando(a) deve fundamentar as respostas. A mera citação do dispositivo legal não confere pontuação.

GABARITO

A) A questão envolve os denominados "alimentos suplementares", tal como regulados pelo Art. 1.698 do CC. Nesse cenário, diante da insuficiência econômica dos pais, os avós são obrigados a prestar alimentos em favor de sua neta. No entanto, não se trata de obrigação solidária, tal como regulada pelo Art. 264 do CC, mas de obrigação subsidiária, devendo ser diluída entre avós paternos e maternos na medida de seus recursos, diante de sua divisibilidade e possibilidade de fracionamento.

B) É possível o exercício da pretensão alimentar contra um ou mais avós. Com efeito, a obrigação alimentar por parte dos avós guarda caracteres de divisibilidade e não há solidariedade, afastando o litisconsórcio necessário (Art. 114 do CPC/15). A exegese do Art. 1.698 do CC explicita tratar-se de litisconsórcio facultativo (Art. 113 do CPC/15), bastando que haja a opção por um dos avós, que suporte o encargo nos limites de suas possibilidades.

QUESTÃO 2

Miguel e Joana, irmãos, figuram respectivamente como locatário e fiadora em contrato de locação residencial celebrado com Antônio, no qual consta cláusula em que Joana renuncia ao benefício de ordem. Diante da ausência de pagamento dos valores acordados, Antônio promoveu ação de execução por título extrajudicial em face de ambos os devedores. Miguel foi citado cinco dias úteis antes de Joana, sendo que o comprovante de citação de Joana foi juntado aos autos vinte dias úteis após o de Miguel. Diante do exposto, responda aos itens a seguir. A) Opostos embargos à execução por Joana, esta pleiteia que primeiro sejam penhorados os bens de Miguel. Deve ser acolhida essa alegação? (Valor: 0,50) B) O prazo para Miguel apresentar embargos à execução findou antes ou depois de iniciar o prazo para Joana embargar a execução? (Valor: 0,40) C) O prazo para oposição de embargos seria de 15 (quinze) dias, contados em dobro, se Miguel e Joana possuíssem advogados distintos? (Valor: 0,35)

Obs.: o(a) examinando(a) deve fundamentar as respostas. A mera citação do dispositivo legal não confere pontuação.

GABARITO

A) Não. Tendo em vista a cláusula em que Joana renunciou ao benefício de ordem, não a assiste direito de que primeiro sejam penhorados os bens do afiançado, conforme previsto no Art. 828, inciso I, do CC e no Art. 794, § 3º, do CPC/15.

B) Antes. Quando houver mais de um executado, o prazo para cada um deles embargar é contado a partir da juntada do respectivo comprovante da citação. O prazo para Miguel apresentar embargos terminou quinze dias úteis após a juntada de seu comprovante de citação, o que ocorreu antes da juntada do comprovante de citação de Joana, nos termos do Art. 915, § 1º, do CPC/15. C) Não. Conforme o Art. 915, § 3º, do CPC/15, não se aplica o disposto no Art. 229 do CPC/15 em relação ao prazo para oferecimento dos embargos à execução.

QUESTÃO 3

A sociedade empresária Y, de Porto Alegre, e a sociedade empresária X, com sede em Salvador e filial em São Paulo, ambas de grande porte, firmaram contrato de parceria para desenvolvimento de um programa de instalação de máquinas subterrâneas, que seguiu um modelo de instrumento contratual elaborado pela sociedade empresária X, com cláusula de eleição de foro em São Paulo, local de instalação das máquinas. Após os primeiros meses de relação contratual, contudo, as sociedades empresárias começaram a encontrar dificuldades para a realização dos serviços, de modo que a sociedade empresária X suspendeu o cumprimento de suas obrigações. Em razão disso, a sociedade empresária Y ajuizou ação de obrigação de fazer perante a Comarca de Porto Alegre, afirmando que a cláusula de eleição de foro, por estar contida em contrato de adesão, não seria válida. Com base em tais afirmativas, responda aos itens a seguir.

A) É válida a eleição de foro constante do contrato firmado entre as sociedades empresárias Y e X? (Valor: 0,60)

B) O juízo de Porto Alegre poderia reconhecer de ofício sua incompetência? (Valor: 0,65)

Obs.: o(a) examinando(a) deve fundamentar as respostas. A mera citação do dispositivo legal não confere pontuação.

GABARITO

A) A cláusula de eleição de foro é válida, devendo a ação tramitar perante a Comarca de São Paulo (Art. 63 do CPC/15), inicialmente porque há paridade na relação contratual, não se tratando de relação consumerista, a afastar a proteção prevista na Lei nº 8.078/90; e ainda porque, embora seja possível decretar a nulidade de cláusula contida em contrato de adesão em relações não consumeristas (Art. 424 do CC), apenas são nulas as cláusulas que estipulem a renúncia antecipada a direito resultante da natureza do negócio, o que não é a hipótese de criação de foro contratual.

B) Por se tratar de incompetência territorial, esta é relativa e não pode ser declinada de ofício pelo magistrado (Art. 64, § 1º, e Art. 65, ambos do CPC/15), devendo ser alegada em preliminar de contestação (Art. 337, II, CPC/15).

QUESTÃO 4

Ronaldo tem um crédito de R$ 20.000,00 com Celso. O referido crédito foi proveniente de contrato de mútuo celebrado entre as partes, subscrito por duas testemunhas. Apesar do vencimento da obrigação, Celso não cumpre o avençado. Ronaldo propõe ação de execução para o adimplemento da obrigação, restando evidenciado que Celso efetivamente doou seus dois únicos bens (automóveis) para Jorge antes da propositura da ação. De acordo com as informações constantes no caso, responda aos itens a seguir.

A) É possível identificar algum vício na doação dos bens (automóveis)? (Valor: 0,60)

B) Indique o instrumento processual do qual Ronaldo pode se valer para permitir que os bens doados possam ser expropriados na execução proposta. Fundamente a resposta com os dispositivos legais pertinentes. (Valor: 0,65)

Obs.: o(a) examinando(a) deve fundamentar as respostas. A mera citação do dispositivo legal não confere pontuação.

GABARITO

A) No caso, pode-se identificar a fraude contra credores, prevista no Art. 158 do Código Civil, pois a doação dos únicos bens reduz o devedor à insolvência.

B) Para que o credor prejudicado consiga perseguir os bens alienados em fraude contra credores, terá que se valer de Ação Pauliana, prevista no Art. 161 do Código Civil, pois a doação ocorreu antes do ajuizamento da execução.

PROVA XXII EXAME

PEÇA PRÁTICO-PROFISSIONAL

A editora Cruzeiro lançou uma biografia da cantora Jaqueline, que fez grande sucesso nas décadas de 1980 e 1990, e, por conta do consumo exagerado de drogas, dentre outros excessos, acabou por se afastar da vida artística, vivendo reclusa

PARTE ESPECIAL

em uma chácara no interior de Minas Gerais, há quase vinte anos. Poucos dias após o início da venda dos livros, e alguns dias antes de um evento nacional organizado para sua divulgação, por meio de oficial de justiça, a editora foi citada para responder a uma ação de indenização por danos morais cumulada com obrigação de fazer, ajuizada por Jaqueline. No mesmo mandado, a editora foi intimada a cumprir decisão do Juízo da 1ª Vara Cível da Comarca da Capital do Estado de São Paulo, que deferiu a antecipação de tutela para condenar a ré a não mais vender exemplares da biografia, bem a recolher todos aqueles que já tivessem sido remetidos a pontos de venda e ainda não tivessem sido comprados, no prazo de setenta e duas horas, sob pena de multa diária de cinquenta mil reais. A decisão acolheu os fundamentos da petição inicial, no sentido de que a obra revela fatos da imagem e da vida privada da cantora sem que tenha havido sua autorização prévia, o que gera lesão à sua personalidade e dano moral, nos termos dos artigos 20 e 21 do Código Civil, e que, sem a imediata interrupção da divulgação da biografia, essa lesão se ampliaria e se consumaria de forma definitiva, revelando o perigo de dano irreparável e o risco ao resultado útil do processo. A editora procura você como advogado(a), informando que foi intimada da decisão há três dias (mas o mandado somente foi juntado aos autos no dia de hoje) e que pretende dela recorrer, pois entende que não se justifica a censura à sua atividade, por tratar-se de informações verdadeiras sobre a vida de uma celebridade, e afirma que o recolhimento dos livros lhe causará significativos prejuízos, especialmente com o cancelamento do evento de divulgação programado para ser realizado em trinta dias. Na qualidade de advogado(a) da editora Cruzeiro, elabore o recurso cabível voltado a impugnar a decisão que deferiu a antecipação da tutela descrita no enunciado, afastados embargos de declaração. (Valor: 5,00) Obs.: a peça deve abranger todos os fundamentos de Direito que possam ser utilizados para dar respaldo à pretensão. A simples menção ou transcrição do dispositivo legal não confere pontuação.

GABARITO

A decisão impugnada é uma decisão interlocutória que concedeu tutela provisória, razão pela qual o recurso cabível para sua impugnação é o agravo de instrumento (Art. 1.015, inciso I, do CPC/15), cuja interposição deve ocorrer dentro dos próximos quinze dias úteis (Art. 1.003, § 5º, do CPC/15), já que se contam da data da juntada aos autos do mandado de intimação (Art. 231, inciso II, do CPC/15). No mérito, deve ser impugnada a probabilidade do direito, de acordo com a interpretação conforme à Constituição dada aos artigos 20 e 21 do CC pela jurisprudência superior, no sentido de ser inexigível autorização de pessoa biografada. A ponderação, nesta hipótese, deve privilegiar a liberdade de expressão, assegurada pelo Art. 5º, IX, da Constituição da República, especialmente em se tratando de pessoa notória, cabível somente, em caso de abuso, a responsabilização posterior, mas não a censura prévia. Deve ser deduzido pedido de concessão de efeito suspensivo ao agravo, de forma a evitar risco de dano grave, na forma do Art. 995, parágrafo único e/ou Art. 1.019, inciso I, ambos do CPC/15.

QUESTÃO 1

Poucos anos antes de morrer, Silas vendeu, no ano de 2012, por dois milhões de reais, a cobertura luxuosa onde residia. Com o dinheiro da venda, comprou, no mesmo ano, dois apartamentos em um mesmo prédio, cada um avaliado em trezentos mil reais, e mudou-se para um deles. Doou o outro imóvel para sua filha Laura e seu genro Hélio, local onde o casal passou a morar. Mesmo sem o consentimento dos demais herdeiros, Silas fez questão de registrar, na escritura de doação, que a liberalidade era feita em favor do casal, não mencionando, todavia, se seria ou não adiantamento de legítima. Silas morreu no dia 20 de março de 2016 e deixou, além de Laura, dois outros herdeiros: Mauro e Noel, netos oriundos do casamento de um filho pré-morto, Wagner. O processo de inventário foi iniciado poucos dias depois de sua morte. Laura foi nomeada inventariante e apresentou as primeiras declarações em setembro de 2016, sem mencionar o imóvel em que residia. Diante desses fatos, responda aos itens a seguir. A) A doação realizada é válida? (Valor: 0,65) B) Há fundamento no direito processual que obrigue Laura a declarar o imóvel? (Valor: 0,60)

Obs.: o examinando deve fundamentar suas respostas. A mera citação do dispositivo legal não confere pontuação.

GABARITO

A) A doação é válida, porque (i) o valor do imóvel não ultrapassa a metade do patrimônio de Silas (Art. 549, CC) e (ii) e traduz adiantamento de legítima, pelo que não necessita da anuência dos demais herdeiros (Art. 544 do CC).

B) Laura está obrigada a declarar os bens que recebeu por liberalidade não só pelo fato de ser herdeira (Art. 639 do CPC/15), mas também por ser inventariante (Art. 620, inciso IV, do CPC/15).

QUESTÃO 2

Em 10 de maio de 2016, Pedro, comprador, celebrou contrato de compra e venda com Bruno, vendedor, cujo objeto era uma motocicleta seminova (ano 2013), modelo X, pelo preço de R$ 10.000,00, pagos à vista. Em setembro de 2016, Pedro foi citado para responder a ação na qual Anderson alegava ser proprietário da referida moto. Sem entender a situação e com receio de perder o bem, Pedro ligou imediatamente para Bruno, que lhe respondeu não conhecer Anderson e não ter nenhuma relação com o problema, pois se trata de fato posterior à venda da moto, ainda afirmando que "Pedro resolva diretamente com Anderson e procure seus direitos na justiça". Com base nos fatos narrados, responda aos itens a seguir. A) Qual a responsabilidade de Bruno caso Pedro venha a perder o bem por sentença judicial? Fundamente com o instituto de Direito Civil adequado, indicando as verbas do ressarcimento devido.

(Valor: 0,80) B) Como Pedro deverá proceder caso queira discutir a responsabilidade de Bruno na própria ação reivindicatória ajuizada por Anderson? Fundamente com o instituto de direito processual adequado. (Valor: 0,45)

Obs.: o examinando deve fundamentar suas respostas. A mera citação do dispositivo legal não confere pontuação

GABARITO

A) Bruno responde pela evicção, caso Pedro perca o bem (moto) por sentença judicial em favor de Anderson, conforme o Art. 447 do Código Civil. Além da restituição integral do preço, Pedro deverá ser indenizado por Bruno das despesas do contrato e de outros prejuízos que diretamente resultem da evicção, além das custas judiciais e dos honorários advocatícios, nos termos do Art. 450 do CC.

B) Para exercer os direitos oriundos da evicção na própria ação reivindicatória, Pedro deverá denunciar-lhe a lide, nos termos do Art. 125, inciso I, do CPC/15.

QUESTÃO 3

Jorge, menor com doze anos de idade, está sem receber a pensão alimentícia de seu pai, Carlos, há cinco anos, apesar de decisão judicial transitada em julgado. Jorge, representado por sua mãe, Fátima, promove ação de execução de alimentos, no valor de R$ 200.000,00 (duzentos mil reais), pelos alimentos pretéritos, devidamente corrigidos. Para pagamento da dívida, fora determinada penhora do imóvel em que Carlos e Carmem, sua atual companheira, residem. O imóvel, avaliado em R$300.000,00 (trezentos mil reais), é o único do casal e foi adquirido onerosamente por ambos após a constituição de união estável. Considerando que a penhora recaiu apenas sobre a parte que cabe a Carlos, responda aos itens a seguir. A) Há fundamento para penhora do bem descrito? (Valor: 0,70) B) Como fica a situação de Carmem na hipótese de alienação judicial do bem descrito? (Valor: 0,55) Obs.: o examinando deve fundamentar suas respostas. A mera citação do dispositivo legal não confere pontuação.

GABARITO

A) Embora seja bem de família, o imóvel pode ser penhorado e alienado, pois a execução de alimentos é exceção à regra geral de impenhorabilidade do imóvel destinado à residência, consoante dispõe o Art. 3º, inciso III, da Lei nº 8.009/90.

B) Diante da indivisibilidade do bem, a quota-parte que cabe à Carmem será reservada no produto da alienação (Art. 843, caput, do CPC).

QUESTÃO 4

Danilo ajuizou ação cominatória com pedido de reparação por danos morais contra a financeira Boa Vida S/A, alegando ter sofrido dano extrapatrimonial em virtude da negativação equivocada de seu nome nos bancos de dados de proteção ao crédito. Danilo sustenta e comprova que nunca atrasou uma parcela sequer do financiamento do seu veículo, motivo pelo qual a negativação de seu nome causou-lhe dano moral indenizável, requerendo, liminarmente, a retirada de seu nome dos bancos de dados e a condenação da ré à indenização por danos morais no valor de R$5.000,00. O juiz concedeu tutela provisória com relação à obrigação de fazer, apesar de reconhecer que não foi vislumbrado perigo de dano ou risco ao resultado útil do processo; contudo, verificou que a petição inicial foi instruída com prova documental suficiente dos fatos constitutivos do direito do autor, não havendo oposição do réu capaz de gerar dúvida razoável. Em sentença, o juiz julgou parcialmente procedentes os pedidos, condenando a ré à obrigação de retirar o nome do autor dos bancos de dados de proteção ao crédito, confirmando a tutela provisória, mas julgando improcedente o pedido de indenização, pois se constatou que o autor já estava com o nome negativado em virtude de anotações legítimas de dívidas preexistentes com instituições diversas, sendo um devedor contumaz. Em face do exposto, responda aos itens a seguir.

A) À luz da jurisprudência dos tribunais superiores, é correta a decisão do juiz que julgou improcedente o pedido de indenização por danos morais? (Valor: 0,65)

B) Poderia o advogado requerer a tutela provisória mesmo constatando-se a inexistência de perigo de dano ou de risco ao resultado útil do processo? (Valor: 0,60) Obs.: O examinando deve fundamentar suas respostas. A mera citação do dispositivo legal não confere pontuação.

GABARITO

A) Sim; com apoio na jurisprudência consolidada no Superior Tribunal de Justiça, "da anotação irregular em cadastro de proteção ao crédito, não cabe indenização por dano moral quando preexistente legítima inscrição, ressalvado o direito ao cancelamento". É o que dispõe o teor da Súmula 385 do STJ.

B) Sim. Trata-se de tutela provisória de evidência, que dispensa a prova de perigo de dano ou de risco ao resultado útil do processo, quando "a petição inicial for instruída com prova documental suficiente dos fatos constitutivos do direito do autor, a que o réu não oponha prova capaz de gerar dúvida razoável", nos termos Art. 311, inciso IV, do CPC/15.

PROVA XXIII EXAME

PEÇA PRÁTICO-PROFISISONAL

Ricardo, cantor amador, contrata Luiz, motorista de uma grande empresa, para transportá-lo, no dia 2 de março de 2017, do Município Canto Distante, pequena cidade no interior do Estado do Rio de Janeiro onde ambos são domiciliados, até a capital do Estado. No referido dia, será realizada, na cidade do Rio de Janeiro, a primeira pré-seleção de candidatos para participação de um concurso televisivo de talentos musicais, com cerca de vinte mil inscritos. Os mil melhores candidatos pré-selecionados na primeira fase ainda passarão por duas outras etapas eliminatórias, até que vinte sejam escolhidos para participar do programa de televisão. Luiz costuma fazer o transporte de amigos nas horas vagas, em seu veículo particular, para complementar sua renda; assim, prontamente aceita o pagamento antecipado feito por Ricardo.

No dia 2 de março de 2017, Luiz se recorda de que se esquecera de fazer a manutenção periódica de seu veículo, motivo pelo qual não considera seguro pegar a estrada. Assim, comunica a Ricardo que não poderá transportá-lo naquele dia, devolvendo-lhe o valor que lhe fora pago. Ricardo acaba não realizando a viagem até o Rio de Janeiro e, assim, não participa da pré-seleção do concurso.

Inconformado, Ricardo ingressa com ação indenizatória em face de Luiz menos de um mês após o ocorrido, pretendendo perdas e danos pelo inadimplemento do contrato de transporte e indenização pela perda de uma chance de participar do concurso. A ação foi regularmente distribuída para a Vara Cível da Comarca de Canto Distante do Estado do Rio de Janeiro. Citado, o réu alegou em contestação que Ricardo errou ao não tomar um ônibus na rodoviária da cidade, o que resolveria sua necessidade de transporte. Ao final da instrução processual, é proferida sentença de total procedência do pleito autoral, tendo o juízo fundamentado sua decisão nos seguintes argumentos:

i) o inadimplemento contratual culposo foi confessado por Luiz, devendo ele arcar com perdas e danos, nos termos do Art. 475 do Código Civil, arbitrados no montante de cinco vezes o valor da contraprestação originalmente acordada pelas partes;

ii) o fato de Ricardo não ter contratado outro tipo de transporte para o Rio de Janeiro não interrompe o nexo causal entre o inadimplemento do contrato por Luiz e os danos sofridos;

iii) Ricardo sofreu evidente perda da chance de participar do concurso, motivo pelo qual deve ser indenizado em montante arbitrado pelo juízo em um quarto do prêmio final que seria pago ao vencedor do certame.

Na qualidade de advogado(a) de Luiz, indique o meio processual adequado à tutela integral do seu direito, elaborando a peça processual cabível no caso, excluindo-se a hipótese de embargos de declaração, indicando os seus requisitos e fundamentos nos termos da legislação vigente. (Valor: 5,00)

Obs.: a peça deve abranger todos os fundamentos de Direito que possam ser utilizados para dar respaldo à pretensão. A simples menção ou transcrição do dispositivo legal não confere pontuação.

GABARITO

A decisão tem natureza jurídica de sentença, na forma do Art. 203, § 1°, do Art. 487, inciso I, e do Art. 490, todos do CPC/15. Com efeito, extinguiu-se o processo, com resolução do mérito, para deferir integralmente os pedidos formulados na ação. Em virtude disso, o meio processual adequado à impugnação do provimento judicial, a fim de evitar que faça coisa julgada, é o Recurso de Apelação, segundo o Art. 1.009 do CPC/15. Deve-se buscar a tutela integral do interesse do réu, pugnando-se ao final pela integral reforma da sentença.

O recurso deve impugnar especificamente os três fundamentos da sentença, nos seguintes termos:

i) A hipótese é de responsabilidade contratual, isto é, oriunda do inadimplemento do negócio firmado entre as partes, motivo pelo qual o Art. 475 do Código Civil reconhece ao credor inadimplido o direito de pedir a resolução e cobrar perdas e danos. No entanto, essa indenização depende da demonstração de algum prejuízo efetivamente sofrido pelo credor, não decorrendo do simples fato da resolução. Não se justifica, assim, o arbitramento realizado pelo juízo sentenciante, desamparado por qualquer elemento probatório, até porque Ricardo aceitou espontaneamente o preço pago como forma de resolução do contrato.

ii) O fato de Ricardo não ter tomado nenhuma medida para, minorando as consequências do inadimplemento, realizar a viagem para o Rio de Janeiro configura fato concorrente da vítima, nos termos do Art. 945 do Código Civil. Assim, caso se reconheça algum dano imputável a Luiz, o montante indenizatório deverá ser reduzido proporcionalmente ao fato concorrente de Ricardo.

iii) Nos moldes de seu desenvolvimento doutrinário e jurisprudencial, a figura da perda de uma chance exige, para a sua configuração, que exista a probabilidade séria e real de obtenção de um benefício, o que não restou demonstrado no presente caso, tendo em vista que não havia certeza mínima sequer quanto à participação de Ricardo do concurso televisivo.

Por fim, o fechamento da peça: local, data, assinatura e OAB.

QUESTÃO 1

Após sofrer acidente automobilístico, Vinícius, adolescente de 15 anos, necessita realizar cirurgia no joelho direito para reconstruir os ligamentos rompidos, conforme apontam os exames de imagem. Contudo, ao realizar a intervenção cirúrgica no Hospital Boa Saúde S/A, o paciente percebe que o médico realizou o procedimento no seu joelho esquerdo, que estava intacto. Ressalta-se que o profissional não mantém relação de trabalho com o hospital, utilizando sua estrutura mediante vínculo de comodato, sem relação de subordinação. Após realizar nova cirurgia no joelho correto, Vinícius, representado por sua mãe, decide ajuizar ação indenizatória em face do Hospital Boa Saúde S/A e do médico que realizou o primeiro procedimento.

Em face do exposto, responda aos itens a seguir.

A) Na apuração da responsabilidade do hospital, dispensa-se a prova da culpa médica?

B) O procedimento do juizado especial cível é cabível?

Obs.: o(a) examinando(a) deve fundamentar suas respostas. A mera citação ou transcrição do dispositivo legal não confere pontuação.

GABARITO

A) Não. A responsabilidade pessoal do profissional liberal "será apurada mediante a verificação da culpa", como prevê o Art. 14, § 4°, do CDC. A inclusão do hospital, que responde objetivamente, na forma do Art. 14, *caput*, do referido diploma, não tem o condão de dispensar a prova da culpa médica. Desse modo, o hospital responde solidária e objetivamente, dispensado a prova de sua culpa na causação do dano, mas depende da comprovação da culpa do médico, na forma do Art. 14, § 4°, da Lei n° 8.078/90.

B) Não. Na forma do Art. 8°, caput, da Lei n° 9.099/95, "não poderão ser partes, no processo instituído por esta Lei, o incapaz, o preso, as pessoas jurídicas de direito público, as empresas públicas da União, a massa falida e o insolvente civil". Como o autor da ação é um adolescente de 15 anos, trata-se de pessoa absolutamente incapaz, na forma do Art. 3° do CC, motivo pelo qual deve buscar a Justiça Comum para o ajuizamento da demanda.

QUESTÃO 2

Dalva, viúva, capaz e sem filhos, decide vender para sua amiga Lorena um apartamento de 350 m² que tinha com o marido em área urbana, o qual não visitava havia cerca de sete anos. Após a celebração do negócio, Lorena, a nova proprietária, é surpreendida com a presença de Roberto, um estranho, morando no imóvel. Este, por sua vez, explica para Lorena que "já se considera proprietário da casa" pela usucapião, pois, "conforme estudou", apesar de morar ali apenas há 6 meses, "seus falecidos pais já moravam no local há mais de 5 anos", o que seria suficiente, desde que a antiga proprietária "havia abandonado o imóvel". Lorena, por sua vez, foi aconselhada por um vizinho a ajuizar uma ação pleiteando a sua imissão na posse para retirar Roberto da sua casa.

Diante do exposto, responda aos itens a seguir.

A) Roberto tem razão ao alegar que já usucapiu o imóvel?

B) Está correta a sugestão feita pelo vizinho de Lorena? Por quê? Qual a ação judicial mais recomendável na hipótese?

Obs.: o(a) examinando(a) deve fundamentar suas respostas. A mera citação ou transcrição do dispositivo legal não confere pontuação.

GABARITO

A) Não, pois o prazo de 5 anos só seria suficiente se a área usucapida tivesse no máximo 250 m² e também se ele tivesse morado no local durante todo o período aquisitivo (Art. 183, da CRFB ou Art. 1240 do CC).

B) Não, pois, considerando-se que Roberto não tem qualquer vínculo jurídico com Dalva, a imissão na posse é incabível. A medida recomendável é a ação pelo procedimento comum (Art. 318 do CPC/15), com pedido reivindicatório (Art. 1.228 do CC).

QUESTÃO 3

Luiz, viúvo, residente e domiciliado em Maceió, tinha três filhos: Jorge, Clarissa e Joana, e nenhum neto.

Jorge, enciumado com o tratamento preferencial que Luiz dispensava às suas irmãs, tenta matar seu pai desferindo-lhe dois tiros, dos quais, por sorte, Luiz consegue escapar ileso. Dois anos antes, este registrara testamento público, estipulando que seu patrimônio disponível deveria ser herdado por Jorge e Joana.

Luiz vem a falecer durante viagem a Salvador, em 2017, deixando como herança líquida o montante de R$ 2.000.000,00 (dois milhões de reais).

Com base na hipótese apresentada, responda aos itens a seguir.

A) Qual medida judicial poderá ser utilizada por Joana para evitar que Jorge venha a suceder Luis? Há algum prazo-limite para isso?

B) Qual o foro competente para processar e julgar o inventário de Luiz?

Obs.: o(a) examinando(a) deve fundamentar suas respostas. A mera citação ou transcrição do dispositivo legal não confere pontuação.

GABARITO

A) Joana deve ajuizar demanda objetivando a declaração de indignidade de Jorge, fundamentada no Art. 1.814, inciso I, do Código Civil, pois o herdeiro Jorge foi autor de tentativa de homicídio contra Luis, pessoa de cuja sucessão se trata. Com o reconhecimento judicial da indignidade de Jorge, este será excluído da sucessão de Luis. O prazo para o ajuizamento da demanda é de 4 (quatro) anos da abertura da sucessão, segundo o Art. 1.815, parágrafo único, do Código Civil.

B) O foro competente é o da cidade de Maceió, nos termos do Art. 48 do CPC/15 ou do Art. 1785 do CC, já que ali era domiciliado o autor da herança.

QUESTÃO 4

Tiago, servidor público federal, e Marcel, advogado, mantiveram convivência pública, contínua e duradoura, com o objetivo de constituir família, durante quinze anos. Em virtude do falecimento de Tiago decorrente de acidente de trânsito, Marcel ajuizou ação em face da União, pleiteando a concessão de pensão por morte, sob o fundamento da ocorrência de união estável com o falecido.

A juíza federal da 6ª Vara, por ter entendido configurada a relação de companheirismo, julgou procedente o pedido, concedendo a pensão a Marcel. Não foi interposta apelação, tampouco houve a incidência de reexame necessário, pelo que ocorreu o trânsito em julgado da decisão concessiva da pensão.

Diante do acolhimento de sua pretensão no âmbito da Justiça Federal, Marcel, a fim de resguardar seus direitos sucessórios, ajuizou, perante a Justiça Estadual, ação declaratória de união estável, buscando o reconhecimento da relação de companheirismo mantida com Tiago. O juiz de direito da 3ª Vara de Família julgou improcedente o pedido, sob o fundamento de que o requisito da coabitação para o reconhecimento de união estável não se encontrava preenchido.

Sobre tais fatos, responda aos itens a seguir.

A) O fundamento da decisão proferida pela Justiça Estadual está correto? Por quê?

B) O reconhecimento da união estável pela Justiça Federal vincula a decisão a ser proferida pela Justiça Estadual? Por quê?

Obs.: o(a) examinando(a) deve fundamentar suas respostas. A mera citação ou transcrição do dispositivo legal não confere pontuação.

GABARITO

A) Não, pois o Art. 1.723 do Código Civil não prevê a coabitação como requisito para a configuração da união estável.

B) Não. O reconhecimento da união estável pela Justiça Federal se deu incidentalmente como questão prejudicial. Considerando que a Justiça Federal não é competente para decidir como questão principal acerca da ocorrência de união estável, sua apreciação não é apta a fazer coisa julgada, nos termos do Art. 503, § 1°, inciso III, do CPC/15. Em consequência, a Justiça Estadual poderá decidir de maneira diversa a respeito da configuração da relação de companheirismo.

PROVA XXIV EXAME

PEÇA PRÁTICO-PROFISISONAL

Marilene procura você, como advogado(a), assustada, porque, há duas semanas, recebeu a visita de um Oficial de Justiça, que entregou a ela um Mandado de Citação e Intimação. O Mandado refere-se à ação de execução de título extrajudicial ajuizada por Breno, distribuída para a 1ª Vara Cível da Comarca da Capital do Estado de São Paulo, em que é pretendida a satisfação de crédito de R$ 15.000,00 (quinze mil reais), consubstanciado em instrumento particular de confissão de dívida, subscrito por Marilene e duas testemunhas, e vencido há mais de um mês.

Breno indicou à penhora valores que Marilene tem em três contas bancárias, um carro e o imóvel em que reside com sua família. Alegou ainda que a executada estaria buscando desfazer-se dos bens, razão pela qual o juízo deferiu de plano a indisponibilidade dos ativos financeiros de Marilene pelo sistema eletrônico gerido pela autoridade supervisora do sistema financeiro nacional. Pelo andamento processual no sítio do Tribunal de Justiça do Estado de São Paulo, você verifica que o mandado de citação e intimação positivo foi juntado aos autos há dois dias.

Marilene, muito nervosa, relata que manteve relacionamento com Breno, durante o qual ele insistiu que ela assinasse alguns papéis, informando se tratar de documentos necessários para que ele pudesse receber um benefício previdenciário acumulado. Ela, sem muito estudo, assinou, acreditando estar apenas declarando que ele, Breno, ainda não tinha recebido R$ 15.000,00 (quinze mil reais), aos quais alegava fazer jus frente ao INSS. Informa, inclusive, que uma das pessoas que assinou como testemunha é uma vizinha sua, que sabe que ele a induziu a acreditar que estava assinando apenas uma declaração para que ele obtivesse o benefício. Esclarece que, quando o relacionamento acabou, Breno se tornou agressivo e afirmou que tomaria dela as economias que sabia ter em uma poupança, mas, na época, ela achou que era uma ameaça vazia de um homem ressentido. Ela está especialmente preocupada em resguardar sua moradia e os valores que tem em uma de suas contas bancárias, que é uma poupança, que se tornou fundamental para a subsistência da família, já que sua mãe está se submetendo a um tratamento médico que pode vir a demandar a utilização dessas economias, informando que, em caso de necessidade, preferia ficar sem o carro que sem o dinheiro. Gostaria, todavia, de impugnar o processo executivo como um todo, para não mais sofrer nas mãos de Breno.

Na qualidade de advogado(a) de Marilene, elabore a defesa cabível voltada a impugnar a execução que foi ajuizada, desconsiderando a impugnação prevista no Art. 854, § 3°, do CPC/15. (Valor: 5,00)

Obs.: a peça deve abranger todos os fundamentos de Direito que possam ser utilizados para dar respaldo à pretensão. A simples menção ou transcrição do dispositivo legal não confere pontuação.

PARTE ESPECIAL

GABARITO

Tendo em vista estar instaurado o processo executivo e que se busca impugnar a validade do negócio jurídico que gerou o título executivo e também os atos de penhora atuais e futuros, a medida cabível são os Embargos do Devedor à Execução, regulamentados no Art. 914 e seguintes do CPC/15. A petição deve ser endereçada ao mesmo juízo competente para a execução (1- Vara Cível da Comarca da Capital do Estado de São Paulo), conforme o Art. 61 do CPC/15, identificando Marilene como embargante executada e Breno como embargado exequente. O prazo para apresentação dos embargos é de quinze dias conforme o Art. 915 do CPC/15. O prazo se conta da data da juntada do mandado, conforme o Art. 231 do CPC/15.

Os embargos devem pleitear a desconstituição do título executivo, com base no Art. 917, incisos I ou VI, do CPC/15, em razão de se basear em negócio jurídico viciado por dolo, conforme o Art. 145 do Código Civil. Marilene foi induzida em erro por Breno, que a levou a crer que estava realizando uma declaração de que ele não tinha recebido um benefício previdenciário quando, na verdade, estava subscrevendo uma confissão de dívida. Tendo sido vítima de artifício para a celebração de negócio jurídico que, se ciente da realidade dos fatos, não realizaria, ela tem direito à anulação do negócio e, consequentemente, à desconstituição do título executivo em que se baseia o processo.

Os embargos devem pleitear também o reconhecimento da impenhorabilidade da conta poupança de Marilene, até o valor de 40 salários mínimos, com base no Art. 833, inciso X, do CPC/15, bem como do imóvel em que reside com sua família, por se tratar de bem de família, com base no Art. 1° da Lei n° 8.009/90.

Deve ser pleiteada a suspensão do processo executivo, tendo em vista a presença dos requisitos do periculum in mora, decorrente da necessidade dos valores para o tratamento médico da mãe, bem como está garantido o juízo pela penhora dos valores existentes nas demais contas, conforme exigido no Art. 919, § 1°, do CPC/15.

Deve ser requerida a produção de prova testemunhal, para a oitiva de sua vizinha que pode corroborar a existência do vício no negócio, a juntada do comprovante de recolhimento de custas ou pedido de gratuidade de justiça e das cópias relevantes do processo executivo, já que os embargos constituirão autos apartados.

Deve se pedir a desconstituição do título executivo, com a anulação da confissão de dívida, bem como a extinção do processo executivo, com julgamento de mérito, dando-se à causa o valor exequendo, ou seja, R$ 15.000,00 (quinze mil reais).

Por fim, o fechamento, com a indicação de local, data, assinatura e inscrição OAB.

QUESTÃO 1

Maria Clara e Jorge tiveram uma filha, Catarina, a qual foi registrada sob filiação de ambos. Apesar de nunca terem se casado, Maria Clara e Jorge contribuíam paritariamente com o sustento da criança, que vivia com Maria Clara.

Quando Catarina fez dois anos de idade, Jorge ficou desempregado, situação que perdura até hoje. Em razão disso, não possui qualquer condição de prover a subsistência de Catarina, que não consegue contar apenas com a renda de sua mãe, Maria Clara, filha única de seus genitores, já falecidos. Jorge reside com sua mãe, Olívia, que trabalha e possui excelente condição financeira. Além disso, Catarina possui um irmão mais velho, Marcos, capaz e com 26 anos, fruto do primeiro casamento de Jorge, que também tem sólida situação financeira.

Com base em tais fatos, responda aos itens a seguir, justificando e fundamentando a resposta.

A) Olivia e Marcos podem ser chamados a contribuir com a subsistência de Catarina? A obrigação deve recair em Olivia e Marcos de forma paritária?

B) Quais as medidas judiciais cabíveis para resguardar o direito de subsistência de Catarina, considerando a necessidade de obter com urgência provimento que garanta esse direito?

Obs.: o(a) examinando(a) deve fundamentar suas respostas. A mera citação do dispositivo legal não confere pontuação.

GABARITO

A) O direito à prestação de alimentos se estende aos ascendentes, nos termos do Art. 1.696 do CC. Embora os parentes em linha colateral possam ser chamados a responder pelos alimentos, essa responsabilidade apenas incide na falta dos ascendentes (Art. 1.697 do CC), sendo subsidiária, e devida na proporção dos seus recursos. Como Olívia possui condições financeiras, será a responsável pelos alimentos que seriam devidos por Jorge. Assim, havendo possibilidade de alimentos avoengos, não subsiste responsabilidade de Marcos, colateral.

B) Catarina, representada por sua mãe, pode propor ação de alimentos em face de Olívia, postulando a concessão de alimentos provisórios, com base nos artigos 1° a 3° da Lei n° 5.478/68 e no Art. 693, parágrafo único, do CPC/15. Catarina também pode propor tutela provisória de urgência em caráter antecedente, visando à obtenção dos alimentos, com base no Art. 303 do CPC/15.

QUESTÃO 2

Marcos estacionou seu automóvel diante de um prédio de apartamentos. Pouco depois, um vaso de plantas caiu da janela de uma das unidades e atingiu o veículo, danificando o para-brisa e parte da lataria. Não foi possível identificar de qual das unidades caiu o objeto. O automóvel era importado, de modo que seu reparo foi custoso e demorou cerca de dez meses.

Dois anos e meio depois da saída do automóvel da oficina, Marcos ajuíza ação indenizatória em face do condomínio do edifício.

De acordo com o caso acima narrado, responda fundamentadamente às questões a seguir.

A) Considerando que o vaso de plantas caiu da janela de apenas um dos apartamentos, pode o condomínio alegar fato exclusivo de terceiro para se eximir do dever de indenizar?

B) Após a contestação, ao perceber que a pretensão de Marcos está prescrita, pode o juiz conhecer de ofício dessa prescrição se nenhuma das partes tiver se manifestado a respeito?

Obs.: o(a) examinando(a) deve fundamentar as respostas. A mera citação do dispositivo legal não confere pontuação.

GABARITO

A) Trata-se de hipótese da chamada causalidade alternativa, em que é possível saber que um ou alguns dos membros de um grupo determinado de pessoas deu causa ao dano, mas não é possível identificar o efetivo causador. No caso específico, não sendo possível identificar, desde logo, o apartamento de onde efetivamente caiu o objeto, o legislador autoriza expressamente a responsabilização de todos os condôminos, nos termos do Art. 938 do Código Civil, ao prever a imputabilidade não apenas do único morador do prédio como também do morador de parte da edificação.

B) A pretensão encontra-se prescrita, aplicando-se à hipótese o prazo trienal previsto pelo Art. 206, § 3°, inciso V, do Código Civil, contado da data do evento danoso. Trata-se de matéria que pode ser conhecida de ofício pelo julgador (Art. 487, inciso II, do CPC/15). No entanto, após a contestação da lide pelo réu, não se autoriza ao juiz conhecer da prescrição sem antes oportunizar a manifestação das partes, em homenagem ao princípio da não- surpresa (Art. 10 ou Art.487, parágrafo único, ambos do CPC/15).

QUESTÃO 3

Após se aposentar, Álvaro, que mora com sua esposa em Brasília, adquiriu de Valério um imóvel, hipotecado, localizado na cidade do Rio de Janeiro, por meio de escritura pública de cessão de direitos e obrigações. Com a intenção de extinguir a hipoteca, Álvaro pretende pagar a dívida de Valério, mas encontra obstáculos para realizar o seu desejo, já que a instituição credora hipotecária não participou da aquisição do imóvel e alega que o pagamento não pode ser realizado por pessoa estranha ao vínculo obrigacional.

Diante dessa situação, responda aos itens a seguir.

A) Qual é a medida judicial mais adequada para assegurar o interesse de Álvaro?

B) Qual o foro competente para processar e julgar a referida medida?

Obs.: o(a) examinando(a) deve fundamentar as respostas. A mera citação do dispositivo legal não confere pontuação.

GABARITO

A) Álvaro é terceiro interessado no pagamento desta dívida, sendo, portanto, parte legítima para ingressar com uma ação de consignação em pagamento, meio mais adequado conducente à exoneração do devedor, nos termos do Art. 304 do Código Civil.

B) O foro competente é o da cidade do Rio de Janeiro, o lugar do pagamento, como prescreve o Artigo 540 do CPC/15.

QUESTÃO 4

Pedro, maior com 30 (trinta) anos de idade, é filho biológico de Paulo, que nunca reconheceu a filiação no registro de Pedro. Em 2016, Paulo morreu sem deixar testamento, solteiro, sem ascendentes e descendentes, e com dois irmãos sobreviventes, que estão na posse dos bens da herança.

Diante da situação apresentada, responda aos itens a seguir.

A) Qual o prazo para propositura da ação de investigação de paternidade e da petição de herança?

B) É possível cumular os pedidos de reconhecimento da paternidade e do direito hereditário no mesmo processo?

Obs.: o(a) examinando(a) deve fundamentar as respostas. A mera citação do dispositivo legal não confere pontuação.

GABARITO

A) A ação de investigação de paternidade é imprescritível, como prevê o Art. 27 do ECA, enquanto que a petição de herança se submete ao prazo prescricional de 10 (dez) anos, por se tratar de maior prazo previsto em lei, consoante dispõe o Art. 205 do Código Civil. A questão foi sintetizada no enunciado da Súmula 149 do Supremo Tribunal Federal.

B) Cabe a cumulação de pedidos no mesmo processo, uma vez que a investigação de paternidade, bem como a petição de herança observam os requisitos de admissibilidade previstos no Art. 327, § 1°, do CPC, na medida em que os pedidos são compatíveis entre si, a competência é do mesmo juízo e o mesmo procedimento é adequado a ambas.

Anotações

EDITORA
JusPODIVM
www.editorajuspodivm.com.br